E O AMOR RESISTIU

AO TEMPO...

Américo Simões Garrido Filho
Ditado por Clara

E O AMOR RESISTIU

AO TEMPO...

Barbara

Revisão
Sumico Yamada Okada & Mônica Maria Granja Silva

Capa e diagramação
Meco Simões

Foto capa: Masterfile/Other Images

ISBN 978-85-99039-39-7

Dados Internacionais de Catalogação na Publicação (CIP)
(Câmara Brasileira do Livro, SP, Brasil)

Garrido Filho, Américo Simões
E o amor resistiu ao tempo / Américo Simões - São Paulo:
Barbara Editora, 2012.

1. Espiritismo 2. Romance espírita I.Título.
12-6219   CDD-133.93

Índices para catálogo sistemático:
1. Romances espíritas: Espiritismo   133.93

BARBARA EDITORA
Rua Primeiro de Janeiro, 396 – 81
Vila Clementino – São Paulo – SP – CEP 04044-060
Tel.: (11) 5594 5385
E-mail: barbara_ed@2me.com.br
www.barbaraeditora.com.br

Proibida a reprodução total ou parcial desta obra, de qualquer forma ou
por qualquer meio eletrônico, mecânico, inclusive através de processos
xerográficos, sem permissão expressa do editor (lei n° 5.988, de
14/12/73).

*Para o primo
José Amadeu dos Santos que descobriu o Espiritismo
muito antes de nós e, por meio dele, muito ensinou e
confortou aqueles que cruzaram seu caminho...
Também a Ana, Fátima, Jorge,
Toninho, Inês,
enfim a todos
que a vida uniu nessa família
com amor, pelo amor,
para um bem maior...*

Prólogo

Hoje estou mais do que certo de que por trás da vida de cada um de nós há mesmo um ou mais mentores direcionando os nossos passos, levando-nos até pessoas que precisamos conhecer para evoluir.

Perguntei-me, durante um tempo, se meu desejo de escrever um livro mediúnico partira realmente de mim ou fora uma sugestão de meus mentores por verem na minha pessoa, em minha alma, uma disposição ou predisposição para a escrita mediúnica.

Hoje, estou convencido de que foram eles e que já vinham me preparando para o processo há muito tempo. Ainda assim, o dom e a missão somente ganharam maior habilidade, força e clareza no decorrer dos livros.

Daí, porque acredito que hoje as histórias chegam até mim com mais força e intensidade e variedade do que antes, porque estou mais preparado para o processo.

Não há dúvidas da minha parte de que todas as histórias por mim psicografadas existiram em algum tempo e lugar e são transformadas em livros, com algumas alterações, logicamente, pois não se pode contar em detalhes a história de ninguém num livro de poucas páginas e, muitas vezes, também, atualiazadas para o tempo presente para maior impacto nos leitores.

Podem os espíritos acompanhar a evolução dos tempos? Fazerem uso de palavras e expressões da atualidade em seus livros? É lógico que sim. Pois eles também avançaram com o tempo, não ficaram presos no século passado, dezenove, dezoito, período faraônico e assim por diante.

O mundo espiritual se atualiza, sim. E dá uma roupagem moderna aos textos porque sabe bem o quão maçante seria ter no rodapé dos livros notas e mais notas para explicar palavras e expressões de épocas antigas, bem como costumes e etc.

Sim, a modernidade atinge os céus. Se a evolução nos faz mais capazes, logicamente que espíritos evoluídos têm maior capacidade para acompanhar a modernidade.

A última descoberta de minha parte foi perceber que Rivail deu um grande passo em direção à evolução do ser e do mundo, ao escrever, sob o pseudônimo de Allan Kardec, o Livro dos Espíritos, mas o passo para expandir pela humanidade sua missão cabia a Francisco Cândido (Chico Xavier) que o fez com supremacia. No exterior, onde já tive a oportunidade de morar, as pessoas conhecem muito mais o brasileiro Chico Xavier do que o francês Allan Kardec.

Da mesma forma que um vai dando a mão ao outro, como uma corrente, para que possamos nascer e renascer, a vida vai se revelando da mesma forma: um descobre algo e o próximo estende a descoberta.

Um dos períodos da história que vocês vão ler a seguir se passa durante a Segunda Guerra Mundial que matou e feriu milhões e milhões de pessoas e levada adiante por Hitler, com o objetivo de reformular a humanidade, transformar o mundo num mundo mais bonito de se viver.

Mas Chico nos mostrou que tudo isso é possível ser feito sem a necessidade de exércitos, bombas destruindo cidades, lares e paixões. Sem, enfim, derramar uma gota de sangue. Basta apenas um homem simples, de alma disposta a fazer o bem sem se importar a quem.

E o nosso amor por Chico Xavier resistirá eternamente ao tempo...

Primeira Parte

Primeiro capítulo
Europa 1840

Ágatha era uma menina graciosa, de cabelos castanho-dourados, olhos fundos, azul-acinzentados, e maçãs do rosto salientes e delicadas. De seus olhos nada escapava, tanto um objeto, quanto um semelhante, muito mais a natureza. Estavam sempre atentos a tudo, estudando tudo, até mesmo com os olhos da alma.

Acompanhava a mãe onde quer que ela fosse, não por imposição, mas por gostar de sua companhia, de passar quanto mais tempo pudesse ao seu lado. Nesse dia a menina acompanhara a mãe a uma costureira nos subúrbios da cidade onde viviam.

Enquanto Aretha, mãe de Ágatha, explicava à costureira como gostaria que seu vestido fosse feito, a pequena Ágatha soltou-se do braço da mãe, delicadamente, e saiu para dar uma volta. Aretha estava tão absorta no que fazia que nem percebeu o que a filha fez, tampouco o rumo que tomou.

Haviam se passado cerca de quinze, vinte minutos, quando ela se deu conta de que a menina não estava mais ao seu lado e já havia algum tempo.

– Ágatha?! – chamou, com certa tensão.

Girou o pescoço ao redor, procurando pela garotinha.

– Não se preocupe, minha senhora – disse Berna Elsevier, a costureira –, sua filha certamente está lá fora, brincando no jardim.

Aretha assentiu com o olhar e disse:

– Certamente.

No entanto, não conseguiu mais se concentrar no que fazia por causa de uma inquietação crescente.

– Com licença, é melhor ir vê-la. Senão, não vou sossegar.

A costureira se prontificou a acompanhá-la, mas Aretha tratou logo de agradecer-lhe.

– Pode deixar, minha senhora, fique aqui, tenho a certeza de que posso chegar ao jardim sem problema algum bem como retornar.

E em meio a um sorriso pálido e trêmulo, Aretha se retirou. Enquanto descia a escada, um emaranhado de vozes e uma mistura de sons que não pôde identificar exatamente o que era, vindo da casa vizinha, chamou sua atenção.

Um zumbido à direita sobressaltou-a, fazendo-a descerrar os olhos e virar-se naquela direção. O que foi, não soube dizer, mas que a assustou um bocado isso, sem dúvida.

Aretha retomou sua descida com passos concentrados e um certo receio a circundar sua alma. Diante da cerca de madeira que dividia a casa da costureira com a da vizinha, Aretha parou. Temeu, de repente, o que se escondia por de trás dali. Tão apreensiva ficou que chegou até a se esquecer do paradeiro da filha.

Ficando na pontinha dos pés, a mulher de vinte e oito anos, conseguiu enxergar parte da casa cuja função lhe foi difícil identificar, posto que ao seu redor conversavam várias crianças de diferentes idades, vestidas com simplicidade.

Encontrou então um vão por onde daria certamente para uma criança miúda como Ágatha passar. Sim, e conhecendo Ágatha tão bem quanto conhecia, soube imediatamente e intuitivamente que ela havia atravessado a cerca para conhecer aquele lugar cheio de crianças.

Aretha tentou atravessar por ali, mas logo percebeu que seria impossível. Seguiu então pelo corredor que levava para fora da casa onde estava, tomou a calçada e caminhou até a casa vizinha.

Tocou a campainha manual com sua mão que naquele momento estava trêmula, tanto quanto seus lábios. Aguardou. Não havia placa, nada que indicasse o que se passava naquele lugar.

Uma mulher alta e consideravelmente feia saiu da edificação e abateu-se sobre ela. Com um sorriso de ligeira superioridade em seus traços mal arranjados, a saudou com um forte sotaque alemão:

– Boa tarde. Helga Mentz a seu dispor.

Aretha, um tanto sem graça, respondeu:

– Desculpe a amolação, minha senhora. Mas é que minha filha, ela se chama Ágatha, de dez anos, deve ter entrado no jardim de vocês por um vão que há na cerca que divide esta casa da de dona Berna Elsevier, a costureira. A senhora deve conhecê-la, não?

A mulher esfregou o nariz, duvidando.

– Ágatha é uma menina muito curiosa...

A mulher ponderou o assunto.

– Bem, se a senhora acredita que sua filha tenha...

Ela certamente iria dizer "invadido", mas deteve-se, não seria uma palavra elegante para descrever o ato. Por isso disse apenas:

– Venha, vamos procurá-la entre as crianças.

Aretha assentiu, atravessou a porta assim que a mulher lhe deu passagem e a seguiu por um corredor, olhando para tudo com grande interesse.

– O que é aqui, exatamente? Uma escola?

Helga Mentz soltou um risinho agradável.

– Não, minha senhora. Trata-se de um orfanato.

Aretha se surpreendeu com a resposta. Jamais pensou que fosse um, ainda mais que houvesse um nos subúrbios e em condições tão simples.

Assim que chegaram ao jardim, Ágatha avistou a mãe e correu até ela.

– Filha! – exclamou Aretha abraçando a menina. – Onde já se viu sair assim sem me avisar? Você não deveria ter feito isso. Deixou-me preocupada.

A menina pediu desculpas com seu jeitinho mimoso.

– Posso brincar mais um pouco? – falou com jeitinho.

Diante da hesitação da mãe, Ágatha manifestou-se:

10

– Por favor, mamãe.

– Está bem, está bem, mas só mais um pouquinho. A menina sorriu e voltou para junto das outras crianças que estavam alegres com a sua presença.

Helga Mentz comentou então algo sobre as crianças. Mas Aretha não prestou muita atenção ao que dizia. Prestava atenção a ela. Na sua opinião, não podia haver lugar melhor para uma mulher esconder sua feiúra das pessoas e até de si mesma, do que aquele lugar, pensou Aretha. Quantas pessoas visitavam um orfanato? Quase nenhuma. Portanto...

Para quebrar o sentimento de culpa por ter julgado a pobre mulher, Aretha resolveu redobrar a simpatia. Perguntou com verdadeiro interesse:

– A senhora, por acaso, gosta de trabalhar num local como este?

– Isto aqui é minha vida, senhora – respondeu Helga, com sinceridade.

Aretha jamais vira alguém responder a uma pergunta com tanto orgulho.

– Gostaria de visitar o interior do orfanato?

Aretha ficou entre o sim e o não.

– As crianças vão gostar muito de sua visita – insistiu Helga, a seguir. – Faça-a por elas.

Aretha, ainda em dúvida se deveria ou não atender ao pedido, seguiu a mulher. Diante da porta de madeira, tomada de cupim, Helga Mentz falou:

– Entre, senhora. Ainda que seja difícil de encarar a realidade que se esconde por trás destas paredes, entre, pois a realidade que reside aqui, necessita de olhares afetuosos tanto quanto de ombros de algodão.

Aretha procurou sorrir e acompanhou a alemã.

Levou uns quinze minutos, contemplando parte das crianças que viviam ali, cujo destino, por motivos diversos, as deixara sem pai e sem mãe.

Ao colidir de cabeça com a realidade, doeu-lhe muito. Aqueles olhinhos carentes de afeto e atenção voltavam-se para ela com grande interesse. Enquanto percorria os aposentos, não pôde evitar que uma sensação de tristeza e desânimo a invadisse.

Todos queriam viver somente parte da realidade, aquela onde só cabem as alegrias, o luxo, especialmente o luxo e o glamour, jamais a tristeza, o abandono, o lado ruim da vida, percebeu Aretha ao compreender a razão por tamanha tristeza e desolação.

– Elas não são lindas? – indagou Helga Mentz.

– São, sim – concordou porque era verdade. – Por que estas crianças estão aqui dentro? Por que não estão lá fora junto com as outras?

Helga Mentz voltou-se para Aretha, enviesou a testa, os olhos e perguntou:

– A senhora ainda não percebeu?

Aretha avermelhou-se. Fosse o que fosse que parecia ser tão evidente, ela não notara. Helga Mentz, delicadamente, explicou:

– As crianças que estão aqui nasceram com uma ou duas, ou até mais deficiências físicas. Muitas não andam, estão aprendendo com a ajuda de quem trabalha aqui como voluntário.

Aretha engoliu em seco e confessou:

– Confesso, minha senhora, que não havia mesmo reparado.

– Que bom! São raras as pessoas que deixam de perceber suas deficiências.

As duas mulheres seguiram para um outro cômodo. Ali, uma das crianças, prendeu a atenção de Aretha.

Era um menino de nove ou dez anos de idade, cabelos e olhos pretos. Estava sentado numa grande cadeira escura, usando uma camisa de manga comprida, feita de flanela e uma calça que parecia de sarja. Os cabelos estavam cortados bem curtos, tinha as mãos dobradas sobre o colo.

Assim que ele viu Helga Mentz, olhou diretamente para Aretha que ficou a estudá-lo em silêncio.

Aretha nunca vira um rostinho tão bonito, mas que transparecia certa tristeza e desolação.

De repente, quis saber o que se passava na cabecinha do menino, naquele instante, que sentimentos abrigava em seu coração.

Helga Mentz, reparando na visitante, comentou:

– Vejo que o pequeno Pietro prendeu sua atenção, senhora. É uma criança adorável. Reservado, tímido...

– A senhora disse Pietro?

– Sim, senhora. É o nome dele. Pietro! Bonito nome, não?

– Sim, sem dúvida. Era o nome do meu...

Aretha não terminou a frase. Um pensamento penetrara seu cérebro com a velocidade e o impacto de uma bala.

Helga Mentz tornou a falar:

– Já peguei o pequeno Pietro, por diversas vezes, conversando sozinho. Pensei tratar de um daqueles amiguinhos invisíveis que toda criança tem. Até descobrir que se tratava da mãe.

Novamente aquele pensamento penetrou o cérebro de Aretha, fazendo-a estremecer.

A diretora do orfanato continuou falando do menino:

– Ele conta para a mãe, invisível, sobre os acontecimentos do seu dia. As brincadeiras com os colegas do orfanato, o que aprendeu conosco.

De fato, Pietro conversava com a mãe. Não podia ouvir sua voz ou sentir seu tato, mas achava que, se falasse com ela, ela poderia escutá-lo onde quer que estivesse.

– Às vezes suas palavras dirigidas à mãe – continuou Helga –, o modo como ele as fala me tira lágrimas dos olhos. Muitas... Chegam a umedecer o punho da minha blusa ao secá-las. Ele me faz lembrar da minha mãe que há muito já se foi. Que Deus a tenha. Faz com que me lembre da saudade que sinto dela e finjo não sentir.

E pior, desse sentimento que me bate e me assola, muitas vezes, dá vontade de falar com ela ainda que meus olhos não a alcancem e dizer-lhe palavras tão bonitas quanto o pequeno Pietro diz.

Aretha comentou, ainda que com a cabeça a mil:

– Todos nós vivemos à sombra da saudade dos nossos pais que já partiram da Terra.

– Sim. Mesmo os filhos que nunca se entenderam direito com eles, sentem saudade.

– Os laços familiares são muito fortes.

Helga Mentz, percebendo o interesse de Aretha pelo menino, sugeriu:

– Por que não fala com ele?

– Gostaria. Será que devo?

– Sim, por que não? Tenho a certeza de que Pietro vai amar falar com a senhora.

Aretha suspirou. De repente, viu-se sem coragem para fazer algo tão simples, sem saber ao certo o porquê. Mentira, sabia, sim, o que temia. A hipótese continuava a vibrar, impetuosamente, em seu cérebro.

Ela foi se aproximando, enquanto o garoto ansiava por uma conversa inofensiva, quase tanto quanto um abraço apertado, um pedaço de pão saindo quentinho do forno ou uma muda de roupa limpinha e perfumada para vestir após um banho morno.

Assim que chegou perto de Pietro, os lábios de Aretha esboçaram um sorriso tímido e trêmulo. A criança retribuiu o sorriso da mesma forma.

Silêncio.

Enquanto isso, Aretha sentia uma vontade imensa de ver aquela criança sorrindo mais livremente. Ajoelhou-se ao lado da cadeira e foi em busca da sua pequena mão para apertá-la, transmitir-lhe calor humano, carinho...

Quando sua mão envolveu a do garotinho, o menino sorriu mais livremente.

Helga Mentz fez um adendo:

– Ele não pode andar, senhora.

Aretha tentou disfarçar o baque, mas foi péssima.

– Não?! Como não?!

Sua voz, tomada de espanto, soou indevidamente alta.

Foi só quando Helga lhe mostrou os pezinhos de Pietro que ela pôde ver que ambos tinham uma deficiência física. Eram voltados para dentro.

A alemã arregaçou as mangas, tomou o menino nos braços e disse:

– Venha, senhora, acompanhe-nos, vou levar o Pietro ao seu lugar favorito.

Aretha a seguiu, sentindo-se cada vez mais tocada por aquela situação.

Logo que chegaram ao jardim, a mulher, com a força de um touro, pôs o menino sentado num banquinho e disse:

– É aqui que ele permite que sua imaginação se divirta num jardim de sorrisos.

Aretha voltou-se para ela, com os olhos vermelhos de emoção e perguntou, baixinho:

– Ele não tem uma cadeira de rodas?

– Não, senhora. Ainda não tivemos dinheiro para lhe dar uma.

– Lamentável. Seria tão estimulador.

– Sim. Mas ele não reclama. Não pede nada. Aceita sua condição como poucos.

Novamente Aretha sentiu um frio gelar sua alma.

Ao vê-los, Ágatha correu até lá e apresentações foram feitas. Foi visível a empatia de Ágatha por Pietro e vice-versa. Ágatha só partiu depois de a mãe lhe prometer que voltariam para visitar o menino.

Depois de acertar tudo com a costureira, Aretha e Ágatha estavam prontas para partir. Estavam prestes a entrar na carruagem quando os olhos de Aretha se prenderam mais uma vez no orfanato, com sua aparência triste e melancólica.

Ao voltá-los para as janelas do andar superior do lugar, avistou, numa delas, uma criança olhando na sua direção. Tratava-se de Pietro. O encontro de olhares provocou-lhe novamente um arrepio em sua alma. Uma invasão da tristeza, um derramamento de piedade.

Aretha voltou para sua casa, naquele dia, sentindo sua alma sendo açoitada, cada vez mais, por aquele frio esquisito, tornando-a cada vez mais introspectiva. Seus olhos pareciam apalpar o vazio. Nunca em toda a sua vida, ela se sentira tão tocada como fora na sua visita, por acaso, ao orfanato administrado por Helga Mentz.

– O que foi, mamãe? – quis saber Ágatha diante de sua estranheza.

Aretha vacilou, procurando por uma resposta, mas optou simplesmente por dizer:

– Nada, filha, nada...

Mas Ágatha era uma daquelas meninas cuja idade mental não corresponde à idade física. Ela sabia, seu coração intuía, e quando intuía, ela aprendera já há algum tempo, sabia que nunca errava.

A mãe se aborrecera com algo, algo em torno daquele menino. Foi como se ela o tivesse reconhecido. Fosse um velho amigo de longa data, um amigo desaparecido. Ou até mesmo seu amigo invisível dos tempos de menina.

Aretha não conseguiu dormir direito naquela noite; sua mente não se desligava. O sistema nervoso estava à beira do pânico. Não conseguia arrancar de dentro de si a hipótese que continuava crescendo e crescendo dentro dela, aniquilando a sua paz. Uma hipótese absurda e assustadora.

Ao abrir os olhos, o rosto de Pietro veio ao seu encontro, com o seu olhar bonito, mas triste e melancólico que o tempo parecia não poder jamais tirar dele tampouco aliviar.

Fechou os olhos e o rosto daquela criança adorável, órfã, voltou a ocupar sua mente. Alguém que parecia ser até mesmo órfão de Deus.

Deitada ali... naquele quarto em penumbra... naquela casa confortável, ao lado do marido... ao som de seus roncos ... a imagem de Pietro manteve-se estampada em sua mente, com seus olhos de infinita beleza e tristeza fitando-a, por toda a madrugada.

Aos primeiros raios do sol seu sono ainda continuava sendo perturbado por aquele pensamento do qual, por mais que tentasse, não conseguia se livrar. Teria fundamento? Deus queira que não.

Segundo capítulo

Por volta das dez horas da manhã, Aretha vestiu seu chapéu emplumado e partiu numa caleche, carruagem de 4 rodas, 2 assentos, puxado por uma parelha de cavalos.

Meia hora depois, chegava a uma casa vitoriana solidamente construída, a qual se entrava, atravessando uma alameda muito bem cuidada e cheia de narcisos e roseiras.

O cocheiro ajudou Aretha a sair da caleche e após dizer-lhe "muito obrigada", ela seguiu apressada por um lindo alpendre todo enredado de flores e trepadeiras o qual dava acesso a casa.

Foi recebida à porta por uma criada nova, de aparência estrangeira. A moça olhou para a visita com grande curiosidade, antes de perguntar:

– Pois não?

– Diga a Caroline que sua irmã está aqui e precisa muito lhe falar.

A criada pediu licença e foi levar o recado para a patroa. Minutos depois, reaparecia e dizia:

– Por favor, madame, entre. Sua irmã vai recebê-la. Acompanhe-me.

Aretha prontamente seguiu a moça, observando, como sempre, a soberba decoração da casa de Caroline e Raul Velasco.

Caroline, usando um traje adorável, estava sentada numa das poltronas da sala, com as mãos pousadas delicadamente no colo, olhando para elas com um olhar cheio de admiração.

Era uma figura extraordinária. Uma daquelas pessoas que sabem se fazer, quando querem, muito desagradáveis, mas se desejam encantar alguém, sempre o conseguem.

Todos ficavam sempre dividido entre detestarem-na com ódio feroz e vingativo, ou ficarem fascinados por ela.

Lentamente, de má vontade, Caroline levantou-se de onde se encontrava sentada e foi ao encontro da irmã.

– Aretha, você por aqui?! – exclamou, em tom de falsa simpatia.

Aretha cumprimentou Caroline com certa euforia.

As duas eram bastante semelhantes fisicamente, divergiam apenas na cor do cabelo e no modo de se impor.

– Desculpe vir assim sem avisar – continuou Aretha, com voz oscilante.

– Ora, Aretha, você pode vir a minha casa quando bem entender. Somos irmãs e entre irmãs não há esse tipo de formalidade.

Aretha suspirou por estar evidentemente nervosa.

– O que há? – perguntou Caroline prestando melhor atenção à irmã. – Você me parece tensa.

– E estou, Caroline – suspirou a moça. – Precisava lhe falar urgentemente... Mal dormi à noite, por causa disso.

Caroline enviesou o cenho.

– Vamos, diga, o que tem tanta urgência para me dizer?

– Nem sei por onde começar...

Aretha agora crispava as mãos e transpirava como se estivesse sob um sol escaldante.

– Embromação comigo, não, Aretha! – exaltou-se Caroline. – Diga logo o que a deixou nesse estado lamentável. Detesto suspense.

Com os olhos a ir e vir dos da irmã, Aretha, com grande dificuldade, falou:

– Ontem, fui com Ágatha visitar uma costureira que Anita me indicou, dizem que é excelente! Enquanto eu conversava com a mulher, Ágatha se embrenhou pela casa e descobriu uma passagem que lhe deu acesso à casa vizinha a da costureira.

Aretha contou a seguir como chegou até o orfanato e em seguida até Elga Mentz.

Levou a mão ao peito como que para conter a velocidade que seu coração tomara.

Caroline, impaciente, cortou a narrativa, bruscamente:

– E o que eu tenho a ver com tudo isso, Aretha?

Com o queixo tremendo e os lábios brancos Aretha se explicou:

– Havia um menino, Caroline...

– Onde?!

– No orfanato.

Caroline riu e sarcástica falou:

– É presumível que haja meninos órfãos, num orfanato, minha irmã.

– O menino, Caroline... O menino chamava-se Pietro... Bem... Ele... Enquanto olhava para ele um pensamento penetrou a minha mente.

O semblante de Caroline mudou, havia agora certa apreensão nele.

– Que pensamento foi esse?

Aretha mirou bem os olhos da irmã antes de responder e, quando o fez, foi com muito cuidado:

– Ocorreu-me que aquele menino, aquele pobre menino chamado Pietro, é o filho que vocês perderam com poucos meses de vida cujo nome também era Pietro.

A pausa que ela deu antes de responder preocupou Aretha.

– Ora, minha irmã – Caroline riu, exagerada. – Quanta imaginação! Só você mesma para pensar numa coisa estapafúrdia dessas!

Aretha sentiu-se incomodada com o comentário, pois sua intuição lhe dizia que nada daquilo era estapafúrdio. Por isso defendeu-se:

– Desde então, meu sistema nervoso está em pânico. Eu...

Caroline a cortou rispidamente:

– Como, Aretha? Como uma criança que morreu pode estar viva? Explique-se!

Aretha não respondeu. Ela apenas meneou a cabeça, sem graça.

– Eu não sei, por isso que vim aqui falar com você. Para saber de você, se Pietro, o seu filho Pietro, realmente morreu ou se na verdade você e Raul...

Novo corte brusco por parte de Caroline.

– Você está por acaso insinuando que eu e Raul forjamos a morte de uma criança... Ora, Aretha não nos ofenda, por favor.

– Eu não quero ofender ninguém, Caroline. Quero apenas tirar essa hipótese a limpo, sanar minha dúvida, calar de uma vez por todas essas possibilidades que gritam em meu cérebro.

– É melhor você ir embora – atalhou Caroline, seriamente. – Vá, antes que eu me zangue com você. Que Raul nunca saiba que você esteve aqui com tal ideia absurda. Ele também se ofenderia muito com você.

Aretha Velasco Garavelo partiu da casa da irmã arrependida por ter ido lá falar sobre Pietro. A irmã sofrera tanto com sua morte que nunca mais falara da criança para não sofrer. Todavia, a ideia de que o menino Pietro do orfanato era o Pietro, seu sobrinho, continuou latejando dentro dela, como uma pedra pontiaguda dentro do seu sapato. Por quê? Por quê?!

Aretha desejou subitamente nunca ter estado naquele orfanato, nunca ter encontrado Pietro para que não fosse mais atormentada por tudo aquilo. Todavia seu desejo parecia inalcançável.

No dia seguinte, Aretha voltou ao orfanato para visitar o menino, levar-lhe alimentos e roupas. Ágatha foi com ela. Aproveitou também para experimentar o vestido que dona Berna Elsevier estava fazendo para ela.

Pietro, Pietro, Pietro... Aretha não conseguia deixar de pensar nele. Primízio, seu marido, conversou com ela.

– Sua hipótese não faz sentido, Aretha. Nós fomos ao enterro do bebê, não fomos?

– Não. Você não se lembra? Raul e Caroline não quiseram que ninguém estivesse presente ao sepultamento. Raul foi quem levou o caixão, sozinho, ao cemitério.

– Ainda assim, por que eles haveriam de deixar um menino tão gracioso como você mesma diz, o próprio filho, num orfanato?

– Por causa dos pezinhos da criança. Eu lhe disse que são tortos, não?

– Disse, sim, mas os do filho de sua irmã e seu cunhado não eram.

– Bem... isso é verdade, se bem que eu nunca vi os pés do menino. Estavam sempre cobertos por uma manta.

– Considerando que ninguém raptou o bebê, se tivessem, Caroline e Raul teriam dado parte à polícia e mesmo que não o tivessem, por que haveria alguém de raptar uma criança e deixá-la num orfanato? Não faz sentido.

– Você tem razão, Primízio, mas algo continua se agitando na minha cabeça, comprimindo o meu peito.

– Relaxe, meu amor. Procure esquecer tudo, por favor.

– Sinceramente, não sei se vou conseguir.

Na tarde do dia seguinte, lá estava Aretha novamente visitando a irmã. Ao vê-la, Caroline, franca como era, falou:

– Aretha, você está com uma aparência horrível... O que houve?

– É o menino, Caroline...

– Ah! Ele outra vez! Por favor, Aretha...

– Eu não consigo parar de pensar nele. Você não quer vê-lo para tirar a cisma?

– Eu?! Perdeu o juízo?!

– Sim, você.

– Nem pensar. Não há porque eu ir ver esse garoto. Meu filho está morto, Aretha. Morto e enterrado. Portanto... Não pode ser ele em hipótese alguma. Esqueça isso de uma vez por todas!

– Quem me dera...

Subitamente, Aretha começou a chorar.

– Mas é uma manteiga derretida mesmo – debochou Caroline, fazendo bico.

– Se você visse o menino, lindo e amável... você me compreenderia melhor.

Caroline bufou, quase atingindo o limite da paciência.

– Podemos mudar de assunto?

– Diga-me, Caroline. Seu filho não tinha por acaso os pezinhos voltados para dentro, tinha? Eu não me lembro de tê-lo visto sem estar embrulhado numa manta.

Caroline torceu os lábios num bico ainda maior.

– Ele não teria sido raptado e vocês...

Caroline explodiu:

– Chega!

Seu berro assustou a irmã.

– Chega, chega, chega! – continuou Caroline histérica.

Ela voltou-se para Aretha e fez-lhe um sinal para que se levantasse.

– Venha até aqui, Aretha.

Diante da indecisão da irmã, Caroline elevou a voz:

– Venha, estou mandando.

– Diga – falou Aretha, de modo submisso.

Diante do luxuoso guarda-roupa de portas abertas, Caroline perguntou:

– Qual desses vestidos lhe agrada mais?

A irmã refletiu por instantes.

– Este.

– Só este?

– Não. Este também.

– E este? – indagou Caroline, tirando do cabide um num tom marrom pastel.

– Este não.

– Eu sei.

Ela ergueu uma das sobrancelhas, procurando entender.

– Não gosta porque é da cor marrom e você nunca gostou dessa cor.

Carolina pousou o vestido sobre sua cama e enquanto o ajeitava sobre ela, disse:

– Imagine se você fosse obrigada a vestir um vestido que não gosta o tempo todo. Não porque seu marido quer, não porque a sociedade exige, mas porque o destino quis assim? O que faria?

Caroline voltou-se para a irmã, foi até ela e, assim que se viu a um palmo de distância dos seus olhos, insistiu na pergunta:

– Hein, Aretha, o que faria?

Aretha sustentou firmemente seu olhar. O rosto de Caroline contorceu-se então numa expressão desdenhosa para dizer.

– Não é preciso responder, todos sabem a resposta.

Sua voz demonstrava agora desprezo.

Aretha manteve-se quieta, enquanto lágrimas começavam a escorrer por sua face. Caroline afastou-se dela e seguiu em direção à cômoda.

– O que faria se ganhasse um presente que não suporta sequer olhar para ele? – foi sua próxima pergunta. – Daria um jeito de dar para alguém que se sentisse melhor na sua presença ou, caso não fosse possível, deixaria que ele um dia se quebrasse e diria que foi sem querer. Não é mesmo?

Cachorros e gatos insuportáveis são doados, quando seus *donos* não se adequam a eles. A vida é assim, não gostou, passou para frente.

Aretha, afogueada tentou falar:

– Você está querendo dizer que...

– No passado – prosseguiu Caroline, impedindo-a de continuar –, em algumas culturas, a sociedade permitia às mulheres que tinham filhos retardados, fisicamente mal concebidos, o direito de matá-los. Sufocavam essas crianças com travesseiros ou as arremessavam no abismo.

– Pare Caroline, por favor.

– Essa época existiu, Aretha.

– É repugnante.

Caroline voltou até a irmã, ergueu seu queixo, forçando-a encará-la e disse com austeridade:

– É repugnante, porque você não nasceu na pele daqueles que nasceram deformados, retardados, etc... Se tivesse, agradeceria aos céus por seus pais terem tomado tal atitude e por ser, nessa época, permitida tal coisa.

– Isso não é certo. – indignou-se Aretha. – Não passa de um assassinato. Um assassinato a sangue frio.

Caroline fez um estalido com a língua.

– Certo? Errado? Quem sabe dizer o que é certo e errado?

Houve uma pausa até que Caroline prosseguisse. Adotou um tom de voz teatral, quando voltou a falar:

– Você não faz ideia do quão sofrível seria para mim ter de conviver com algo que não corresponde àquilo que sonhei para mim a vida inteira. Ser obrigada a vê-lo o tempo todo ali debaixo dos meus olhos...

– V-você... está querendo me dizer que...

A voz de Caroline soou tão forte que vibrou os vidros e cristais.

– Você é burra por acaso, Aretha?

– Então, o menino do orfanato...

Ela interrompeu as palavras da irmã, novamente.

– Você não sabe o que eu senti ao me lembrar que eu havia carregado em meu ventre, durante nove meses, "aquilo"!

Aretha também se exaltou:

– Seu filho!

25

– Uma aberração! – o grito de Caroline, em contrapartida, vibrou ainda mais os vidros e cristais.

Aos prantos, Aretha respondeu:

– Ainda assim seu filho, Caroline. Seu filho... – Não seria você quem teria de ficar olhando para ele o tempo todo pelo resto da sua vida.

– Você não pode ter se desfeito do seu filho tão friamente... Aretha trincou os dentes e respirou tensa, através deles.

Caroline imitou o gesto e disse:

– Meu único filho é uma menina que está em algum lugar desta casa, brincando e crescendo linda e viçosa.

Nunca seu tom de voz fora tão frio. A boca de Aretha tornou a se abrir um pouco, de choque e dor.

– Você não pode ter feito uma coisas dessas com o seu menino... é desumano.

Caroline bufou, ajeitou o cabelo e falou com nítido rancor:

– Sabe quantas vezes eu cheguei a vomitar só de lembrar que aquela... aquela coisa esteve dentro de mim? Não faz ideia. Foi por isso, Aretha, por isso que eu perdi aqueles quinze quilos aquela vez e todos pensaram que era por causa da morte da criança. Foi por me lembrar que a carreguei dentro de mim que fiquei em pele e osso. Por pouco não definhando até a morte.

– Meu Deus, como pode?

– Para longe de mim com suas lições de moral, Aretha.

Aretha explodia num choro agonizante enquanto Caroline voltou-se para o espelho da cômoda e ajeitou o cabelo como se estivesse dando os últimos retoques para sair para um sarau ou uma festa.

Minutos depois, a voz entristecida de Aretha voltava a soar no recinto.

– Traga o menino de volta para essa casa, Caroline.

Caroline riu, um riso jocoso.

– Trazer?! Como? Perdeu o juízo?! O que as pessoas diriam? Temos um nome a zelar, Aretha. Esqueceu, por acaso?

– O que é um nome em comparação a um filho, um ser humano?

– Que explicação daríamos para as pessoas quanto a sua volta? Que ele ressuscitou do reino dos mortos? Não, não teria cabimento.

– Minta! Diga que você e Raul enviaram o menino para uma clínica, uma espécie de hospital, onde ele pudesse ser tratado e, por isso, só voltou agora.

– Mentir?! Você quer que eu minta? Não ficaria...

– O que é uma mentira para você, Caroline? Somente mais uma, perto das tantas que você já inventou?

– Se está insinuando que sou uma mentirosa, saiba que está me ofendendo.

Aretha arriou os ombros, tornou-se ainda mais pálida. Era o retrato da própria tristeza.

– Eu estou decepcionada com você, Caroline. Muito decepcionada. Justo eu que sempre a admirei tanto.

– Terminou? Mesmo que não tenha, vá embora. Quero ficar só. Você já cansou um bocado a minha beleza. Deixou-me até com dor de cabeça.

– Isso é peso na consciência.

– Não, isso é peso de irmã chata e desagradável como você.

Aretha sentiu-se subitamente com falta de ar.

– Eu já vou indo, está faltando ar nesta sala.

– Já vai tarde.

– Vou, mas eu volto para conversarmos melhor sobre isso tudo. Aguarde-me.

– Não me faça proibir sua entrada nesta casa, Aretha.

Aretha nada respondeu, pegou seu chapéu com plumas e antes de partir acrescentou:

– Você deveria pedir a Deus que lhe desse juízo, iluminasse seus pensamentos e sentimentos.

– Eu não falo com Deus – respondeu Caroline, secamente.

– Pois devia.

Caroline encarou a irmã novamente e compartilhou com ela uma particularidade:

– Sabe por que eu nunca falei com Deus, Aretha? Porque tenho preguiça de erguer os olhos para o céu. É mais fácil falar com o demônio. É mais confortável para os olhos e a cabeça.

Aretha ficou indignada. Sem mais, partiu.

Caroline ficou sentada muito quieta, as faces em chama, os olhos irados. Não conseguia olhar para mais nada que estivesse naquele cômodo sem que visse a imagem do filho que dera como morto.

Um minuto depois, a pequena Ítala entrou no quarto, de mansinho, pegando a mãe de surpresa.

– Mamãe? – perguntou a menina no seu inimitável tom de voz.

Caroline voltou os olhos para a pequenina e procurou sorrir.

– O que foi mamãe? A senhora está chorando?

– Não minha querida, é lógico que não. Foi apenas um cisco que entrou nos meus olhos.

A explicação da mãe não pareceu a Ítala inteiramente satisfatória, percebeu Caroline. A filha era esperta. A mãe pôs a menina no colo, segurou firme, porém, com delicadeza seu rostinho e disse:

– A mamãe a ama muito, ouviu, querida? Muito. Nunca se esqueça disso. Você foi, é e sempre será o que de mais bonito me aconteceu nos últimos tempos. Compreendeu? Foi o presente mais bonito que Deus me deu.

– Compreendi, mamãe.

Novo beijo. Nova confissão por parte de Caroline:

– Estava com saudade.

Novo sorriso. Outro abraço apertado.

Nova pergunta, dessa vez por parte da menina.

– Saudade... Mamãe, a senhora sente saudade dele também?

– De seu pai, ora, é lógico que sim.

– Não, mamãe, do Pietro. Meu irmãozinho.

Caroline perdeu a fala. Sua garganta secou, sua boca se repuxou de forma esquisita.

– Eu sinto – continuou a menina –, mesmo sem tê-lo conhecido, eu sinto muita saudade dele. Que pena, mamãe, que pena que ele morreu.

Caroline pôs a menina no chão, levantou-se e retomando seu porte austero, falou:

– Pietro está morto, Ítala. Morto, compreendeu? E não se pode ressuscitar os mortos. Entende? Não se pode! Nunca! Jamais!

Naquela tarde, quando Raul voltou para casa, Caroline o pôs imediatamente a par dos últimos acontecimentos.

– Aretha já sabe de tudo, Raul...

– De tudo o quê?

– Sobre o menino...

– Você quer dizer...

– Isso mesmo. Ela descobriu tudo, por acaso. Foi a uma bendita costureira que mora do lado do bendito orfanato onde você, contra a minha vontade, deixou aquela criatura.

Raul estava pasmo. Era coincidência demais.

– Eu disse a você que não deveria tê-lo deixado lá! – tornou Caroline, enfurecida. – Eu disse! Mas você não me ouviu!

– Caroline, por favor...

– Só quero saber como é que você vai solucionar esse problema agora. Porque se a louca da Aretha der com a língua nos dentes, nós passaremos a maior vergonha do mundo diante da sociedade.

– Calma, meu amor...

– Calma?! Que calma, que nada!

Fulminando o marido com os olhos, Caroline foi enfática mais uma vez:

– A culpa é toda sua, Raul. Toda sua! Aquele menino tinha de ter sido morto!

O homem quedou atarantado.

Raul era um homem bonito, de cabelos pretos, pele morena, olhos negros, porte elegante. Aos 30 anos ainda desconhecia o que era a necessidade de trabalhar, seu passatempo era se reunir com os amigos das altas rodas para beber, fumar, prosear e jogar cartas.

Naquela noite, no orfanato...

Elga Mentz após bordar e coser as roupinhas das crianças do orfanato, passou de quarto em quarto para dar um beijo de boa noite nos órfãos que viviam sob sua responsabilidade. As crianças ali dormiam cedo.

Encontrou Pietro aguardando por ela, com uma folha de papel na mão.

– Pietro?! – espantou-se ela, sorridente. – O que faz com esse papel na mão, meu querido? Por acaso vai escrever uma carta para alguém?

– Vou, sim, e quero que a senhora me ajude.

– Agora?

O menino fez que sim, com a cabeça.

– Agora é hora de dormir.

– Por favor, dona Elga.

Por pena do menino, a alemã acabou concordando. Sentou-se ao lado dele e perguntou:

– Para quem é a carta?

O menino, sorrindo, respondeu:

– Eu quero escrever uma carta para a mamãe. Para que ela não se sinta só.

Elga Mentz observou sem pestanejar:

– Sua mãe não está só, Pietro. Está com Deus.

– E Deus para que a quer?

– Não sei. Se algum dia O virmos, perguntamos-lhe.

30

– Como é, dona Elga, esse lugar onde Deus mora com a minha mãe?

– É um lugar incompreensível de onde, até onde sei, ninguém volta mais.

– Por que voltar se estaremos ao lado de Deus, não é mesmo?

A mulher sorriu.

– Sim, Pietro. Exatamente. Por que voltar se estaremos ao lado de Deus? Quer companhia melhor do que a dEle? Você é um garoto muito inteligente, Pietro.

– A senhora sempre me diz isso.

– É porque é verdade, meu querido. A mais pura verdade.

– Será que o papai está com a mamãe?

– É lógico que está, Pietro. Não só ele como todos os seus antepassados.

– Quem eram eles, dona Elga?

– É impossível saber, meu querido. De geração para geração o nome deles se perdem, infelizmente.

– Infelizmente?

– Digo infelizmente porque gostaria muito de saber quem foram os meus antepassados. Como eram, como viveram, pois sou uma extensão da união deles, sem eles eu não estaria aqui.

Voltando-se para a criança, Elga Mentz, rindo, comentou:

– Essa conversa não é para crianças da sua idade. É tema para palestra de adultos.

Naquela mesma noite, enquanto Aretha procurava adormecer, sua mente repassou involuntariamente tudo o que havia se passado entre ela e a irmã, naquela tarde, em seus aposentos.

"O que faria se ganhasse um presente que não suporta sequer olhar para ele? Daria um jeito de dá-lo para alguém que se sentisse melhor na sua presença e se não fosse possível, deixaria que ele, um dia, se quebrasse e diria que foi sem querer. Não é mesmo? Cachorros e gatos insuportáveis são doados, quando seus donos não se adequam a eles. A vida é assim, não gostou, passou para frente.

No passado... em algumas culturas, a sociedade permitia às mulheres que tinham filhos retardados, fisicamente mal concebidos, o direito de matá-los. Sufocavam essas crianças com travesseiros ou as arremessavam no abismo. Essa época existiu, Aretha. Você não sabe o que eu senti ao me lembrar que eu havia carregado em meu ventre, durante nove meses, "aquilo"! Meu único filho é uma menina que está em algum lugar desta casa, brincando e crescendo linda e viçosa. Sabe quantas vezes eu cheguei a vomitar só de lembrar que aquela... aquela coisa esteve dentro de mim? Não faz ideia. Foi por isso, Aretha, foi por isso que eu perdi aqueles quinze quilos aquela vez e todos pensaram que era por causa da morte da criança. Foi por me lembrar que a carreguei dentro de mim que fiquei em pele e osso. Por pouco não definhando até a morte.

Eu não falo com Deus... Sabe por que nunca falei, Aretha? Porque tenho preguiça de erguer os olhos para o céu. É mais fácil falar com o demônio. É mais confortável para os olhos e a cabeça."

Quanto mais repassava em memória as palavras de Caroline, mais e mais Aretha se sentia indignada e horrorizada. Revoltada, seria propriamente a palavra para descrever seus sentimentos. Como ela poderia ter feito uma coisa daquelas, pior, como poderia ser sua irmã? Foi com muito custo que Aretha conseguiu adormecer, foi um sono pesado e tomado de pesadelos.

Terceiro capítulo

No dia seguinte, após o almoço, Raul Velasco procurou a cunhada na casa dela para falar sobre o filho.

– Raul? – surpreendeu-se Aretha ao vê-lo.

O cunhado dirigiu-se diretamente até ela, tomou-lhe a mão, beijou e disse, num tom afetuoso:

– Olá, Aretha. Preciso lhe falar. Em particular.

Ela o encaminhou até a sala conjugada àquela.

Crispando as mãos, mordendo os lábios, Raul sentou-se na poltrona ao lado da que Aretha ocupava. Suas pestanas tremeram. Houve um brevíssimo momento de hesitação antes de dar início à conversa:

– Eu soube que você esteve lá em casa ontem à tarde e que...

Raul enrubesceu ligeiramente ao ver o olhar perscrutador de Aretha sobre ele. Dispensando os preâmbulos, foi direto ao assunto:

– Eu tive medo, Aretha, entende? Medo de que Caroline fizesse algo contra a criança ainda que fosse, a seu ver, para poupá-la de uma vida sob os olhos preconceituosos das pessoas, muitas delas, caçoando de seus pés tortos, pelas costas.

– Poupar Caroline dos olhos preconceituosos, você quer dizer. Não o pobre menino.

– Não! Se ela tirasse a vida do filho, acredite-me, seria para poupá-lo do preconceito, não somente para se resguardar da vergonha de ter tido um filho com deficiência. Seria também para poupá-lo da dificuldade e do sofrimento que seria para o menino ter de andar com os pés virados daquela forma.

Você pode não acreditar, Aretha, mas por baixo de toda aquela frieza de Caroline, que leva muitos a pensar que ela não tem coração, há uma mulher cujo coração é cheio de bondade. Além, obviamente, do sentimento de mãe. O lado racional e o sentimental, com certeza, entrariam em conflito. Duelariam até a morte. A morte de um dos envolvidos. A dela ou a do menino.

– Confesso, Raul, meu cunhado, que estou pasma. Quer dizer que ela realmente cogitou a hipótese de matar a criança?

Ele suspirou, nervoso. Sua resposta não foi direta.

– Se ela fizesse algo contra a criança seria acusada de assassinato, por isso tive medo. Medo também de que o choque que seu nascimento lhe provocou a fizesse definhar de remorso e indignação. Amo Caroline você bem sabe o quanto. Por isso...

– Por isso você deixou aquela criança naquele orfanato.

– Sim. Foi a melhor solução que eu encontrei para mãe e filho. Para mim também.

Mas saiba que desde que deixei o menino lá, ajudo financeiramente o lugar, todo mês. É lógico que faço essas doações sem me identificar. Ninguém dali sabe que o menino é...

– E você acha, Raul, que dinheiro é o suficiente para preencher o carinho de um pai e de uma mãe que uma criança necessita para crescer feliz, ainda mais nas condições em que Pietro nasceu?

Ele olhou-a reto e direto, sem responder.

Aretha estudou seu semblante por um momento e concluiu:

– Você também não suportou ver seu filho com aquela deficiência, não é mesmo?

Ele pendeu a cabeça para baixo.

– Eu sabia. Você e Caroline são tão iguais. Não é à toa que muitos dizem que são os iguais que se atraem, não os opostos.

Raul parecia afogueado quando voltou a falar:

– Aretha, pelo amor de Deus, eu lhe peço. É mais que um pedido é uma súplica! Eu imploro a você, se for preciso. Ninguém pode saber do que houve, jamais! Seria um escândalo você bem sabe.

Aretha se mostrou ainda mais indignada.

– Posso contar com você? Por favor.

Aretha apertou os lábios.

– Você foi sempre tão centrada...

Havia uma admiração quase invejosa em sua voz.

Aretha acenou com a cabeça, concordando vigorosamente.

– Se você quer assim, Raul... Se você quer assim, Raul...

– Não pense que Caroline saiu ilesa de toda essa história. Ela pode parecer forte, um muro impenetrável, mas sei que não é, ninguém é. Podemos fingir que somos uma fortaleza impenetrável, mas tudo não passa de um fingimento barato, uma representação medíocre. Por baixo todos têm um coração frágil como um cristal.

Você é mãe também pode fazer ideia do que é ter de abrir mão de um filho para poupá-lo de um sofrimento ainda maior do que ele já está passando. Ainda que seja para proteger a si própria dos outros.

A resposta de Aretha surpreendeu Raul.

– Você não é mãe, mas é filho e por ser um, sabe muito bem o quanto é difícil para um filho ter de separar de sua mãe, do seu pai e de sua família.

Ele baixou a cabeça.

– Preciso ir – disse, um minuto depois.

Ele parou junto à porta da sala e olhou em torno. Então, concentrou o olhar mais uma vez em Aretha. Havia um apelo em seu olhar, dizia nitidamente: "Pelo amor de Deus, não conte a ninguém o que descobriu. Não torne tudo ainda mais difícil do que já esta sendo para mim, para nós."

Sem mais, Raul Velasco partiu.

Aretha ficou ali, entregue a reflexões. Foi a chegada de Ágatha que a trouxe de volta à realidade.

– O que foi, mamãe? A senhora está chorando?

– Estou sim, filha. Chorando de indignação e de vergonha por saber que existem seres humanos capazes de tudo para não ficar mal diante da sociedade.

35

– Não entendo...

– Você é muito menina para compreender.

Aquela noite, com Primízio, Aretha contou tudo para o marido.

– Estou pasmo! – admitiu ele.

– Eles se desfizeram do filho como se fosse um objeto que veio com defeito.

– É inacreditável...

– É, não é?

– O que pretende fazer?

– Não sei... ainda não sei...

– Raul tem razão... Se disser alguma coisa será um escandalo.

– Mas eu preciso fazer alguma coisa pelo menino. Ele é meu sobrinho... não posso esquecer disso, fingir que nada sei...

Primízio abraçou a esposa, procurando tranquilizá-la naquele abraço.

Nos dias que se seguiram, enquanto Aretha procurava por uma solução para o caso, visitava Pietro no orfanato, sempre que possível. Sua chegada era sempre uma alegria para a criança. Foi durante as visitas que ela descobriu que o menino tinha dom para a música. Tocava um violino, herdado por Elga Mentz de um tio, divinamente bem, como se fosse um músico com experiência de anos. Era maravilhoso de se ver, maravilhoso de se ouvir.

Duas semanas depois, por volta das duas da tarde, Ágatha foi visitar a prima em sua casa. Entrou na sala em que Caroline se encontrava, tão silenciosamente, que a tia, que naquele momento examinava o jardim pela janela, não notou sua chegada.

– Como está, titia? – perguntou a sobrinha com sua voz graciosa.

A pergunta assustou Caroline e a fez virar como um raio na direção da garota.

– Ágatha?!

36

Caroline enrubesceu ligeiramente ao ver o olhar desconfiado da sobrinha sobre ela. Por mais que fosse uma menina inocente e Aretha houvesse jurado que manteria segredo a respeito do filho, Caroline teve a impressão de que a menina sabia da verdade. Poderia, por que não? Bastava apenas ter ouvido sem querer atrás da porta.

Quando Caroline deu por si, a menina já não se encontrava mais presente. Ela girou o pescoço ao redor à sua procura, mas ela parecia ter-se evaporado.

Era por volta das cinco da tarde e Caroline já se encontrava sentada à mesa da varanda, frente ao jardim de roseiras para tomar seu chá das cinco, quando Aretha entrou no recinto, tomada de visível aflição.

– Você viu Ágatha? – perguntou, ansiosa.

– Ágatha?! – alarmou-se Caroline. – Sim, ela esteve aqui, trocou algumas palavras comigo, mas isso já faz algum tempo. Deve ter sido por volta das duas, três da tarde. Não me lembro direito. Por quê?

– Onde está Ítala?

– Brincando por aí, como sempre. As duas devem estar juntas.

Aretha atravessou a porta que dava acesso ao jardim e se pôs a chamar pela filha e pela sobrinha. Por mais que chamasse, nenhuma das duas respondeu.

O mordomo, a mando de Caroline, chamou as criadas e todos saíram à procura das meninas.

O cocheiro ao ouvir os chamados correu até a patroa e disse:

– As duas meninas, minha senhora, saíram de carruagem.

– Como?! Com que ordem?

– Saíram na carruagem que trouxe a pequena Ágatha para cá.

– Meu Deus, para onde essas duas foram?

Aretha mergulhou nos seus pensamentos por instantes.

– Eu já sei! – exclamou. – Já sei para onde Ágatha levou Ítala.

Caroline olhou ressabiada para a irmã.

– Você vem comigo?

Aturdida, Caroline respondeu que "sim". As duas tomaram a carruagem e partiram. Quarenta minutos depois chegavam à frente do orfanato onde vivia Pietro.

Caroline espiou pela janela.

– Que lugar é esse? – perguntou, sentindo ojeriza do local.

– É o orfanato de que lhe falei.

Caroline arrepiou-se.

– E você me trouxe aqui para quê?

– Porque as meninas devem estar aí.

– Aqui?!

Assim que Aretha desceu do veículo, avistou a carruagem de sua propriedade, a que havia levado Ágatha até a casa da prima, estacionada um pouco à frente do orfanato de dona Elga Mentz.

O cocheiro estava a poucos metros do veículo encostado no tronco de uma árvore, fumando um cigarro de palha.

– Arthur? – chamou ela.

– Dona Aretha?! – espantou-se o empregado. – O que a traz aqui?

– Cadê Ágatha?

– Ela e a prima entraram nesse casarão. Ordenou que eu esperasse por elas aqui. Disse que a senhora havia me autorizado a trazê-las para cá...

– Está bem, Arthur, obrigada.

Aretha voltou até a carruagem e confirmou o que supôs.

– Eu vou lá dentro buscá-las – explicou.

– Vá. O mais rápido possível – ordenou Caroline, impaciente. – Quanto mais cedo sumirmos daqui, melhor!

Caroline permaneceu dentro da carruagem num estado de aflição, atípico. Crispava as mãos, mordia os lábios, friccionava o pescoço num gesto nervoso.

O menino Pietro arregalou os olhos ao avistar Aretha, entrando na sala em que sempre ficava, e seu rosto logo se iluminou com um sorriso de ponta a ponta.

As meninas sentadas ao lado dele voltaram-se para trás e ao verem Aretha também sorriram.

– Como vai Pietro? – perguntou Aretha encantada por revê-lo.

– Bem, muito bem. E a senhora?

Voltando-se para as meninas, Aretha mudou o tom:

– E as duas mocinhas podem me dizer por que vieram para cá sem me avisar?

Foi Ágatha quem respondeu, devidamente:

– Eu queria muito trazer a Ítala para conhecer o Pietro, mamãe. Quando perguntei a ela se queria conhecê-lo e ela me respondeu que sim, pedi ao Arthur para nos trazer. Como foi ele quem nos trouxe à costureira das outras vezes, saberia chegar...

– Ágatha, você pelo menos deveria ter avisado sua tia.

– Se eu tivesse, ela não teria deixado Ítala vir.

Aretha silenciou-se, aquilo era bem verdade.

– Bom, agora que já conversaram e brincaram um bocadinho com Pietro, precisamos ir.

– Já?!

A oposição partiu de Ítala.

– Sim, mocinha. Sua mãe está preocupada com você. Está lá na carruagem, aguardando ansiosamente por sua chegada.

– Mamãe está aí?! Vá chamá-la, titia, para conhecer o Pietro. Vá, por favor.

– Estamos com pressa, minha querida. Outro dia, outra hora voltamos.

– Que pena!

Só então Aretha deu atenção a uma garotinha que estava sentada ao lado das duas. Uma menina de rostinho bonito, olhos brilhantes, cabelos cacheados.

– E quem é essa mocinha?

A menina sorriu, timidamente. Ágatha respondeu por ela.

– Seu nome é Adoriabelle.

Sorrindo, Aretha comentou:

– Que nome diferente.

– Ela gosta de contar histórias – explicou Pietro com certo orgulho da menina.

– Um dia vou querer ouvi-las. Você conta para mim, Adoriabelle?

A menina fez que sim, com a cabeça.

– Maravilha! Agora precisamos ir...

Aretha suspendeu a fala ao perceber que a menina não tinha as duas mãos. Antes que notassem seu choque, falou:

– Ágatha e Ítala, despeçam-se de seus amiguinhos, por favor.

As duas se despediram. A seguir foi a vez de Aretha dar um abraço de adeus em Pietro.

– Fique bem, meu bem – disse ela, emocionando-se novamente por estar com o menino.

– Que dia vocês voltarão? – perguntou ele ansioso pela volta de todas.

– Assim que pudermos – adiantou-se Aretha.

– Amanhã? – arriscou Ágatha e voltando-se para a mãe, insistiu:

– Por favor, mamãe.

– Eu não prometo – respondeu Aretha. – Mas assim que possível, estaremos de volta.

O menino aquiesceu.

Foi a vez, então, de Aretha se despedir de Adoriabelle. Beijou a menina na testa e lhe desejou boa sorte.

Assim que as três visitas se foram, Adoriabelle aproximou-se do amiguinho e falou:

– Não fique triste, Pietro. Eu ainda estou aqui para lhe fazer companhia.

O garotinho olhou-a com olhos mareados e procurou sorrir.

– Quer que eu conte para você uma das minhas historinhas? – sugeriu ao menino.

Ele fez que sim, com a cabeça e ela, que sempre gostava de alegrá-lo com suas histórias, fruto de sua imaginação, ficou feliz novamente por lhe ser útil de alguma forma.

Antes de deixar o lugar, com bastante discrição, Aretha perguntou a Dona Elga Mentz a respeito de Adoriabelle. Quis saber a razão de não ter as duas mãos.

– É um problema de nascença, senhora.

Aretha fez sinal de compreensão enquanto visualizava novamente a menina com seu rosto delicado e seus lindos cabelos cacheados.

– Por que ela veio parar aqui? – perguntou a seguir.

– Não sei. Foi deixada em frente à porta do orfanato. Embaixo de neve. Por pouco não morreu de frio.

– Que judiação.

– Nem fale!

– Bem, preciso ir. Até logo.

– Volte logo. Todos aqui ficam sempre muitos felizes com a sua visita.

Aretha sorriu e deixou o lugar.

Assim que Ítala entrou na carruagem, Caroline a repreendeu:

– Nunca mais saia de casa sem me pedir autorização, mocinha! Assim que chegarmos em casa, vamos ter uma conversa muito séria.

A menina se encolheu toda por debaixo do vestidinho. Voltando-se para a sobrinha, Caroline também a repreendeu:

– E quanto a você, Ágatha. Que bonito, hein? Sair com sua prima, minha filha, sem pedir consentimento. Você merece uma surra, menina. Pelo menos um mês de castigo.

Aretha achou melhor não opinar para não piorar a situação.

– Mamãe – falou Ítala a seguir. – A senhora precisa conhecer o amiguinho da Ágatha. Ele...

– Eu não quero saber, Ítala.

– Mas ele é muito legal!

– Não quero saber – repetiu Caroline erguendo a voz. – Ficou surda por acaso?

A menina fez beicinho de choro contido. Caroline explodiu:

– Vai chorar agora só porque eu não quero ouvir o que você tem a me dizer, é?

A menina não se conteve. Caroline foi impaciente mais uma vez:

– É mesmo uma manteiga derretida.

Foi preciso Aretha consolar a menina em seus braços para ela se acalmar.

Ágatha durante todo o trajeto de volta, prestou atenção ao semblante da tia, o que incomodou Caroline profundamente. A cada tranco que a carruagem dava por passar em trechos sinuosos ou esburacados, Caroline dava seus chiliques e dizia os maiores impropérios.

Assim que Raul voltou para casa, do clube onde jogava conversa fora e entretinha seu tempo com jogo de apostas, Caroline contou a ele o que acontecera naquele dia. Raul, no mesmo instante, repreendeu a filha por ter feito o que fez. Ítala foi para o quarto, chorando copiosamente.

Aretha, naquela mesma noite, decidiu ter uma conversa muito importante com o marido.

– Amor, eu estava pensando aqui com os meus botões...

– Conheço bem esses olhinhos... – adiantou-se Primízio com bom humor. – Sei que está pensando em algo muito importante.

– Você me conhece muito bem, Primízio. Estou mesmo.

– Vamos lá, diga-me, o que é? Aposto que se refere ao seu sobrinho Pietro, não é mesmo?

– Acertou de novo. Bem, o menino é sangue do meu sangue. Não acho certo deixá-lo naquele orfanato, desamparado. Eu não vou conseguir mais dormir em paz se não fizer alguma coisa por ele.

– O que sugere?

Os olhos de Aretha responderam por ela.

– Só depende de você, meu marido, dizer sim.

Primízio não precisou pensar para dar a resposta à esposa:

– Se isso a fará feliz... está bem... adotaremos o menino.

O rosto de Aretha se transformou. A alegria tomou conta dela por inteira. Ela correu até o marido, beijou-o e falou, eufórica:

– Você não vai se arrepender de adotá-lo, meu amor. Pietro é uma criança adorável!

– Deve ser mesmo para ter encantado você e Ágatha como encantou.

O casal se abraçou.

– Sua irmã não vai perdoar-lhe jamais – foi o comentário do marido, minutos depois.

– Pois eu estou pouco me lixando com Caroline. O que importa para mim é a felicidade de Pietro.

Um sorriso brilhou na face de Primízio Garavelo.

– É por essas e outras que admiro tanto você, Aretha.

– E por ter um coração generoso e compreensivo que eu também admiro você, Primízio.

O casal novamente se abraçou e se beijou.

Meia hora depois, Aretha e Primízio contavam a novidade para Ágatha.

– Filha, eu e seu pai estamos pensando em adotar o pequeno Pietro. O que você acha da ideia?

– Pietro?! – exclamou a menina, radiante. – Oh, mamãe, isso será muito bom!

O casal se entreolhou, contente.

– Quando ele chega?

– Assim que os papéis da adoção estiverem prontos.

– Maravilha! Precisamos começar a ajeitar o quarto dele. Qual será?

– Você decide, meu anjo.

– O do lado do meu. Que tal?

– Maravilha!

A menina beijou a mãe e o pai e declarou com aquela voz que vem direto do coração:

– Vai ser muito bom ter o Pietro aqui. Gosto dele e eu sempre quis ter um irmão.

Marido e esposa se entreolharam, felizes por terem tomado aquela decisão.

Semanas depois, Raul chegou para a sua visita habitual ao orfanato e se espantou ao ser informado por Elga Mentz que o pequeno Pietro havia sido adotado por um casal muito idôneo.

– Com tantas crianças – disse ele dando uma pausa antes de acrescentar – sadias... Eles foram adotar justamente um menino de pés tortos?

– Para o senhor ver como existe no mundo ainda pessoas que não se importam com pequenos detalhes como esse.

– Surpreendente!

Raul aquietou-se por instantes. Depois perguntou:

– A senhora poderia me passar o endereço do casal que o adotou? Gostaria muito de conhecê-los.

Elga Mentz foi rápida na resposta:

– Posso, sim.

Anotou no papel o nome e o endereço dos pais adotivos de Pietro e entregou a Raul, que logo depois de ler o que estava escrito ali, deixou o orfanato quase que correndo, sem sequer despedir-se da mulher.

Elga Mentz correu atrás dele e perguntou:

– O senhor vai continuar ajudando o orfanato agora que o menino não mora mais aqui?

Mas Raul não respondeu, entrou apressado na Landau – carruagem de 4 rodas, com dupla capota que se levanta e abaixa – e partiu.

Elga Mentz achou definitivamente muito estranha a atitude daquele homem que era também, a seu ver, muito estranho.

Uma hora depois Raul se posicionava em frente da esposa.

– O que foi? – questionou ela, olhando com cara de entojo para ele. – Qual o motivo por trás dessa cara de tacho?

– O menino... – balbuciou o homem.

– Menino?... Que menino?!...

– Você sabe...

Caroline amarrou o cenho.

– Já lhe pedi para não me falar dele... Não sei por que insiste...

Raul apressou-se em dizer:

– Ele foi adotado.

O rosto de Caroline transformou-se.

– Impossível! Quem adotaria "aquilo"?!

A resposta foi imediata:

– Sua irmã, por exemplo.

Caroline riu, sarcástica.

– Aretha é louca, mas não tanto. Duvido muito que chegaria a esse ponto.

– Pois ela chegou.

– Primízio Garavelo jamais consentiria a adoção. Se ela o fez, só pode ter sido sem o consentimento dele.

– Ele consentiu, Caroline. O menino agora carrega o sobrenome dele.

Caroline arreganhou os dentes num sorriso sarcástico.

– Só acredito vendo, com os meus próprios olhos.

– Se duvida de minhas palavras, pois então vá à casa de sua irmã.

Caroline bufou. Meio minuto depois, punha para fora sua indignação num tom de voz alto, agudo e irritante.

– Eu vou matar Aretha, se ela fez uma coisas dessas comigo!

Dessa vez a ironia partiu de Raul:

– Então é melhor providenciar uma arma para levar consigo.

Caroline, num rompante, derrubou tudo que estava sobre a sua cômoda.

– Aretha não pode ter tido a pachorra de...

– Ela teve, acredite-me.

– Mas isso não vai ficar assim, Raul! Não vai mesmo!

Ela suspirou, pesado.

– E a culpa é toda sua, Raul. Se tivesse feito o que eu sugeri.

O marido mordeu os lábios, atônito.

Nisso, Ítala apareceu à porta.

– O que houve, mamãe? – perguntou com voz aflita. – Ouvi um barulho.

Ao avistar os objetos caídos ao chão, alarmou-se.

– O que aconteceu?

O pai engoliu em seco. A mãe foi até a menina e a consolou.

– Não foi nada não, minha querida. Pensei ter visto um rato ou coisa parecida e para me livrar dele acabei jogando tudo que estava sobre a penteadeira no chão.

– Um rato?

– Sim, minha flor. Um rato de pés tortos.

A menina arregalou ainda mais os olhos. Caroline continuou impiedosa:

– Era mais que um rato, Ítala. Era um monstrinho... Um monstrinho de pés tortos.

Antes que houvesse uma nova pergunta por parte da menina a mãe abraçou a filha, derramando todo o seu amor sobre ela.

Duas horas depois Caroline chegava à casa de Aretha. Em menos de cinco minutos ambas estavam a sós numa sala, frente a frente.

– Eu tinha de vir pessoalmente – começou Caroline, com ódio –, para poder ouvir da sua boca, olhando fundo nos meus olhos que...

Aretha adiantou-se na resposta.

– Adotei seu filho sim, Caroline.

O rosto de Caroline transpareceu ainda mais ódio. Fulminando a irmã com os olhos, com a boca salivando de raiva, Caroline deu sua mais sincera opinião:

– Você adotou uma criatura defeituosa, apenas isso.

Aretha se inflamou.

– Criatura defeituosa uma ova. Seu filho!

Caroline sem pensar duas vezes deu um tapa no rosto da irmã.

– Nunca mais repita isso, sua ingrata! – bramiu. – Era eu quem cuidava de você quando criança. Que lhe fazia as vontades. Brincava e lhe dava atenção. Era eu quem ficava com você quando adoecia, que chegava até a orar por seu restabelecimento. Eu, Caroline, está me ouvindo?! Euzinha aqui! Por isso eu não merecia ter sido traída por você dessa forma! Justo por você!

– O que tem a ver tudo isso?

– Tudo a ver, Aretha. Você me deve respeito e consideração por eu ter cuidado de você quando menina.

– E eu tenho. Sempre tive. Mas não é por isso que vou compactuar com suas maldades e equívocos. Não mesmo.

Caroline, olhando feio para a irmã falou:

– Eu não vou permitir que meus olhos pousem sequer num fio de cabelo daquela criatura defeituosa. Não mesmo. Quando me vir por aí e estiver na companhia "daquilo", finja que não me conhece, pois eu fingirei o mesmo. E não ouse, em momento algum, pôr os pés na minha casa com aquela aberração da natureza. Não, mesmo!

– Se é assim que você quer, minha irmã, assim será.

Sem mais delongas, Caroline calçou novamente suas luvas, com os olhos a ir e vir dos da irmã. Ajeitou o chapéu de plumas sobre a cabeça e partiu.

Aretha voltou-se para o espelho e concentrou-se nas lágrimas que rolavam por sua face. Ela não sabia dizer ao certo porque chorava. Só sabia que estava disposta a fazer do sobrinho, agora, seu filho, um ser humano digno de tudo que é bom na vida.

Meses depois, devido à morte do pai de Primízio, ele se viu obrigado, por causa dos negócios da família, a mudar com a esposa, filha e filho adotivo para uma cidade a cerca de três horas daquela na qual estavam acostumados a viver. Isso distanciou ainda mais Aretha da irmã. Quem sentiu muito foi Ágatha por ter de ficar longe de Ítala, sua prima querida.

Ali, Pietro foi matriculado na melhor escola da cidade e, apesar de muitas crianças lhe dirigirem olhares tortos, ele parecia não se importar com eles.

O garoto passou também a estudar música e fazer aulas de violino, sua paixão, com um dos melhores professores de violino da época. O professor Schneider, uma sumidade.

Logo Pietro tornou-se o aluno predileto do mestre, não só por seu carisma, mas pela rapidez com que dominava o instrumento. O homem nunca tivera um aluno tão virtuoso.

Tudo isso foi motivo de orgulho para Aretha e Primízio. Ágatha também se sentia orgulhosa por ter um irmão tão talentoso que despertava tanta admiração nas pessoas.

E assim os meses foram passando e se tornando anos... Quanto a Caroline, pouco encontrava a irmã. Quando isso acontecia era em casamentos de familiares, amigos em comum da alta sociedade e, mesmo assim, a tratava friamente sem abrir espaço para uma conversa longa e amigável.

Era nessas horas que Ágatha e Ítala matavam a saudade por terem ficado longe uma da outra.

Quando a menina soube que Pietro havia sido adotado pelos tios, ficou surpresa e feliz ao mesmo tempo.

Ao comentar com a mãe, Caroline cortou-a rispidamente:

– Não quero saber nada que diz respeito a essa... criança, Ítala, por favor.

– Mas a senhora não achou que a titia e o titio fizeram bem em adotar o menino?

– Não, Ítala! Achei uma estupidez. E você é ainda muito menina para compreender o porquê de eu pensar assim.

Ao comentar com o pai, Raul repetiu o comportamento da esposa. A cabecinha de Ítala, por mais que tentasse, não conseguia compreender por que os pais eram contra aquela adoção. Depois de muito refletir, chegou à conclusão de que era porque os dois não tinham tido a oportunidade de conhecer melhor o garoto. Se tivessem, aí sim, saberiam o quanto ele era maravilhoso.

Certo dia, Ítala, com 14 anos nessa época, fez uma pergunta aos pais que os deixou alarmados.

– O meu irmão... – começou ela.

– Irmão?! – assustou-se Raul, lançando um olhar alarmado para a filha e depois para a esposa. – Que irmão, Ítala?!

– Ora, papai, o meu irmãozinho... O que morreu quando ainda era bebê.

O casal relaxou.

– Ah, sim... – respondeu Raul com evidente alívio. – O que tem ele?

– Teria sido bom se ele tivesse sobrevivido. Gostaria muito de ter um irmão, ainda que adotado, como a Ágatha tem. O irmão dela é músico, sabiam? Um virtuoso violinista.

Caroline interferiu na conversa:

– Quantas vezes vou ter de pedir a você, Ítala, que não me fale desse garoto? Nada que se relaciona a ele interessa a mim e a seu pai.

– Mas, mamãe, Pietro é um garoto muito asseado.

– Chega, Ítala!

O pai resolveu ajudar:

– Por favor, filha, não aborreça sua mãe com este assunto.

A garota baixou os olhos e respondeu:

– Está bem. Eu sinto muito por ter falado o que não devia.

– Está perdoada, minha querida – argumentou Caroline –, mas que isso não mais se repita. Combinado?

– Combinado, mamãe.

E o tempo continuou seguindo seu curso e Ítala, Ágatha e Pietro atingiram o auge da adolescência, cada vez mais entusiasmados com a vida.

Ítala frequentava os bailes para a sua idade. Sempre vestida com muita elegância e graciosidade. Ágatha fazia o mesmo, só nos que aconteciam na sua cidade.

Pietro, por sua vez, preferia ficar na casa, dedicando-se ao violino que dominava cada dia mais com precisão e paixão.

Aretha se perguntava se ele não se escondia atrás da dedicação ao violino para ter uma desculpa para não frequentar os bailes e saraus para jovens da sua idade, por sentir vergonha dos pés. Ao comentar com Primízio, este não soube responder.

Quarto capítulo

Sete anos depois do momento em que esta história começou a ser narrada, o destino unia Ágatha Garavelo, com 17 anos nessa época, à Achille Priami Gastiglioni, de 19 anos.

Achille era um moço de aspecto um tanto jovial, com um largo e franco sorriso que travava facilmente conversa com as pessoas, mostrando o seu bem-humorado sorriso e respondendo com entusiasmo às observações.

Quando Ágatha o conheceu teve dúvidas se o moço a veria pelo mesmo halo de fascínio que ela o viu. O seu olhar parecia impessoal e sem a menor curiosidade, quando cruzou com os seus pela primeira vez. Aquilo a desmoronou, fez com que ela fechasse os olhos e suspirasse.

"Bem", pensou ela, "de nada vale eu gostar dele, se ele não gosta de mim". Quando abriu os olhos por pouco não gritou de susto. O moço estava bem de frente a ela, mirando seus olhos, mostrando o seu belo sorriso e parecendo muito disposto a conhecê-la.

– Senhorita – disse o cavalheiro curvando-se sobre a sua mão na mais elegante de suas atitudes.

Ágatha quis se mostrar simpática, mas o nervoso repentino ofuscou sua simpatia. Seus olhos azul-acinzentados fitaram vivamente o rosto do desconhecido, percorrendo cada traço seu que de longe já achara bonito, de perto, era de tirar-lhe o fôlego.

Ele pronunciou algumas frases floreadas e só então aguardou que ela dissesse alguma coisa.

51

A chama da paixão tremeluziu a princípio por receio de que o encontro desse em nada, mas acabou terminando às mil maravilhas. Ele respondia a tudo que ela falava, cordialmente e com grande interesse, ela idem. Desde então, os dois jamais deixaram de se ver, logo ele pediu permissão a Primízio para cortejar sua filha e foi assim que os dois jovens firmaram namoro. De uma forma natural e espontânea como deve ser.

Um ano depois aconteceu o noivado (1848). Ágatha estava linda dentro de um vestido de tafetá e nos pezinhos mimosos um sapato de brocado. A ocasião foi brindada com um bom vinho e abrilhantada pelo talento de Pietro ao violino. O rapaz tocou pelo menos cinco músicas, arrepiando todos de emoção.

Assim que Ítala soube do noivado da prima, quis muito ir visitála. De tanto insistir, Caroline acabou consentindo que fosse.

Galante como um jovem de tempos passados, Pietro ajudou Ítala a descer os instáveis degraus da carruagem e lhe ensinou como chegar até o local onde Ágatha se encontrava, pelo caminho mais curto.

– Você foi muito gentil – agradeceu a jovem, olhando com interesse para o irmão adotivo de Ágatha. Na verdade, seu irmão. O qual ainda pensava ter morrido quando bebê.

Pietro sorriu, cortês.

Assim que as duas primas se encontraram, Ítala elogiou o rapaz.

– Seu irmão...

– O que tem ele? – interessou-se Ágatha. – Ele é gentil, não é?

– Sim. Ele me dá a sensação de que já o conheço de longa data.

Ágatha sorriu.

– Às vezes temos mesmo essa sensação. Os orientais e indianos, pelo que soube, dizem que isso acontece porque somos velhos conhecidos de vidas passadas. Uns acham que é apenas uma sensação.

– E você, Ágatha, acha o quê?

– Eu, particularmente, acho que os orientais e indianos estão certos.

A boca de Ítala soltou um "Oh!" espontâneo.

– Você acha mesmo que nós já vivemos outras vidas?

– Hum, hum – respondeu a mocinha, puxando a prima para um outro lugar da casa.

– Só você mesma para acreditar numa coisa dessas, Ágatha.

– Dê-me uma razão para não acreditar, Ítala! Uma razão plausível.

– Bem... não há provas conclusivas de que existe vida após a morte, muito menos de que vivemos outras vidas.

– Eu sei. Mas acredito em tudo até que seja provado o contrário. E a ciência não pode provar. Ela apenas diz que não há provas, mas também não tem como provar que não existe. É tal como uma doença, Ítala. Quando se diz que uma doença não tem cura, na verdade estamos querendo dizer que ainda não foi encontrado um remédio e um tratamento para combatê-la. Mas eles existem, pois todas as doenças que surgiram ao longo dos tempos e nos pareceram, a princípio, sem cura, um dia deixaram de ser, porque foram descobertos tratamentos e remédios para curá-las.

– Você tem razão mais uma vez, Ágatha. Como você é inteligente. Admiro você.

– Obrigada, minha prima querida.

As duas se deram as mãos e se contemplaram mais uma vez por estarem uma na presença da outra.

– Agora me fale dele, do rapaz com quem pretende se casar. Como é? Bonito, elegante, charmoso?

– Tudo isso e muito mais, Ítala. Achille é um sonho. Uma estrela na Terra. Um pedaço da lua e do sol em forma de gente. Ah, Ítala eu o amo tanto! Deus foi muito bom comigo por ter me unido a ele.

53

– Achille... do que mesmo?

– Achille Priami Castiglioni.

– Sobrenome pomposo, mas complicado de se falar, hein? O que ele faz? Conte-me tudo.

– Antes quero saber de você. Há algum rapaz por quem esteja apaixonada?

– Nenhum, Ágatha.

– Mas deve haver algum que esteja apaixonado por você.

– Se há, desconheço.

– É porque vocês dois ainda não se cruzaram. Quando chegar o momento certo vocês se encontrarão.

– Você fala como se a vida programasse tudo para acontecer, como se nada fosse ao acaso.

– Pelos poucos anos de vida que tenho, já sei que a vida é, na verdade, uma entidade que traça tudo perfeitamente para que possamos viver aquilo que nos fará crescer como ser humano, como algo mais neste universo.

– Ágatha, Ágatha, Ágatha... Você não existe. O que acha Achille de suas teorias malucas?

– Ele também é, entre aspas, maluco como eu. Somos, como dizem, a tampa e a panela.

Ítala riu, sacudindo com imensa graça, as madeixas castanhas que lhe atingiam os ombros.

– Ah, minha prima querida, dê-me um abraço.

Ágatha atendeu ao pedido.

– Adoro você. Adoro tanto. É como uma irmã para mim.

– Eu também a adoro, meu anjo. E não se esqueça de que você pode sempre contar comigo para o que der e vier.

– Pena que moramos longe uma da outra.

– Isso é mesmo uma pena.

– Seríamos mais unidas, como no passado, se tivéssemos morando mais perto.

Ambas suspiraram, intensificaram o abraço e depois, quando se afastaram uma da outra, enxugaram os olhos umedecidos pela emoção.

– E os preparativos para o casamento, como vão? – foi a pergunta seguinte de Ítala.

– A mil maravilhas. Vamos para o meu quarto.

Ágatha puxou a prima pelo punho e perguntou:

– E quanto aos seus pais, como estão passando? Eles vêm para o meu casamento, não?

– Talvez... você sabe como minha mãe é temperamental...

Ágatha soltou um assovio.

– Se sei... Pelo visto ela continua a mesma, hein?

– Dona Caroline Velasco não muda nunca!

– Bobagem da nossa parte esperar que alguém mude, não é mesmo? Se não mudou até hoje...

Ambas riram.

Quando Pietro se juntou às duas, a conversa tornou-se ainda mais agradável. O rapaz estava de bom humor, um bom humor contagiante que dava gosto de ficar ao seu lado. Ítala conversou com ele com uma descontração que só velhos amigos têm por ter sido conquistada com o tempo.

A certa altura da conversa, a visitante comentou:

– Se meu irmão estivesse vivo teria a sua idade, Pietro.

– Irmão?! – surpreendeu-se o rapaz.

– Sim. Ele morreu quando ainda era bebê. Por coincidência chama-se Pietro, também.

– Eu sinto muito.

Ela fez ar de quem diz "O que se há de fazer?"

– Eu acho que eu teria sido mais feliz se ele tivesse sobrevivido. Sempre quis ter um irmãozinho... Por isso invejo Ágatha por tê-lo como irmão.

Ítala deu uma piscadela para a prima que riu do seu gracejo.

– Penso, inclusive – acrescentou a moça – que o papai e a mamãe também teriam sido mais felizes se meu irmão tivesse sobrevivido. Deve ser muito duro para os pais a perda de um filho, ainda que bebê.

Ítala achou melhor mudar de assunto. Depois de muita prosa, a jovem pediu-lhe que tocasse o violino para ela, pois, até então, nunca tivera a oportunidade de vê-lo executando o instrumento. Pietro atendeu ao seu pedido com prontidão. A música chegou a tirar lágrimas dos olhos da jovem, Ágatha também se emocionou.

– Não é bárbaro? – indagou a prima.

– É estupendo! – respondeu Ítala, comovida.

A seguir, cobriu Pietro de elogios.

O dia na casa de Ágatha foi um dos mais felizes para Ítala nos últimos tempos. O almoço na presença dos tios foi ótimo e ouvir Pietro tocar violino, exclusivamente para ela, foi algo surpreendente. Um privilégio, considerou.

A jovem voltou para casa onde vivia com os pais, sentindo-se outra pessoa.

Semanas depois todos se encontravam novamente na cerimônia de casamento de Ágatha e Achille. Dessa vez, Caroline e Raul estavam presentes, tinham de estar, eram padrinhos de batismo da noiva. Logicamente que ambos fizeram o possível para evitar contato com o filho por eles desprezado.

Ágatha estava maravilhosa dentro de um vestido branco rendado, lindo, que realçava sua beleza, seu carisma, tudo, enfim, que Deus lhe deu. Achille também estava magnífico dentro de um fraque, o mais elegante que se usava na época para tão abençoada ocasião.

O casal, depois da belíssima cerimônia religiosa, recebeu os convidados para uma festa na casa da família de Achille, um casarão bonito, espaçoso e elegante. Mesmo sendo uma família rica, não viviam de ostentação, tampouco de futilidades. Respeitavam todas as diferentes classes sociais e eram extremamente generosos e prestativos para com os carentes.

Muitos dos convidados dançavam ao som dos instrumentistas convidados para alegrar a festa. Ágatha e Achille mal cabiam em si de tanta felicidade, provando que o amor pode mesmo acontecer da forma mais lúcida e bonita que existe e disposto a resistir a tempestades e furacões, mau humor e desilusões.

Pietro deixava uma das salas onde acontecia a grande festa, escorando-se na muleta, para não tropeçar nos próprios pés, quando cruzou com Caroline ao passar pela porta.

Eles já haviam se visto de longe, sabia que Caroline era irmã de Aretha, mas como a própria o havia alertado: "Evite minha irmã, ela não é uma pessoa simpática." O mesmo conselho foi dado com relação a Raul. Pietro estranhou os conselhos, pois sendo Ítala, filha do casal, presumiu que eles seriam tão simpáticos quanto ela.

Ainda assim ele quis ser polido com Caroline.

– Como vai?

Ela nem sequer olhou para ele, passou reto e foi direto para o lado da irmã.

Aretha levantou-se para cumprimentá-la. Caroline, todavia, ignorou sua saudação, lançou um olhar de esguelha para a porta por onde havia acabado de cruzar com Pietro e perguntou, num tom de voz áspero e ressentido:

– Será que você me entende, agora? Pode compreender o que senti naquela época e me fez tomar a atitude que tomei?

Aretha ficou quieta por um instante, como se estivesse ouvindo algo em sua mente, só depois respondeu:

– Não, minha irmã. Ainda não consigo compreender.

Caroline bufou, visivelmente irritada, opinou:

– Esse indivíduo, essa "coisa", melhor dizendo, foi parar no meu útero por engano. Totalmente por engano. Ou por pirraça, pirraça do destino que insiste em querer brincar com a minha pessoa.

– Talvez o destino seja um sábio, querendo que você aprenda preciosas lições.

Caroline desdenhou o comentário da irmã:

– Há mulheres que nascem para serem santas, outras para serem comuns. Você, Aretha, nasceu para ser santa e eu...

Aretha não pensou duas vezes, respondeu afiada:

– Filha do demônio.

Caroline não se deixou intimidar. Aretha continuou no ataque:

– Vai me dizer que não sente nada, um frêmito de emoção ao ver o rapaz que é seu filho, lindo como está, transitando ainda que com dificuldade pelo meio de todos. Diga!

Carolina não respondeu, disse apenas:

– Deixe-me em paz, Aretha. Em paz, ouviu?!

Havia na voz dela aquela nota autêntica de autoridade que nunca deixa de produzir efeito. Deixou a sala adensando a rigidez de seu andar.

– Mamãe, aconteceu alguma coisa? – perguntou Pietro ao reencontrar Aretha respirando pesado, parecendo com falta de ar.

– A senhora parece nervosa...

– Estou bem, querido. O local é que está um pouco abafado, não acha?

– Que tal tomarmos um pouco de ar?

Aretha lançou um olhar agradecido ao filho, sinal de que havia apreciado e aceitado a sugestão.

– A senhora não se entende muito bem com a sua irmã, não é mesmo?

– Sinceramente, não. Suas atitudes são... deixa para lá... Não vamos deixar de aproveitar a festa por causa de Caroline. Não mesmo. Não seria justo.

Se o filho soubesse que Caroline era a sua mãe verdadeira, pensou Aretha em seu universo particular, seria capaz de sentir uma dor tamanha, a maior de todas as decepções que a vida lhe traria, mas ele nunca haveria de saber da verdade para o seu próprio bem, para preservar seu coração puro e caridoso, rogou ela aos céus.

Minutos depois, Achille fez um discurso agradecendo a presença de todos e expressou em palavras o amor que sentia por Ágatha.

58

– A nossa união sempre deu certo porque nunca achei que daria errado.

Todos acharam graça.

– Se Ágatha não tivesse se interessado por mim, eu teria tido a paciência de uma sequoia até que isso acontecesse.

Novos risos. Para realçar seus sentimentos pela moça, agora sua esposa, ele fez uso de um poema, declamou-o olhando para ela:

Você me fez abraçar o amor sem sentir alergia
Nesse abraço você me fez descobrir que o amor
é muito mais do que sonhei um dia
Nesse abraço eu mesmo sou alguém que nunca pensei que seria
Sou a noite, sou o dia, sou as notas de uma melodia
sou bem mais do que pensei que seria...

Uma salva de palmas vibrou novamente pelo recinto. Caroline voltou-se para o marido e cochichou:

– Nunca vi uma cerimônia tão cafona.

Achille, empolgado, declamou outro poema:

"Gosto de mover montanhas, quando você está junto de mim
Gosto de criar universos, quando você está dentro de mim
Viajar no tempo... declamar versos
Pôr lenha na fogueira... achar agulha no palheiro
Foi nas suas asas que você me levou
A lugares que o amor nunca alcançou
Foi assim que ouvi o vento brincar, ouvi a chuva cantar
Ouvi você me dizer bem mais do que "Eu te amo!"
Amo suas asas
Amo seu jeito de voar
Leve, ultra leve, amo seu jeito de pousar
Na minha mão, na minha alma, no meu coração..."

Os convidados deram uma nova salva de palmas entre brados de alegria. Achille enlaçou a noiva e a beijou, recebendo de todos uma nova vibração.

Caroline voltou-se para o marido e repetiu o que dissera há pouco:

— Que cafona!

Ágatha, então, pediu um minuto da atenção de todos para falar:

— Quero presentear a todos nesta noite tão especial para mim e para o meu marido com um pequeno recital de violino feito pelo músico de maior destaque no país, meu irmão, Pietro Garavelo.

O rapaz juntou-se à irmã sob uma forte salva de palmas. Ágatha o abraçou, beijou e então o deixou livre para fazer o que melhor sabia fazer: tocar violino.

Como já era de se esperar, o músico esmerou-se no instrumento mais uma vez, comovendo todos os presentes. Não teve ninguém que não parou para ouvi-lo. Até mesmo a criadagem aquietou-se para assistir sua apresentação.

Nisso, Caroline já se encontrava lá fora com o marido e Ítala.

— Assim já é demais — reclamou, bufando de raiva. — Como se não bastasse aquela palhaçada do noivo, agora ter de aguentar esse chato, tocando essa música chata...

— Eu gosto tanto — admitiu Ítala que fora obrigada a deixar a festa pela mãe, sem se despedir de ninguém assim que Pietro começou a tocar.

A jovem foi praticamente arrastada pelos pais para fora do lugar. Assim que entraram na carruagem, Caroline declarou com um sopro de alívio:

— Quanto mais rápido sairmos deste lugar, melhor. Pobreza de espírito e vulgaridade são como malária, pegam por contágio.

Ítala pensou em questionar o comportamento da mãe, mas calou-se ao perceber que suas perguntas só serviriam para deixá-la ainda mais irada.

Depois da grande celebração, Ágatha e Achille partiram para a lua de mel. Aretha não precisou indagar por que Caroline, Raul e Ítala haviam partido da festa sem se despedir, o verdadeiro motivo era evidente e isso fez com que ela sentisse novamente pena da irmã por desprezar um rapaz tão talentoso que ela própria pusera no mundo.

No ano que se seguiu, Achille e Ágatha foram visitar Aretha, Primízio e Pietro pelo menos duas vezes a cada mês. O reencontro era sempre uma alegria para todos. Pietro, por sua vez, ganhava cada vez mais destaque na sociedade como músico. Foi numa dessas visitas que algo inesperado aconteceu. Ágatha estava na sala da casa dos pais, deitada num divã, sendo acariciada pelo marido. De assunto em assunto o tema foi parar em Pietro. Achille perguntou o que há muito queria compreender:

– Eu nunca entendi muito bem a história que envolve o seu irmão. Sua mãe o encontrou num orfanato?

– Foi. Havíamos ido a uma costureira. Foi coincidência demais.

– O quê?

– Eu ter entrado no orfanato e minha mãe ter ido me procurar e encontrar Pietro... Sabe, bem... nem sei como dizer, na verdade nem sei se deveria lhe dizer, mas já que agora é meu marido, não tenho por que ter medo de lhe revelar a verdade.

As sobrancelhas de Achille arquearam-se.

– A verdade é que os pais de Pietro ainda estão vivos. Eles não morreram como ele pensa. Toda essa história foi forjada para encobrir o passado.

– E vocês sabem quem são eles?

Ágatha ia responder, quando avistou Pietro parado rente à porta pelo reflexo do espelho.

– O que foi que você disse, Ágatha? – perguntou ele, caminhando com a dificuldade de sempre até ela.

61

– Eu?!

– É, eu ouvi bem você dizer que meus pais estão vivos.

Ágatha perdeu a cor.

– É verdade... – murmurou Pietro, perplexo a olhos vistos – pelo seu estado, percebo que é verdade.

– A mamãe vai me matar.

– Por que esconderam de mim?...

– Pergunte a ela, Pietro, ou melhor, não pergunte nada, não. Ela vai ficar uma fera comigo. Se você me ama como diz me amar, tire-me dessa!

– Não posso, Ágatha. Trata-se do meu passado. É ele quem está em jogo.

– Você quer saber de uma coisa, Pietro. É melhor que saiba mesmo de tudo. Na minha opinião já deveria ter sabido há muito mais tempo.

– Diga-me o quê.

– Não. Eu não. É a mamãe quem terá de lhe dizer. Só ela pode lhe dar as devidas explicações e fazê-las com jeito.

– Se você prefere assim, assim farei.

Pietro levou-se para fora da sala caminhando com o cuidado de sempre para não tropeçar em seus próprios pés. Nem bem deixou o aposento, Achille voltou-se para a esposa e comentou:

– Foi tudo culpa minha. Se eu não tivesse perguntado nada, ele não teria ouvido você.

– Relaxe, Achille. Como disse há pouco, está mais do que na hora de Pietro saber realmente quem são seus pais. Que espécie de gente são eles.

E baixando a voz, Ágatha completou:

– E você os conhece.

O moço arregalou os olhos.

– Sim, meu marido.

Abaixando a voz a um cochicho apenas, Ágatha explicou:

– Os pais de Pietro são meus tios Raul e Caroline.

O moço ficou evidentemente surpreso. A seguir, Ágatha contou ao marido toda a história.

Foi somente depois de Ágatha e Achille partirem, que Pietro procurou a mãe para falar do assunto. Quando voltou-se para Aretha, seus olhos entristecidos derramando-se em lágrimas a impressionaram.

– O que foi, filho? Por que chora?

Ele tentou responder a pergunta, mas o tremor do corpo e o nervoso interior retardaram.

– É verdade, o que Ágatha me contou? – perguntou ele, por fim.

Os olhos de Aretha arregalaram-se, apavorados e em alerta.

– O que foi que Ágatha lhe contou?

– Foi sem querer, bem sei, mas... ela deixou escapar...

Aretha tornou-se ainda mais inquieta.

– O que Ágatha lhe disse, Pietro? Diga, por favor.

Ele tomou ar e com grande dificuldade respondeu:

– Ela disse que a minha mãe verdadeira não morreu. Nem ela, nem meu pai.

Aretha permaneceu olhando para ele com seus olhos castanhos tomados de perplexidade, sentindo a tensão aumentar. Um leve movimento de sua cabeça fez despencar, desastrosamente, as madeixas castanhas presas no alto da cabeça.

Numa voz tensa, tão tensa quanto o momento que julgou indigno para a sua pessoa, Aretha respondeu:

– Ágatha foi muito tola em lhe dizer isso.

Pietro insistiu na pergunta:

– É verdade, mamãe?

Aretha, fugindo dos olhos do rapaz, respondeu:

– É lógico que não, Pietro. Seus pais estão mortos!

Ele permaneceu olhando para ela. Quando voltou a encará-lo, Aretha estremeceu, pois via nitidamente, por meio do olhar que Pietro sabia que ela estava mentindo.

Seus olhos se fecharam e o silêncio tomou conta da situação.

Somente quando a quietude se tornou insuportável é que Aretha reabriu os olhos, que se revelaram inteiramente desfocados devido às lágrimas e perguntou:

– Por que isso agora, Pietro?

– Porque eu quero saber... porque preciso saber da verdade. Mereço saber...

– Eu sou a sua mãe, Pietro! Apesar de ser uma mãe adotiva, sou a mãe que a vida lhe deu e que tanto o ama. Pensei que estivesse satisfeito por ter a mim como mãe.

– E estou. Eu amo a senhora. E a senhora sabe disso. Só que...

– Pois agora não me parece que me ama, não! Se me amasse não estaria preocupado em saber da verdade...

– Verdade?

Aretha quis se matar por ter falado o que falou. Um ato falho.

– Então é verdade.

– Não é, santo Deus! – explodiu ela, crispando as mãos, transpirando de tensão.

– Eu mereço saber da verdade, mãe. Por favor! Não me poupe dela.

– Eu vou esganar a Ágatha por ter lhe dito uma bobagem dessas!

– Por ter me dito a verdade, é isso, não?

Os dois calaram-se. Aretha voltou então a perguntar:

– Por que isso agora, Pietro?

Ele baixou os olhos e chorou. Ela foi até ele e o consolou. Ajudou-o a chegar no sofá e se sentar. Afagou-lhe os cabelos e também verteu-se em lágrimas.

– Eu amo você, filho. De todo jeito. Eu, seu pai e sua irmã, nós o amamos muito.

– Eu sei – respondeu ele choroso.

– Então esqueça tudo isso.

– A senhora seria capaz de esquecer se estivesse na minha condição?

Aretha suspirou. Ele respondeu por ela:

– Não, não é mesmo?

Ela suspirou novamente, fechou os olhos e admitiu:

– Não. Também não conseguiria.

– Entende, agora o porquê da minha necessidade, por que anseio tanto saber a verdade?

Aretha respondeu que sim, com um leve balançar de cabeça. Houve uma pausa até que ela se levantasse, desse meia volta pela sala, mirasse os olhos do rapaz e dissesse:

– Pelo seu bem, Pietro, porque o amo tanto, eu jamais lhe falarei sobre o passado e, consequentemente, sobre seus pais. Não permitirei que ninguém o faça, porque quero o seu bem, a sua paz, porque quero manter seu equilíbrio em perfeito estado como é hoje.

– E a senhora acha que depois de tudo isso eu vou conseguir me manter equilibrado? Acha?

– Sim. Fará isso por mim. Pelo amor que sente por mim, e pelo amor que sinto por você.

A atitude de Pietro mudou. Uma sombra desceu sobre seu rosto. Sua voz se alterou levemente ao dizer:

– A senhora pode me negar a verdade sobre meus pais, mas eu vou atrás dela, aonde quer que esteja.

A atitude de Aretha também mudou. Seu rosto tornou-se mais sério tanto quanto a advertência que fez ao rapaz:

– Não procure a verdade, Pietro. Você não vai gostar do que vai encontrar.

Ele hesitou antes de responder.

– Mas eu preciso dela, mamãe. Só ela agora pode me libertar...

– A verdade o aprisionará num vale de lágrimas e desespero, Pietro. Ouça o meu alerta.

Ele, palpitando retrucou:

– Mas eu não sossegarei enquanto não tomar conhecimento dela. Será que a senhora não percebe o quanto é importante para mim saber quem são meus pais?

– Não, Pietro. Porque eu e Primízio somos seus pais, aqueles que o amam...

– A senhora não precisa se preocupar. Eu jamais vou abandonar vocês. Eu os amo, a senhora sabe. Papai, Ágatha e a senhora são tudo para mim. Não saberia viver sem vocês.

Aretha, palpitando, advertiu-o:

– Repito o que disse, Pietro. Não procure a verdade. Ela o aprisionará num vale de lágrimas e desespero.

Desde então, Pietro não mais sossegou. Queria porque queria que a mãe lhe contasse a verdade por trás do seu passado. Ao perceber que seu talento vinha se prejudicando desde então, Aretha ficou alarmada.

– O que há com você, filho? – perguntou, verdadeiramente preocupada com o estado do rapaz. – Você não tem mais tocado o violino como antes. Quando o toca é sem vontade. O professor Schneider veio me perguntar, a mim e ao seu pai o que está acontecendo com você. O porquê de tanta falta de entusiasmo com a carreira e até mesmo com a vida.

– A senhora sabe o porquê.

Aretha calou-se.

– Diga-me, mãe, por favor. Quem são os meus pais?

Aretha explodiu:

– Quantas vezes eu vou ter de aconselhá-lo: não procure a verdade, Pietro. Você não vai gostar do que vai encontrar. Ela vai transformar a sua vida num caos!

O clima pesou no recinto.

– A senhora sabe, não sabe? Quem foi minha mãe, quem é minha mãe, não é mesmo? Aposto que sabe até onde ela vive, não é?

66

Ela hesitou antes de responder que sim, com a cabeça.

– Então por que não me diz quem é?

– Porque ela não o merece e nem você a ela.

– Eu não entendo...

– Você viveu muito bem até hoje sem pensar nisso. Continue como sempre foi.

– Não posso.

– Sabe o que falta na sua vida, filho? Uma namorada. Uma linda jovem por quem você se apaixone e...

– Eu me apaixonar por uma jovem é até possível, ela se apaixonar por mim...

– Ora, por que não haveria de se apaixonar?

– A senhora sabe muito bem o porquê.

– Bobagem! Procure uma garota do seu interesse e peça-lhe o consentimento para fazer-lhe a corte. Você vai se sentir uma outra pessoa e nunca mais vai ter tempo para pensar a respeito do seu passado.

– Não sei se isso um dia será possível... Certas coisas na vida são como a perda de um ente querido, uma vez acontecido, nunca se supera.

Aretha ponderou. O silêncio chegou a se prolongar por quase dez minutos. Então, ela tomou ar, coragem, voltou-se para o filho e disse:

– É a verdade que você quer? Pois então eu lhe direi a verdade.

Ela inspirou fortemente o ar e falou de uma vez:

– Você, Pietro, é na verdade, meu sobrinho.

Os olhos dele se arregalaram.

– Sobrinho?!

– Sim. Você é, na verdade, filho de minha irmã Caroline e de seu marido Raul. Eles são seus pais verdadeiros.

O jovem refletiu, emocionado.

– Mas por que eu vim morar com a senhora? Por que fui parar naquele orfanato?

– São perguntas que serão respondidas com o tempo, meu querido.

– Quer dizer que eu sou na verdade irmão de Ítala?

Aretha assentiu.

– Que loucura... Meus pais, minha irmã, tão próximos de mim, o tempo todo, sem eu saber...

Ele quedou, pensativo.

– Quer dizer então que o filho, o irmão que Ítala diz ter morrido, quando ainda era um bebê sou eu.

Aretha confirmou novamente com um gesto de cabeça.

– Espantoso!

Houve novamente um silêncio demorado até que Pietro resurgisse com uma nova pergunta:

– Por que a senhora me adotou?

– A resposta para essa pergunta tenho a certeza de que obterá muito em breve. E tenho a esperança, ainda que vaga, que ela seja transmitida a você com calma e dignidade.

O que pretende fazer?

– Eu...

– Que pergunta estúpida a minha. É lógico que vai querer ir atrás deles para encontrar as respostas para os muitos porquês que assolam sua mente, não? Pois bem, aqui vai mais um conselho. Sei que não vai me ouvir, mas dou-lhe mesmo assim: não os procure, Pietro. Você não vai gostar das respostas que vai obter.

Ele encarou a mãe com os olhos cheios d'água. Teve a impressão de que havia um significado mais sinistro por trás de suas palavras.

Como Aretha previu, o rapaz não lhe deu ouvidos. Preparou-se na tarde do dia seguinte para ir à casa de seus verdadeiros pais.

– Filho, não vá, por favor, eu imploro – disse ela.

– Eu tenho de ir, mamãe. Ainda que eu me machuque, tenho de ir.

Ele tomou o coche – carruagem antiga e suntuosa, fechada – e partiu.

Estranhamente, à medida que o veículo se afastava, uma sensação de mal-estar e ansiedade começou a transtornar o rapaz.

Pietro olhou para trás, na direção da escada que levava ao interior da casa onde vivia e avistou Aretha, acompanhando-o com o olhar.

Mesmo de longe, ele pôde enxergar as lágrimas, escorrendo de seus olhos e o desespero deformando sua face.

Quinto capítulo

Durante o trajeto uma sequência de memórias infestou sua mente como abelhas num cachopo.

Depreendendo de suas memórias, Pietro teve a sensação de que a viagem até o endereço parecia não ter fim. Devido à ansiedade, começou a desconfiar de que não tivesse tomado o caminho certo. Para se certificar perguntou ao boleeiro (cocheiro).

– Estamos, sim, na direção certa, senhor. – confirmou o homem, transparecendo certeza no que dizia.

Pietro respirou aliviado.

Uma hora depois o coche chegava ao seu destino. Ao dobrar mais uma esquina, a suntuosa mansão da família Velasco descortinou-se a sua frente.

– É aqui, meu senhor – informou o boleeiro.

Pietro, com voz profunda e gutural respondeu:

– Sim. É aqui mesmo. Entremos.

– Será que é permitido ultrapassar de carruagem os portões?

– Diga ao responsável, se houver um, que é da parte de dona Aretha Garavelo, irmã de Caroline Velasco.

– Sim, senhor.

O caminho até a frente da suntuosa mansão logo pareceu inatingível para Pietro. Demorou, mas chegou.

Na sua vagareza de sempre, tal qual a de uma tartaruga que devagar vai longe, Pietro seguiu até a porta da casa e tocou a campainha manual. Logo foi atendido por uma das camareiras.

– Pois não?!

Por um momento ele não soube o que responder. Um súbito calafrio calou-lhe a voz, um outro o fez encolher-se dentro de suas vestes.

– O que senhor deseja? – tornou a moça, olhando estranhamente para o rapaz a sua frente.

– A senhora Velasco, está?

– Quem deseja?

– Diga-lhe que um mensageiro por parte de dona Aretha Garavelo, sua irmã, está aqui e pede para lhe falar. Traz um recado para ela.

A moça após estudar Pietro atentamente, achando-o de aparência muito nobre para ser um simples mensageiro, respondeu:

– Aguarde um minuto. Vou ver se ela pode atendê-lo.

O medo e a preocupação que dominavam Pietro até então, começaram a se desfazer. O enjoo e a tonteira diminuíram, um pouco de cor voltou ao seu rosto, e os calafrios cessaram.

De repente, era emocionante demais para ele saber que dentro em breve estaria de frente para a mãe, a mãe que o pôs no mundo, que o confortou em seu ventre durante nove longos meses.

A criada voltou e pediu que ele a acompanhasse.

– Por aqui, por favor.

Ele a seguiu, mordendo os lábios num gesto nervoso e inconsciente.

Passou primeiramente por uma sala de tamanho médio, mobiliada de uma maneira que lhe parecia familiar. Uma mesa, um sofá; uma cadeira de balanço e uma outra luxuosa; uma mesinha, tudo de extremo bom gosto, um primor a que, na ocasião, só os ricos tinham acesso nessa época.

Enquanto isso, na casa da família de Primízio Garavelo, Aretha desabafava com o marido.

– Caroline vai destruí-lo, Primízio! Pietro não podia ter sabido da verdade. Nunca!

Ela se encolheu na cadeira e a ordem do marido foi repetida:

– Beba.

A atenção de Aretha passou do geral para o particular: o homem que lhe ordenara que bebesse o licor. Obedeceu para engasgar depois do primeiro gole.

Quando o engasgo passou, ela tornou a falar, eufórica e desesperada:

– Ela vai feri-lo com palavras da mesma forma que se fere alguém com um punhal.

O marido procurou tranquilizar a esposa.

– Talvez não, Aretha. Nenhuma mãe é capaz de ofender um filho com palavras destrutivas.

– Você não conhece Caroline.

– Ainda assim, ela é mãe...

– Há tantas mães que são exceção à regra, Primízio. Tantas...

Ela suspirou e continuou:

– Há pessoas que gostam de dizer as piores coisas sobre os outros. Não importa se elas são seus parentes, filhos e cônjuge. Elas demonstram seu ódio com uma facilidade tremenda. Fazem questão de expressá-lo... Caroline é uma dessas pessoas... Sempre foi!

Eu não entendo a vida. Como podem pessoas assim, digamos, más, ruins, terem os mesmos privilégios dos bons? Como podem ter até mais privilégios do que os bons?

– A vida é cercada de muitos mistérios, Aretha. É tão maravilhosa quanto incompreensível.

– Eu gostaria que tudo fosse diferente, Primizio. Que só houvesse o bem. Que permanecessem sobre a Terra somente aqueles que são bons de coração.

– Infelizmente a vida não é assim...

– Mas deveria.

– Mas não é. O que se há de fazer? Só nos resta aceitar.

– É... Você tem razão, meu bem. Só nos resta aceitar.

O marido sentou-se ao lado da esposa, passou o braço direito pelas suas costas e a confortou em seu ombro.

– Acalme-se, meu amor. E esperemos o melhor de tudo isso.

Aretha quedou pensativa.

Enquanto isso, Pietro seguia a sombra da criada. Por diversas vezes a moça teve de parar para esperar por ele, que caminhava devagar e com cuidado para não tropeçar nos próprios pés. Minutos depois, os dois entravam num aposento decorado tão luxuosamente como os demais. Caroline estava ali, sentada numa poltrona de frente para um espelho, escovando suas madeixas.

O rapaz, com a cara e a coragem, sem pedir licença, falou:

– Dona Caroline...

Ao vê-lo, a mulher com 37 anos nessa época, deixou cair a escova de suas mãos e levantou-se imediatamente.

– V-você?! – falou com acidez, enviesando a testa. – Você não é mensageiro coisa nenhuma!

Quando ela percebeu quem era ele de fato, seu rosto se contorceu de ódio.

– Preciso conversar com a senhora – começou Pietro sentindo dificuldade para falar. – Tive medo de que se dissesse quem eu era, a senhora não me recebesse.

– Quer dizer então, seu fedelho, que minha irmã não me mandou recado algum?!

– Exato. Vim aqui de livre e espontânea vontade.

– Pois saiba que não posso recebê-lo agora, só fiz porque pensei que trazia um recado urgente de Aretha. Retire-se, por favor.

– Não antes de trocar uma palavra com a senhora.

Caroline balançou a cabeça em desaprovação e, de forma enérgica, opinou:

– Nada que vem da sua pessoa me interessa. Agora retire-se! Sua presença me incomoda.

– Eu só preciso de cinco minutos, nada mais do que isso para dizer a que vim.

Os olhos dela, atentos como sempre, encontraram novamente com os dele. De frente, bem de frente.

Pietro, adiantou-se um ou dois passos. Fez com a cautela de sempre para não tropeçar nos próprios pés e ir ao chão.

Os músculos do canto da sua boca e da de Caroline tremiam visivelmente, cada um causado por uma emoção diferente. Os de Pietro era por medo, os de Caroline, por raiva. Seus olhos pareciam agora cuspir fogo.

– Desembucha – ordenou ela impaciente com a ausência de palavras por parte do rapaz.

– Bem, eu nem sei por onde começar...

Ele engolia em seco.

Caroline apanhou a escova caída no chão e voltou a escovar os cabelos

– Bem...

Ela voltou a lançar um olhar estranho, um olhar de esguelha para o rapaz e ordenou autoritária:

– Desembucha, vamos!

Diante dos olhos agudos de Caroline voltados para ele, olhando-o de cima a baixo, Pietro pareceu se encolher. Meio sem jeito, quase encabulado, perguntou:

– É verdade que sou seu filho?

Os olhos dela deram um leve sinal de choque. Mas foi só, no geral se manteve a mesma.

– Ah! – exclamou com desdém. – É isso?

Ele assentiu com a cabeça, torcendo a barra do paletó com suas mãos nervosas.

– Quem lhe disse isso?

– Ágatha. Primeiramente foi ela, depois minha mãe, sua irmã, acabou confirmando. Ela não queria, mas eu insisti. Precisava saber da verdade.

– Para quê?

– Ora, porque mereço saber quem foram meus pais. Sempre quis saber desde que morava no orfanato.

– Sei...

Caroline fez bico e se concentrou novamente nos cabelos.

– A senhora precisa me dizer, por favor, se é mesmo verdade que sou filho da senhora... que pensei, durante todos esses anos, ser minha tia.

A mulher de trinta e sete anos ficou quieta por um instante como se estivesse meditando, por fim, respondeu com aparente pesar:

– Sim, é verdade.

O rosto do rapaz se iluminou.

Caroline voltando a escovar os cabelos completou:

– É verdade e, ao mesmo tempo, não.

Pietro fitou-a com um ar de quem muito quer entender. Ela prosseguiu:

– Você nasceu mesmo de dentro de mim, mas... foi um equívoco. Um grave equívoco.

As palavras o surpreenderam. A forma como foi dita, muito mais:

– Foi uma brincadeira do destino. Um desatino do destino.

Ela riu.

– Onde já se viu me fazer dar à luz a uma criança... aleijada?

O rapaz, humildemente, a corrigiu:

– Não sou aleijado.

Ela parou de escovar os cabelos, olhou de soslaio para ele, riu sarcástica, e se retificou:

– Um aleijado não é mesmo, um defeituoso, sim. Como um móvel que se manda fazer, uma cristaleira, por exemplo, e vem com defeito, com os pés invertidos para dentro.

Ele tentou dizer algo, mas ela não permitiu.

– Calado. Quem fala agora sou eu.

E franzindo o cenho, Caroline continuou em tom de desabafo e desespero:

– Oh, meu Deus, o que fiz eu para merecer isso? Mesmo expulsando você de minha vida, para nunca mais ter de vê-lo, você ainda me persegue. É o destino, só pode ser, que insiste em fazer pirraça pra mim.

Pietro teve a certeza de que era aquilo mesmo que ela queria dizer. A próxima pergunta saiu entre lágrimas, com voz embargada de emoção:

– A senhora nunca me amou? Nem um pouquinho?

Os olhos agudos de Caroline voltaram a encarar o "filho" de cima a baixo. Algo que deixou o rapaz novamente desconcertado. Ainda assim, ele não percebeu a expressão um pouco cínica que ela não conseguiu esconder.

– Amar... você?!... Não... Nunca!

Agora, ela falava com maior desembaraço, como se sentisse um alívio em poder despejar sua história para o seu ouvinte.

– É isso mesmo que você ouviu – reforçou ela –, jamais senti sequer pena de você.

Ela tornou a repetir o que disse, sacudindo a cabeça com convicção.

Não durou muito o pesado silêncio, cuja passagem ambos pareceram não perceber. Pietro desculpou-se:

– Eu só tenho a lhe pedir desculpas por ter causado tanto transtorno na vida da senhora.

– Desculpas... – a expressão um pouco cínica voltou a reinar no semblante de Caroline. – De que me valem as suas desculpas?

O rapaz novamente engoliu em seco e, desta vez, parecia ter engolido espinhos junto à saliva, pois sentiu uma dor aguda na garganta.

Num rompante, Caroline jogou a escova para longe, levantou-se, impondo o dedo indicador na direção do rapaz e ralhou:

– Não me procure mais, nunca mais! Entenda de uma vez por todas, se é que ainda não compreendeu, que eu não sinto nada por você e você também não deve sentir nada por mim. É tudo muito simples!

– Ainda assim, eu sou seu filho.

– Não é, não! Eu só tive uma filha e o nome dela é Ítala. Ouviu? Compreendeu?! Sei lá, vai que nasceu também desprovido de inteligência.

Ela bufou e prosseguiu, desta vez com o ódio, deixando sua pele bordô:

– E, por favor, não diga nada a Ítala a respeito do que lhe disse. Não quero que ela venha sentir a mesma vergonha, o mesmo asco, que sinto por você.

O rapaz chorava agora por dentro e por fora.

Caroline continuou, afiada, cuspindo-lhe palavras:

– Aretha o adotou porque no fundo você deveria ter nascido dela e não de mim. Ela nunca foi mesmo muito certa da cabeça.

Ela riu.

Novo silêncio.

Novo rompante por parte de Caroline:

– Está esperando o que para tirar esses pés tortos desta casa?! Vai saindo, vai. Saiba que por onde passar, vou mandar desinfetar o chão.

Diante da imobilidade do rapaz, Caroline teve novo rompante:

– Que parte da história você ainda não entendeu?

A pergunta saiu num berro.

– A parte em que eu tenho asco de você ou a parte que não faço a mínima questão de saber que você ainda respira?!

Ela foi até a porta e disse:

– Permita-me ao menos abrir a porta – ela o fez com ar de deboche. – *Au revoir,* pequeno monstro. *Au revoir!*

Ao passar pela porta, Pietro parou, voltou-se para a mãe verdadeira e disse:

– Ainda assim, eu amo a senhora.

Perdendo de vez a paciência e a compostura, Caroline ordenou:

– Vá, vá... monstrinho... Vá procurar a sua gente, vai!

Ele andando agora com mais dificuldade por causa do nervoso foi detido por ela.

– E ouça bem, se abrir a boca para alguém, que seja até mesmo para um defunto para contar a respeito do equívoco da natureza que envolveu a mim e a sua pessoa, acabo com você e dessa vez não haverá orfanato algum para o otário do meu marido escondê-lo. Ouviu?

Ela soltou o braço do rapaz e voltou a passos largos até o pufe onde estivera sentada até ele chegar. Ao perceber que o rapaz continuava parado à porta, Caroline tornou a ser grosseira:

– Ainda não foi embora daqui, monstrinho?! Vamos logo, escafeda-se!

As lágrimas transbordantes dos olhos do rapaz, redobraram-se.

– E lembre-se! – berrou ela num tom agudo e histérico. – Nunca mais me procure! Ouviu?! Esqueça que eu existo como eu me esqueci de você!

Ela novamente bufou e desabafou consigo mesma:

– Só me faltava essa... O monstro do passado, atazanando o meu presente.

Em meio minuto Caroline estava novamente concentrada no que fazia e havia se esquecido por completo da visita que considerou a mais desagradável de toda a sua vida.

Estranhamente, à medida que Pietro se afastava da casa, a tristeza aumentava. Olhou para trás, na direção da escada que levava até a porta da frente da suntuosa mansão e imaginou a mãe, Caroline, parada ali, acenando para ele, feliz por revê-lo, satisfeita por tê-lo como filho. Infelizmente tudo não passava de uma projeção de seu cérebro.

O caminho de volta a casa onde morava com seus pais adotivos pareceu a Pietro inatingível. Os calafrios voltaram; seus olhos embaçaram, ele se sentia, agora, como uma pilha de barris prestes a desmoronar.

Sexto capítulo

Assim que se posicionou de frente para Aretha, a mulher, entristecida, falou com a voz também embotada de tristeza:

– Eu nem vou perguntar a você como foi lá, porque sei que não foi nada bem.

Ele baixou a cabeça e chorou a ponto de soluçar.

– O que importa, Pietro é que eu o amo – lembrou Aretha, abraçando o filho. – Não sou sua mãe biológica, mas aquela que se tornou sua mãe por amá-lo incondicionalmente. Seu pai também o ama e sua irmã tanto quanto. Disso você nunca poderá duvidar.

Ele assentiu com a cabeça.

Primízio foi até ele e também o abraçou, calorosamente.

– Eu adotei você, Pietro, em comum acordo com Aretha porque queríamos um filho homem. Não foi por pena!

O enjoo e a tonteira que atormentavam o rapaz começaram a passar. Um pouco de cor voltou ao seu rosto, e os calafrios diminuíram.

Pela primeira vez, Pietro olhou direto e reto para os pais adotivos e procurou sorrir. Tudo lentamente voltava ao normal – o choque e a decepção que o dominavam até então começaram a se desfazer. Ele era Pietro Garavelo novamente, amado e adorado pelos pais que tanto fizeram gosto de transferi-lo de um orfanato para um lar, um lar de uma família decente.

Assim que Raul Velasco chegou em sua casa foi direto falar com a esposa.

– Meu bem, cheguei!

Quando a encontrou no quarto, mergulhada em meditações, saudou-a com um efervescente boa-noite! Pelo simples olhar dela, Raul percebeu que algo grave havia acontecido.

– O que houve?

– O monstrinho... o monstrinho insuportável... – disse ela, permitindo que sua voz revelasse todo o seu descontentamento e indignação.

Raul não sabia do que ou de quem ela estava falando. Tentou pensar, mas ela interrompeu o fluxo de seu pensamento, ao acusá-lo, aos gritos:

– A culpa é sua, Raul! Totalmente sua!

– Do que está falando?!

Sacudindo a cabeça, com irritação ela explicou, ferina:

– Foi você quem quis deixá-lo naquele maldito orfanato, lembra-se?! Se o tivesse deixado onde eu mandei você deixá-lo...

– V-você está falando do nosso...

– Do nosso, não! Do seu, se preferir.

– O que houve?

– Ele esteve aqui!

– Aqui?

– Está surdo por acaso?! Abilolado?!

– Quando foi isso?

– Esta tarde e ele já sabe de tudo.

O rosto de Raul se transformou. Caroline tornou a acusá-lo:

– E a culpa é sua! Totalmente sua! Se você tivesse feito o que sugeri, tivesse me permitido fazer o que eu achei o mais sensato a ser feito...

– Achei aquilo desumano.

– Desumano é o que esse monstrengo pode fazer conosco, agora. A vergonha que ele pode nos fazer passar.

– Você acha mesmo que ele pode nos prejudicar?

– Se eu não tomar alguma providência certamente que sim.

– O que você pretende fazer?

– Eu, nada. Você sim. Você é 50% responsável por aquela criatura ter vindo ao mundo.

– Mas ele não é tão horroroso como pensamos que ficaria. Na verdade é rapaz talentoso cada vez mais reconhecido no mundo da música.

– Que seja reconhecido até no quinto dos infernos para mim pouco importa. O que eu não permitirei é que ele diga à sociedade, a qualquer um, até mesmo a São Pedro, que somos seus pais...

– Ele não fará. Ele...

Nem bem Raul abriu a boca, um olhar severo da esposa o fez calar-se. O silêncio caiu pesado sobre os dois. A noite também se estendeu pesada, atravessou a madrugada com o mesmo peso, até mesmo quando o sol raiou, o clima ainda era denso entre o casal Velasco.

Ítala achou os pais estranhos na noite do dia seguinte. Ao indagar se algo havia acontecido, Caroline inventou uma mentira e se recolheu aos seus aposentos. Raul imitou seu gesto.

No dia seguinte, num local equivalente a um clube na nossa época, encontrava-se Raul Velasco numa roda de amigos, onde o mais pobre tinha um milhão de notas da época, o que era considerado uma fortuna.

Raul esbanjava alegria, falava com empolgação, enquanto fumava um cachimbo mal cheiroso, que muitos milionários da ocasião fumavam, porque consideravam ser chique quem o fizesse.

– Senhor Velasco?

Chamou uma voz masculina e jovial atrás dele. Ele voltou-se para trás com um sorriso nos lábios.

– Sim?

Seu sorriso minguou ao encontrar Pietro parado atrás dele.

O rapaz procurou sorrir com seus lábios trêmulos e brancos de nervoso.

– O senhor lembra-se de mim, não?

Raul fez que, sim, com a cabeça. Voltou-se para a roda de amigos e fingindo naturalidade, disse:

– Um minuto senhores. O filho de minha cunhada quer ter uma palavrinha comigo.

Sem mais, levantou-se e foi até Pietro e o puxou pelo braço. Mas assim que o rapaz se desequilibrou devido ao puxão tão forte que lhe deu, Raul o escorou antes que ele fosse ao chão. Entre dentes, falou ao seu ouvido:

– Vamos para longe daqui, o mais rápido que você conseguir andar. Por favor, apresse-se!

– Vou o mais rápido que puder, são meus pés, o senhor sabe. São eles que não me permitem andar com ligeireza.

– Sim, eu sei.

Quando ganharam distância, onde Raul considerou um lugar propício para falarem sem serem ouvidos, ralhou:

– Você não deveria ter me procurado aqui.

Pietro olhava para ele com admiração. Um olhar que deixou Raul incomodado.

– Por que me olha assim?

– Eu sempre quis conhecer meu pai – afirmou o moço, com emoção.

Raul arqueou as sobrancelhas e o encarou de frente.

– É com muita alegria que estou aqui hoje, que vim procurá-lo...

Ainda que o rapaz, seu próprio filho, se abrisse para ele, Raul não se deixou comover. Murmurou:

– A criança que Aretha e Primízio tiraram do orfanato.

– Seu filho! – corrigiu Pietro, quase chorando.

– Aqui não é lugar para falarmos... Ou melhor – acrescentou, permitindo que sua voz revelasse a sua desaprovação. – Nenhum lugar é. Você, sinceramente, não deveria ter me procurado.

– Temos muito a conversar, meu pai.

– Pai?!

– Sim, o senhor é meu pai. E minha mãe é...

Raul interrompeu suas palavras, sacudindo a cabeça, com irritação.

– Por que acha que eu o deixei no orfanato? Não se perguntou isso ainda? Por que não o queríamos. Se não o queríamos...

A decepção tomou conta de Pietro mais uma vez. Ele chegara a pensar que com o pai seria tudo diferente, o que lhe deu muita alegria, mas não... ele e a mãe estavam reagindo exatamente igual. Não tinham prazer algum em saber que ele agora sabia da verdade e os queria tão bem.

– Então é assim – continuou Pietro, desolado –, o senhor também me rejeita, assim como sua esposa.

– Repito o que disse: Por que acha que eu o deixei no orfanato?

– Eu pensei que com o senhor seria diferente... Mamãe disse, minha mãe de criação, logicamente, que o senhor sempre ajudou o orfanato onde eu morava...

– Fiz para desencargo de consciência.

O homem bufou.

– Acabou?

Pietro, com lágrimas e mais lágrimas a escorrer pela face, fez que sim, com a cabeça.

– Só mais uma coisa, garoto.

Ele voltou os olhos lacrimosos para o pai.

– Se você abrir a boca, revelar a triste e apavorante verdade que nos cerca. Eu...

O mocinho voltou a baixar a cabeça.

Raul deu uma baforada em seu charuto e partiu, dizendo:

– Você já me interrompeu por tempo demais, volto para a minha roda de amigos agora, enquanto você toma o rumo da sua casa.

Raul partiu, deixando o filho com o coração partido novamente em mil pedaços por ter vivido tão amargo e repugnante choque com a realidade.

Foi Primízio quem consolou o filho diante de tudo aquilo que devastou seu coração, mais uma vez.

Assim que Pietro contou o triste encontro que tivera com Raul, Primízio exigiu que o rapaz o encarasse e o ouvisse bem:

– Sua mãe já lhe disse e eu vou repetir para que fique bem sólido em sua mente. Não somos seus pais legítimos, mas o amamos como se fôssemos.

– Eu sei, vocês são, sempre foram formidáveis para comigo. Eu também os amo. Muito! Só queria que eles também me amassem.

– Na vida nunca é tudo, Pietro.

– O senhor sempre me diz isso.

– Digo porque é verdade e temos de nos conformar com essa realidade. Por isso dizem que é preciso haver mais de uma vida para podermos viver tudo o que a vida tem a nos oferecer. Numa só é impossível...

São os orientais e os Indianos que dizem isso e eu, particularmente acredito que eles estão certos.

– Viver mais de uma vida, como isso é possível?

– Por meio da reencarnação.

Os olhos do rapaz se abriram um pouco mais.

Primízio ficou contente por ter conseguido alegrar o filho com as descobertas que havia feito por si próprio, por meio de reflexões profundas.

Terminou o encontro, aconselhando:

– Volte a se dedicar à música que é seu dom mais precioso nesta vida. Ela tem aberto para você inúmeras possibilidades e também lhe trazido muita prosperidade. Dedique-se à música de corpo e alma como vinha fazendo e logo superará o baque que teve nesta semana.

Agora vá tomar um banho, vestir uma roupa lavada e perfumada e vamos jantar como nos velhos tempos. Unidos, muito unidos.

Pietro acatou a sugestão do pai e nas semanas que se seguiram voltou a se dedicar ao violino e, dessa vez, com mais empenho. O sarau que daria início a uma turnê pela Europa estava se aproximando e teria não só a nata da sociedade presente ao evento, mas também gente importante do mundo da música. Seria uma grande guinada profissional na sua vida.

Sétimo capítulo

O dia da estreia da turnê de Pietro lotou o grande teatro da cidade, o maior, mais pomposo do lugar. Ágatha e o marido vieram da cidade onde moravam para prestigiar o rapaz. Carruagens e mais carruagens, uma mais nobre que a outra não paravam de estacionar em frente ao local para deixar a elite, músicos renomados e intelectuais da época.

Debaixo de seis lustres gigantescos reluzia o palco onde Pietro se apresentou divinamente, deixando todos extasiados com seu talento.

A salva de palmas foi tão forte que parecia que iria levar o teatro ao chão. Em meio a elas ouviam-se brados de alegria "Bravo! Bravo!"

Pietro curvou-se para agradecer os aplausos. A cortina desceu e subiu cerca de cinco vezes diante de tamanha vibração do público.

Os primeiros a chegar no camarim foram Aretha e Primízio.

– Parabéns, filho! – elogiou a mãe. – Estava lindo! Emocionante!

– É verdade, Pietro – elogiou o pai – hoje você estava soberbo! Simplesmente, soberbo! Muitos chegaram a chorar tocados por sua música. Meus sinceros parabéns!

O rapaz deu um suspiro, amparado naquele sorriso triste que o perseguia como uma sombra pela vida.

– O que foi? – a pergunta partiu de Aretha. – Você não me parece contente. Eu esperava encontrá-lo radiante como deixou toda a plateia.

– Eu gostaria de que eles tivessem estado aqui me assistindo...

Os olhos de Aretha deram um pequeno sinal de espamo.

– Nem tudo se consegue na vida, Pietro.

– Mas eu...

Ela segurou nos punhos dele e falou, seriamente:

– Esqueça-se deles, Pietro, da mesma forma que eles fizeram questão de se esquecer de você.

O rapaz engoliu em seco, contendo-se para não chorar.

– Agora arrume-se. Há uma grande festa em sua homenagem, esperando por você.

Sem mais, Aretha deixou o filho no camarim e partiu na companhia do marido.

As apresentações de Pietro sempre foram plenamente agradáveis, mas, a partir daquele dia, adquiriram tal luminescência e profundidade, que ninguém conseguiu mais deixar de elogiar e ser tocado por sua música.

Pietro ao sair do teatro pela porta dos fundos do local, teve a impressão de ter visto uma pessoa encoberta pela penumbra que caía sobre parte do lugar. Lançando um olhar assustado em direção ao beco, perguntou:

– Quem está aí?

Havia alguém de fato. A figura caminhou para a luz assim que sua pergunta ecoou pelo local. Era uma moça, da mesma idade que a dele, que o fitou, a princípio, sem saber o que dizer.

– Olá, Pietro! – disse, enfim, numa voz feminina graciosa.

– Olá! – respondeu ele, tentando se recordar de onde a conhecia.

– Vim parabenizá-lo. Sua apresentação foi linda! Simplesmente emocionante!

– Obrigado.

– Desculpe perguntar, mas você morou até os nove, dez anos de idade, no orfanato dirigido por dona Elga Mentz, não morou?

87

Os olhos de Pietro revelaram grande surpresa.

– S-sim... sim, morei, por quê?

– Porque eu também morei.

Os olhos do rapaz se abriram um pouco mais.

– É mesmo?! Qual é seu nome?

– Adoriabelle.

– Adoriabelle?!... Eu me lembro de você... Costumava me contar histórias, não?

– Eu mesma. Pensei que havia se esquecido de mim por completo. O tempo apaga tanta coisa da nossa memória, não?

– Pietro! – chamou o maestro. – Você vem ou não vem?

– Um minuto só! – respondeu ele e voltando-se para a antiga colega: – Bem, eu tenho de ir. Foi muito bom revê-la.

– O mesmo digo eu.

– Por acaso você tem notícias do orfanato? De dona Elga Mentz?

– Ela ainda está lá firme e forte.

– Estimo.

Voltando os olhos para o teatro, Pietro comentou:

– O teatro por fora é tão lindo quanto por dentro, não?

– Eu não tive ainda a oportunidade de conhecê-lo por dentro.

– Mas você disse que me assistiu tocar...

– Daqui de fora. Propriamente dizendo, deste beco. Daqui dá para ouvir um bocadinho. Não tenho condições de pagar um ingresso. É muito caro para mim.

A voz do maestro tornou a ser ouvida:

– Pietro, vamos, chegaremos atrasados à recepção.

Ele procurou pelas mãos dela, para envolvê-las ao dizer:

– Volte amanhã, pelo menos com uma hora antes da apresentação e eu a porei lá dentro.

Ela sorriu. Só então ele notou que ela não tinha as mãos. Algo de que havia se esquecido totalmente. Adoriabelle o lembrou:

– É melhor você ir, Pietro. Amanhã nos veremos.

Ele assentiu com a cabeça e seguiu apoiando-se na muleta para não escorregar no chão de paralelepípedos, como já acontecera das outras vezes em que ele quase quebrou o fêmur.

A jovem permaneceu ali por um tempo, acompanhando com o olhar o velho amigo de orfanato até perdê-lo de vista. Então sorriu para si mesma e partiu. Estava feliz pelo reencontro e muito mais por poder voltar a ver o garoto que tanto admirava e que se tornara um homem famoso do mundo da música.

À recepção oferecida a Pietro por um apreciador da boa música, um homem rico e elegante, com muitas extravagâncias, a nata da sociedade estava presente, além de músicos renomados, artistas plásticos e gente do teatro.

Foi durante a comemoração que Pietro teve a oportunidade de conhecer Lizandra Figueiredo. Assim que o olhar de ambos se cruzou não mais conseguiram se desprender um do outro. Desviavam somente quando necessário, logo voltavam a se encarar com admiração.

Foi ela quem tomou a iniciativa de ir até ele para travar uma aproximação com o rapaz que tanto admirava pela música e agora pelo olhar que a atraía como nenhum outro conseguira até então.

– Meu nome é Lizandra... – disse ela assim que se posicionou frente a ele. – Quero parabenizá-lo por tão grandioso sarau e por tão magnífico talento.

– Obrigado. Muito obrigado.

Pietro estava fascinado por ela, nunca uma mulher despertara tanto o seu interesse como a jovem.

– Que tal dançarmos um pouco?

Pietro branqueou. Lizandra certamente não percebera sua deficiência. Poucos durante o sarau notaram, somente os que se sentavam nos camarotes mais próximos ao palco e os que ocupavam as primeiras fileiras se atinham ao fato de que seus pés eram voltados para dentro.

– Acho melhor não – respondeu Pietro, um tanto inseguro.

– Que nada, venha!

Lizandra que realmente não havia percebido a respeito dos pés do rapaz pegou em seu braço e o puxou em direção ao espaço da mansão do ricaço reservada para os convidados dançarem. Ao puxá-lo, Pietro se desequilibrou e foi ao chão chamando a atenção de todos ali.

– Você está bem? – acudiu-o um dos convidados.

– Estou sim – respondeu o violinista enquanto o senhor e mais um outro o ajudavam a se por em pé novamente.

Ao voltar os olhos na direção de Lizandra, ela havia desaparecido.

Era de se esperar, pensou Pietro em seu universo particular, teria sido uma vergonha para ela ser vista ao lado de um rapaz como ele. De qualquer modo seu gesto o ferira, profundamente porque ele havia realmente se interessado por ela.

A festa continuou agitada. A certa altura o dono da mansão pediu a atenção de todos e fez um discurso em homenagem ao talento de Pietro. Terminou pedindo uma salva de palmas para o rapaz e foi tão retumbante que ecoou por todos os cômodos da casa.

Minutos depois, Pietro reencontrava Lizandra, por acaso. Olhos nos olhos, ela usou de sinceridade para com ele:

– Você seria perfeito se...

– Não precisa completar a frase, não; já entendi muito bem.

– Eu sinto muito.

Pietro fez um quê de quem diz "o que se há de fazer!" e partiu. Lizandra ficou observando-o caminhar, observando também as pessoas ao redor, comentando com quem estava ao seu lado a respeito da deformidade do rapaz, ou cutucando discretamente para que este a notasse.

Pietro estava tão concentrado em seus pensamentos que tudo ao seu redor passava despercebido. Além do que já estava acostumado com as pessoas, olhando espantadas para os seus pés tortos.

90

Ele, até então, nunca se envergonhara deles, tampouco sentira ódio por ter nascido como nasceu, mas ao perceber que era rejeitado pelas pessoas, especialmente por quem mais queria ser amado, voltou-se contra si.

– Posso saber a razão por estar assim cabisbaixo, tão alheio a tudo? – perguntou Ágatha ao irmão, assim que voltaram para casa.

O rapaz tentou falar, mas mordeu os lábios antes que qualquer palavra pudesse atravessá-los.

– Pietro, por favor, não me faça sentir culpada por ter deixado escapar a verdade por trás do seu passado. Achille também sente culpa...

– Vocês não têm culpa de nada, Ágatha. Todos têm de encarar a vida, a própria vida, como ela é: na alegria e na tristeza.

– Eu não quero ver você sofrendo, meu irmão. Você não merece. Eu o amo, sabia?

– Sim, Ágatha, eu sei.

– Você é tão bonito...

– Bonito até notarem meus pés tortos.

– Ah! Desde quando você se incomoda com isso?

– Desde que observei que sou rejeitado por causa deles.

– Se o rejeitam por causa dos seus pés é porque não lhe querem bem. Se quisessem...

– Mas eu queria tanto, Ágatha. Tanto que me quisessem bem.

– Nós nunca vamos agradar todo mundo. Nem Jesus Cristo agradou.

– É verdade.

– Então, chega de tristeza, vai. A noite foi linda, você brilhou como nunca, foi aplaudido de pé. Teve uma recepção maravilhosa. Sua carreira de violinista é definitivamente um sucesso.

Pietro se viu obrigado a concordar.

– Isso. É assim que quero ver você: sorrindo... O "garoto sorriso" como sempre o chamei.

No dia seguinte, na hora combinada com Pietro, Adoriabelle chegou ao teatro e pediu para o porteiro do local chamá-lo. Como ele havia prometido, a moça foi posta para dentro do teatro onde pôde assistir a sua apresentação como tanto queria.

Pietro se superou naquela noite. Tocou o violino ainda com mais paixão do que na noite anterior e foi assim desde que avistou Lizandra Figueiredo na plateia. Ele queria fazer bonito diante dela, para agradá-la, compensar a deficiência nele que tanto incomodava a moça, na esperança de que ela o visse com novos olhos e fosse sua um dia.

O rapaz ficou tão entusiasmado com a presença da moça que acabou se esquecendo de dar a devida atenção a Adoriabelle, a amiga que tanto lhe queria bem, desde os tempos do orfanato.

Por que Lizandra fora mais uma vez assistir Pietro? Simples: porque apreciava sua arte, a considerava incomparável e também porque lhe fazia bem olhar para ele, ainda que soubesse que nunca poderiam ter nada como clamava o seu coração, devido aos seus pés tortos.

Oitavo capítulo

Semanas depois dos últimos acontecimentos relatados, Caroline, Raul e Ítala estavam presentes a mais uma grandiosa recepção propiciada por um dos mais ilustres integrantes da alta sociedade, da qual Caroline e Raul faziam tanto gosto de fazer parte.

Ítala estava linda dentro de um vestido esverdeado com rendas e flores de tecido no mesmo tom e Caroline estava exuberante dentro de um vestido luminescente de cetim dourado. O cabelo armado com pequenas plumas espetadas no alto do penteado realçava e agraciava ainda mais sua beleza.

Por entre os muitos elegantes rapazes extremamente bem vestidos indo e vindo pelo salão, Caroline avistou um que lhe chamou muita atenção. Era de porte bonito, andava ereto e mesmo de longe percebeu que já não era tão jovem como os demais.

Ela ainda não sabia, mas aquele por quem tanto se interessou chamava-se Giobbatista Squarziere, um homem de vinte e sete anos completos, magro, moreno, caladão – raramente falava, mas extremamente sensível e receptivo a tudo o que dele precisassem.

Quando abria a boca era para falar de assuntos nada banais. Tinha capacidade de estimular o intelecto dos outros, encaminhando-os por veredas que antes jamais lhes haviam sido sugeridas.

Dera a volta ao mundo em praticamente dois anos na esperança de que a viagem o fizesse esquecer do seu último grande amor e, se Deus lhe desse a chance, desistir até mesmo de amar.

Mas isso seria impossível, ele adorava as mulheres, ele adorava a paixão, o amor, tudo em torno da união de um casal, só não sabia lidar com o ciúme e isso é o que sempre estragava tudo no final. Existiria uma alma feminina capaz de fazê-lo se libertar daquela obsessão chamada ciúme?, era a pergunta que o moço vinha se fazendo há muito tempo.

Caroline viu em Giobbatista Squarziere o homem perfeito para Ítala se casar. Ser, enfim, o genro que sempre sonhou para ela. O genro que toda sogra almeja.

– Quem é ele? – perguntou ela a uma conhecida.

– Giobbatista Squarziere.

– Solteiro?

– Até o momento, pelo que sei, sim. Até o final da noite, duvido muito.

Risos.

– Rico?

– Oh, sim, muito rico. O pai foi...

– Poupe-me dos detalhes. Para mim não importam os meios e sim, os fins.

– Você acha que ele pode se interessar por Ítala?

– Com um empurrãzinho aqui, outro acolá...

– E se ela não gostar dele?

– Gostará. Se não for por bem, será por mal. Ela escolhe.

Apresentações foram feitas daquele modo que a alta sociedade faz para preservar os da alta sociedade. Em menos de dez minutos, Caroline Velasco já havia se entrosado totalmente com Giobbatista que até dez minutos antes lhe era totalmente desconhecido.

Minutos depois, Ítala foi guiada até o ricaço pela mãe sem saber ao certo o que ela pretendia.

– Esta é minha filha, de quem lhe falei – explicou Caroline, assumindo declaradamente o papel de Cupido.

Não foi preciso dizer muito mais, Giobbatista Squarziere se encantou por Ítala Velasco da mesma forma que ela se engraçou por ele.

A noite se estendeu com os dois conversando e dançando e terminou com planos para o dia seguinte.

Caroline há tempos não se sentia tão satisfeita com algo como agora. Na caleche durante o percurso de volta para casa, soltou a língua:

— Giobbatista Squarziere é o homem perfeito para você, Ítala.

— Nem sei se ele gosta de mim, mamãe.

Caroline ignorou terminantemente o comentário da filha. Erguendo a voz, previu:

— Vocês se casarão no verão com todo luxo que a sociedade pode propor a um casal.

O anúncio deixou Ítala boquiaberta.

— Mas, mamãe, ele nem me conhece direito. Nem eu a ele.

— Vocês terão a vida inteira para se conhecerem, em minha querida.

Caroline estava certa na previsão, em seis meses Ítala se casou com o ricaço Giobbatista Squarziere e foi um dos casamentos mais luxuosos já presenciados pela sociedade.

Aretha e Ágatha estavam espantadas com o modo como Ítala e Giobatista haviam se casado.

— Será que esse casamento não foi muito precipitado, Caroline? — perguntou Aretha em comum acordo com Ágatha.

— Vocês estão com inveja, não? — atacou Caroline pondo os bons modos de lado.

— Não é isso... — tentou se defender a irmã.

— É isso, sim!

Caroline bufou. Impaciente, falou:

— Eu não ia convidar vocês duas. Não mesmo...

— Por que convidou, então?

— Porque Ítala insistiu muito, afinal, você e Primízio são os padrinhos dela e Ágatha a prima mais querida.

— Você teve medo que eu...

— Tive sim, Aretha! Louca como você é.

— Minha loucura não se compara a sua, Caroline. Sua loucura comunga com a maldade, com a falta de respeito, com o preconceito e o racismo.

95

– Você não veio aqui para brigar comigo, veio?

– Bem que eu gostaria.

Aretha bufou e concluiu seus pensamentos:

– Você... Caroline... Eu não sei, juro que não sei, como pode se manter viva... Não há um coração no seu peito. Há qualquer coisa menos um.

– Você não entende... nunca vai me entender...

– Não entendo mesmo. Por mais que eu tente...

– Preciso ir dar atenção aos outros convidados, Aretha. Com licença.

– Caroline?

A irmã voltou-se para ela.

– Diga – falou, empinando o rosto.

Aretha mordeu os lábios, insegura se deveria ou não falar o que pensou, por fim desistiu.

– Nada, não... Bobagem...

Ainda era difícil para Aretha aceitar a irmã como era, especialmente como se comportava com relação a Pietro.

Ágatha assim que teve a oportunidade, arrastou a noiva para um canto e disse, olhando bem nos olhos dela:

– Estou preocupada com você, Ítala.

– Comigo, Ágatha?! Por quê?!

– Por ter se casado assim tão rapidamente. Há quanto tempo você conhece aquele que agora é seu marido?

– Giobbatista?! Há seis meses quase completos.

– Não acha que deveria ter esperado um pouco mais para se casar?

– Papai queria que eu casasse. Que eu estava mais do que na idade para me casar. Mamãe não parava de me atormentar os ouvidos por causa disso, exigindo também que eu me casasse, que esse era o seu sonho... Bem... casei.

– Você se casou com Giobatista por esses motivos? Porque seu pai e sua mãe queriam... Nao foi por amor?

Ela riu.

– Foi sim, Ágatha, eu amo Giobatista. Quando o vi, senti meu peito palpitar. Posso dizer que foi amor à primeira vista. De ambas as partes.

– Ufa! – suspirou Ágatha, aliviada – pensei que tivesse cometido a tolice de ter se casado sem gostar do homem que agora é seu marido.

– Eu não seria louca.

Ágatha sorriu.

– Agora estou mais tranquila. Nao suportaria vê-la infeliz.

As duas se abraçaram.

– Ágatha.

– Sim?

– Por que seu irmão não veio?

– Ora... porque ele está viajando, numa turnê de apresentações pela Europa.

– Que chique, hein? Como o Pietro é chique. Você deve sentir muito orgulho de ter um irmão como ele, não?

– Muito.

Ágatha suspirou. Hesitou por duas, três vezes antes de dizer:

– Sabe, Ítala eu acho que você deveria saber...

– Saber o quê? – perguntou Caroline chegando por trás da sobrinha.

Antes mesmo que ela pudesse responder, Caroline perguntou a filha em tom reprovador:

– O que você está fazendo aqui nesse canto, Ítala? O lugar de uma noiva é brilhando na festa. Já para lá.

Caroline partiu, empurrando a filha de volta ao salão.

Ágatha ficou de longe, observando as duas, perguntando-se mais uma vez, em como a prima reagiria se soubesse que Pietro é, na verdade, seu irmão.

Nos dias que se seguiram, Caroline Velasco era só felicidade. Ah, como adorava ser o centro das atenções da alta sociedade. De fato, não se falava noutra coisa nas altas rodas senão no excelente casamento que Ítala Velasco fizera e no luxo que foi a cerimônia e a festa.

Quando o marido voltou para a casa, a esposa o cobriu de beijos.

– Raul, meu amado Raul, estou tão feliz! Você não faz ideia de como estou me sentindo bem.

Ele fez uma careta.

– Não se fala noutra coisa na cidade senão no casamento de nossa querida e amada Ítala.

– Eu sei.

– E você não está feliz com tudo isso?

– Estou. Só que gastamos um bocado para fazer essa cerimônia e aquele baita banquete de casamento.

– Mas valeu a pena! Larga de ser pão-duro. Nunca foi, o que deu em você, agora?

– É que... deixa para lá. Se você está feliz e nossa filha está feliz é o que importa.

– É assim que se fala.

– Essa casa vai ficar tão vazia sem Ítala.

– Que nada, meu bem. Logo, logo, ela vem passar os fins de semana conosco. Logo, logo, terá filhos e haverá netos correndo por aqui para todo lado.

– É... você tem razão.

– E eu não tenho sempre razão, Raul?

Enquanto isso Pietro continuava em turnê pela Europa, lotando os teatros para vê-lo tocar como poucos. Ele havia se tornado, definitivamente, uma celebridade.

Ágatha, por sua vez, estava realizada com a notícia de que estava grávida. Achille chegou a chorar de tamanha emoção.

Adoriabelle não conseguia deixar de pensar em Pietro, na vontade de revê-lo e, dessa vez, quem sabe, ter sua atenção como dispensava a ela no passado, quando moravam no orfanato.

Lizandra Figueiredo, por sua vez, se pegava pensando em Pietro, na sua música que lhe inspirava tanta paz e na sua "deficiência" que a deixava cheia de repulsa por ele.

Aretha e Primízio continuavam sendo um casal amoroso e dedicado ao bem. Provando que um casamento pode ser muito feliz, quando há respeito um pelo outro e um eterno namoro entre os dois.

Ítala após a lua de mel levou alguns dias para ajeitar a casa que já era do marido antes de se casar, para deixar a seu gosto. Era uma casa grande e bastante confortável. Grande demais até na sua opinião. Contaria com as criadas para mantê-la em ordem e com uma em especial, uma espécie de governanta, para administrar tudo ali.

No primeiro dia em que se viu sem o peso das obrigações, a jovem recém-casada saiu para ir à costureira mandar folgar alguns vestidos e apertar outros. A mulher fora indicação de uma parente de Giobbatista.

Quando voltou para casa, Ítala encontrou o marido andando de um lado para outro na sala. Aparentemente estava calmo. Tinha até um leve sorriso nos lábios. Mas estava, na verdade, explodindo por dentro de irritação e dor de cabeça.

Giobbatista voltou-se para ela assim que ela entrou no aposento. Seus olhos protuberantes e sem cor fixaram-se nos dela. Uma artéria, que na sua têmpora latejava furiosamente, chamou a atenção da moça.

– Giobbatista, demorei?

Ele recomeçou a andar.

– O que acha?

Havia um tom curioso em sua voz.

– Fui até à costureira. Uma que sua prima me indicou.

Um ligeiro estremecimento percorreu o homem. Sua voz tinha mudado quando perguntou:

– Com quem?

– Só, por quê?

– Por que não levou sua mãe com você?

– Ora, por que... Achei desnecessário.

– Mil coisas podem acontecer a uma mulher andando por aí sozinha, Ítala. Não sabia?

– Não estava só. O cocheiro e seu auxiliar foram comigo.

– Eles não são companhia para uma mulher casada como você. Peça a sua mãe que a acompanhe todas as vezes que sair.

– Para todo lugar? Não há necessidade...

– Eu sei o que é necessário e o que não é, Ítala. Sou mais velho do que você, mais experiente.

Havia um caráter definitivo no tom de sua voz.

– Bem – falou ela um tanto sem graça. – Vou me banhar e logo volto para o jantar.

– Estou sem fome. Jante sozinha.

– Mas, Giobbatista...

Ele, pisando duro, deixou a sala e a mulher falando sozinha.

Assim que saiu para o jardim, Giobbatista acendeu seu cachimbo. Os olhos estavam semicerrados, seu mental parecia preso a um tremendo temporal. Perambulando ali e acolá, foi parar na estrebaria onde as carruagens eram guardadas.

Ali ficou observando atentamente o cocheiro e o ajudante que haviam levado, havia pouco, a esposa à costureira.

O cocheiro era um jovem de aspecto simpático e que se sentia sempre muito nervoso junto ao patrão. Sabia quando ficar calado e quando devia falar. Até aí, tudo bem. O problema com o criado é que ele era bonito demais para servir a uma dama como Ítala. Se até um homem como ele, Giobbatista, era capaz de achá-lo bonito, o que diria uma mulher?

O cocheiro de Ítala tinha de ser um homem feio e asqueroso. Um que tivesse alguma espécie de deformidade física. Sim, aquela era melhor solução para evitar volúpias inconsequentes.

100

O ajudante era também um moço de aparência bonita, mas esse não lhe provocava preocupação por ser efeminado. Ele não só não faria mal a uma mosca quanto mais a uma mulher, ainda que fosse a mais linda do planeta, ainda que ela tentasse alguma coisa com ele.

Havia uma frieza antipática no olhar que o senhor Squarziere dirigiu ao seu criado quando se posicionou diante dele.

– Quero lhe falar. A partir de amanhã, você está dispensado.

O moço ficou sem palavras.

– Dispensado, meu senhor? Desculpe-me por perguntar, mas o que fiz de errado para ser demitido?

Havia algo mais que ódio nos olhos e na voz de Giobbatista, quando respondeu:

– Não lhe devo satisfações. O máximo que posso conseguir para você é uma carta de recomendações assinada por mim.

– Obrigado – respondeu o subalterno, como um bom subalterno.

Ao voltar para dentro de sua casa, Giobbatista se sentia mais calmo, tanto que acabou fazendo companhia à esposa no jantar.

Dias depois a história se repetia. Ítala voltava para casa depois de ter ido ao mercado e encontrava o marido, andando de um lado para o outro na sala, parecendo bastante irritado.

– Meu bem – disse ela, mas não foi além disso, ele não lhe permitiu.

– Onde esteve, Ítala?

– No mercado. Deixei o recado com a criada...

– Foi ao mercado com quem?

– Sozinha.

Ele olhou bem para ela, estudou bem seu olhar e num tom bastante grave lhe perguntou:

– Eu não lhe disse que toda vez que você sair é para sair acompanhada de sua mãe?

– Falou, sim, mas é que mamãe tem os compromissos dela...

– Saia então somente quando ela não os tiver.

– Mas...

– Nem mais nem meio mas, Ítala.

Ela calou-se temporariamente. O clima pesou entre os dois.

Antes ela não tivesse dito o que pensou:

– Eu pensei que havia me pedido para sair com minha mãe, porque havia ficado enciumado do cocheiro.

– Por que haveria, Ítala? Porque ele era bonito, um homem atraente? É por isso, não é?

Ele foi para cima dela, fazendo-a recuar um passo de susto.

– Você pode confiar em mim, Giobbatista. – afirmou ela, gaguejando.

– Eu não confio em ninguém Ítala. Em ninguém. Ouviu?!

– Nem em mim?

– Nem em você. Quem me garante que esteve onde esteve realmente? Que não entrou por uma porta e saiu por outra para se encontrar com um amante?

– Gio...

– Calada! Estou falando. E quando falo quero que me ouça. A sociedade tem a falsa ideia de que só os homens traem as mulheres, só eles são canalhas. Tem-se a falsa impressão de que as mulheres, todas, exceto as prostitutas, são umas santas. Mas não é nada disso.

– Como sabe?

– A experiência com as mulheres me mostrou isso.

Fez-se silêncio novamente.

Ele então mudou de tom.

– Faça o que lhe peço, Ítala. Para que o nosso casamento seja o mais feliz possível.

– Farei, Giobbatista. Se isso o deixará mais tranquilo, de agora em diante só sairei na companhia da minha mãe.

Ele emitiu um sorriso trêmulo, de satisfação.

– Só gostaria de saber por que confia na minha mãe e em mim não.

– Tenho lá os meus motivos, Ítala.

O assunto terminou ali.

No dia seguinte, na casa dos pais, Ítala falou com a mãe a respeito do pedido do marido.

Caroline ficou olhando para a filha, balançando a cabeça afirmativamente, fingindo-se surpresa com aquela preocupação exagerada por parte do genro. Ela já sabia muito bem o quanto Giobbatista era ciumento, pois antes do casamento da filha com ele havia colhido informações a seu respeito. Era seu ciúme doentio que sufocava as mulheres e fazia com que elas o abandonassem, por isso nunca conseguira se casar com nenhuma. Mas se ela dissesse a verdade para Ítala, pensou Caroline, a deixaria amedrontada, fazendo com que desistisse de se casar com o ricaço o que não poderia acontecer, pois um bom partido como Giobbatista era difícil de se encontrar.

– Ora, Ítala, por que seu marido lhe pediu isso? – perguntou Caroline, a seguir, com a cara mais deslavada.

A resposta da jovem foi precisa:

– Ele não pediu, mamãe. Ele exigiu, é diferente.

– Exigiu porque se preocupa com você.

– Não, mamãe, é porque ele, segundo me disse, não confia nas mulheres. E por não confiar, não confia em mim, também teme que eu me envolva com um outro homem.

– Então Giobbatista é ciumento... – murmurou Caroline como se não soubesse.

– Sim e estou começando a acreditar que seja um ciumento doentio.

– E se for?

Ela cerrou os punhos e perguntou:

– Daqui a pouco ele será capaz de atar meus punhos ou de fazer qualquer outra barbaridade.

– Pois você que aceite tudo que ele determinar sem protestar. O papel de uma esposa é esse.

– Aqui em casa o papel se inverteu, não, mamãe?

– A senhora faz suas determinações e exigências e ai se o papai não acatar.

Caroline respondeu friamente:

– Isso porque seu pai é um molenga. Bem diferente de seu marido. Portanto, devemos dançar conforme a música.

A filha fez ar de compreensão e acrescentou:

– A senhora acredita que Giobbatista demitiu o cocheiro de uma hora para outra e pôs um outro no lugar, um senhor, de aparência exausta...

– Demitiu, é... Por quê?

– Acho, ou melhor, tenho a certeza de que fez o que fez porque ficou enciumado do rapaz.

– Seu marido tem toda razão. Melhor mesmo não dar pano pra manga.

Dias depois, o casal Squarziere foi a um recital que no final, ambos se arrependeram amargamente de terem ido. Giobbatista cismou que a esposa ficara flertando descaradamente com um rapaz da sua idade durante a apresentação. A cisma tirou Giobbatista do sério. Mesmo após ela repetir incansavelmente que nada fizera que nem notara a presença do tal rapaz, o que era totalmente verdade, ele ficou cismado.

Só agora ela percebia o quanto era desesperado e possessivo o amor do marido por ela.

– Esse seu ciúme, meu marido, vai destruir o nosso casamento – afirmou ela, entre lágrimas.

Ele passou a mão pelos cabelos e tentou se expressar:

– Eu não consigo, entende? Não consigo deixar de sentir ciúme. É mais forte do que eu.

104

– Prometa a si mesmo que vai se permitir a ter mais confiança em mim. Para o seu bem para o nosso próprio bem, por favor.

A noite terminou com uma promessa, mas as crises de ciúme de Giobbatista continuaram frequentes e em proporções maiores do que as anteriores.

Haviam se passado três meses de casados quando Ítala, ao voltar para casa, encontrou o marido de pé junto à janela, com uma expressão diferente na face.

Tinha em suas mãos uma faca com uma lâmina fina e comprida. Corria carinhosamente o dedo pela lâmina como se fosse um garoto brincando com seu brinquedo favorito.

– Amor? – chamou ela, delicadamente.

Ele sorriu para ela e disse em meio a um sopro de ar:

– Chegou!

– Sim. Fui visitar a mamãe. Ela lhe mandou lembranças.

– Estimo.

Voltando os olhos para a faca, Ítala perguntou com certo cuidado:

– O que está fazendo?

– Ah! Isso?! Vendo se estava afiada.

– E está?

– Muito. Dá para abater um leitão com poucas facadas.

Ele sorriu e recolocou a faca sobre a mesa, entre a coleção de armas.

Ítala olhou para o marido com reprovação.

– Você não deveria mexer com isso, Giobbatista, pode se machucar.

Ele olhou bem para ela e perguntou:

– E você se preocupa comigo, Ítala?

Ela, olhos surpresos, respondeu:

– Certamente que sim, que esposa não se preocuparia com seu marido?

Giobbatista Squarziere olhou-a demoradamente, com uma expressão em seu rosto com a qual Ítala já estava familiarizada: uma espécie de incrédula dúvida.

– Se me ama mesmo como diz, não hesitará em atender ao meu pedido.

– Pedido?

– Sim. Um pedido que salvará o nosso casamento. Que porá no lixo minhas inseguranças a seu respeito de uma vez por todas.

A jovem de aparência extraordinariamente frágil, fragilizou-se ainda mais.

– O que quer de mim, Giobbatista?

– Apenas um favor, Ítala. Em nome do nosso amor.

Um olhar evasivo apareceu no rosto da moça. Ela já havia se preparado ao longo das reencarnações para quase tudo na vida, menos aquilo.

Enquanto isso... Ágatha e Achille curtiam os primeiros movimentos do bebê dentro da barriga da mamãe. Aretha e Primízio contavam os dias para se tornarem avós o que lhes dava grande alegria. Pietro continuava um sucesso sem limites.

Nono capítulo
(Meados de 1850)

Meses depois, Raul, alquebrado, voltava para sua casa. Ao vê-lo, Caroline perguntou:

– O que houve? Você está abatido.

Raul suspirou.

Caroline aprofundou o olhar sobre o marido, interrogativamente. Visto que ele não respondeu a sua pergunta, insistiu:

– O que houve, Raul?

O marido manteve o suspense, ela, impaciente, levantou-se bruscamente de sua cadeira e avançou sobre ele.

– Quer me dizer logo o que aconteceu? – berrou, histérica.

Ele mirou os olhos dela, mas foi por pouco tempo, logo desviou. Por mais que tentasse não conseguia mais encará-los.

– Diga, homem. O que houve? Aconteceu algo com a nossa filha?

– Eu sinto muito, Caroline...

– Sente?! Sente por quê?!

– Eu sinto muito...

Raul cortou a frase derramando-se num choro agonizante.

Caroline continuava com o olhar incrédulo e assustado sobre o marido.

– O que você aprontou, Raul? O quê?

Ela pegou em seus braços e começou a chacoalhá-lo.

– Responda-me! – gritou.

Quanto mais o agitava, mais ele chorava.

– Fale! Fale! – rugia ela, descontrolada.

– Acabou – respondeu ele com um fio de voz.

– Acabou, o quê?

– O dinheiro.

– Que dinheiro, homem?

– O nosso dinheiro, nossos bens, tudo. Nós perdemos tudo.

Ela perdeu a voz. Seu peito subia e descia agora devido a respiração pesada.

– Você acabou com tudo no jogo... Foi?

– No jogo e nas mãos dos agiotas.

Ela, sem pensar duas vezes, deu um tapa na cara do esposo. Foi tão forte que ele se desequilibrou e foi ao chão.

– E agora? O que vai ser de nós? – explodiu, mergulhando as mãos nos cabelos num gesto desesperador.

– Eu não sei – balbuciou ele, como uma criancinha indefesa.

– Seu familiares, Raul. Peça ajuda a eles!

– Não adianta, devo para eles também.

– Como isso foi acontecer?

Dessa vez foi ele quem explodiu:

– Você pensa que é fácil sustentar esta casa enorme, todo este luxo, seus caprichos...

– Agora a culpa é minha?

– Não, Caroline, é nossa.

Ela baixou os olhos invadidos pela tristeza, em contrapeso com a revolta.

– Só quero saber como vamos sair dessa! – Raul comentou involuntariamente.

O assunto morreu. Por quase meia hora o casal ficou naquele recinto parecendo alheio a tudo, como duas pessoas mortas que custam a perceber que morreram. O rosto de Caroline transformou-se ao ter uma ideia que considerou uma luz no fim do túnel.

– Eu sei como podemos sair dessa, Raul. Não se afobe.

– Sabe?!

A apreensão no rosto dele deu lugar para a excitação.

– Sim – respondeu Caroline, balançando a cabeça empinada de cima para baixo. – Nossa filha há de nos ajudar.

– Ela... – estranhou Raul. – Como?

– Não ela, exatamente, mas seu marido.

A estranheza enviesou ainda mais a face de Raul Velasco.

– Giobbatista?! Ele seria mesmo capaz? Você acredita mesmo nisso?

– Sim. Sei como persuadi-lo a nos ajudar.

– Espero que possa realmente.

– Depois de tantos anos convivendo comigo, você ainda não aprendeu que Caroline Velasco pode tudo. Que ela sempre pode tudo?

Ele mordeu os lábios, enquanto um sorriso maroto escapava por entre eles.

– Quem falará com ele? – perguntou Raul, a seguir.

– Eu, meu marido. Não seria tola de pedir para você fazer isso. Se fizesse poria tudo a perder. Só mesmo uma mulher, experiente como eu para falar com ele, usar as palavras certas para cativá-lo.

Horas depois, na casa de Giobbatista e Ítala, Caroline falava a sós com o genro.

– Desculpe-me por vir assim sem avisar, meu genro querido – começou ela adulando o homem intensamente. – Precisava muito lhe falar.

Diante do seu silêncio, Caroline explicou detalhadamente a situação delicada em que ela e o marido se encontravam. Ao término, acrescentou:

– Gostaria muito de poder contar com a sua ajuda, meu genro. Não falo de dinheiro. Não, isso eu jamais lhe pediria. Mas lhe peço abrigo em sua casa. Se puder nos acolher aqui, seria para mim e para Raul uma grande honra.

Giobbatista se mostrava ainda incerto quanto ao que dizer.

Diante de sua fraqueza, Caroline usou de sua astúcia mais uma vez:

– Penso que seria ótimo para você ter a mim morando aqui, pois poderia ficar mais perto de Ítala.

O homem mudou de expressão, como ela pressentiu que faria.

Caroline continuou seu ataque:

– Seria bom para ela também ter a mãe ao seu lado, sempre ao seu lado, indo com ela a todo lugar que precisasse... direcionando seus passos, como é o dever de toda boa mãe... vigiando seus passos, como faz uma mãe sensata.

Nova transformação no homem.

– Eu lhe prometo, meu genro, que, morando aqui, você não teria mais nenhum tipo de dor de cabeça com sua esposa.

O genro fugiu dos olhos da sogra por alguns segundos.

– Você se sentiria muito mais seguro com relação a sua esposa.

A mulher que tanto ama.

Ela parou, adensou o tom ao perguntar:

– Você a ama, muito, não ama, Giobbatista?

Ele parecendo ressurgir para a vida, respondeu:

– Sim, minha sogra, eu amo Ítala. Amo até mais do que deveria, creio eu.

– Amor demais nunca é demais, se é que me entende!

Seja lá o que Giobbatista pensou, guardou para si. Caroline indo até ele, falou num tom ainda mais delicado. Falsamente, delicado:

– Já imaginou a paz que terá ao saber que sua amada e querida esposa estará sempre em minha companhia, sob os meus olhos? Que ninguém, ninguém mesmo ousará se aproximar dela quando você estiver longe, tampouco eu permitirei que ela se aproxime de alguém.

– Ela faria isso?

– Oh, não, meu genro amado. Ítala o ama.

Ele encolheu a cabeça no meio dos ombros.

– Sabe, Giobbatista, ciúme é sinal de que se ama muito uma pessoa.

A afirmação era totalmente mentirosa, sabia Caroline muito bem, mas disse o que disse para conquistar o genro.

– Porém, um ciumento não tem paz... A não ser que tenha ao lado da pessoa que tanto ama alguém em que confia para garantir que a pessoa amada não fará nada de errado.

Ela olhou bem nos olhos dele e perguntou:

– Concorda comigo?

Ele assentiu. Caroline prosseguiu:

– Pois bem, comigo ao lado de Ítala você terá de volta a paz que o ciúme lhe roubou há muito, muito tempo.

– O que quer dizer com "...há muito, muito tempo"?

Ela olhou bem para ele, fez ar de tristeza e respondeu:

– Eu sei, Giobbatista, sei muito bem porque seus relacionamentos anteriores desmoronaram.

Os olhos dele arregalaram-se.

– Foi sempre o ciúme quem os fez desmoronar, não é mesmo?

Ele estremeceu. Ela embargou a voz propositadamente e prosseguiu:

– Deve ter sido muito sofrido para você romper um relacionamento atrás do outro por ciúme, não? Que tristeza! Mas veja o lado positivo de tudo isso. Por causa do ciúme do passado você pôde chegar a Ítala de quem gosta tanto!

– É mais do que gostar, dona Caroline. Eu amo sua filha, loucamente.

– Muito bem. Só que agora é hora de você viver esse amor em paz, sem mais deixar-se afligir pelo ciúme.

Um suspiro escapou-lhe do peito.

Ela passou a mão pelos cabelos desalinhados e sorriu, mas era um sorriso triste.

– Eu não consigo, entende? Não consigo deixar de sentir ciúme. É mais forte do que eu.

– Esse seu ciúme vai destruir seu casamento e sua paz, Giobbatista. Mas comigo aqui será tudo diferente.

Ele deu novamente sinais de alívio. Aproveitando o efeito, Caroline, fazendo beicinho, perguntou:

– Posso contar com você, meu genro?

Ele, visivelmente emocionado, respondeu:

– Sim, minha sogra. Pode.

Ela sorriu, satisfeita, vitoriosa.

– Eu sabia! Eu sabia que poderia contar com você. Com essa alma tão generosa. Tão diplomática. Nem sei como agradecer. Juro mesmo, não sei. Que Deus o abençoe mil vezes.

No minuto seguinte, Caroline deixava a sala, acompanhada do genro, para dar a notícia a Ítala.

– Querida... querida... querida – disse ela ao encontrar a moça.

– Seu marido é um homem de ouro. De ouro, prata e pedras preciosas.

A seguir, contou à filha o que acertara com o genro.

Ítala ficou em dúvida se sorria ou não. A mãe, diante de sua hesitação, abraçou-a e cochichou em seu ouvido: "Mostre que está feliz com a notícia, Ítala!"

Só então a moça sorriu e congratulou a mãe. Diante do sinal que Caroline discretamente fez para ela, Ítala compreendeu que deveria agradecer ao marido por ter aceitado acolher seus pais em sua casa.

Ela foi até ele e o beijou.

– Obrigada, Giobbatista. Muito obrigada pelo...

Ele a cortou:

– Não é preciso agradecer-me por nada, não.

Ítala baixou a cabeça, submissa.

Caroline interveio:

– Ah! Minha querida, mal vejo a hora de seu pai saber que moraremos com você. Desde que você se casou ele reclama de saudade. Que a nossa casa ficou muito vazia sem você.

Essa mudança fará bem para todos nós. Amanhã começaremos a trazer as nossas coisas.

Diante do marido, Caroline deu brados de alegria.

– Quer dizer que Giobbatista nos aceitou em sua casa?! Estou pasmo. – comentou Raul, boquiaberto.

– Pasmo por que, Raul? Somos os pais de sua esposa...

– É, mas muitos genros não gostam de um envolvimento tão profundo com seu sogro e, principalmente, com sua sogra...

– Pois para tudo há uma exceção. Além do mais, querido, eu sou Caroline Velasco, a sogra, e não uma sogra qualquer.

O marido sorriu, abraçou e beijou a esposa.

– Amanhã começaremos a mudança. Vai levar dias, mas...

Ele tentou falar, mas ela não permitiu:

– Levará dias para conseguirmos levar tudo para a casa de nossa filha, mas... Ainda bem que eles moram numa casa espaçosa senão não caberia tudo por lá.

– Caroline... – tentou ele mais uma vez, sem resultado.

– Acho que os cocheiros farão pelo menos umas cem viagens para transportar tudo que há aqui, não? O que acha? Qual a razão por trás dessa cara de abestalhado?

– Estou tentando falar, mas você não me deixa.

– Então, desembuche!

– Nada do que há na casa poderá ser levado.

– Com assim, nada?

– Tirando suas roupas e as minhas e alguns pertences, o resto fica. Da mobília à prataria, das carruagens às obras de arte.

Ela fez ar de interrogação. Ele, rubro, explicou:

– A aposta incluía a casa com tudo que há nela.

– Você é mesmo um imbecil, Raul.

Ele empalideceu.

– É bem mais do que isso, é um inútil. Bendita a hora em que arranjei Giobbatista para ser marido de nossa filha. Foi, como dizem,

113

uma luz divina que me iluminou, não acredito nisso, mas agora me parece realmente que foi isso mesmo que aconteceu. Uma luz divina que me encaminhou.

– Há luz também nas trevas, Caroline.

– O que quer dizer?

– Que no inferno o fogo também produz luz.

– E daí?

– E daí que... deixe pra lá.

– Acho bom mesmo. Estúpido, como foi para perder tudo que herdou, você não merece sequer ser ouvido.

– Só fico pensando se...

– O quê?

– Se não está certo o ditado. O que vem fácil, vai fácil...

– Esse eu não sei, mas aquele que diz "Quanto mais estúpido, mais estúpida será sua vida" esse faz total sentido.

– Esse ditado eu nunca ouvi.

– Logicamente que não! Inventei agora! E baseado em você. Na sua burrice, na sua insensatez, na sua inutilidade.

Ah, Raul, se não fosse eu na sua vida, você estaria na sarjeta agora. Você tem muito a me agradecer. Eternamente.

No dia seguinte o casal chegou à propriedade de Giobbatista Esquarziere. Foi Ítala quem os recebeu à porta.

Entre lágrimas, fazendo drama desnecessário, Caroline contou para a filha o porquê de os demais pertences da família não poderem ser levados para lá. Ítala fez ar de compreensão, seu ar entristecido parecia ser por ter os pais naquela situação, pensou Raul e Caroline, mal sabiam os dois que havia um motivo mais profundo por trás daquilo.

– Qual será o nosso quarto na casa? – perguntou Caroline se dirigindo à escadaria em mármore. – Se não se importar, querida, prefiro o que tem janelas para a frente da casa.

– Mamãe, não há nenhum quarto disponível que fique de frente para a casa.

– Como não?

– Simplesmente não há. Um é o nosso, o outro é para receber a família de Giobbatista, quando vem nos visitar.

– Já que eles não vêm sempre, que fiquem com um dos fundos da casa.

– Acho que Giobbatista não vai gostar muito da ideia.

– Falarei com ele.

Raul interferiu:

– É melhor não insistir, Caroline. Ele pode não gostar. Pode achar que está querendo demais.

– O papai tem razão, mamãe. É melhor ouvi-lo.

– Vocês dois são moles como banha de porco.

Pai e filha se entreolharam.

– Está bem, por enquanto ficaremos num dos quartos do fundo, mas é temporário, só até eu convencer meu amado genro a me transferir para o da frente que é, além de tudo, muito mais espaçoso e arejado.

Foram dias exaustivos para as criadas até que toda a roupa de Caroline fosse devidamente guardada no guarda-roupas, cômodas e etc, como ela queria. Ela própria não tocou numa peça. Apenas apontava aonde deveria ser guardado e ponto final. Que as criadas se incumbissem de tudo.

Como na época as notícias e também fofocas demoravam a chegar nos lugares distantes, Aretha demorou para saber o que havia acontecido com a irmã e o cunhado.

Levou tempo para que Caroline percebesse que a filha andava com certa dificuldade.

– Você está mancando ou é impressão minha? – perguntou, olhando para o corpo dela coberto por um lindo vestido rodado, de rendas, sobre o suporte de arame, para dar volume.

– É o suporte, mamãe que, às vezes, pesa – respondeu Ítala com voz insegura.

115

– Ah, bom. Pensei que houvesse se machucado ou coisa que o valha.

A moça esboçou um sorriso e pediu licença para ir cuidar de seus afazeres.

Viver ali, apesar de todo luxo, não era exatamente o que Caroline desejou para si. Nada melhor do que ter sua própria casa, mandando e desmandando nos criados, em tudo, enfim. Se bem que ela assumiu o papel de governanta mesmo sem lhe pedirem. Determinava tudo que deveria ser feito, como deveria, ao seu estilo e também cuidava do cardápio do almoço, jantar e até do café da manhã. Tudo tinha de ser feito como queria, e ai de quem não o fizesse.

Caroline nunca se mostrara tão temperamental, tinha grande facilidade para pôr todo mundo à vontade ou, igualmente, de enervar todo mundo.

Por causar medo à criadagem, era sempre muito atendida por todos: havia sempre alguém oferecendo-lhe mais café, passando-lhe a geleia, etc.

Quanto a Raul, logo voltou para o jogo com os amigos no clube e, dessa vez, apostando as joias da esposa, únicos pertences valiosos que haviam restado para o casal.

Durante as refeições, na presença de Giobbatista, havia um silêncio extraordinário por parte de todos. Era como se tivessem medo de falar. Ele, o dono da casa, também nunca parecia disposto a muita conversa.

Quando Aretha soube do que acontecera à irmã e ao cunhado foi até a casa de Ítala para saber se precisavam de alguma coisa, dar-lhes apoio moral e até financeiro se preciso fosse.

Foi recebida com alegria por Ítala e com total desagrado por parte de Caroline.

– Você vai me desculpar, Aretha, mas estou muito ocupada no momento para recebê-la – mentiu Caroline, sem rodeios.

E antes mesmo que Aretha pudesse dizer alguma coisa, deixou a sala.

– Sua mãe não muda mesmo... – comentou Aretha com a sobrinha.

– Mamãe é assim mesmo...

– Fico feliz que seu marido tenha recebido... – ela se corrigiu – acolhido, seus pais aqui. Deve ser um homem boníssimo. Poucos genros fariam isso por um sogro ainda mais para uma sogra.

O sorrisinho amarelo de Ítala preocupou Aretha.

– Está tudo bem com você, minha querida? Estou achando você um pouco abatida...

– Estou bem sim, titia, apenas um pouco indisposta...

– Não quero me demorar.

– Por favor, sua visita me alegra muito.

– Já procurou saber se está grávida? Porque gravidez no início, para algumas mulheres, dá uma certa indisposição.

– Grávida? Não! Minha última menstruação foi perfeita como as anteriores.

Aretha estudou um pouco mais o semblante da sobrinha/afilhada, pensou dizer mais alguma coisa, mas mudou de ideia. Resolveu abordar assuntos cotidianos e, com isso, o bate papo se estendeu por quase uma hora.

– Eu já vou indo – anunciou Aretha ao perceber as horas. – Agora que sei que está tudo bem com sua mãe e seu pai e... com você...

Ela parou diante do súbito estremecimento da jovem.

– Está tudo bem com você, não está, minha querida? Você diria para essa sua velha tia se algo estivesse errado com você ou em torno de você, não?

– S-sim... sim... é lógico que diria, titia... confio na senhora.

– Que bom saber.

Sem mais, Aretha partiu.

– Aquela chata da sua tia já foi embora? – perguntou Caroline, voltando à sala. – Ótimo. Que ela não me apareça mais aqui. Sua pessoa polui o ar.

– Mamãe, não exagere.

– Exagero sim, ela veio aqui, fingindo-se de preocupada comigo e com seu pai, mas na verdade, queria nos humilhar. Eu conheço bem Aretha. Adora dar lições de moral aos outros.

– Tia Aretha está realmente preocupada com a senhora.

Caroline fez ar de mofa e deixou a sala.

Nem bem a carruagem com Aretha deixou o casarão onde a sobrinha vivia com o marido e os pais, ela pediu ao cocheiro que seguisse para a cidade onde Ágatha morava com o marido. Sentia urgência em lhe falar. Diante da filha, Aretha abriu o jogo:

– Ítala não está bem. Jurou-me que era apenas uma indisposição, mas estou certa de que mentiu. Algo de muito errado está acontecendo com ela, ou com o casamento dela.

– Eu vou descobrir, mamãe! – decidiu Ágatha. – Amanhã mesmo irei até a casa de Ítala falar com ela.

Ainda que grávida, aconselhada a evitar fazer viagens longas, Ágatha foi visitar a prima.

– Você não me parece feliz, Ítala – comentou ela a certa altura do reencontro com a prima. – Mamãe teve a mesma impressão.

– Que nada, Giobbatista é um homem maravilhoso, acolheu papai e mamãe, quando mais precisaram...

– E como marido, Ítala? Como ele é?

– Um pouco ciumento como todos os homens.

– Não sei, tenho a impressão de que você está me escondendo alguma coisa.

Ítala fez um gesto de enfado com as mãos e mudou de assunto:

– E quanto a você e Achille, Ágatha. Fale-me de vocês dois. Como é a vida de casados?

– Boa, muito boa. Achille tem me ensinado muito e acho que eu a ele. Nas manhãs de domingo, ao ouvirmos o canto do galo, ele, ao invés de pular da cama, simplesmente me enlaça e me puxa docemente para continuar a ninar sobre seu peito.

Posso dizer que tenho tudo aquilo que a maioria das mulheres sonha, mas que poucas encontram na vida, um marido a devotar-lhe um amor sincero e profundo.

Apesar de triste, cansada de fingir para a prima que tudo andava bem com ela, especialmente entre ela e o marido, Ítala abriu um largo sorriso.

— Bom, tenho de ir — anunciou Ágatha. — Amanhã é o dia de eu visitar o médico... Não quero parecer cansada diante dele. E você e Giobbatista, quando pretendem ter filhos?

— Logo.

Um sorriso trêmulo bailou nos lábios de Ítala, havia um quê de constrangimento, pesando sob seu semblante, agora.

— E Pietro? — perguntou ela, como que desesperada para mudar de assunto. — Como vai ele?

— Um sucesso sem fim. Lotando todos os teatros da Europa por onde passa... Está ficando endinheirado... Quem diria que um rapaz como ele, você sabe, com os pés daquele jeito, se transformaria numa celebridade, hein?

— Nem diga. Mas você sabe que eu nunca me ative ao fato de ele... você sabe... ter os pés daquele jeito?

— Nem eu... Mas para muitos, pessoas preconceituosas, ele ainda é malvisto por ter os pés virados daquela forma.

Antes de partir, Ágatha estudou novamente o semblante da prima e insistiu na pergunta:

— Você tem certeza de que está tudo bem com você?

Ítala assentiu com um sorriso e abraçou Ágatha num movimento brusco e descoordenado. O abraço foi demorado, necessitado.

Assim que Ágatha partiu, o sorriso de Ítala se apagou e um pesar tomou conta dela. Restou-lhe apenas mergulhar na tarde que escurecia em meio aos mil transtornos que lhe roubavam a paz.

Assim que Ágatha encontrou a mãe, Aretha perguntou, ansiosa:

– Falou com ela, filha?

– Falei, mamãe.

– E daí?

– E daí que eu tive a mesma impressão que a senhora. Ítala, definitivamente, não me parece feliz. Algo a está perturbando.

– Eu lhe disse...

– Ah, mamãe, como eu gostaria de saber o que é, para poder ajudá-la. Não queria vê-la sofrer, eu a amo, a senhora sabe, amo como uma irmã.

– Sim, meu anjo. Eu também a amo como uma filha.

Houve uma breve pausa até que Ágatha comentasse:

– Incrível, não? Mesmo depois de perderem tudo, titio e titia continuam *metidos* como sempre. Não perderam a arrogância, a soberba.

– Isso eles não vão perder nunca, nem que acabem no lodo.

– Estranho, não? Se esse tipo de amargura pela qual eles passaram não lhes ensinou serem pessoas mais humanas, o que haverá na vida, no Cosmos que possa torná-los melhores?

– Esse é um mistério da natureza, filha.

– Um mistério, mamãe, que eu muito gostaria de desvendar.

Dias depois, Ágatha ouviu falar mais uma vez do surpreendente caso das mesas giratórias. Assim que Achille chegou do trabalho, Ágatha, empolgada, falou sobre o assunto com ele.

– Em Paris, não se fala noutra coisa senão nas mesas girantes.

– Mesas girantes? – estranhou Achille.

– Sim. Dizem que viraram uma *coqueluche* na cidade.

– O que são exatamente essas mesas girantes? Por que as chamam assim?

– Ora, Achille, porque elas obviamente giram e, segundo soube, giram, batem no chão e se movem "em condições que não deixam margem a qualquer dúvida" de que estão sendo movidas realmente por... espíritos.

120

Achille interessou-se ainda mais diante da última palavra tão bem articulada pela esposa.

– Você acha mesmo que é possível os espíritos dos mortos se comunicarem com os vivos?

Antes mesmo que Ágatha respondesse, o marido falou:

– Bem, para quem acredita em reencarnação, como você acredita, certamente que também acredita em espíritos comunicando-se com os vivos, não?

– É lógico que sim, meu bem. Se sobrevivemos à morte, partimos para algum lugar desse infinito, se não reencarnamos de imediato, é nesse lugar também que devemos ficar, enquanto não acontece a nossa próxima reencarnação.

Achille ergueu as sobrancelhas e fez ar de quem diz "Se você falou, tá falado!" Sua pergunta seguinte foi:

– Onde o povo se reúne para assistir a esse fenômeno?

– As reuniões, segundo soube, acontecem nas mansões dos membros da alta sociedade, em salões culturais nos quais as pessoas vão para girar mesas apenas com o poder da concentração. Até mesmo nas mais humildes mansardas se vê pessoas envolvidas com o fenômeno. E dizem que há gente de toda classe social e idade. Poetas, intelectuais e nobres. Eu quero muito participar de um encontro desses, assim que estiver apta a ir a Paris. Sinto que vou gostar, vou conhecer pessoas muito interessantes por lá.

Ela tornou e perguntou, excitada, com ar de quem não aceita um "não" como resposta:

– Você me leva? Será interessante para você também.

Vencido pelo cansaço, Achille acabou prometendo à esposa o que ela tanto queria ouvir.

De fato, na Paris de 1850 os fenômenos mediúnicos tornaram-se uma febre na sociedade parisiense, mas eram tidos, pela maioria das pessoas, como um passatempo e não como estudo profundo de algo além da vida. (Nota do Espírito)

121

Caroline havia acabado de chegar de um chá na casa de uma das suas amigas da alta sociedade, quando cruzou com o genro descendo a escada enquanto ela subia por ela. Ambos se cumprimentaram e Caroline foi direto para o quarto da filha, contar-lhe as últimas fofocas que ouviu durante o chá no qual acabara de estar presente.

Ela, assim que entrou no aposento, começou a falar desenfreada, interrompendo-se somente, quando olhou com mais atenção para a filha.

– O que houve? Você está pálida, meu amor.

Ítala tinha perdido um pouco da sua costumeira calma. Estava pálida e nervosa.

Abrangeu a mãe com um olhar entristecido, cada vez mais triste.

– Diga, filha, o que houve, por favor...

Ítala, constrangida, tentou se explicar, mas não foi muito além:

– Oh, mamãe, eu nem sei como dizer...

A profunda angústia em sua voz era tão evidente que Caroline se surpreendeu.

– O que ele fez com você que a deixou tão perturbada?

Ítala baixou os olhos, derramando-se em lágrimas.

– Diga, filha, o que foi que ele fez?

A moça olhou para a mãe com os olhos embaçados de lágrimas. Levou um momento para responder. Por fim, disse:

– Ele me fez vestir um sinto de castidade.

Caroline arrepiou-se inteira. Franziu a testa, analisando a situação hedionda e depois disse:

– É por ciúme ou por que você lhe deu algum motivo para...

– Que pergunta é essa, mamãe? Acha mesmo que eu seria capaz de dar algum motivo para o meu marido fazer o que fez?

As palavras simplesmente saltaram da boca de Ítala de uma forma que assustou a mãe.

– Não, filha! Só estou perguntando...

– Eu amo meu marido, mamãe, só que ele não confia em mim. É um ciumento doentio. Acho até que esse é motivo por ele ter ficado solteiro por tanto tempo. As mulheres largavam dele ao perceber seu ciúme.

Aquilo era a mais pura verdade, bem sabia Caroline, há muito tempo.

Na noite daquele mesmo dia, Caroline foi falar com o genro. Bateu à porta do escritório conjugado à biblioteca da casa e só entrou quando recebeu consentimento.

– Gostaria de lhe falar um bocadinho, meu genro – disse ela com um riso nervoso. – Prometo que é rápido. Não mais do que cinco minutos.

Giobbatista franziu a testa, analisando-a antes de fazer um sinal para que dissesse a que vinha.

Diante dos floreios de Caroline, ele a cortou bruscamente:

– Vá direto ao assunto, minha sogra.

Caroline passou a mão pelos cabelos e sorriu, forçada, para tentar suavizar o clima. Nunca em toda vida sentira tanto medo de alguém e isso foi o que mais a irritou.

– Eu soube que Ítala está usando um cinto de castidade a seu pedido.

Ele saltou da cadeira, batendo com os punhos fechados sobre a escrivaninha a sua frente.

– Foi ela quem lhe disse isso?!

Ainda que tomada de pavor, Caroline respondeu:

– Oh, não meu genro. Descobri sem querer. Achei estranho que Ítala estivesse andando com dificuldades, como que se arrastando, logo, então, deduzi o que se passava. Ao perguntar a ela a respeito, ela negou, mas eu, como mãe, soube que ela não me diria nada por sua causa. Em respeito a sua pessoa.

O homem franziu ainda mais o cenho.

– Venho aqui para lhe pedir que a poupe desse martírio, meu genro. Moro aqui. Estou 24 horas por dia, sem exageros, de olho em Ítala. Comigo aqui nada lhe acontecerá. Eu juro. Eu prometo. Ele manteve o rosto sério e enviesado.

– Por favor, atenda ao meu pedido. Antes que o cinto a machuque.

O semblante dele pareceu dar uma trégua. Após breve reflexão, falou:

– Há muitos loucos soltos por aí, minha sogra. Um desses pode entrar aqui e forçar sua filha a fazer o que não deve.

– Não sejamos tão pessimistas, meu genro.

– Faço o que faço para proteger Ítala de um mal desse nível.

– Mas a casa é tão protegida. Há cocheiros, ajudantes, o jardineiro...

– Um deles pode se revoltar contra mim, por ser rico e descontar em minha esposa e isso eu não admito.

– Mas...

– Terminou, minha sogra? Agora retire-se, por favor, que tenho muito a fazer.

– Pois não – foi a resposta lacônica da mulher.

O que mais poderia dizer? Vai que ele se zangasse com ela e a pusesse na rua. Não, isso nunca!

Minutos depois Caroline foi conversar com a filha.

– Falou com ele, mamãe?

Ítala estava excitada, ansiosa por uma resposta afirmativa.

Diante do olhar da mãe, do modo como ela parecia estar preparando o terreno para lhe falar, a notícia só podia ser devastadora. O sorriso de Ítala se apagou e um pesar tomou conta dela. Em questão de segundos estava mergulhada no desespero e na revolta.

– Tenha paciência, filha. – argumentou Caroline, fingindo-se de firme. – É tudo o que posso lhe pedir. Uma hora ele muda de ideia. Acaba confiando em você.

– Mas o cinto me machuca mamãe. Estou toda machucada na região da virilha...

– Aguente, filha!

– Como aguentar algo que me machuca tanto, é como um espinho importunando a carne.

– Passe pomada. Qualquer coisa, mas aguente.

– Chega até a me machucar a alma. Sinto-me ofendida na alma por tanta desconfiança.

Caroline, impaciente, explodiu:

– Se você não aguentar, Ítala, sabe onde eu e seu pai vamos acabar? Na rua! É isso que você quer para nós?! Hein?!

Ítala, aturdida, começou a chorar.

– Desculpe-me, mamãe...

– Não desculpo, não! Antes de se opor às exigências de seu marido, Ítala, lembre-se de que eu e seu pai estamos nas mãos dele. Se ele se zangar conosco, não teremos mais onde morar.

– Desculpe-me, mamãe – repetia a moça em meio a um pranto agonizante.

– Seu marido é um ciumento doentio, e daí? Esse é apenas um mero detalhe. O que é importa é sua nobreza. Toda grandeza que ele pode lhe oferecer ao longo da vida. Lembre-se disso, quando o desespero tomar conta de você, minha querida. Vai ajudá-la a superar tudo isso.

Ítala, subitamente curvou-se como se tivesse levado um soco invisível no estômago. Foi curvando, curvando até cair de joelhos e se entregar totalmente ao desespero.

Levou pelo menos cinco minutos até que a cena tocasse Caroline Velasco. Ela então aproximou-se da moça, começou a alisar seus cabelos e lhe dizer palavras de afeto.

– Calma, filha. Não precisa ficar assim também.

Quanto mais a mãe falava, mais e mais Ítala chorava, sentida.

– A vida é assim mesmo, filha. Nem tanto ao céu nem tanto a Terra.

A moça continuava amargurada.

– Um dia, quem sabe, nós encontraremos a paz que essa vida mundana insiste em tirar de nós. Se tudo fosse como gostaríamos, tudo seria bem mais fácil e é por isso, exatamente por isso, que não conto com Deus para nada. Porque se Ele fosse justo, não teria tirado minha mansão, feito eu e seu pai nos submetermos a essa vida aqui nesta casa, naquele quarto abafado e pavoroso, de fundos. Sem contar o que passei nas mãos de sua tia Aretha.

A moça começou a dar os primeiros sinais de controle sobre a sua pessoa. Minutos depois tornou a desabafar:

– É tão ruim, mamãe. É tão ruim gostar de alguém e esse alguém não confiar em você. Eu sou tão certa, tão íntegra, esforço-me para ser uma boa esposa e, no entanto, nada disso é reconhecido por meu marido. Ele só vê defeitos ou possibilidades que não existem. É horrível!

– Tente falar com ele novamente, filha.

– Não tem jeito, mamãe. Ele nunca vai confiar em mim a ponto de me deixar livre do cinto. Se com a senhora aqui, em quem ele confia, ele nunca o tirou, não posso esperar que o faça agora.

– Oh, minha querida... Como eu gostaria de poder ajudá-la. Mas como?

Caroline suspirou.

– Não falemos mais a respeito, quanto mais se fala, pior é.

Naquela tarde, quando Ítala foi tomar seu banho, assim que se despiu, um grito horrível atravessou sua garganta. Foi tão forte que até a criadagem no andar de baixo da casa e do lado de fora dela, ouviu.

– O que foi? – perguntou Caroline assim que entrou no banheiro conjugado ao quarto da filha.

Pelas pernas da moça via-se uma quantidade grande de sangue escorrendo. O sangue vinha de baixo do cinto de castidade, caindo da altura da virilha.

126

– Calma, querida, você menstruou, foi só isso.

A moça queria responder, mas o choro agonizante não lhe permitia.

– Calma, meu anjo.

A filha, pendente em seus braços, mais parecia uma boneca de pano.

Os olhos de Ítala, ferida, fecharam-se, depois se abriram, o peito subia e descia disparado, como se tivesse ficado sem ar por muitos minutos. Foi preciso de toda força de vontade que tinha para formular uma pequena frase:

– Não estou menstruada, mamãe. Foi o cinto, o cinto que me feriu.

Caroline olhou para a filha assustada.

– Então, precisamos chamar um médico – sugeriu, transparecendo certa aflição.

Ítala se opôs terminantemente.

– Não, isso não, mamãe! – Seria uma vergonha para mim.

Os olhos de Caroline marejaram-se; era como se tivessem sugado todo o ar do quarto.

– Eu compreendo, minha doçura. Mas nós temos de dar um jeito nisso daí. Você precisa tirar o cinto para poder cuidar do ferimento. Onde seu marido guarda a chave?

– Com ele. Somente quando ele voltar é que poderei me libertar disso.

Caroline simplesmente balançou a cabeça em compreensão e disse:

– Vá se lavar, com sorte a água da banheira vai dar um jeito no ferimento.

Sem mais, Caroline se retirou do aposento e foi se fechar no quarto que ocupava na casa, onde se sentia segura. Ela tinha vontade novamente de se recolher no interior de um casulo seguro e fechar o mundo do lado de fora. E a pergunta que não queria calar na sua mente saltou-lhe a boca, outra vez:

– Por quê? Por que a vida me é tão injusta? Na sua cabeça, a pergunta saía aos gritos, mas na verdade, não passava de sussurro entrecortado. Os lábios dela tremiam. Lágrimas desciam pelos contornos de sua boca. Sua garganta agora doía como se houvesse um punhal cravado ali. Quando ela se viu no espelho, seu rosto estava branco feito cera. Tremendo, ela se aproximou dele e espalmou as mãos na superfície gelada. Havia linhas finas ao redor de seus olhos e boca. Linhas que ela nunca tinha visto antes... e fios grisalhos misturados às madeixas castanhas.

– Como se não bastasse tudo de ruim que passo – desabafou, fazendo-se de vítima novamente. – Ainda tem essa porcaria da velhice para eu viver. Depois de tudo que passamos nessa vida ingrata, a velhice deveria ser uma fase de glória na nossa vida, na dos seres humanos.

Após o banho, ainda nua, Ítala parou em frente ao espelho para olhar novamente, indignada, para o seu reflexo. Ver-se aprisionada naquele cinto era dolorido demais e ela não sabia se sobreviveria por muito tempo àquela dor que lhe transpassava o coração e até mesmo a alma.

A esperança de reencontrar a felicidade que um dia sonhou viver ao lado do marido e que experimentou apenas durante as primeiras semanas de casamento chegara ao fim.

A triste descoberta cravou-se fundo em sua alma.

Durante muito tempo ela acreditou que o marido deixaria de ser ciumento e possessivo e se permitiria viver a seu lado em gloriosa calmaria. Agora, não mais.

Ela, de tão entristecida pelos últimos acontecimentos, não conseguiu perceber que o coração estava há tempos vazio. Um coração que vive muito de esperança, cedo ou tarde adoece, já dizia Shakespeare.

Ítala, de tão desgostosa com a vida acabou deitando-se na cama e adormeceu. O quarto já havia ficado completamente escuro quando a porta se abriu e Giobbatista entrou. Seu rosto estava corado e seus olhos brilhavam.

Ele acendeu a vela e olhou ao redor em busca da esposa, quando a avistou na cama, inerte, um suspiro pesado escapou-lhe do peito. Foi o suficiente para despertar a moça.

Giobbatista, com os grandes olhos castanhos voltados diretamente para a esposa, perguntou:

– O que há? Por que se encontra fechada nesse quarto escuro, deitada, nua? O que houve?

Ele pôde ver que ela estava amedrontada.

Enquanto isso na casa de Ágatha, Achille perguntava à esposa:

– Você me parece preocupada, o que há?

– Estou preocupada com Ítala.

– Ainda?

– Sim. Algo me diz que ela não está nada bem.

– A mãe dela não está morando com ela, agora? Então não há o que se preocupar. Que mãe deixaria uma filha sofrer?

– Eu respondo, meu marido: Caroline Velasco. Você, por acaso, se esqueceu do que ela foi capaz de querer para o filho quando ainda era um bebê indefeso? Pois bem.

Ela suspirou, ele também. Meio minuto depois, Achille tentou alegrar a esposa. Inclinou-se sobre ela, segurou seu rosto com as mãos fortes e firmes, depois, muito lentamente, a beijou. Neste carinhoso toque dos lábios estava premida a alegria de um amor profundo e duradouro.

– Que esse beijo a deixe mais tranquila, minha amada.

Ágatha sorriu, ainda que fosse um sorriso triste, um sorriso.

Ele afagou os cabelos dela, passou os braços em torno dos seus ombros e a puxou para si. Mas a barriga de grávida não lhe permitiu muita aproximação.

– Que barrigão, hein? – brincou ele. – Podem ser gêmeos, sabia?

Ágatha sentiu o bebê se mexer naquele instante.

– Moveu, Achille... o bebê moveu-se!

Ele imediatamente encostou o ouvido esquerdo na barriga da esposa provocando risos nela.

– O que você espera ouvir com esse orelhão encostado na minha barriga, Achille? Que o bebê diga: "Papai, eu te amo!"?

Risos.

– Ele apenas se moveu, meu querido... como agora, sentiu?

Achille, sorrindo, respondeu emocionado:

– Sim, Ágatha. E presumo que foi um chute e de esquerda.

Novos risos. O pequeno acontecimento tirou lágrimas do futuro papai.

No dia seguinte, o casal recebeu a visita surpresa de Pietro.

– Pietro, meu irmão, que surpresa mais maravilhosa! – exclamou Ágatha, feliz por sua chegada.

– Vou me apresentar na cidade vizinha e decidi dar uma passada por aqui, para vê-los – respondeu o rapaz, admirando a exuberância da grávida.

Abraçaram-se calorosamente.

– Como vão as coisas por aqui? E Achille como vai?

– Bem e com você? Como andam os saraus? Lotados, eu suponho.

– Sim. Cada vez mais lotados.

– E seu coração como vai?

– Meu coração?! – espantou-se ele, fingindo-se de desentendido. – Forte como um touro.

– Estou falando da tal Lizandra? Já conseguiu tirá-la do pensamento?

O rapaz tentou aparentar normalidade com a pergunta, mas não conseguiu.

130

– Pelo visto ela continua aí dentro, controlando seus pensamentos, determinando as batidas de seu coração.

– É mais forte do que eu, Ágatha. Se eu pudesse esquecê-la seria tão bom.

– Ela lhe deu bons motivos para esquecê-la... Se o amasse não seria tão preconceituosa com relação a sua pessoa. Nós temos de gostar de quem gosta da gente, essa é a verdade sobre a vida.

– Mas...

– Nem meio mas.

Pietro riu, a irmã também.

– Estive com Ítala...

– Ah! Que ótimo e como está ela?

Ágatha resumiu o que achou da prima durante sua visita.

– Mamãe também a achou estranha.

– Vou vê-la.

– Acha mesmo que deve?

– Ela é minha irmã, Ágatha. Eu como seu irmão devo protegê-la.

– Ela ainda desconhece a verdade, Pietro.

– Eu sei. Pode ficar tranquila, nada direi a respeito para não complicar sua cabecinha.

Como havia decidido, Pietro rumou para a casa da irmã no dia seguinte. Para sua sorte, para evitar aborrecimentos e constrangimentos, Raul e Caroline haviam acabado de sair, quando sua carruagem atravessou os portões da propriedade de Giobbatista Squarziere e sua esposa.

O jovem de estatura mediana e individualmente bem definido, com rosto bem barbeado, a boca expressiva de um ator e os olhos ligeiramente vivos que tão frequentemente se nota nos homens de talento, foi recebido com surpresa e controlada alegria por parte de Ítala.

Assim que se sentou no sofá que a dona da casa lhe indicou, ele pôs as luvas e o chapéu sobre a mesa e olhou para a irmã. Com um meio sorriso foi franco:

– Vim saber como está passando, Ítala.

– Bem... muito bem, Pietro.

– Ágatha acha que, não.

Ítala afastou o comentário com um gesto de mão e aproveitou para mudar de assunto.

– Soube que está fazendo muito sucesso como músico. Que bom. Você merece. Deve ser fantástico para um músico ter seu talento reconhecido, não?

– É, sim.

Ítala, embora um pouco pálida e abalada, conduzia com distinção e serenidade a conversa entre os dois. Os modos discretos e bem educados de Pietro assemelhavam-se muito aos da irmã.

Depois de meia hora de prosa, Pietro confessou:

– Gosto tanto de você, Ítala. É mais do que uma prima para mim.

– Eu também gosto muito de você, Pietro.

– Se estiver precisando de alguma coisa...

– Não estou precisando de nada, fique tranquilo.

– Mas se precisar, que seja apenas de alguém para desabafar, conte comigo.

– Farei.

Apesar de ela afirmar categoricamente que estava tudo bem, Pietro teve a impressão de que a irmã procurava ocultar-lhe alguma coisa. A mesma impressão que Aretha e Ágatha tiveram. E todos estavam redondamente certos.

Ao despedir-se, Pietro beijou novamente as mãos da irmã. Assim que a carruagem levando Pietro moveu-se, Ítala soltou um bem audível suspiro de alívio.

Ao cruzar o portão que dava acesso a casa, a carruagem com Pietro cruzou com uma tílburi preparando-se para entrar no local.

Nem bem a Tílburi – carro de duas rodas e dois assentos, uma boleia como capota e tirado por um só animal – trazendo

Giobbatista de volta do trabalho parou em frente a casa onde vivia, o homem saltou de dentro do veículo e foi atrás do jardineiro.

– De quem era aquela carruagem que acabou de cruzar os portões de minha propriedade?

– De um moço, meu senhor – respondeu o criado, prontamente. – Parece-me que o nome dele é Pietro.

– O que ele queria comigo?

– Com o senhor, propriamente, nada. Veio falar com dona Ítala.

– Ítala?! Por quê?

Ao perceber que perguntara o que o criado não poderia lhe responder, Giobbatista sobrepôs sua pergunta com outra:

– Esse moço, esse tal de Pietro já esteve aqui antes?

– Que eu saiba, não, meu senhor.

– E como ela reagiu ao vê-lo?

– Ah, meu senhor, a patroa ficou muito feliz em receber sua visita. Parece que são velhos conhecidos.

Não era preciso dizer mais nada, a visita de Pietro tinha penetrado no âmago do coração de Giobbatista, como a dentada de uma víbora, deixando ali o veneno da desconfiança e do ciúme.

– Onde está a minha sogra? Ela estava aqui, quando esse tal de Pietro chegou, não?

– Ela e o marido saíram, senhor. Receberam um chamado de um velho amigo do casal para irem até sua casa...

– Quer dizer que esse moço, o tal de Pietro, chegou pouco depois de eles saírem?

– Foi.

Diante da transformação no rosto do patrão, o criado fez um adendo:

– Mas, meu senhor, os dois, digo, a madame e o visitante por nenhum minuto ficaram a sós. A camareira ficou o tempo todo na companhia da patroa para lhe servir no que fosse necessário.

Giobbatista bufou, de tão atarantado, recolocou o chapéu e seguiu rumo a sua casa.

133

Assim que encontrou Ítala, olhou para ela, estranhamente. Um olhar que a incomodou profundamente.

– O que há? Meu marido me parece transtornado com alguma coisa.

Ele passou a mão de modo desajeitado pela cabeça. Só então ela notou que ele, naquele momento, aparentava mais idade do que tinha. Ítala ficou surpresa ao ver as rugas de cansaço e sofrimento em seu rosto. Parecia exausto e derrotado. Um obscuro sentimento de piedade tomou conta da moça. Ao ver que era observada por ele, tentou sorrir. Mas o sorriso logo despencou da sua face bela e jovial.

– Meu marido está passando mal? – indagou, preocupada. – O que posso fazer para ajudá-lo? Diga-me, por favor.

– Deixe-me só, por favor – respondeu ele, finalmente.

– Não. O senhor, meu marido não está bem, precisa de ajuda, eu sinto.

Ele assentiu com a cabeça, com um ar entristecido, disse:

– Preciso mesmo.

– Soube que recebeu a visita de um moço esta tarde, Ítala? É verdade?

Ele falou em voz baixa e apressada, com um tom de desespero que deixou Ítala alarmada.

– Quem era ele, Ítala? De onde vocês se conhecem? O criado disse que vocês dois pareciam dois velhos conhecidos. De onde se conhecem?

Diante da repentina ausência da esposa, Giobbatista saltou para cima dela e gritou:

– Responda-me!

A moça recuou um passo pondo o braço sobre o rosto por pensar que ele a esbofetearia. Começou a tremer e chorar.

– Quem é ele, Ítala? Quando e onde vocês se conheceram? Como pôde recebê-lo aqui na minha própria casa?

Ela, ainda que trêmula, tentou se explicar:

134

– E-ele... o nome dele é Pietro...

– Pietro... continue!

– Ele... ele é meu primo.

A voz de Giobbatista soou como um trovão:

– Não minta para mim. Não conheci nenhum Pietro na nossa festa de casamento.

– Ele não foi ao casamento, Giobbatista. Estava viajando. É músico, violinista, estava numa turnê pela Europa.

Ele calou-se, sem tirar os olhos dos dela.

– Pietro é irmão de Ágatha. Filho de minha tia Aretha e do meu tio Primízio.

Giobbatista ainda se mantinha olhando para ela, desconfiado.

– Você está falando sério?

– Sim, pergunte a minha mãe, a meu pai, meu tios, primos, a quem você quiser.

Ele respirou fundo para tirar o ar pesado que envenenou os seus pulmões.

– Pois saiba que vou perguntar.

– Pergunte.

Fez-se um breve silêncio até ele levantar nova suspeita.

– Por que seus pais saíram pouco antes de ele chegar? Até parece que foi planejado.

– Eles tinham um compromisso, pelo que me disseram. Pergunte a eles os detalhes.

– Farei. Assim que chegarem.

Dito e feito, assim que Caroline e Raul voltaram para a casa Giobbatista chamou o sogro e a sogra para esclarecer aquela história.

– De fato, o filho de minha irmã Aretha se chama mesmo Pietro. – confirmou Caroline – Com certeza era ele mesmo quem veio visitar Ítala. Sempre gostou muito dela.

Giobbatista rodou a língua na boca sem tirar a cisma do rosto.

– Pode ficar tranquilo, meu genro. – continuou a mulher de 40 anos nessa época. – Além de Ítala e Pietro serem primos legítimos,

Pietro não é ameaça para ninguém, digo, para nenhum homem apaixonado.

As sobrancelhas do genro ciumento se arquearam.

– Ora, por quê? – perguntou com um olho mais aberto do que o outro, fitando friamente a sogra.

– Porque Pietro Velasco, quer dizer, Garavelo é um moço deformado.

O ar de espanto foi ainda maior na face de Giobbatista.

– Eu particularmente o evito, sabe? – continuou Caroline. – Raul também. Não é mesmo, querido?

Raul assentiu.

– É desgostoso, para não dizer asqueroso...

Raul ajudou:

– Sim, asqueroso, ter de olhar para uma pessoa disforme.

Giobbatista balançou a cabeça, de leve, sinal de que refletia.

– Pelo visto – disse a seguir – Ítala não se importa.

A resposta de Caroline foi precisa:

– Não é que ela não se importe, meu genro. Ela tem é pena do moço. Com seu coração cheio de bondade não tem coragem de evitá-lo como fazemos nós, como fazem todos da família, quando ele nos procura.

O homem assentiu novamente, pensativo.

Ficou tudo bem até Giobbatista decidir saber mais a respeito de Pietro. Ao saber que o moço fora pego para criar, o ciúme voltou a envenenar seu coração. Sendo um filho de criação nada tinha de parentesco legítimo com a esposa.

– Isso eles não me disseram – murmurou, revoltando-se com o sogro e a sogra.

Diante da revolta, a voz de Caroline voltou a soar em sua mente:

"... Pietro... é um moço deformado... Eu particularmente o evito, sabe? Raul também... É desgostoso, para não dizer asqueroso ter de olhar para uma pessoa disforme."

136

O que ele perguntou a ela a seguir foi também rememorado:

"Pelo visto Ítala não se importa."

Ao que Caroline respondeu, precisa:

"Não é que ela não se importe, meu genro. Ela tem é pena dele. Com seu coração cheio de bondade não tem coragem de evitá-lo como fazemos nós, como fazem todos da família, quando ele nos procura."

Aquilo deixou Giobbatista menos enciumado, ele poderia ser trocado por um outro homem, sim, certamente, mas não por um com os pés tortos como tinha Pietro Garavelo.

Décimo capítulo

Assim que Pietro voltou para a casa da mãe, Aretha quis muito saber:

– Você viu, digo, Caroline e Raul, quando esteve na casa de Ítala e do marido?

– Não. Pelo que soube, eles haviam saído pouco antes de eu chegar. Foram...

– Que sorte!

– Mamãe... Não implique com eles, por favor. Estão numa situação difícil.

– Difícil, morando naquele palacete?

– Eu seria capaz de ajudá-los se precisassem.

– Mesmo depois de tudo...

– Mesmo depois de tudo.

– Seu coração é muito bom, Pietro. Por ser bom demais tenho receio de que seja feito de bobo.

Pietro fez um gesto com a mão de "deixe pra lá!"

– Por falar em coração – continuou Aretha, voltando ao seu bom humor de sempre. – Como vai o seu coração?

Pietro tentou mudar de assunto, mas foi impedido pela mãe.

– Você diz que nenhuma mulher se interessa por você ou se interessa, mas desiste de você assim que vê seus pés. Pois bem, eu sei de uma que o ama sob qualquer circunstância.

– Quem?!

– Adoriabelle. Não vá me dizer que nunca percebeu?

Rindo, Pietro respondeu:

– Adoriabelle gosta de mim como amigo, mamãe. Éramos muitos unidos no orfanato.

– Pois eu digo que ela gosta de você bem mais do que como um amigo. Não digo simplesmente, afirmo com certeza. Por isso ela sempre vai procurá-lo no teatro, quando você se apresenta por lá.

– A senhora acha mesmo?...

Aretha assentiu com a cabeça.

– Só espero que... você não se importe com o fato de ela não ter as mãos.

O rapaz deu sinal de alarme.

– Você se importa com isso, Pietro? Deixaria de namorá-la e até mesmo se casar com ela por causa desse pequeno detalhe?

O rapaz levantou-se, caminhou pela sala, refletindo, por fim respondeu:

– Eu não sei...

A resposta de Aretha foi severa:

– Pois se você se importa, você é tal e qual Lizandra. Estão no mesmo nível de raciocínio.

O rapaz quedou pensativo.

Enquanto isso, Giobbatista implicava com a esposa mais uma vez. Havia cismado que ela estivera flertando com um rapaz no sarau em que estiveram presentes aquela noite... Foi horrível para Ítala mais uma vez. O mais interessante é que ela sabia desde que pousara os olhos no rapaz que o marido implicaria com ele dessa vez. Ela já aprendera que Giobbatista sempre suspeitava de sua integridade com o moço ou os moços mais bonitos da cerimônia.

No próximo encontro com Adoriabelle, Pietro resolveu descobrir se o que Aretha supunha era verdade.

– Você gosta de mim, Adoriabelle? – perguntou sem floreios.

– Minha mãe acha que sim. – Eu disse a ela que é um gostar de amigos, ela teima que não, portanto, gostaria de saber de você se é verdade...

– De que adianta eu gostar de você, Pietro se não consegue tirar Lizandra dos pensamentos?

– Então... é verdade.

– Sim, Pietro, é verdade. Eu gosto mesmo de você. É bem mais do que gostar, eu o amo.

– Eu jamais pensei...

– Jamais pensou porque só pensa em Lizandra.

– É verdade.

O silêncio pairou sobre os dois por quase um minuto. Então ele achou melhor falar o que ia fundo em seu coração:

– Eu sinto muito por não gostar de você reciprocamente.

– Eu já esperava por isso.

– Se pudéssemos mandar no coração nos pouparíamos de tanto sofrimento, não é mesmo?

– Sem dúvida.

Outra pausa até Adoriabelle se despedir:

– É melhor eu ir. Adeus, Pietro.

Ele pensou em dizer-lhe alguma coisa, mas tudo que conseguiu pronunciar foi:

– Adeus, Adoriabelle e boa sorte.

Ela tentou sorrir, mas não conseguiu. Assim que deixou o teatro e encontrou um lugar onde pudesse chorar sem ser vista, ela o fez. Foi como se derramasse um oceano de dentro dela. Nunca pensou que amar doeria tanto em sua alma.

Para esquecer-se daquele amor, Adoriabelle se entregou ao trabalho como nunca, só mesmo ocupando a mente com ele é que não pensaria em Pietro e em besteiras. Disposta a não mais ver Pietro, toda vez que ele se apresentava na cidade, ela ia até o local e ficava do lado de fora, ouvindo sua música que despertava uma paz indescritível em seu coração.

Ítala brincava com as toras que alimentavam o fogo da lareira quando ouviu os passos do marido descendo as escadas. Giobbatista foi ao seu encontro.

– Ah, você está aí...

Algo em sua voz a fez olhar para ele com curiosidade.

– Sim, Giobbatista estou aqui.

Ele desapareceu em direção à sala de visitas e daí a pouco reaparecia com uma chave na mão.

– Que chave é esta, Ítala?

Ele deu-lhe uma mirada rápida. Sua voz continuou amável, mas suas palavras foram precisas.

– Não sei, Giobbatista. Talvez de alguma porta da casa...

– Pois eu lhe digo para que serve esta chave.

Ele voltou ao quarto, apanhou o cinto de castidade e voltou à sala.

A moça ficou imóvel, como que esculpida em pedra, olhando, paralisada para o marido segurando o objeto que lhe causava tanta repulsa.

– Esta chave é disso aqui! – falou ele, tremendo de nervoso e ao mesmo tempo de ódio.

Ele colocou-a na fechadura do cinto, girou-a e abriu o objeto. Ítala moveu-se, afinal.

– Eu não sabia...

– Não sabia uma ova! – bramiu Giobbatista encolerizado.

A moça, tensa, prendeu a respiração.

– Você deve usar esta chave para abrir o cinto, quando estou fora.

– Eu nunca soube da existência dessa chave, Giobbatista.

– Mentira! É só o que sabe me dizer. Você e todas as mulheres do mundo. Mentira em cima de mentira... Uma atrás da outra!

Quando ele se preparava para partir para cima dela, Ítala disse rapidamente:

– Não se aproxime de mim, Giobbatista!

Ela quis bater em retirada para um terreno mais seguro, mas estava encurralada. Só havia paredes atrás de si. Diante do desespero, cega de pavor, a única saída que encontrou para se

141

defender do marido, foi atingi-lo com o atiçador de fogo. Acertou-o em cheio.

Sua boca se abriu e fechou. Imóvel, apenas seus olhos pareciam ter vida, concentrados no vulto estendido no chão. Erguendo a vista, viu, no espelho da parede, a sua própria imagem, onde o horror se estampava. Livre da paralisia momentânea, atirou a cabeça para trás e gritou. Não era do tipo de mulher que grita, mas o desespero a fez perder o total controle sobre a sua pessoa. Todavia o grito saiu abafado. Tropeçando no braço do marido, atirando-o sem querer para longe, correu para a parte superior do casarão.

Bateu freneticamente na porta do quarto que abrigava os pais.

– Ítala, o que houve?! – perguntou a mãe ao vê-la naquele estado mórbido.

A moça queria falar, ao invés disso, começou a soluçar histericamente.

Caroline a levou para dentro do aposento e fez sentar-se na cama.

– Ítala, filha, controle-se, por favor! – pediu, autoritariamente.

– Calma, Caroline! – interveio Raul, olhando preocupado para a filha. – Falando assim você vai deixá-la ainda mais histérica. Algo de muito sério aconteceu. Vou buscar um copo de água para ela.

– Que água que nada – criticou Caroline. – Traga-lhe um cálice de vinho e dos fortes, rápido.

Raul voltou com um cálice e forçou a filha a beber.

Assim que percebeu que ela aparentava mais calma, ou algo perto da calma, porque calma mesmo não estava, Caroline insistiu na pergunta:

– Diga, filha, o que aconteceu? Por favor.

Ítala, ainda muda, levantou-se e puxou a mãe pelo punho. Raul as seguiu.

Caroline ficou parada no umbral, com os lábios firmemente apertados. O que via, parecia cena de pesadelo. Giobbatista estava estirado ao chão, com os braços bem abertos.

142

Caroline olhou para a filha; depois olhou para o genro, tornou a olhar para a filha e perguntou friamente:

– O que você fez com seu marido, Ítala?!

A moça, por mais que tentasse, não conseguia responder. Agarrou-se ao pai como se fosse uma menininha indefesa.

– Será que ele está morto? – indagou Raul.

Ítala gemeu nos braços do pai diante da possibilidade.

Os três ficaram parados ali sem ter coragem de se aproximar do homem estirado ao chão, sangrando sem parar. Foi então que Caroline, para a surpresa dos dois, disse e com a maior calma do mundo:

– Não se preocupe, meu anjo. Se ele estiver morto, melhor. Só assim você fica livre desse demônio. Tudo dele passará a ser seu. A herança dele fará de você, Ítala, uma mulher rica.

Quanto à morte, diremos que foi um acidente. Inventaremos qualquer coisa para explicar o que houve, fique tranquila.

– Caroline?! – repreendeu Raul a esposa. – Você por acaso perdeu o juízo?

A mulher fez-se de sonsa. Raul, num tom enérgico e severo continuou:

– Precisamos chamar um médico, urgente.

A esposa foi enfática:

– Não, Raul! Não, não, não...

– Como, não?

– Simplesmente, não! O que esse demônio fez com nossa filha não se faz nem com um cão. Agora, que ele queime no inferno por ter sido tão cruel com nossa Ítala.

A moça tornou a gemer nos braços do pai e se agarrar ainda mais a ele.

Nisso, Giobbatista se moveu.

– Ele está vivo! – exclamou Raul, contente. – Vou pedir para um empregado ir buscar um médico urgentemente.

Antes que Caroline fizesse um novo protesto, Raul afastou a filha de si, segurou seus ombros delicados e disse:

143

– Calma, meu amor. Tudo vai acabar bem. Não se desespere.

– Isso é péssimo – balbuciou ela ainda tomada de pânico.

– Cuide de Ítala, Caroline, ela agora precisa de você. E, por favor, não diga mais nenhuma sandice.

Assim que o homem deixou a sala, Caroline com pena da filha, abraçou a moça e ficou a acariciar seus cabelos.

Ítala fechou os olhos e tudo o que se passou entre ela e o marido, há pouco, voltou-lhe à memória. Logo depois, desabafou:

– Ele ia me agredir, mamãe. Perdeu o controle... Fiquei com medo, com muito medo do que ele pudesse fazer comigo desta vez e por isso...

Se ele não fosse tão ciumento seríamos um casal tão feliz... Mas ele vê coisas que não existem. Pensa que faço coisas com outro homem, coisas que nunca me passaram pela cabeça, homens que eu nem sequer notei ao meu redor.

Sua palavras finais, foram:

– Eu o amo... Ainda assim, eu o amo...

– Quão estúpido é o amor, não? – desdenhou Caroline, carrancuda.

Assim que o médico chegou, Giobbatista foi transferido para o seu quarto com a ajuda dos criados. Quando acamado foi examinado e medicado pelo médico.

– Ele terá de ficar em observação – foi sua recomendação.

Quando achou conveniente, Ítala foi até o quarto ver o marido. Assim que ele a viu parada ao pé da cama, os olhos de Giobbatista se inflamaram de ódio. Ela queria dizer-lhe que sentia muito pelo que fez a ele, que fez o que fez para se proteger, em defesa própria, mas pelo seu semblante, pressentiu que ele jamais a entenderia e lhe perdoaria fosse qual fosse sua explicação.

Giobbatista parecia ansioso para se recuperar do acontecido. Por sorte não fora nada grave, Ítala não tinha força suficiente nos braços e nas mãos para dar uma pancada fatal. Logicamente, que para o médico foi dito que tudo não passou de um acidente. As aparências tinham de ser mantidas, sempre, sob qualquer circunstância.

A primeira atitude a ser tomada por Giobbatista assim que melhorou foi chamar a sogra para ter uma conversa particular com ela.

A porta abriu-se e Caroline entrou.

– Mandou me chamar, meu genro?

Giobbatista ergueu-se.

– Mandei, sim.

– Diga, meu genro. Sou toda ouvidos. Como está passando? Melhorou?

Giobbatista pareceu momentaneamente sem ação. Finalmente, deu um rápido olhar de desaprovação a Caroline e disse:

– Chamei-a aqui para informá-la, se é que ainda não sabe, que ouvi tudo o que disse para sua filha anteontem à noite, enquanto eu jazia no chão, devido à pancada que sua filha me deu com o atiçador de fogo da lareira.

Negando com a cabeça, Caroline se defendeu:

– Eu não disse nada demais, meu genro, querido.

– Largue de ser falsa, minha sogra.

– Eu juro.

– É pecado jurar em vão.

– Mas...

Ele fixou os olhos num ponto e murmurou:

– Se me recordo bem, sua palavras foram:

"Não se preocupe, meu anjo. Se ele estiver morto, melhor. Só assim você fica livre desse demônio. Tudo dele passará a ser seu. A herança dele fará de você, Ítala, uma mulher rica. ...Quanto a morte, diremos que foi um acidente. Inventaremos qualquer coisa para explicar o que houve, fique tranquila. ...O que esse demônio fez com nossa filha não se faz nem com um cão. Agora, que ele queime no inferno por ter sido tão cruel com nossa Ítala."

145

Agora quem ficara sem ação foi Caroline.

– Giobbatista, meu querido, você deve ter delirado por causa da queda e da pancada.

– Não foi delírio algum, estava bem lúcido e por isso pude ouvir tudo muito bem.

Ela parecia examinar a hipótese, seu rosto inteligente transparecia um esforço de concentração.

– Só pode mesmo ter sido um delírio, eu jamais teria dito um absurdo deste a respeito do meu genro querido. Amado como um filho.

– Querido ou amado, seja como for, de qualquer modo não quero mais vocês morando nesta casa.

Caroline tremeu visivelmente. Caminhou na direção do genro e falou com voz mudada:

– Nós não temos para onde ir, Giobbatista, você sabe disso.

Ele continuou a olhá-lo com expressão de desagrado. Ela manteve-se em respeitoso silêncio. Seu rosto, contudo, falava por si, revelava o seu desespero interior.

Em voz alta, o que ele acabou dizendo foi:

– Tudo o que sei é que não os quero mais dentro de minha casa. Não suportaria viver sob o mesmo teto que a senhora. Uma mulher que me desejou a morte.

– Sou mãe, Giobbatista e como mãe me preocupo com minha filha. Quero só o bem dela. Não acho que ela seja feliz nas condições em que você a obriga viver.

– Ela é minha esposa e como toda esposa deve acatar as exigências do marido.

– É muito *machismo* da sua parte.

– Quem a senhora pensa que é para me rotular de *machista*?

– Como disse, sou uma mãe preocupada com sua filha. E se você fosse mãe me compreenderia. Saberia do que uma mãe é capaz de fazer para libertar um filho de qualquer coisa que o atormente.

Por alguns momentos ela pareceu mergulhada em seus pensamentos. Voltando a si, ergueu a cabeça num gesto brusco.

146

– Por favor, eu lhe imploro, não nos ponha na rua.

A sombra de um sorriso passou pelo rosto de Giobbatista, mas sua resposta foi séria.

– Assuma então o que disse a meu respeito, anteontem.

Ele achegou-se mais perto dela para observar a impressão de suas palavras sobre ela. O resultado o deixou satisfeito. A sogra estremeceu, seu rosto ficou vermelho e ela bateu com força o braço nas coxas, num gesto involuntário de puro desespero.

– Assuma! – insistiu ele com impaciência.

– Se disse o que disse, o que você diz ter ouvido, mas eu juro que não me lembro de ter falado algo do gênero, bem... foi sem pensar, devido ao nervoso em que eu e Ítala nos encontrávamos. Receei que tivesse morrido com a cacetada e que isso complicasse a vida de minha filha.

Ela tomou ar, juntou as mãos como quem reza, e em tom de súplica falou:

– Por minha filha eu sou capaz de tudo, Giobbatista. Tudo, entende? Ela é o que tenho de mais precioso na vida.

Ele continuava a olhar com dureza. O clima pesou ainda mais entre os dois. Levou quase dois, três minutos até que ele, como um juiz, desse sua sentença:

– Está bem. Vocês podem ficar...

O sorriso iluminou a face de Caroline de ponta a ponta.

– Ah, meu querido genro, muito obrigada!

– Ainda não terminei de falar.

– Desculpe-me.

Ele, com certo prazer na voz, continuou:

– Se quiserem ficar morando na propriedade terão de morar num dos quartos destinados à criadagem...

– Mas, Giobbatista.

– É pegar ou largar.

Caroline baixou a cabeça e fingiu submissão. Por dentro sentia vontade de gritar, espernear, de até mesmo estapear o genro.

147

– E então, o que me diz? – perguntou Giobbatista, a seguir, olhando com um prazer mórbido para a sogra.

– Que escolha temos eu e Raul...

– Se menosprezar a minha oferta, retiro-a no mesmo instante.

– Não, meu genro, isso não. Por favor.

Ele deu uma nova tragada no cachimbo, estudando a sogra atentamente e depois pediu a ela que se retirasse.

E foi assim que Caroline e o marido passaram a ocupar um quarto escuro e frio na parte dos fundos da casa. Um dos quartos destinados à criadagem.

As semanas seguintes foram difíceis para ambos. O genro havia decidido rebaixar a sogra à condição de criada. Nunca mais permitiu que ela se sentasse à mesa para fazer as refeições com ele e a filha. E era raro trocarem alguma palavra que não fosse para resolver alguma questão de âmbito doméstico.

A paz, ainda que fingida, só reinava entre todos, quando era necessário serem vistos em frente a outras pessoas.

Caroline se perguntava toda noite, pouco antes de dormir e ao acordar com o bom hálito da manhã, até quando aguentaria aquela humilhação.

Certo dia, Ítala comentou com a mãe:

– A senhora estava certa, mamãe... Teria sido melhor se ele tivesse morrido. Só assim eu poderia gozar de liberdade novamente e tentar ser feliz... E nada disso estaria acontecendo com a senhora e o papai.

Entreabriu a janela, espiando cuidadosamente para fora e acrescentou:

– Vocês não mereciam nada do que estão passando.

Caroline se manteve quieta, para ela, assim como para a filha, ela não merecia nada do que estava passando. Nem ela nem o marido amado.

Décimo primeiro capítulo

Certa noite, quando a revolta e a indignação tomaram conta de vez, Caroline, desabafou com o marido:

– Tudo isso é muita humilhação, Raul.

– Pelo menos temos um teto sobre a nossa cabeça, Caroline.

– Você chama isso de teto?

– É melhor do que não ter nenhum.

– Você se contenta com muito pouco.

– Nas circunstâncias em que me encontro é melhor não reclamar de nada, não.

Caroline emburrou.

– Se você tivesse ido pedir abrigo a sua irmã, como eu sugeri no começo...

– Aretha?! Não suportaria o seu olhar de superioridade sobre mim. Prefiro a morte a ter de pedir abrigo para aquela chata. Só sei que não vou suportar tanta humilhação por mais tempo. Tenho que mudar desse lugar nojento, Raul.

– Não é tão mal, é bastante asseado.

Caroline simplesmente sentiu vontade de fritar o marido em óleo fervente.

– Não suporto ter de olhar para o pérfido do Giobbatista. – continuou ela, destilando ódio. O seu olhar de superioridade, de "eu posso tudo, agora. Vocês estão nas minhas mãos!", me tira do sério.

Ela tirou um suspiro pesado do peito e enfatizou:

– Simplesmente me enerva.

Novo suspiro.

– Como se não bastasse tudo isso, tem nossa filha. A pobrezinha continua sendo obrigada a usar aquele cinto de castidade horrível e indigno para uma mulher. Continua deprimida, desolada com a vida.

Outro suspiro.

– Não foi isso que eu sonhei para ela. Não, mesmo.

– O que podemos fazer, meu bem? Nas condições em que nos encontramos, nada, simplesmente nada. Se tivéssemos alguém a quem pudéssemos recorrer, mas não há ninguém a meu ver. Nem eu nem você esperávamos por esse revés do destino... O rosto da mulher ficou vermelho; apertou a mão contra o peito como se quisesse rasgar a pele para tirar dali o que tanto a oprimia. Cinco minutos depois, readquirida a postura de soberania, Caroline disse, com voz segura:

– Só nos resta uma pessoa para nos ajudar diante dessa desgraça que se tornou a nossa vida, Raul.

Raul encarou a esposa, sério e firme.

– Você não está pensando em pedir ajuda a...

– Estou sim, Raul. O monstrinho é a nossa única escapatória. Soube que ele comprou uma linda casa num ponto lindo de uma cidade não muito longe daqui. Que tem até criados para o servir, carruagem e tudo mais. É, além de tudo, aclamado pela sociedade como excelente músico. Convidado para todos os saraus e bailes da alta sociedade. Pode não ser um milionário, mas vive como um.

Raul, pasmo, perguntou:

– Você teria coragem depois de tudo que...

Ela não lhe deu ouvidos. Simplesmente ergueu a voz, autoritária:

– E ele terá de nos ajudar, Raul, afinal, sua existência dependeu de nós, não?

O marido, temporariamente, não sabia o que pensar.

– Será mesmo que devemos... – perguntou involuntariamente.

– Não há o que duvidar. Vamos ter de aguentar o monstrinho se quisermos sair desse lugar horrível sem ter de passar fome e dormir ao relento.

Ela mirou os olhos dele e, num tom angustiado, acrescentou:

– A criatura de pés tortos é também a única salvação para a nossa filha.

– C-como assim?

– Ítala não vai aguentar o casamento por muito tempo. Morrerá de desgosto muito em breve ou de suicídio.

O homem estremeceu.

– Não diga isso, Caroline.

– Digo porque é verdade. Temos de encarar os fatos, ora. Fugir deles de nada adiantará. Só mesmo arranjando um lugar longe daqui para poder abrigar nossa filha, mantê-la longe do doente do nosso genro é que ela poderá viver em paz.

– Abrigá-la? Como assim?

– Ele não dará a ela o divórcio, disso estou certa. Então, só resta a ela fugir de sua pessoa, esconder-se do demônio e rezar toda noite para que morra o mais rápido possível.

– É, você tem razão.

– Eu sempre tenho razão, Raul. Sempre.

Fez-se um breve silêncio até que o homem transformasse em palavras o que apertava o seu coração.

– Será que você vai conseguir viver sob o mesmo teto que o monstrinho, como você o chama, tendo de olhar constantemente para a sua deformidade?

– Que escolha tenho eu, Raul? Que escolha temos nós?

– É, você tem razão mais uma vez.

Ela sorriu, um sorriso triste e amarelado. Raul encerrou o diálogo, dizendo:

– Vamos pedir ajuda a ele, então.

Caroline pensou em mandar um recado para o filho ir até a casa de Ítala e Giobbatista falar com eles, mas, diante das circunstâncias, preferiu ir ela própria atrás dele e com urgência. Partiu logo na manhã do dia seguinte.

Não foi difícil descobrir onde ele morava, qualquer conservatório de música tinha o seu endereço, bastou encontrar um na cidade e pedir.

Diante da casa que Pietro havia comprado com o dinheiro ganho com o seu trabalho e seu talento, Caroline ficou quase cinco minutos parada, observando o local.

Era uma casa de classe média, mas não de todo má, bem melhor, certamente que a da criadagem onde viviam atualmente. Com um pouco de persuasão ela logo convenceria o filho a comprar uma casa maior, quem sabe até uma somente para abrigar a ela e o marido.

Um minuto depois de tocar a campainha de mão, uma criada foi atender a porta.

– Pois não?

– Procurou o senhor Pietro Garavelo.

– A quem devo anunciar?

– Diga que sua mãe está aqui.

A mulher olhou-a espantada por dois motivos, conhecia Aretha, sabia até então que ela era a mãe legítima do patrão, como poderia haver outra? Isso fugiu-lhe à compreensão. E segundo, pela elegância com que Caroline estava vestida. De luvas de cetim, chapéu com plumas, jamais vira tanta elegância.

Ainda que abismada, a criada introduziu Caroline ao interior da casa e pediu que aguardasse. Meio minuto depois voltou e a levou até a pequena sala onde Pietro se encontrava sentado, ensaiando violino.

Ao ver Caroline entrando, ele, surpreso, levantou-se imediatamente para recebê-la.

– A senhora – balbuciou.

Ela com o rosto empinado para o alto, assentiu.

– Pensei que fosse minha mãe, digo, sua irmã... minha mãe...

Ele calou-se ao se atrapalhar com as palavras.

Caroline não perdeu tempo. Disse sem preâmbulos.

– Preciso lhe falar, a sós.

Ao voltar os olhos para a criada, a mesma percebeu que deveria deixar a sala e foi o que fez, saindo, fechando a porta ao passar.

Caroline havia se tornado muito pálida, agora, e Pietro sabia que sua palidez não era provocada pela luz amarelada do sol que iluminava a sala por meio das largas janelas guarnecidas de balaústres. Desta vez ela não foi objetiva, hesitou por três vezes antes de apresentar o motivo de sua vinda.

– Preciso de sua ajuda.

– Sim – disse Pietro, incentivando-a com um olhar.

Caroline fez um resumo rápido dos acontecimentos que a levaram a pedir socorro àquele que rejeitara a vida inteira. O filho, que por ter nascido com os pés tortos, quis ver morto, e por piedade Raul o deixara num orfanato.

Lágrimas rolavam por sua face enquanto falava, se eram forjadas ou sinceras, isso ninguém saberia dizer, tratando-se de Caroline tudo era possível.

Assim que terminou de expor os fatos, apertou contra os olhos um pequeno lenço de seda. Readquirindo a postura imponente de sempre, perguntou:

– E então, vai nos ajudar ou não?

Pietro não pôde reprimir um leve sorriso.

Diante da expressão na face do rapaz, o rosto da Caroline tornou-se sério e desgostoso.

– Pelo visto fui uma tola em ter vindo aqui...

O virtuoso rapaz ficou desconcertado diante de tal comentário. Seu sorriso fora de felicidade, mas ela o interpretara como um riso de chacota.

Ela estava se retirando da sala quando ele, impostando a voz, falou:

– Espere, por favor.

Ela fez um gesto impaciente.

– Desembuche.

O rapaz tomou ar e disse devagar:

– É lógico que vou ajudar vocês. Vocês são a minha família.

A palavra "Família" doeu fundo em Caroline.

– Como pode a senhora ter pensado que eu negaria ajuda a minha família? – continuou Pietro com um tom de reprovação na voz. – Eu sempre ansiei por uma aproximação nossa, a senhora sabe disso. Vocês já deveriam ter me procurado há muito mais tempo.

A mulher ainda o encarava com evidente suspeita.

– Será um prazer ter a senhora c meu pai morando aqui comigo. A casa é grande como pode perceber, há espaço suficiente para abrigar a todos nós...

Ela se manteve calada e séria.

– Vocês podem mudar para cá, quando quiserem.

Só então Caroline moveu-se. Tirou um pigarrinho da garganta e falou:

– Amanhã pela manhã já começarei a trazer nossas malas para cá.

– Ótimo.

Fez-se um breve silêncio até que ela dissesse:

– Pode me mostrar o quarto em que iremos ficar, por favor?

– Pois não.

Enquanto caminhavam para lá, Pietro falou, empolgado:

– As criadas estão à disposição de vocês, para tudo que precisarem delas.

Caroline não deu muita atenção ao que ele disse, o modo como Pietro andava prendera sua atenção. Ainda era torturante para ela vê-lo caminhando daquele modo, com dificuldade, apoiando-se nas paredes, lento como uma tartaruga.

Levou quase cinco minutos até que chegassem ao quarto. Caroline entrou, imponente como sempre, inspecionando o local e reprovando a limpeza.

154

– Pedirei às criadas que o limpem melhor. É que o quarto fica sempre vazio.

Ela voltou-se para ele, torcendo a língua dentro da boca.

– E então, o que achou?

Caroline foi direta:

– Poderia ser melhor. Na minha mais sincera opinião, acho meio claustrofóbico e pequeno demais para mim e meu marido.

– O meu quarto é bem maior. Quer vê-lo?

Ela se interessou. Depois de dar voltas pelo quarto do moço, passando a ponta do dedo indicador pelos móveis para ver se tinha pó, Caroline usou de sinceridade mais uma vez:

– Este quarto é de fato bem melhor. Mais arejado e mais amplo. Esse me agradaria muito mais do que o outro, mas já que é seu...

Ele a interrompeu:

– Que nada, terei imenso prazer em cedê-lo à senhora. Eu, sinceramente, não me importo em qual quarto durmo. De tanto viajar por causa das apresentações, viver em quartos de hotel e hospedaria...

Ela o interrompeu, usando um tom delicado dessa vez:

– Não quero tirar você do seu conforto...

– Fique tranquila. Pedirei aos criados que mudem minhas coisas para o quarto de lá. E que limpem este quarto para recebê-los.

– Obrigada.

Ele sorriu, satisfeito.

– Só mais uma coisa.

– Pois não?

– O colchão poderia comprar outro? É que estou acostumada com um de melhor qualidade.

– Farei isso com muito prazer.

– Ótimo! Então já vou indo dar a notícia para o meu marido. Amanhã chegamos com nossas coisas.

Ele tornou a sorrir.

– Eu a acompanho até lá fora.

155

Ao perceber que demoraria uns bons minutos até que o rapaz chegasse até lá, Caroline respondeu:

– Não precisa, não. Já sei o caminho. Passar bem.

Sem um beijo sequer de agradecimento. Um abraço, um aperto de mão, nada, simplesmente nada, Caroline Velasco partiu. Quando Pietro chegou em frente a sua casa só havia o rastro das rodas da carruagem deixados no chão. Um sorriso de satisfação brilhou então na sua face. Ele estava feliz, muito feliz por poder ajudar os pais que tanto amava e por saber que iriam morar agora sob o mesmo teto como ele tanto sonhou. Ele estava, definitivamente, agradecido à vida por aquilo.

Quando Caroline e Raul chegaram à casa de Pietro, encontraram o rapaz na sala, andando de um lado para o outro. Aparentemente estava calmo. Tinha até um leve sorriso nos lábios. Mas estava ansioso pela chegada dos dois, contando os minutos.

– Olá, como vai o senhor? – cumprimentou ele o pai.

Raul, um tanto sem graça, respondeu:

– Vou bem e você?

– Agora, com o senhor e sua esposa aqui, muito melhor.

Raul tentou sorrir, mas foi um sorriso chinfrim.

– Fiquem à vontade. A casa é de vocês.

O moço era só sorrisos sinceros de satisfação.

– É uma grande alegria tê-los aqui...

Caroline o interrompeu com forjada amabilidade.

– Querido, você não tem que ensaiar a sua musiquinha? Então vá, não queremos atrapalhar a sua brilhante carreira. Afinal, um de nós tem de trabalhar nessa casa para sustentar a todos, não? Vá, querido, vá...

– Eu Já ensaiei esta manhã...

– Que nada. Sempre ouvi dizer que para ser um bom músico é preciso ensaiar 24 horas por dia. Portanto, dedique-se mais a sua música.

– Mas eu...

– Não, não, não... Não sinto que você está se dedicando ao seu talento como deveria. Agora vá, por favor e nos deixe em p... – Ela se corrigiu a tempo –...nos deixe pôr tudo em ordem.

O rapaz já ia se retirando, quando Caroline endereçou-lhe uma pergunta:

– Que horas exatamente você ensaia?

O moço pensou.

– De manhã, por volta das dez até o meio dia...

– Ah, bom... porque durmo até tarde e apesar de apreciar boa música não gostaria de ter meu sono perturbado por ela.

– Logicamente... Vou esperar a senhora se levantar para começar meu ensaio.

– Ótimo!

Dez minutos depois Pietro tocava seu violino com o dom divino que Deus lhe deu. Quinze minutos depois, Caroline sentava na cama de seu mais novo quarto, apertava as mãos contra os ouvidos e reclamava:

– Não sei se vou suportar esse som de violino todos os dias na minha cabeça.

– Calma, querida – falou o marido, sentando-se ao seu lado. – Lembre-se de que ele viaja muito, não será sempre que estará em casa, ensaiando o bendito instrumento.

A mulher palpitou.

– Desta vez você tem razão, Raul. Tomara que ele viaje muito mesmo com aquele instrumento insuportável, assim ficamos livres nesta casa para vivermos como bem quisermos.

O marido beijou a esposa. Uma das criadas que ouviu parte do que diziam, perguntou-se se teria ouvido certo. Não poderia, ninguém seria tão ingrato para alguém que lhe abre as portas de sua casa quando mais precisa. Ainda mais seus pais.

Enquanto isso, Pietro *arrepiava* no violino, tocando majestosamente bem, por estar feliz, muito feliz com a presença dos pais em sua casa e por perceber que estava se interessando por Adoriabelle.

Naquela noite, antes de ir para seu quarto dormir, Pietro tomou a mão da mãe, para dar-lhe um beijo de boa noite.

A mão delicada que ele tinha passivamente entre as suas tornou-se imediatamente tensa e lembrou-lhe por um momento a garra de uma ave. Caroline queria se libertar das mãos do filho que amorosamente beijava-a externando todo o seu carinho por ela, mas se conteve.

A seguir, o moço repetiu o gesto para com seu pai.

No dia seguinte, a história se repetiu e, assim, sucessivamente. E toda vez Caroline sentia repugnância com relação ao gesto tão prestimoso por parte do filho.

Ele já ia se retirando do aposento, quando ela, não suportando mais aquilo, chamou sua atenção. Ele deu meia-volta, encarou a mãe e aguardou pelo que ela tinha a lhe dizer:

– Pietro – começou Caroline, autoritária –, não precisa ficar me dizendo bom dia ou boa noite dessa forma. Digo, beijando a minha mão toda vez que me faz esse tipo de saudação. Beijando não, na verdade, quase a lambendo por inteira com seus beiços.

O moço surpreendeu-se com o comentário.

Caroline, afiada, continuou:

– Um simples "Bom dia" e "Boa noite" a distância já me são suficientes. Não gosto de gente grudenta, pegajosa... – ela fez uma careta de nojo. – Compreende?

Ele que só pensava em agradar a mãe, submisso, respondeu:

– Sim, mamãe.

Caroline atacou de novo:

– Essa é outra forma que eu não gosto de ser chamada. Não me leve a mal, mas ficaria imensamente feliz se me chamasse apenas de Caroline. Pode ser?

– Como a senhora quiser, mamãe... Desculpe-me, é força do hábito. Caroline.

– Grata.

Assim que o moço deixou a sala, Raul aguardou alguns minutos para falar com a esposa:

– Caroline, ele só quer ser gentil.

– Pois que seja gentil com as prostitutas que deve pagar para ter alguma coisa com ele.

– Eu não me importo que ele me chame de pai e me beije a mão...

– Não se importa agora que está entre quatro paredes, Raul. E quando estiver no meio da alta sociedade e ele fizer isso? Duvido que se sentirá bem.

– É... você tem razão.

– É Raul... Temos passado poucas e boas, hein? Saímos de um buraco para cair noutro ainda mais fundo.

– Não reclame, Caroline, aqui é bem melhor do que na casa de Giobbatista.

– Melhor?! Não me faça rir, meu marido. Com esse violino insuportável tocando todo dia por duas, três horas consecutivas... Só mesmo nós, por necessidade, suportamos. Ou melhor, finjo que suporto, tolero... Minha vontade é quebrar aquele instrumento e todos mais que vir pela minha frente.

– Mas é o violino que, de certo modo, nos sustenta, Caroline. Pense nisso antes de explodir.

Ela quedou, fazendo beicinho.

– É, meu marido, temos passado maus momentos... Só me pergunto por que a vida nos é tão injusta.

– Quem vai saber explicar, Caroline? A vida é mesmo assim, favorece uns e outros não. Dá asas para quem não sabe voar. Prestigia quem não merece prestígio. Vai entender.

Os olhos ligeiramente protuberantes de Caroline, fixaram-se no marido.

– Um dia eu hei de entender, Raul. Quando eu chegar lá em cima, diante do Criador eu vou saber o porquê de tudo isso. E Ele vai chorar, chorar como nunca chorou ao ouvir tudo que eu tenho para lhe dizer, por tudo que me fez passar nesta vida.

– Acredita mesmo que exista uma vida além da morte?

Com os olhos explodindo de raiva, ela respondeu:

– Espero, definitivamente, que sim. Para que eu possa dizer tudo o que está entalado aqui na minha garganta para o Criador.

Raul mordeu os lábios, pensativo.

Nos dias que se passaram, Raul passou a ver o filho, que foi rejeitado no passado, com novos olhos. Sentado à cabeceira da mesa, balançando suavemente a cabeça, tentando sempre ser agradável com ele e Caroline, com os pés escondidos pela mesa, Pietro lhe parecia uma criatura normal.

Por não impor mais as barreiras que impôs a princípio entre ele e o moço, a intimidade entre os dois começava a crescer. De repente, era bom ter um filho para conversar. Travar uma conversa de homem para homem.

– Eu comprei um vinho do Porto delicioso para tomarmos – disse Pietro, certo dia, com satisfação. – O senhor quer experimentar?

Raul fez que sim, com a cabeça. O filho, então, rapidamente abriu a garrafa e serviu os dois. Após o primeiro gole em seu Porto, Raul elogiou a bebida.

– Esse é dos bons.

– É, não é? – alegrou-se Pietro, ainda sentindo o líquido descer por sua garganta. – Sem modéstia, considero-me um bom conhecedor de vinhos.

– É mesmo?

– Sim, foi meu pai, digo, Primízio, meu pai adotivo, quem me despertou o interesse pela bebida.

– É... Primízio sempre apreciou um bom vinho.

A conversa transcorreu animada por quase duas horas. Correu tudo bem até os dois se levantarem da mesa e Pietro, um tanto alto, tropeçar sem querer em seus passos.

O incidente trouxe de volta à memória de Raul o porquê de ele e a esposa terem rejeitado o moço. O problema que os envergonhou tanto e que continuava lá, e que, apesar de tudo, de todos os anos que se passaram, da aproximação dos dois, ele não suportava encarar.

– Papai? – perguntou Pietro ao perceber sua ausência.

Os penetrantes olhos escuros de Raul o encararam com severidade. O riso desapareceu do seu rosto. Ele voltara à razão.

– Está tudo bem? – questionou o filho olhando amavelmente para o pai.

– Está, sim – mentiu Raul, sério. – Vou me deitar, boa-noite.

O pai passou pelo filho, acelerando o passo.

– Boa noite – respondeu Pietro olhando com grande satisfação para o homem que se tornara seu pai naquela encarnação.

– Papai? – chamou Pietro a seguir. – Eu gostei muito de ter passado esta noite conversando com o senhor.

Raul apenas sorriu, um sorriso apagado, e se retirou.

Pietro Velasco ficou ali, acompanhando o pai com o olhar, olhando-o novamente cheio de admiração.

Como era bom ter o pai ao seu lado, como um grande amigo. Não que ele não gostasse de Primízio, amava-o muito, tal qual um filho ama seu pai biológico, mas ele queria estender o seu amor àquele que o trouxera ao mundo, a quem devia sua existência.

Não, Pietro Velasco não se ressentia pelo que os pais lhe fizeram no passado, na verdade nem se lembrava do fato. Em seu coração não cabia mesmo o rancor e o ódio. Apenas o desejo de amar e ser amado intensamente.

161

Décimo segundo capítulo

Em mais um encontro com Adoriabelle, Pietro falou da satisfação de ter seus pais biológicos morando com ele.

Quando Aretha soube que o filho havia abrigado em sua casa, Caroline e Raul, tomou imediatamente uma carruagem para ir até sua casa.

– Eu vim ver – começou ela, assim que se viu diante de Caroline e Raul –, precisava ver, com os meus próprios olhos, para saber se era verdade.

– Agora que viu, já pode ir – respondeu Caroline em tom de zombaria.

– Não, Caroline. Ainda não. Quero saber se está tratando Pietro com dignidade.

– Ora, ora, ora...

– Ora, ora, uma ova! – revidou Aretha, olhando atentamente para a irmã. – Conheço você muito bem. Sei que veio parar aqui somente porque você e Raul perderam tudo e foram postos para dormir na casa dos empregados.

– Fale baixo.

– Por que eu deveria?

– Porque não quero que a criadagem a ouça. Perco a minha autoridade se souberem...

– Souberem da verdade. Que você...

– Calada, Aretha. Se veio aqui para me afrontar, tirar-me do sério, parabéns, conseguiu. Agora vá, deixe-me em paz, por favor.

– Como a vida dá voltas, hein, minha irmã? Quem diria que um dia acabaria tendo de recorrer àquele que quis ver morto. Aquele, que se não fosse Raul, não estaria vivo para poder ajudá-los...

– Iche, como você adora dar lições de moral às pessoas, não? É chato, sabia? Mais chato que uma lâmina.

Aretha bufou. Quando mais calma, comentou:

– De qualquer modo a vinda de vocês para cá, alegrou Pietro imensamente. Foi o que ele sempre quis desde que soube que você e Raul eram seus pais. O que ele sente por vocês é verdadeiramente um amor incondicional. Eu, no lugar dele, jamais lhes perdoaria se soubesse que me renegaram quando nasci.

O que me leva a perguntar: por que, por que uns têm mais facilidade para amar e incondicionalmente do que os outros? Por que uns têm mais facilidade para perdoar e aceitar os outros como são? Por que uns têm alma de cão?

– De cão? – estranhou Caroline em tom de zombaria.

– É. Alma de cão. Que mesmo depois de ser maltratado pelo dono, ainda assim o lambe e abana o rabinho como se nada tivesse acontecido.

– E desde quando cão tem alma, Aretha?

– É modo de dizer, Caroline.

– Ah, bom... E aproveitando o momento, se você já me disse tudo o que queria, vá embora.

Aretha deu a volta em torno do sofá e sentou-se.

– Não tão cedo, minha cara. Passarei a noite aqui. Pietro me quer jantando com vocês. Primízio, após o trabalho, está vindo para cá.

Caroline ficou sem expressão.

– E não adianta fazer essa cara porque nada vai mudar os nossos planos para hoje.

Para não ficar por baixo, Caroline disse:

– Pois bem, se foram convidados para o jantar, vou mandar preparar um muito bom para todos.

Sem mais, ela deixou a sala.

O jantar correu as mil maravilhas, a comida estava ótima e o vinho para acompanhar, excelente. Caroline acabou perdendo a carranca e voltou a ser a irmã agradável que sempre fora com Aretha antes do pormenor que as separou.

Os homens, também, se deram muito bem. Primízio falou de vinhos, pediu opinião sobre alguns, Raul também deu sua opinião, Pietro se sentiu em casa.

Foi uma noite inteiramente agradável para a surpresa de todos.

– Por que não convidou Adoriabelle para o jantar, filho?

A pergunta partiu de Aretha.

– Ela trabalha, mamãe, e até que a carruagem chegasse com ela já seria muito tarde. Fica para uma próxima ocasião.

– Certamente que sim.

Voltando-se para a irmã, Aretha perguntou:

– Vocês já se conheceram, digo, vocês e Adoriabelle?

Caroline olhou para Pietro franzindo o cenho, puxando pela memória.

– Acho que não... Não me lembro...

O moço ajudou:

– Ainda não tive a oportunidade de apresentá-las.

– Que seja em breve – sugeriu Aretha com um sorriso – vocês estão quase se casando.

Caroline, olhos surpresos, comentou:

– Eu nem sabia que... – ela parou, ao perceber que tinha de pronunciar o nome do filho, o que nunca fazia.

– Você não sabia que Pietro tem uma namorada?

– Não mesmo. Para mim é novidade que ele esteja até mesmo namorando. Não pensei que uma garota...

Ela novamente se interrompeu, pegou o cálice e umedeceu os lábios.

– Faço muito gosto que Pietro se case com Adoriabelle – comentou Primízio –, é uma garota e tanto.

– Obrigado, papai.

Pietro ficou ligeiramente rubro.

Quando a sós com o filho, Aretha lhe perguntou:

– Você, por acaso, não está com receio de que Caroline e Raul não aprovem Adoriabelle e, por isso, anda adiando apresentá-la para os dois, está, Pietro?

O rapaz engasgou.

Aretha segurou firmemente em seu punho, como sempre fazia quando queria lhe dar um conselho e o fez:

– Não faça isso, Pietro. Adoriabelle não merece, você não merece.

O rapaz mordeu os lábios e baixou a cabeça.

– O fato de Adoriabelle não ter as mãos pode importar para os preconceituosos e sem alma, não importando para você, é o suficiente, não acha?

Ela parou, fez com que ele olhasse para ela e perguntou, olhando atentamente no fundo dos seus olhos:

– O fato não importa a você, Pietro. Importa?

Ele limpou a garganta e respondeu, firmemente:

– Não, mamãe, não importa.

– Eu sabia que não, filho. Seu amor é incondicional por tudo e por todos e é isso que mais aprecio em você. Quisera eu ter uma alma generosa como a sua, capaz de amar como ama, perdoar como perdoa...

– A senhora ama tal como eu.

– Não, filho. Não mesmo. Ainda falta muito para ser como você.

Ela o beijou na testa e repetiu mais uma vez o quanto era feliz por ser sua mãe adotiva.

O dia de apresentar Adoriabelle chegou e é lógico que Caroline implicou com a moça. Primeiro por não ter as mãos e, segundo, por ser pobre e sem berço. Tratou a moça tão friamente que Adoriabelle não sabia o que fazer, seu desejo era sumir.

Foi um choque para todos, especialmente para Pietro, quando Caroline teve um rompante logo após a moça ter partido.

– Como você pode namorar uma garota como essa?! – foram as primeiras palavras de Caroline. – Eu nem sei o que me deu, quando fui pegar na mão dela para cumprimentá-la e não havia mão alguma. O que as pessoas vão dizer?

– Eu a amo, mamãe.

Caroline virou um bicho ainda mais feroz.

– Não me chame de mãe! Quantas vezes eu vou ter de lembrá-lo disso?

– Desculpe-me.

Os olhos de Pietro encheram-se d'água.

– Se fosse uma moça de classe, da nobreza, ainda tudo bem, mas uma qualquer, órfã.... Ah, não, é desgosto demais. Já basta o que passei com você.

O moço, muito inseguro, tentou se defender:

– A única moça por quem me interessei, mamãe – ele se corrigiu – dona Caroline, chama-se Lizandra Figueiredo. Mas ela, depois que viu meus pés, não quis saber de mim.

Caroline fechou o bico.

– Quanto a Adoriabelle, bem, ela realmente me ama. Conhecemo-nos desde o orfanato e...

– Chega!

O pedido soou num berro tão forte, que Pietro se encolheu de susto. Raul também.

– Com essa geringonça você não casa e ponto final! – determinou Caroline, decidida.

– Mas eu não posso terminar com ela, assim de uma hora para outra. Ela vai se sentir ferida... Não gosto de machucar ninguém.

– Você escolhe, Pietro.

Era a primeira vez que Caroline dizia o nome do filho com todas as letras.

– Você escolhe: ou ela ou eu na sua vida.

Ela suspirou.

166

– E para mim, por hoje, basta. Boa noite.

Caroline já ia se retirando da sala quando parou, voltou-se para o marido e fez um gesto com a cabeça para ele acompanhá-la, o que ele fez como um cordeirinho.

Pietro ficou atolado em pensamentos confusos. Sentia-se agora como o Minotauro preso a um labirinto.

Quando Caroline acomodou sua cabeça no travesseiro, Raul, a seu lado na cama, perguntou:

– Não acha que foi muito áspera com ele?

– Tenho de ser áspera, Raul. Quer que eu seja como a tonta da Aretha que para tudo que ele determina na sua vida, diz amém? Além do mais, cá entre nós, ele não deve casar, se casar seu dinheiro ficará para a esposa.

– Por direito, sim. Mas Pietro é muito jovem para morrer.

– Pessoas deficientes morrem cedo, Raul, esqueceu? E se ele morrer solteiro a herança, ainda que pouca ficará para nós, se ainda estivermos vivos ou para a nossa amada Ítala. E ela vai precisar, se quiser se libertar do monstro do marido dela.

Dias depois, para surpresa e espanto de Pietro, uma carta por parte de Lizandra Figueiredo chegou a sua casa. Na carta, Lizandra declarava todo o seu amor por ele, assumia o quanto fora estúpida em evitá-lo pelos motivos já citados e pedia para ir ao seu encontro, naquela tarde, se ainda estivesse interessado nela.

– É de Lizandra Figueiredo que eu realmente gosto – murmurou o rapaz consigo mesmo.

– O que foi que disse? – perguntou Caroline entrando na sala.

O rapaz, olhos brilhantes, respondeu, eufórico:

– Recebi uma notícia muito boa, dona Caroline. Uma notícia que pode transformar a minha vida.

À tarde, por volta das duas, lá estava Pietro diante de Lizandra Figueiredo.

– Você realmente me ama, então...

167

– Sim, Pietro – respondeu ela num tom de voz ligeiramente inseguro. Seus olhos também transpareciam insegurança. – Eu tentei esquecer você, porque meus pais nunca consentiriam em nosso casamento... por você ter esse problema nos pés e também por ser músico... Mas eu estou disposta a me casar com você, mesmo com meus pais sendo contra o nosso casamento, tudo vai depender de você, se ainda me quer...

Um sorriso brilhou na face do rapaz de ponta a ponta.

– É lógico que eu a quero, Lizandra. Muito!...
– Você seria capaz de esperar por mim?

O rapaz inquietou-se.

– Esperar? Como assim?
– É que vou passar um tempo na Ásia. Na casa de uns parentes meus... Prometi a eles, faz tempo, que iria... Mas assim que eu voltar nos casaremos.

– É lógico que eu espero por você. Se não tivesse tão atarefado iria com você nessa viagem para não ter de ficar longe por mais tempo.

Ela sorriu, um sorriso trêmulo, que foi coberto por um beijo, repentino, que ele lhe deu na boca. O beijo provocou um tremendo susto na moça, mas, também, uma onda de prazer inigualável.

Ele, então, a abraçou e ela também gostou do seu abraço. Quanto mais ele a apertava contra o peito, mais lágrimas caíam dos olhos dela.

A pior parte ainda estava por vir: terminar o namoro com Adoriabelle.

– Você me parece tenso – disse ela, prestando bem atenção a Pietro. – O que houve? Certamente aconteceu alguma coisa para ter vindo me procurar a esta hora.

Quando ele conseguiu fixar seus olhos nos dela, a moça compreendeu de imediato o que o trouxera ali.

– Acabou? – perguntou trêmula.

Ele mordeu os lábios, não tinha coragem de prosseguir. A última coisa que ele queria na vida era magoar Adoriabelle, no entanto...

168

A menina não conseguiu dizer mais nada, rompeu num choro agonizante e, quando Pietro foi tentar consolá-la, ela se afastou e voltou para dentro da casa onde trabalhava como governanta. A casa de um homem bom que, para ajudá-la, contratou-a como governanta mesmo não tendo experiência no ramo.

Pietro voltou desolado para casa, com a sensação horrível de ter ferido alguém, ferindo a si mesmo. Foi Caroline, num momento raro de bondade quem levantou o moral do rapaz.

Somente quando Pietro reencontrou Ágatha é que ela soube que ele havia terminado tudo com Adoriabelle.

– Terminou? – espantou-se a moça. – Mas, por quê?

Pietro contou-lhe a verdade.

– Pietro – falou Ágatha, seriamente –, é por esse motivo mesmo que você terminou com essa moça?

– Sim, Ágatha – respondeu ele, seriamente. – É de Lizandra Figueiredo que eu realmente gosto. Depois que ela me escreveu, dizendo que me amava e que procurava se esquecer de mim porque seus pais nunca consentiriam seu casamento comigo, por eu ter a deformidade, mas que seria capaz de se casar comigo, mesmo com seus pais sendo contra o nosso casamento, se eu ainda a quisesse, bem, eu decidi esperar por ela.

– Ela escreveu mesmo para você?

– Não só escreveu como falou tudo o que disse por carta, pessoalmente.

– O que quis dizer com "decidi esperar por ela?".

– É que ela foi passar um tempo na Ásia, se não me engano. Na casa de uns parentes dela... Mas assim que voltar nos casaremos.

Ágatha torceu o nariz.

– Isso não está me cheirando bem. Não, mesmo.

Assim que raiou o dia seguinte, Ágatha partiu para a casa da mãe. Lá, depois de contar tudo o que Pietro lhe contou, ambas rumaram para a casa do moço.

– As duas aqui, que surpresa! – saudou Caroline num momento raro de bom humor. – Bons ventos as trazem.

– Viemos tirar satisfações da senhora, titia.

– Satisfações de mim?! Ora, sobre o quê?

– Sobre o término do namoro de Pietro com Adoriabelle.

– Ah, isso! Convenhamos, foi melhor para ele. Para os dois, eu diria, pensem no que poderia nascer da união daqueles dois defor... vocês sabem.

– Como a senhora é cruel. A vida ensina, ensina e a senhora não aprende nada mesmo. Que horror.

– Isso não são modos de falar com sua tia, mocinha.

– Diga-nos a verdade, Caroline – Aretha entrou na conversa.

– Você tem alguma coisa a ver com essa separação dos dois? Você não instigou Pietro a terminar tudo com a jovem só porque ela não tem as duas mãos, instigou?

– Eu?! Tenho mais o que pensar, Aretha! Muito mais o que fazer.

– Eu sinto cheiro de fumaça. E onde há fumaça, há fogo. Sempre foi assim.

Nisso Pietro chegou acompanhado de Raul.

– Ágatha, mamãe, vocês aqui, que surpresa!

Após beijar as duas, perguntou:

– Ficam para o jantar?

Aretha não respondeu, apenas disse:

– Quero ver a carta que a tal moça lhe escreveu, Pietro.

Levou algum tempo para ele compreender.

– Ah, a carta de Lizandra.

- Da própria. Um minuto depois a carta estava na não da mulher.

– É – comentou ela –, não é mesmo a letra de Caroline.

Pietro achou graça.

– Vocês estão pensando que foi dona Caroline quem escreveu essa carta, oh, não! Eu disse a você, Ágatha, que foi a própria Lizandra, estive com ela.

Mãe e filha se entreolharam. Caroline estufou o peito sentindo-se vitoriosa.

– É... pelo visto...

Aretha mudou o que ia dizer.

– Ficaremos para o jantar, filho. Partiremos somente amanhã.

– Que ótimo! – alegrou-se o rapaz.

Não foi preciso perguntar a respeito de Lizandra Figueiredo para Caroline, esta falou da moça com muito gosto.

Na manhã do dia seguinte, assim que acharam que o horário era oportuno, Ágatha e Aretha foram à casa de Lizandra Figueiredo para apurar aquela história. Foi a tia da moça quem as recebeu:

– Sim, minha sobrinha está mesmo na Ásia. Por que perguntam?

Foi Ágatha quem deu a devida explicação.

– Ah, sim – concordou a mulher – o violinista deixou Lizandra encantada. Se não fosse sua deformidade... Pobrezinho, com tanto talento... Ninguém é perfeito, não é mesmo?

A pergunta seguinte deixou a mulher pensativa.

– Quando sua sobrinha volta, minha senhora? Porque ela prometeu para Pietro voltar para se casar com ele.

– Acho que há algum mal entendido, aí. Lizandra voltou para a casa dos pais, está de casamento arranjado, sabe como é. Ainda que gostasse, ou melhor, que goste do violinista sabe que nunca poderia ficar com ele por causa dos pais. Eles não aprovariam seu casamento com um rapaz com os pés daquele jeito e também por ser músico. Para eles, músico, não tem categoria. É gentinha.

– Mas sua sobrinha chamou Pietro para uma conversa e jurou a ele que voltaria para se casar com ele.

– Ela lhe disse isso mesmo?

– Sim. Leia esta carta.

A mulher atendeu ao pedido. Encaixou o *pincenê* e leu linha por linha com muita atenção.

171

– É, sem dúvida alguma a letra de Lizandra, mas, eu não entendo... Será que ela realmente pretende voltar para se casar com o músico?

A mulher quedou pensativa.

Ágatha e Aretha iam deixando a casa em questão quando a copeira que as acompanhou até a porta lhes segredou:

– Desculpe a intromissão, ouvi a conversa que tiveram com minha patroa. E, bem, posso afirmar que isso é coisa daquela mulher que esteve aqui. Uma exuberante, de nariz erguido, tão erguido que se apanhar chuva, morre afogada.

– Lembra-se do nome dessa senhora?

– Acho que é...

– Caroline? – ajudou Ágatha.

– Sim. Isso mesmo. Foi ela quem pediu para a sobrinha da patroa escrever a carta e conversar com o tal moço de pés tortos. Disse a ela que era por uma boa causa, impedi-lo de casar com uma moça que não valia nada.

Lembro-me bem de suas palavras:

"Lizandra, meu bem, você gosta ou não gosta do Pietro? Se gosta escreva a carta e converse com ele como lhe pedi, assim o estará ajudando a evitar que cometa uma besteira!"

Ao que Lizandra respondeu:

"Se é para o bem de Pietro, farei o que a senhora me pede."

E pelo que vejo, segundo as senhoras, fez mesmo.

Ágatha e Aretha se entreolharam.

A moça, adquirindo uma postura séria, falou:

– Não pensem que eu fico ouvindo atrás das portas, não mesmo. É que as pessoas falam tão alto e as paredes e portas são tão finas que é quase impossível não ouvir.

– Que nada – respondeu Ágatha, contendo-se para não rir.

Uma hora depois, Ágatha e Aretha chegavam de volta à casa de Pietro.

172

– Caroline! – chamou Aretha – quer, por favor, vir à sala?

Caroline logo apareceu fingindo-se de obediente. Uma tensão então se espalhou pelo ar.

– Pois não, o que querem de mim? – perguntou ela incomodada com o peso, pairando sobre todos no recinto.

Foi Aretha quem respondeu a sua pergunta:

– Quero que conte a verdade a Pietro.

– Verdade?! Que verdade?!

– Não se faça de cínica, Caroline.

Ágatha, impaciente, voltou-se para o irmão e falou:

– Foi Caroline, Pietro quem foi atrás de Lizandra e...

Caroline berrou:

– Eu não fiz nada!

Aretha deu continuidade à discussão:

– Fez, sim! Nós já sabemos de tudo.

A seguir contou tudo o que descobriram durante a visita à casa da tia de Lizandra. Enquanto uma acusava a outra, a outra se defendia, Pietro pediu que se acalmassem.

– Por favor, não se exaltem.

– Assuma diante do rapaz, Caroline, que foi você quem...

Aretha não precisou terminar, a irmã terminou por ela:

– Fui eu, sim!

E aproximando-se de Pietro, embargando a voz, propositadamente, falou:

– Fiz isso, pelo seu próprio bem.

Ágatha bufou.

– Mas é uma descarada, mesmo – sussurrou.

Enquanto isso, Caroline continuava o drama.

– Achei que você merecia uma moça melhor para se casar. Merecia, não! Merece e, por isso, pedi a ela o que pedi para impedir você de cometer uma estupidez, casando-se com aquela moça sem mãos. Eu só pensei no seu bem Pietro. No seu bem!

Forçando um choro, Caroline se retirou do recinto.

173

– Eu sinto muito, filho – desculpou-se a mãe. – Não queria assustá-lo, tampouco decepcioná-lo com tudo isso.

– Só lhes peço, mamãe, Ágatha, encarecidamente, que não compliquem as coisas entre mim e... Caroline.

– Mas, filho...

– Pietro...

O rapaz não deixou nenhuma das duas falar:

– Aguardei tanto para que vivêssemos juntos. Como uma família, não suportaria romper nosso elo, agora. Um elo que foi construído com tanta dificuldade.

Ágatha e Aretha calaram-se, não sabiam mais o que dizer.

– Com licença – pediu o rapaz – vou ver como Caroline está passando.

Sem mais, retirou-se.

Ágatha, olhos de espanto, murmurou:

– Ele é muito inocente... Coitado, como ele é inocente...

Aretha acolheu o comentário sem se manifestar.

Quando o rapaz voltou à sala acompanhado de Caroline, quando o clima entre todos já havia se acalmado, Aretha falou:

– Filho, passaremos mais esta noite aqui na sua casa, se não se importar.

– É lógico que não me importo, mamãe.

– E amanhã, pela manhã, preciso de você.

– Para quê? Posso saber? – intrometeu-se Caroline.

– Não é da sua conta – respondeu Aretha, procurando não se exaltar.

– Vocês duas, por favor – interveio Pietro antes que as duas brigassem novamente.

No dia seguinte, assim que os três se ajeitaram na carruagem, Pietro quis saber:

– Aonde vamos?

– Atrás de Adoriabelle.

Os olhos do rapaz se arregalaram.

– Por quê?

– Porque você a ama e não deve perdê-la por nada deste mundo.

– Mas minha mãe não vai aceitar...

– Sua mãe, Pietro, sua mãe sou eu.

– Sim, mas... Como disse não quero tornar as coisas difíceis entre mim, Caroline e Raul...

– Você pode ter crescido, Pietro, mas eu ainda posso lhe dar uma coça, se for preciso, para abrir seus pensamentos.

Ao chegarem na casa onde Adoriabelle trabalhava, Ágatha bateu à porta. Uma senhora ruiva os recebeu:

– Pois não?!

– Procuramos por Adoriabelle, ela está?

A mulher fez ar de tristeza.

– Infelizmente não. Deixou o emprego... ontem foi seu último dia.

– Vamos para a casa dela, então – sugeriu Ágatha, mas a senhora à porta a interrompeu.

– Ela parte hoje para a África.

– África?!

– Sim. Depois que o rapaz aí terminou com ela, Adoriabelle, desgostosa da vida, quis sumir daqui na esperança de esquecer o que tanto a machucou.

A sugestão a seguir partiu de Aretha.

– A senhora disse que ela parte hoje, não? Pois bem... Talvez consigamos chegar ao porto antes de ela partir.

– Boa ideia, mamãe! – alegrou-se Ágatha.

Os três imediatamente entraram na carruagem e partiram. Não foi mais rápido por causa da dificuldade que Pietro tinha para andar. A seguir pediram ao cocheiro que fosse o mais rápido que pudesse para o porto.

O porto estava lotado de pessoas quando a carruagem ali chegou. Muitos acenavam para os familiares, amigos e conhecidos que já estavam a bordo. O navio apitou mais uma vez sinalizando sua partida.

– Oh, meu Deus! – exclamou Ágatha, desapontada. – Chegamos tarde demais. O navio já está partindo...

Quando os três conseguiram se posicionar numa parte da plataforma que dava para ver o navio por inteiro bem como serem vistos, o navio já ia a uma boa distância. Ainda assim Adoriabelle avistou Pietro parado ao lado de sua mãe e irmã, olhando na direção do navio. Eles não a viram por estar no meio de muitos passageiros, admirando o porto se afastando, conforme o navio ia ganhando o mar.

Por que Pietro havia ido até lá? Teria sido para se despedir? Para dizer que voltara atrás na sua decisão? Que havia se arrependido de ter terminado o namoro com ela? Qual seria o verdadeiro motivo da sua aparição repentina no porto? Isso tornou-se um mistério indecifrável para a jovem Adoriabelle pelo resto daquela sua existência.

Pietro de coração partido comentou:

– Cheguei tarde demais...

Na esperança de consolá-lo, Aretha disse:

– Um dia ela volta, Pietro.

– Um dia é muito tempo...

Ágatha entrelaçou sua mão na dele e o encorajou:

– Ânimo, meu irmão.

Ele procurou sorrir e amparado pelas duas mulheres seguiu de volta até a carruagem que aguardava por eles.

Semanas depois, Pietro dividiu com os pais um desejo antigo:

– Eu teria grande satisfação se vocês fossem me assistir no Teatro Municipal.

Caroline e o marido se entreolharam. Pietro, emocionado, continuou:

– Seria uma honra para mim ter meus pais na plateia.

Caroline desfez o bico e falou:

– Querido, sabe por que não vamos assisti-lo? Porque ouvimos você tocar seu violino todos os dias praticamente e por muito mais tempo do que um ouvido normal pode suportar.

– Mas será uma noite de gala.

– Mesmo assim... Ela experimentou pronunciar o nome do rapaz em pensamento antes de fazê-lo da boca para fora, mas um gosto amargo na boca e na garganta a fez mudar de ideia. Ainda que fosse apenas uma sequência de vogais e consoantes para ela havia um significado mais sinistro.

– Pois bem – continuou Caroline –, compreendeu por que nunca vamos assistir a suas apresentações? Não se chateie por isso; não mesmo. Eu e Raul lhe desejamos boa sorte.

O moço baixou a cabeça e controlou-se para não chorar.

– Que pena... a presença de vocês me faria muito feliz... Muito mesmo.

Raul deu sua palavra:

– Pietro, se faz tanta questão da nossa presença, nós iremos.

Caroline olhou para o marido, atônita.

– Iremos, sim, Caroline. Não custa nada. Só não repare se ficarmos distantes, não nos envolvermos com as outras pessoas, é que... preferimos a discrição...

Ao perceber que Caroline iria se opor, Raul fez sinal para a esposa calar-se.

Pietro, iluminado por um sorriso, falou:

– Será uma noite muito especial para mim. Vocês não sabem o quanto a presença de vocês me fará feliz.

Por ser uma ocasião especial, Pietro mandou um mensageiro até a casa de Aretha, Ágatha e Ítala para convidar todos para a grande ocasião. Diante da difícil relação que mantinha com o marido, Ítala nem sequer chegou a falar sobre o evento com ele. Giobbatista estava cada vez menos sociável e parecia cada dia mais a um passo da insanidade.

Na noite do grande dia, Pietro estava um verdadeiro dândi, ou seja, um homem que se veste com extremo apuro. Terminando de dar o laço na gravata, ajeitou-a com extremo cuidado diante do espelho. Depois de pentear os cabelos, sorriu para si mesmo e para a vida.

– Essa é uma noite muito especial para mim – falou para o camareiro que o ajudava a se vestir. – Meus pais estão aí para me ver. É a primeira vez que vêm me assistir.

O homem fez ar de espanto.

– Mas eles já compareceram outras vezes, não?

– Meus pais adotivos, sim. Meus pais biológicos, verdadeiros, não. São eles que estão aí nesta noite.

Um novo sorriso iluminou o rosto do músico virtuoso.

A apresentação começou com quinze minutos de atraso, algo inédito, pois Pietro sempre fora pontualíssimo. É que naquela noite, em especial, o nervoso por querer fazer bonito na frente dos pais o fez retardar o início do sarau. Era emoção demais, demais... Ele estava trêmulo e emotivo por causa dela.

Seu professor e empresário foi até ele e pediu-lhe calma. Que se ele quisesse fazer bonito mesmo, diante dos pais, que se controlasse, fosse para o palco e tocasse majestosamente como nunca tocara antes em sua vida.

Pietro ouviu o conselho, fechou os olhos, tirou a tensão de dentro de si por meio de uma respiração profunda e fez o que o mestre lhe sugeriu.

Tocou muito mais do que com as mãos naquela noite que lhe era tão especial, tocou com a alma, comovendo a todos.

Caroline e Raul no meio da plateia estavam mais impressionados com a comoção que a música do filho provocava nas pessoas do que com ela própria.

O sarau terminou com a plateia em pé e repetidas salvas de palmas.

Minutos depois, Pietro pediu um minuto da atenção de todos, o que foi difícil, pois as palmas não cessavam. Quando se fez silêncio, ele limpou a garganta e falou:

– Quero primeiramente agradecer a presença de todos e dizer que esta é uma noite muito especial para mim. Especial porque estão presentes hoje, meus pais biológicos.

Caroline e Raul se encolheram dentro de suas vestes. Chegaram a dobrar os joelhos para ficarem mais baixos do que os que estavam em pé a sua frente.

– Papai, mamãe – perguntou Pietro estendendo o olhar sobre a plateia. – Onde estão vocês?

Um *zum zum zum* gracejou pelos presentes, mas o casal não se manifestou.

– Papai, mamãe – repetiu Pietro, procurando dentre todos, os pais que amava tanto.

Foi então que ele os avistou, tentando se esconder por trás dos que estavam em pé a sua frente e percebeu que estavam fazendo de tudo para não serem descobertos ali. O porquê de não se manifestarem, bem, ele sabia. Estava estampado em seus olhos. Era por vergonha. Vergonha de que todos soubessem que eles eram os pais de um moço, ainda que um músico excepcional, de pés tortos.

Pietro engoliu em seco e agradeceu a todos, mais uma vez, pela presença. O teatro pareceu que viria abaixo diante da nova salva de palmas.

O moço não sabe como conseguiu chegar ao camarim. Estava triste e decepcionado.

O professor, o qual chamava de mestre, conversou com ele na esperança de levantar seu moral. Mas nada parecia ter esse poder. Restou a Aretha, que chegou no local, a seguir, essa missão.

Após minutos sem se manifestar, Pietro falou e sua voz soava diferente, quase infantil.

– Pensei que eles fossem sentir orgulho de mim, me aceitar, por eu ser um músico famoso, bem sucedido, por tê-los recebido em minha casa... Pensei que depois de tudo isso eles fossem gostar de mim, mas minha deformidade não permite. Ela me expulsou da vida deles.

– Não se volte contra você, Pietro.

– Sou um defeituoso.

– Você é ser humano iluminado, talentoso, um músico virtuoso. Tem um caráter que vale ouro, é um homem digno.

– De que me vale todo esse talento se não posso ser amado por quem mais quero ser amado?

– Oh, filho, eu queria que tudo fosse tão diferente... que a vida o tivesse poupado de tudo isso.

– Eu só queria ser amado por eles da mesma forma que os amo.

Aretha, lacrimosa, opinou:

– A vida, filho, pelo pouco ou muito que já vivi é mesmo assim, nem todo amor será correspondido. Vamos amar pessoas que não vão nos dar a mínima. A vida é assim...

– Como alguém pode recusar o amor de uma pessoa? Um amor tão puro.

– Recusa, filho. Simplesmente porque não se identifica com esse amor. Da mesma forma que nós próprios também não amamos quem muito nos ama, quando não nos identificamos com essa pessoa. O ser humano é assim.

Mas não devemos nunca deixar de amar porque alguém por quem queremos ser amados não nos ama. Isso não está certo, é uma afronta a nós mesmos.

– Viver não é fácil...

– E quem disse que teria de ser?

Aretha riu. Pietro acabou rindo com ela.

Naquela noite quando Pietro voltou para casa, encontrou-a num silêncio mortal. Os pais já haviam se recolhido, o que ele tanto queria lhes perguntar teria de ficar para o dia seguinte.

– Vocês poderiam pelo menos me dizer o que acharam da apresentação? – perguntou ele, quando teve oportunidade.

Foi Raul quem respondeu:

– As pessoas adoram a sua música, Pietro.

– Não foi isso que eu perguntei. Quero saber o que o senhor achou da minha apresentação.

– Gostei sim... você é mesmo um músico talentoso. Meu pai também tocava violino, sabia? Tocava para nos alegrar nas noites...

Pietro voltou o olhar para a mãe.

– E a senhora não vai me dizer o que achou?

Caroline foi impiedosamente franca mais uma vez:

– Eu não gostei nada do que fez no final, Pietro. Eu, na verdade, odiei por querer me expor na frente de todos.

– Mas vocês são os meus pais.

A voz dela se ergueu:

– Você sabe muito bem por que não deve falar de nós.

A voz dele também se ergueu. Era a primeira vez que isso acontecia.

– É porque vocês têm vergonha de mim, é isso?

A resposta de Caroline foi imediata e precisa.

– É! – berrou. – É isso que você queria ouvir, pois aí, está a resposta. É por vergonha, sim! E mais, porque teremos de explicar como é que nosso filho Pietro está vivo se morreu, quando bebê, e foi enterrado no jazigo da família. Entendeu, agora? Ou sua mente é tão torta quanto seus pés?!

Ele baixou a cabeça e começou a chorar. Ouviu-se então a camareira pedindo licença para falar.

– Há uma moça aí...

Ela não terminou a frase, a moça a ser anunciada entrou na sala antes mesmo de ser. Raul e Caroline ficaram surpresos ao avistar a filha. Ítala estava branca, cabelos desalinhados, parecia ter passado por um tufão. Pietro também chocou-se ao ver a irmã.

O tempo pareceu parar naquela hora e prosseguir com lentidão.

181

Décimo terceiro capítulo

Os lábios brancos de Ítala moveram-se, com grande dificuldade, para dizer:

– Eu fugi...

– Você o que?! – replicou Caroline, arregalando os olhos, levando as mãos às têmporas.

A filha peitou a mãe e respondeu secamente:

– É isso mesmo que a senhora ouviu. Eu fugi! Fugi de casa! Daquele inferno que se transformou a minha vida ao lado de Giobbatista.

Todos deram sinais alarmantes de apoplexia.

– E fiz isso na calada da noite, enquanto ele dormia. Para poder sair de lá sem aquele maldito cinto, se fizesse de dia, teria de passar a maior vergonha na frente de alguém que pudesse abri-lo.

A moça, trêmula, continuou seu desabafo:

– Eu ficava sentada em silêncio, apertando os dentes, tentando não falar nada, porque sabia, por amarga experiência, que, quando falava qualquer coisa, piorava imediatamente a nossa relação.

Isso foi me sufocando cada vez mais, a ponto de eu me sentir como se estivesse submersa na água. Uma sensação horrível.

Voltando-se para Pietro, Ítala se desculpou:

– Desculpe-me Pietro por ter chegado na sua casa, assim, sem avisar. Mas eu não tinha com quem contar, então, pensei, sem saber ao certo se devia, procurá-los. Uma vez que ajudou meus pais de forma tão camarada, quem sabe não me ajudaria também.

O moço aproximou-se dela e declarou, olhando fundo nos seus olhos:

– Minha casa é sua casa, Ítala. Fez bem em ter vindo para cá. Farei, ou melhor, faremos todo o possível para acolhê-la aqui e com muito agrado.

Voltando-se para os pais, Pietro perguntou:

– Não é mesmo?

Raul e Caroline concordaram na mesma hora.

– Obrigada, Pietro – agradeceu a moça, abraçando-o calorosamente – jamais pensei que faria algo tão bom para nós, sendo que nem parentes somos de verdade.

O rapaz sentiu vontade de lhe contar a verdade, mas se o fizesse só serviria para agravar o desespero da irmã.

Desfazendo o abraço, Pietro falou:

– Você deve estar com fome. Sua mãe vai preparar alguma coisa para você comer.

– Estou com fome, sim, na verdade, faminta, acho que é dc nervoso.

Raul entrou na conversa:

– Enquanto eu e Pietro pegamos suas coisas e levamos para o quarto, sua mãe cuida de você. Certo Caroline?

Caroline que parecia alheia a tudo a sua volta, despertou e concordou.

E foi assim que Ítala foi parar na casa de Pietro Garavelo; a família se uniu sob o mesmo teto como o destino sempre quis e Caroline Velasco, não.

E o tempo seguiu seu curso...

Pietro estava ensaiando violino, quando Ítala entrou no aposento. Ao vê-la, parou o que fazia e sorriu.

– Continue, está lindo! – pediu ela, com sinceridade.

– Já ensaiei um bocado por hoje.

– Não quero atrapalhar.

– Você nunca atrapalha, Ítala.

183

Ela aproximou-se dele, sentou-se ao seu lado e, olhando fundo em seus olhos falou com aquela voz que vem direto do coração:

– Admiro tanto você, Pietro, por ter recebido meus pais em sua casa. Você mal os conhecia e, mesmo assim, foi capaz de recebê-los... Admirável a sua generosidade.

– Que nada, Ítala, eles teriam feito o mesmo por mim se eu estivesse precisando.

Ela beijou-lhe a bochecha e agradeceu com sinceridade:

– Muito obrigada por tudo que fez e faz por eles e por mim, Pietro.

Ele sorriu com lágrimas nos olhos.

– Quero que você se sinta em casa, Ítala. Que tenha tudo de que precisar.

– Obrigada. Aqui, nada me falta.

Raul passava pela porta quando avistou os dois conversando. Parou porque sentiu vontade de admirá-los. Pela primeira vez, via a filha ao lado do filho, juntos como o destino quis e ele e Caroline, não quiseram. Algo se agitou no seu peito, uma emoção que nunca sentira antes na vida.

Ítala, alegre como há muito não se sentia, suspendeu o que dizia para Pietro ao avistar o pai na porta espiando os dois.

– Papai – chamou –, junte-se a nós.

Raul fez que não, com a mão.

– Ah, papai, por favor – insistiu a moça.

O homem, ainda que incerto, entrou no aposento a passos lentos e acabou se sentando ao lado da filha como ela pediu. Logo estava envolto numa conversa agradável com os jovens.

A conversa logo alcançou os ouvidos de Caroline que, cismada, resolveu dar uma espiada no que se passava. Ao ver Raul ao lado da filha e de Pietro, uma onda de calor aqueceu seu peito. Diante dela estava a família que ela e Raul construíram, a família unida que ela tanto quis e que se rompeu por causa da maldita deformidade do filho.

– Eu estava dizendo ao Pietro, papai, o quanto ele foi e está sendo magnífico em recebê-los em sua casa. Em nos receber.

Raul assentiu, expressando certa timidez.

– Você e mamãe já lhe agradeceram por tudo, não?

– Não é preciso, Ítala – interveio Pietro, rubro.

– É preciso, sim. Temos de agradecer constantemente quem nos ajuda, seja uma pessoa ou Deus.

Raul, mirando os olhos do filho, falou:

– Obrigado, Pie... – ele parou, tomou ar, ficou trêmulo, queria dizer "obrigado, filho", mas não conseguiu. Por isso disse apenas: – Obrigado, Pietro, por tudo.

O rapaz sorriu agradecido.

Dias depois, Pietro convidou Ítala para dar uma volta por um parque muito bonito que ficava nas proximidades da casa onde moravam. Nem bem partiram de carruagem, Raul observou que uma tílburi que ficara boa parte do dia, misteriosamente estacionada quase em frente da casa, os seguiu. Quem seria?, indagou-se, preocupado. Desde então ficou cismado.

Pelo parque, Ítala e Pietro passeavam de mãos dadas, conversando descontraidamente como se fossem dois namorados.

– É tão bom caminhar por entre o verde, não? – comentou ela. – Sentimo-nos mais vivos, eu, pelo menos me sinto mais viva.

– Eu também me sinto assim – admitiu Pietro.

Nisso, Giobbatista Squarziere, que havia seguido os dois até ali, saiu de onde estava e caminhou até eles, intrometendo-se de repente na conversa. Ítala paralisou-se assim que o viu. O marido não mudara muito. Ele estava talvez um pouco mais magro, suas mãos estavam mais agitadas – se não fosse por isto ele seria a mesma criatura ciumenta, possessiva e desesperada de sempre.

Ítala falou cautelosamente.

– Giobbatista... Você, aqui?

Os olhos dele ficaram muito abertos. Ele suspirou, entrefechou os olhos e disse:

185

– Você não esperava por essa, não é mesmo, Ítala?

A moça estremeceu. Impetuosamente o moço virou-se para Pietro, mediu-o de cima abaixo, olhou novamente para a esposa e falou num tom estridente:

– Nem bem fugiu de mim, Ítala, correu para os braços do outro. Esqueceu-se muito rápido da minha pessoa para quem dizia ser apaixonada por mim.

– Você está entendendo tudo errado, Giobbatista...

– É o que todas da sua laia dizem!

– Não se precipite nas suas conclusões, meu senhor – tentou ajudar Pietro fazendo um gesto de conciliação com as mãos.

Mas Giobbatista o mandou se calar, fuzilando-o com os olhos vermelhos de ódio.

Raul, logo que desconfiou que a tílburi que seguira a carruagem que levava Ítala e Pietro para o parque era de Giobbatista, seguiu para lá de caleche na companhia de Caroline. Tinham esperança de chegar a tempo para avisar Ítala para se proteger do marido ciumento e doente. Assim que ele e a esposa avistaram os três, correram naquela direção.

Nesse momento, Giobbatista, com desespero, corria as mãos pela cabeleira desgrenhada, fazendo com que parecesse agora não apenas varrida pelos ventos, mas por um furacão.

– Eu a amo, Ítala – murmurou ele, apaixonadamente.

– Eu sei, Giobbatista... Eu também...

Ele não a deixou terminar.

– De que me valeu amá-la se você me trocou por esse daí? Fui tão sincero com você e, mesmo assim, você me traiu com esse homem de pés tortos... Você é mesmo como todas... Não vale nada...

– Você está entendendo tudo errado, Giobbatista. Pietro é meu primo...

– Não tente se defender, eu já sei que ele foi pego para criar. Sendo primo de criação, vocês dois podem fazer sexo sem problema algum.

Pietro tentou dizer alguma coisa, mas o homem o calou novamente com um gesto de mão.

Giobbatista, então, engoliu em seco e falou:

– É por amá-la, Ítala... Por amá-la demais que tomei essa decisão.

Um brilho de cautela apareceu nos olhos da moça.

– Se não for minha, não será de mais ninguém – acrescentou ele, fechando os olhos em agonia.

Então, pausadamente, tirou uma arma que trazia presa à cintura e disparou contra Pietro. Aconteceu tudo tão rápido que Ítala só veio a perceber o que se passou, segundos depois. Atônita, entrou na frente do irmão para servir de escudo contra a bala que já havia sido disparada. Diante do seu movimento, Giobbatista atirou na sua direção, acertando-a fulminantemente. Diante do olhar de crescente desespero por parte da esposa e da mancha de sangue se espalhando por seu vestido, Giobbatista voltou o cano do revolver contra si próprio e disparou.

O grito que irrompeu do âmago de Caroline foi tão forte que os pássaros em calmaria bateram em revoada. Quando ela e Raul chegaram ali, o desespero por parte dela era total.

– Filha – murmurou, entre lágrimas, assim que se ajoelhou ao lado do corpo da moça. – Filha... querida...

A voz lhe faltava. Raul não sabia a quem ajudar. Caiu em si ao som do berro da mulher:

– Erga sua filha, Raul! Precisamos tirá-la daqui! Um médico precisa vê-la urgentemente!

Raul tomou a filha nos braços e a carregou até a caleche que dirigira até lá. A que pertencia a Giobbatista e que levara Pietro e Ítala até o parque não estavam estacionadas ali, aguardando por eles, porque Giobbatista dispensou a dele e pagou para o cocheiro de Pietro dar uma volta, alegando uma desculpa qualquer.

Assim que Raul ajeitou a filha, desacordada, no assento do veículo, preparou-se para voltar para apanhar Pietro.

187

– Raul! – berrou a esposa.

– O rapaz, Caroline... – ele tentou explicar – preciso ir buscar o rapaz...

– Deixe-o lá, Raul.

– Caroline...

– Se demorarmos para chegarmos ao médico nossa Ítala não sobreviverá. Vamos.

– Mas o rapaz, Caroline... Nosso filho... Ele precisa de ajuda... Caroline bufou.

– Ele ficará melhor, morto, Raul. Acredite-me. Para nós também será melhor que ele esteja morto.

– Mas...

– Suba nesta carruagem, Raul e siga para o médico antes que percamos a nossa filha adorada. Vamos!

Raul, atordoado, fez o que a esposa mandou.

Enquanto isso, sob o gramado do local, semi-deserto àquela hora do dia, Pietro esvaía-se em sangue. Seu espírito começava a se desmembrar do seu corpo físico, enquanto luzes intensas iluminavam sua visão. A travessia entre os dois planos se completava então. Pietro Velasco agora era novamente o que sempre foi em essência: um espírito eterno.

Eu sei, amigo leitor, que esse final é chocante, mas é a realidade da vida. Muitas acabam por meio de uma tragédia estúpida como essa. Não é certamente a realidade dos romances água com açúcar e muito menos a dos Contos de Fadas. Essa é a realidade da vida, da vida da qual fazemos parte e que realmente nos interessa.

Por isso, amigo leitor, peço que não desista da leitura, há muito ainda a ser revelado. Da mesma forma que não devemos desistir da vida, diante do primeiro empecilho, da primeira decepção. Muitos "senões" serão refeitos até a última página deste livro da mesma forma que acontece ao longo de nossas idas e vindas à Terra.

O choque que Aretha e Primízio, Ágatha e Achille tiveram ao saberem da tragédia é indescritível em palavras. Depois do funeral, a família foi visitar Ítala no hospital. Foi Raul quem os recebeu.

– Obrigado por terem vindo – falou, entre lágrimas.

Então, subitamente, rompeu num pranto agonizante, curvou-se até os joelhos alcançarem o chão, e quando ajoelhado, escondeu o rosto entre as mãos, enquanto continuava sendo sacudido pelo choro forte e desesperador.

– Eu quis ajudá-lo – desabafou, repentinamente. – Quis, quis sim, eu juro... mas Caroline não me deixou... Disse que era Ítala ou ele...

Ele engoliu suas palavras ao avistar Caroline, olhos vermelhos e lacrimejantes, parada junto ao batente de uma porta, olhando desesperada na sua direção. Aretha ao vê-la, foi para cima dela e começou a gritar, histérica:

– Você o deixou morrer, sua... Eu odeio você, odeio!

Foi preciso Primízio e Achille segurarem a mulher. Caroline fechou os olhos e aguardou pelo silêncio da irmã, arrasada e indignada.

– Pietro não merecia uma coisa dessas... Não merecia! – lamentava Aretha, lacrimosa.

Ágatha, também chorando, tentava acalmar a mãe.

Ouviu-se, então, Caroline dizer:

– Ítala, Raul...

O marido voltou novamente os olhos para ela.

– Nossa filhinha, Raul... Nossa menina adorada... ela...

Um grito ecoou do peito do homem ajoelhado ao chão. Não era preciso dizer mais nada, todos deduziram o que havia acontecido. Ítala Velasco Squarziere também havia desencarnado. A tragédia provocada por Giobbatista, por seu ciúme doentio matara estupidamente três pessoas praticamente à flor da idade.

Caroline e Raul não herdaram nada do que era de Pietro uma vez que seus herdeiros legítimos eram aqueles que se tornaram seus

189

pais de criação. A herança de Giobbatista, depois da fuga da esposa, foi deixada em testamento para parte da sua família. Portanto, nada receberam do que pensaram que caberia a Ítala.

Aretha poderia ter ajudado a irmã, mas o ódio pelo que ela fez ao filho adotivo, não lhe permitiu. Ela queria ver Caroline pagando por tudo que fez ao rapaz, não sossegaria enquanto não o fizesse. O casal Velasco acabou num asilo... Raul morreu de desgosto dois anos depois da tragédia e Caroline morreu de perturbação mental um ano após a morte do marido.

O dia de ir a Paris ver com os próprios olhos o fenômeno das mesas girantes, finalmente chegou para Ágatha. Achille finalmente realizou seu sonho. Havia um motivo muito maior agora para ela participar das reuniões das mesas giratórias. Ela queria se comunicar com Ítala e Pietro, a quem tanto amou e amaria eternamente.

Paris, desde o início de 1850, ganhava ares cosmopolita, com novos parques e a construção de bulevares e avenidas largas que convergiam no Arco do Triunfo, símbolo da força da modernidade e da nova burguesia francesa.

Era tempo da revolução industrial e descobertas científicas, que tornavam o homem capaz de explicar e interferir nos fenômenos ao seu redor. Ou em quase todos. A cidade se preparava para virar o século como a Cidade das Luzes.

Foi na sua ida a Paris que Ágatha teve a oportunidade de conhecer o francês Hippolyte Léon Denizard Rivail, nascido em 3 de outubro de 1804, em Lyon, na França, e filho de Jean Baptiste Antoine Rivail e Jeanne Louise Duhamel.

Hippolyte, após realizar seus primeiros estudos em Bourg, partiu para a Suíça, em 1814, por vontade dos pais, onde ingressou no instituto de Yverdon, cujo diretor era Jean-Henri Pestalozzi.

Ali, se colocavam em prática princípios que revolucionaram a pedagogia e fizeram do local o mais célebre instituto pedagógico de toda a Europa, na época, atraindo estudantes de todos os cantos do continente.

Em Yverdon a responsabilidade cabia ao aluno e o estudo era motivo de prazer. Nesse clima de aceitação e respeito, o jovem Hippolyte assimilou virtudes que, enfaticamente, contribuíram na formação de seu caráter.

Diplomou-se em 1818, deixando o instituto com excelente preparo intelectual e notável formação moral. Falava os idiomas inglês, alemão e holandês, além do francês, sua língua nativa.

Alguns anos após ter deixado Yverdon, fundou uma escola que seguia o método Pestalozzi, o qual usava métodos mnemônicos para não cansar o aluno e fazê-lo aprender com felicidade e rapidez.

Casou-se em 1832, com Amelie-Gabrielle Boudet, de quem recebeu o mais irrestrito apoio, tanto como brilhante pedagogo como na missão de codificador Espírita que surgiria a seguir.

Hippolyte estava presente a uma das sessões de mesas girantes para saber o que realmente acontecia ali. Depois de ouvir falar que as mesas além de se moverem, respondiam ao que se perguntava a elas, ele tinha de ver com os próprios olhos para saber se tudo aquilo era mesmo verdade.

As primeiras experiências observadas pelo francês se deram na residência da Senhora Plainemaison, à rua Grange-Batelière n° 18, numa terça-feira de maio, à noite. Impressionado com o que viu, Hippolyte decide estudar o fenômeno mais profundamente.

O mesmo sentimento que surgiu no âmago de Ágatha Garavelo após assistir com os próprios olhos a uma sessão das mesas giratórias.

– Impressiona, não? – perguntou Hippolyte à moça por quem sentiu grande afinidade, quando a conheceu numa das reuniões em Paris.

– Sim, senhor – respondeu ela, com sinceridade.

– Creio, porém, que o que traz a senhora aqui é bem mais do que algo para entreter seu tempo, não?

– O senhor tem razão. Vim porque sinto necessidade de conhecer mais a fundo os mistérios que cercam a nossa vida e também porque se podemos nos comunicar com os mortos de fato, eu gostaria muito de me comunicar com dois deles em especial. Minha prima e meu irmão adotivo. Morreram meses atrás por causa da estupidez de um ciumento doentio.

– O seu coração está envenenado de raiva, minha senhora, isso não é bom.

– Como não sentir raiva de algo abominável como o que aconteceu a eles e afetou tão drasticamente toda minha família?

– Eu compreendo. Mas dou-lhe um conselho: se não obtiver resposta alguma de seus entes queridos por meio das mesas giratórias, não abandone seu propósito de estudar a vida mais a fundo no sentido de conhecer melhor a si mesma e ao próximo e com isso se ajudar ao longo de sua existência.

Nem são todos os espíritos que se comunicam, uns não têm condições no momento de fazê-lo, não desista de sua causa por causa disso, pois isso não quer dizer que a vida além da morte não exista, apenas que a comunicação com alguns, que agora se encontram do lado de lá, no momento, não pode ocorrer.

– O senhor me parece um grande conhecedor de todo esse processo que nem sei bem como chamá-lo... – comentou Ágatha, com apreço. – Quando foi que começou a se interessar por tudo isso?

– Desde a primeira vez em que participei de uma reunião, envolvendo o fenômeno das mesas giratórias. Hoje já estou finalizando uma obra que explica todo esse fenômeno e muitos outros sobre a vida no cosmos.

– É mesmo? Surpreendente...

– Uma noite, enquanto trabalhava no meu gabinete, ouvi pequenas pancadas na parede que me separava do aposento vizinho. A princípio, nenhuma atenção lhes dei; como, porém, elas se repetissem mais fortes, mudando de lugar, fiz uma investigação minuciosa dos dois lados da parede, escutando para verificar se provinham do outro pavimento e nada descobri.

O que havia de singular era que, cada vez que eu me punha a investigar, o ruído cessava, para recomeçar logo que eu retomava o trabalho. Quando minha mulher foi ao meu gabinete e, ouvindo as pancadas, me perguntou o que era. "Não sei", respondi, "isto dura há uma hora...". Investigamos juntos, sem o menor êxito. O ruído continuou até a meia noite, quando fui me deitar.

No dia seguinte, durante uma sessão espírita na casa de um conhecido meu, narrei o fato e pedi que me explicassem.

"Era o teu espírito familiar", disseram-me.

"Com que finalidade vinha bater assim?", quis saber.

"Desejava pôr-se em comunicação contigo", falaram.

"Pode me dizer quem é ele?", questionei.

A resposta obtida muito me surpreendeu:

"Pode dirigir a ele mesmo a pergunta, porque está presente."

Aguardei alguns segundos para me recuperar do impacto que a revelação me causou e, só então, me dirigi ao espírito em questão:

"Meu espírito familiar, quem quer que seja, agradeço-lhe por ter ido me visitar. Quer ter a bondade, por favor, de me esclarecer quem é?"

"Meu nome para você será Verdade, e, todos os meses, por um quarto de hora, estarei a seu dispor."

"Ontem, quando bateu, no momento em que eu trabalhava, tinha algo de particular para me dizer?"

"O que pretendia lhe dizer relacionava-se com o trabalho que realizava; o que estava escrevendo me desagradava e eu desejava que parasse."

Nota: O que eu escrevia era exatamente referente aos estudos que fazia a respeito dos Espíritos e suas manifestações.

"Sua desaprovação dizia respeito ao capítulo que eu escrevia, ou ao conjunto do trabalho?", perguntei.

"Ao capítulo de ontem. Releia-o esta noite e descobrirá os erros nele contidos e os corrija, por favor."

"Mesmo eu não estava contente com esse capítulo e hoje o refiz."

"Ainda assim não ficou bom. Leia-o da terceira a trigésima linha e encontrará um erro grave."

"O de ontem, amassei e joguei no cesto!"

"Não importa. Essa destruição não impede a substância do erro. Releia e verá."

"O apelido "A Verdade" que adotou é uma alusão à verdade que busco?"

"Quiçá, ou, pelo menos, é um guia que o auxiliará e o protegerá."

"Posso eu evocá-lo em minha casa?"

"Sim, para que eu possa assisti-lo pelo pensamento; porém, no tocante a respostas escritas em sua casa, você não as conseguirá tão breve."

"Poderá vir mais assiduamente do que todos os meses?"

"Sim, porém, não prometo senão uma vez por mês, até nova ordem."

"Animou algum personagem conhecido na Terra?"

"Disse que para você eu seria A Verdade, e isso requer discrição de sua parte; não saberá nada além disso."

À noite, de regresso a minha casa, dei-me pressa em reler o que escrevera. Quer no papel que lançara à cesta, quer em nova cópia que eu fizera, me deparei, na 30ª linha com um erro grave cometido que me assustou.

Desde então, nenhuma outra manifestação do mesmo gênero das anteriores se produziu. Fora sem dúvida um aviso de que eu tinha de trabalhar por mim mesmo e para não estar constantemente a recorrer a seu auxilio diante da menor dificuldade.

Ágatha estava espantada e apreciando muito o que ouviu.

– Vou querer ler o livro que o senhor está preparando, ficarei de olhos atentos às livrarias de minha cidade para comprá-lo, assim que estiver à venda.

– Mas não procure pelo meu nome na capa do livro, minha senhora. Escolhi o pseudônimo de Allan Kardec, por vinculações a

194

vidas pretéritas, para assinar essa obra. Assim separo a minha obra como professor ilustre, do meu trabalho de codificador.

Ágatha assentiu, admirada com a revelação.

– Allan Kardec... – murmurou – é um nome forte e me soa muito familiar aos meus ouvidos.

Hippólyte sorriu.

Ao reencontrar a mãe, Ágatha contou-lhe tudo o que presenciou durante sua visita a Paris e sobre as pessoas ilustres e magníficas que conheceu por lá, como Hippolyte Léon Denizard Rivail.

Aretha ouviu tudo, com grande entusiasmo; ainda não superara a tragédia que se abatera sobre a vida de todos.

O Livro dos Espíritos de Hippolyte Léon Denizard Rivail, assinado com o pseudônimo de Allan Kardec, foi publicado em 18 de abril de 1857, com 501 questões, impresso em duas colunas, uma com as perguntas e a outra com as respostas dos espíritos.

De 1857 a 1869, Hippólyte se dedicou inteiramente ao Espiritismo. Fundou a Sociedade Parisiense de Estudos Espíritas (01/04/1858), criou a Revista Espírita (1858), estabeleceu um formidável sistema de correspondência com vários países, viajou, fez conferências, estimulou a criação de novos centros e, complementando a sua missão de codificador, levou ao prelo os seguintes volumes que compõem juntamente com "O Livro dos Espíritos", o chamado Pentateuco Kardequiano:

O Livro dos Médiuns (1861)

O Evangelho Segundo o Espiritismo (1864)

O Céu e o Inferno (1865)

A Gênese (1868)

Hippólyte desencarnou em 31 de março de 1869, provavelmente vitimado por um acidente vascular cerebral, à rua Sainte-Anne n.º 25, onde vivera nos dez últimos anos. Tinha 65 anos incompletos.

Foi sepultado no Cemitério do Père-Lachaise, uma célebre necrópole da capital francesa. Junto ao túmulo, erguido como os dólmens druídicos, escreveu-se em francês seu lema: "Nascer, morrer, renascer ainda e progredir sem cessar, tal é a lei". Em seu sepultamento, seu amigo, o astrônomo francês Camille Flammarion proferiu o seguinte discurso, ressaltando a sua admiração por aquele que ali baixava ao túmulo: *"Voltaste a esse mundo donde viemos e colhes o fruto de teus estudos terrestres. Aos nossos pés dorme o teu envoltório, extinguiu-se o teu cérebro, fecharam-se-te os olhos para não mais se abrirem, não mais ouvida será a tua palavra... Sabemos que todos havemos de mergulhar nesse mesmo último sono, de volver a essa mesma inércia, a esse mesmo pó. Mas, não é nesse envoltório que pomos a nossa glória e a nossa esperança. Tomba o corpo, a alma permanece e retorna ao Espaço. Encontrar-nos-emos num mundo melhor e no céu imenso onde usaremos das nossas mais preciosas faculdades, onde continuaremos os estudos para cujo desenvolvimento a Terra é teatro por demais acanhado. (...) Até à vista, meu caro Allan Kardec, até à vista!"*.

Sua obra desde então ganhou diversos adeptos, sendo que no Brasil do século seguinte atingiu o ápice, por meio de Chico Xavier.

Décimo quinto capítulo

Enquanto tudo isso se desenrolava no plano terrestre, Ítala e Pietro no plano espiritual viviam sua nova dimensão de vida.

– A vida é tão maior do que pensamos – comentou a moça, andando ao lado do irmão pelos lindos jardins da Colônia chamada André Luiz.

– Se é... – concordou Pietro.

– Quando na Terra nos prendemos a tanta coisa sem importância que é até vergonhoso, até mesmo risível ver que perdemos tempo com tanta coisa insignificante.

– É que ainda estamos num processo de evolução, Ítala. Os mais evoluídos já não se deixam mais abater por bobagens assim...

Ela parou, olhou bem nos olhos dele e perguntou, com certo pesar:

– Você não sente ódio por ter desencarnado como desencarnou, Pietro? Daquela forma estúpida... Eu, no fundo, sou culpada pelo que lhe aconteceu. Se você não estivesse comigo...

– Não se culpe, Ítala. Eu não a culpo, nem a você nem a ninguém.

– Nem mesmo Giobbatista?

– Nem a ele. De que adiantaria?

– É, você tem razão. De que adiantaria?

Ela voltou os olhos para o céu e indagou:

– Quando será que ele virá para cá, Pietro?

– Você quer revê-lo?

197

– Sim. Apesar de tudo, quero muito. Só com amor, acredito que ele possa se curar do mal que se abateu sobre a sua alma.

– Eu também acredito que o amor tem poder regenerador.

– Se eu pudesse... Se eu pudesse ir até onde ele está... para trazê-lo para cá.

– Eu iria com você, Ítala.

– Jura?

– Irmãos são para essas coisas.

A expressão dela mudou, a dele também. Entre lágrimas, ele finalmente lhe contou o que se escondeu por trás de seu passado.

– Quer dizer que você é meu irmão, Pietro... que eu tanto amei, que eu tanto quis ter ao meu lado?

Ele assentiu, derramando-se em lágrimas. Ela o abraçou comovida e ele retribuiu o abraço, chorando de emoção. Passaram-se quase dez minutos até que ela, enxugasse os olhos, endireitasse a postura e perguntasse:

– O que será que houve com o papai e a mamãe, Pietro?

– Eu não sei, Ítala. Só espero que estejam bem, que nada esteja lhes faltando.

– Eu também, Pietro. Eu também...

Ela, olhos cheios d' água, voltou a encará-lo e perguntou:

– Você fala deles com tanta naturalidade, sem um traço de ódio ou rancor pelo que lhe fizeram... é mesmo admirável.

– Como lhe disse, minha irmã. De que adianta o ódio e o rancor?

Enquanto isso no limbo...

Caroline se isolava num mundo de rancor e ódio por tudo que lhe aconteceu. Julgava-se vítima da vida e de todos, sendo que era vítima dela própria. Quando os espíritos socorristas (de luz) foram ao seu encontro, ela se recusou a ouvi-los. Não aceitava nada, nem ninguém, que pudesse ajudá-la. Por não se arrepender do que fez, do modo inadequado, grosseiro e preconceituoso com que tratou as pessoas, teve uma reencarnação compulsória.

198

Enquanto isso, no vale dos suicidas...
Giobbatista passava os horrores de um suicida. Começando pelo fato de ter descoberto que a morte não o libertou dos tormentos que o ciúme lhe causara, depois por perceber que tinha tirado a vida de quem tanto amava, separando-a, pelo menos por hora, de sua pessoa o que era insuportável para o seu coração.

Quanto a Raul, este quis se redimir de seus pecados e por isso escolheu para si uma nova passagem pela Terra onde pudesse se libertar definitivamente dos seus valores medíocres e hipócritas que conduziam seus passos. E a vida seguiu seu curso no infinito...

(No rodapé após o suicídio de Giobbatista)

*Para maiores informações sobre as consequências do suícidio ao indivíduo/espírito aqui vão algumas sugestões para leitura.

No livro "Paixão não se apaga com a dor" de Américo Simões/ Clara e Francesco (Barbara Editora), o leitor vê claramente o choque que o suicida leva ao perceber que continua vivo após a morte e que os tormentos mentais dos quais pensou escapar, por meio do suicídio, continuam com ele e agora com o remorso e o sentimento de culpa por ter ferido pais, cônjuges, filhos, pessoas amadas em geral com o atentado a sua própria vida. Um livro necessário a todos como um "alerta" para todo aquele que pensa em acalentar ideias suicidas como solução para problemas "insolúveis" ou sofrimentos "insuportáveis" em sua transitória vida terrena.

Em *O Livro dos Espíritos*, nas perguntas 943 a 957, Allan Kardec discute o tema, apontando as causas e as consequências desse ato sinistro.

Em *O Evangelho Segundo o Espiritismo*, no capítulo V – Bem-Aventurados os Aflitos, Allan Kardec analisa o suicídio juntamente com a loucura.

Em *O Céu e o Inferno*, no capítulo V, há relatos dos próprios suicidas sobre o seu estado infeliz na erraticidade. Verificando cada um deles, vamos observar que, embora o sofrimento seja temporário, nem por isso deixa de ser difícil, pois o remorso parece não ter fim.

No livro *Memórias de um Suicida* da médium Yvonne A. Pereira, publicado em 1955, encontra-se detalhadamente tudo a respeito do vale dos suicidas, ou seja, o lugar para onde vão as almas daqueles que cometeram o suicídio.

Em *Mecanismos da Mediunidade*, o Espírito André Luiz, ao discutir sobre a ideoplastia do pensamento, fornece-nos elementos para a nossa reflexão sobre esse tema. Se muitos ficam pensando no suicídio, eles criam um campo mental, uma espécie de aura de formas–pensamentos, e se um Espírito menos avisado entrar nessa faixa vibratória, ele poderá ser induzido a cometer esse ato. Por isso, precisamos tomar cuidado com o teor energético do nosso pensamento, pois uma vez emitido, ele criará as forças desencadeantes para a ação.

No livro "Nosso Lar", um dos mais famosos psicografados por Chico Xavier, o espírito André Luiz nos alerta a respeito do suicídio inconsciente. Que é aquele que cometemos quando alimentamos a cólera, a falta de autodomínio e inadvertência no trato com os semelhantes no campo mental e, no campo físico, destruímos à custa de excessos de alimentação e bebidas alcoólicas o aparelho gástrico.

Muitas vezes passamos por momentos de angústia, tristeza, solidão, doenças... e criamos, em nossa mente, formas de pensamento negativas. Para evitá-las, devemos recorrer às preces, à vigilância, exercitando a paciência, a resignação, não perdendo, jamais, a fé em Deus. Ele nos dará sabedoria diante dos obstáculos e alívio no momento oportuno.

Segunda Parte

A alma é como a vida de um ator.

Quando o ator é convidado para viver um papel, ele analisa se está preparado para viver aquele papel. Jamais aceita ou lhe é oferecido um papel que ainda não tenha condições de interpretar. É por meio de muitos papéis vividos, do mais simples aos mais complexos que o ator vai engrandecendo. Exatamente como acontece com a alma.

O ator sabe que é ele quem dá vida a esse personagem, o personagem, em si, não. Ele é apenas um personagem, consciente de uma alma, mas não a ponto de compreender o que se passa realmente consigo.

Quando a interpretação do personagem chega ao fim, da mesma forma que o ator sabe que foi o personagem que teve fim e não ele, a alma sabe que foi aquela existência que teve fim, não ela. E essa existência engrandece a alma da mesma forma que um ator se engrandece após interpretar um personagem, pois sua vivência o deixou mais experiente, mais evoluído.

Prólogo

Em 1930, o comandante Adolf Hitler, assumiu o poder da Alemanha graças à crise econômica mundial de 1929.

Hitler era um homem apaixonado pela arte, pelo que era bonito e bem feito, de extremo bom gosto, segundo seus critérios, obviamente. Queria um mundo onde só existissem pessoas consideradas, por muitos, o suprassumo da existência humana, aquelas que pertencessem à raça ariana.

O conceito de raça ariana, é de que a raça branca, formada, principalmente, por europeus, seria superior a todas as outras.

Para que o mundo fosse perfeito, segundo Hitler, não poderiam continuar existindo sobre a face da Terra a raça judia, nem os homossexuais, ciganos, doentes mentais, paraplégicos e testemunhas de Jeová. Para ele, todos esses eram aberrações nocivas ao bemestar humano e, por isso, tinham de ser exterminados para que o mundo se tornasse um lugar melhor e mais bonito de se viver.

Não era Hitler o único a ter essas ideias e ideais, muita gente de todas as raças, crenças e condição social pensava o mesmo que ele, só não falava abertamente a respeito.

Adolf Hitler foi o fundador e líder do partido Nazista, cujo ideal maior era fazer da Alemanha a grande nação da Terra.

Para conquistar seus objetivos, Hitler e seus assessores traçaram um plano: invadir e conquistar países e, quando dominados pelo exército nazista, aprisionar todos os judeus, homossexuais, ciganos, doentes mentais, paraplégicos e testemunhas de Jeová, entre outros, para exterminá-los, mais tarde, em câmaras de gás nos campos de concentração e extermínio que viriam a ser construídos pelos próprios prisioneiros em áreas afastadas dos grandes centros.

Ao pôr em prática seus planos, teve início a Segunda Guerra Mundial que deixou o mundo à mercê de uma guerra sanguinária que durou de 1939 a 1945.

A segunda parte da história que você está acompanhando, foi vivida durante essa guerra estúpida que matou milhares e milhares de pessoas. Só não matou o amor, o verdadeiro amor, porque ele é imortal, capaz de sobreviver até mesmo ao Holocausto. Resistiu ao tempo. É dedicada a todos que foram brutalmente assassinados durante esse triste e sanguinário período de nossa História.

Nossa missão com um livro espiritual não é contar detalhadamente fatos que fizeram parte da história do mundo; isso fica para os historiadores que se dispõem a fazer pesquisas minuciosas e primorosas sobre a história da humanidade. Os interessados em conhecer fatos que marcaram a história do mundo com o máximo de detalhes e precisão devem recorrer aos livros desses autores. Os nossos, passados em épocas passadas, vêm para ajudar todos a melhorarem a qualidade de vida durante esse processo chamado vida.

Lembramos também que todas as palavras e expressões usadas pelos personagens vividos em épocas passadas foram atualizadas em nossos livros para que o leitor compreenda tudo de imediato; seria maçante ter de consultar, o tempo todo, explicações no rodapé de cada página.

Vale a ressalva, amigo leitor, de que as opiniões e valores dos personagens não expressam os valores e opiniões dos médiuns e dos espíritos e que retratamos a vida como ela é. Podemos, no máximo, amenizar algumas situações e termos usados pelos integrantes da história, longe, porém, de transformar a história em questão num romance "água com açúcar" para se tornar vendável. Nós queremos é um romance rentável para os equilíbrios físico e espiritual, que nos ajudem no nosso avanço espiritual. Caso contrário, não haveria por que existir todo esse processo.

No mais, caro leitor, tenha uma boa leitura.

Capítulo 1

*Pietro Ludendorff Freitas foi um dos muitos jovens alemães que se alistou ao partido nazista por acreditar que o nazismo poderia transformar a Alemanha num país mais próspero, imune à crise econômica que enfrentava devido à grande depressão que assolava o mundo nos anos trinta.

Ele, como muitos outros que se filiaram ao partido nazista, não fazia ideia do que era realmente o nazismo e onde ele os levaria. Eles só queriam um futuro melhor para si e para o país e que pudessem prosperar e constituir família. Pouco lhes incomodava a existência de judeus, homossexuais, ciganos, testemunhas de Jeová, doentes mentais e crianças especiais sobre a Terra, mas foram obrigados a se voltar contra todos eles porque assim ordenava o nazismo.

Sem dúvida, Pietro Ludendorff Freitas era um rapaz bonito, com seus olhos de pálpebras pesadas, azuis, vivos e cintilantes, no fundo dos quais parecia haver uma luz constantemente acesa. Seus movimentos eram ágeis e harmoniosos. Um corpo com boa massa muscular, enriquecida por exercícios físicos constantes, bem

---

*O nome de Pietro bem como os dos demais personagens desta história foram mantidos os mesmos que receberam na vida passada para que o leitor pudesse identificar a todos com maior facilidade. Certamente que cada um recebeu um nome e sobrenome diferente na sua mais nova reencarnação, assim como todos nós, pois nascemos em lugares diferentes por meio de diferentes ramificações. (N. do A.)

distribuída pelos seus quase dois metros de altura. Poderia ser considerado o protótipo da raça ariana que Hitler tanto queria ter sobre a Terra.

O sobrenome Ludendorff recebera da mãe, alemã, nascida nos arredores de Berlim e Freitas ganhara do pai, de família portuguesa, nascido em Capela, próximo a Coimbra. O casal ainda vivia em Portugal.

O jovem Pietro, desde garoto, demonstrava grande interesse pela música, especialmente a originária dos violinos. O porquê ninguém na sua casa sabia explicar. Gostava também de arte em geral, pinturas, arquitetura, luxo e o ideal de um mundo mais digno para todos. Foi por isso, também, que ele se filiou ao nazismo, por se identificar com seus objetivos. Hitler para ele, assim como para muitos, era um reformador e não um anarquista. Era o bem e não o mal.

Logo após a Alemanha ter iniciado a guerra, Pietro foi escalado para tomar parte do programa T4, desenvolvido por Hitler, cujo objetivo era a eliminação ou a esterilização de pessoas com deficiências físicas, mentais, doentes incuráveis ou com idade avançada, denominados de "vida que não merecia ser vivida". O ditador considerava inúteis essas pessoas que só serviam para encarecer os gastos do governo.

Para os nazistas, o extermínio não seria um assassinato e sim, uma espécie de eutanásia. (A eutanásia, todos sabem, é nome dado à prática por aqueles que decidem libertar um parente de um coma, ou de uma doença sem cura, terminal). No caso, seria usada para libertar o indivíduo de sua condição quase inumana.

Certo alemão chegou a declarar, na época, que o Programa seria um meio de devolver a Deus o que não nasceu bem feito, como se devolve um produto que se comprou com defeito para a loja.

Até mesmo as crianças que nasciam com deformidades físicas eram, por exigência de Hitler, submetidas a "eutanásia", entre aspas.

Pietro concordava plenamente com esse ideal e, por isso, sentia orgulho de tomar parte desse pérfido programa chamado T4.

Naquela manhã, chovia forte sobre Berlim. Pietro chegou para uma reunião com os chefes do comando nazista logo depois do café da manhã. Usava uma capa de chuva negra, seu cabelo estava molhado, seus olhos brilhantes, sinal de que estava excitado para tomar parte da tão importante reunião.

– Senhores – começou o general nazista –, reuni todos aqui para falarmos mais uma vez do programa T4. Acredito que todos já devem estar a par desse projeto. Pois bem, nosso amado *führer** não quer mais adiá-lo, é preciso pô-lo em prática se quisermos ter uma Alemanha reformada e um mundo melhor.

O governo não pode continuar gastando o que gasta com indivíduos inúteis como os deficientes físicos, mentais, doentes incuráveis ou com idade avançada, ainda que sejam da nossa raça.

Além de serem inúteis para o país e para a sociedade, para o mundo, eles são uma aberração para nossos olhos de "normais".

Para transformar o mundo num lugar definitivamente lindo de se viver, com uma população de encher os olhos, essa "espécie de gente", se é que podemos chamá-los assim, tem de desaparecer da Terra.

Todos prestavam muita atenção ao discurso do general.

Um fraco eco do passado chegou até Pietro, enquanto o homem discursava. Um eco que o deixou franzindo suas belas sobrancelhas. Um eco que vinha da alma, do que ela registrou em sua vida passada, quando reencarnou como Pietro Garavelo/Velasco.

"Mas vocês são os meus pais", dizia ele, mas com outra voz e outro físico.

---

*Führer em alemão, o "condutor", "guia", "líder" ou "chefe". Embora a palavra permaneça comum no alemão, está tradicionalmente associada a Adolf Hitler, que a usou para se designar líder da Alemanha Nazista. (N. do A.)

A voz de uma mulher (Caroline) se ergueu:

"Você sabe muito bem por que não deve falar de nós."

A voz dele também se ergueu.

"É porque vocês têm vergonha de mim, é isso?"

A resposta da mulher, estranha, soou imediata e precisa:

"É!", berrou. "É isso que você queria ouvir, pois aí, está a resposta. É por vergonha, sim!... Entendeu, agora? Ou sua mente é tão torta quanto seus pés?!"

Ele baixou a cabeça e começou a chorar."

– Pietro? – chamou o general, despertando o moço.

– S-sim... sim, general – respondeu ele, endireitando o corpo.

– O que há? Você me parece distante...

– Estava apenas refletindo sobre o programa. Percebendo mais uma vez sua importância.

– Se não fosse importante, Hitler não o levaria adiante. Nosso amado *führer* só perde tempo com o que é importante para a Alemanha e o mundo.

– Sem dúvida, meu senhor. Sem dúvida.

O homem respirou fundo, estufou o peito e terminou de esclarecer os pontos nevrálgicos para o início do T4.

Foi como se um ouvido de Pietro estivesse ligado ao que o general dizia e o outro estivesse ligado a sua mente reflexiva.

Ao relembrar o documentário, um filme de curta duração de aproximadamente cinco minutos, que Hitler mandara produzir e passar nas salas de cinema de todo o país, para mostrar à população o quão deprimente para todos era a vida dos deficientes físicos, com retardo mental e etc e a despesa que essas pessoas davam ao país, a visão do homem de pés tortos que aparecia no filme voltou a fisgar a mente de Pietro. Por mais que tentasse, não deixava de se impressionar com a imagem. Chegava a sentir dor ao ver o indivíduo, caminhando tão lento quanto uma tartaruga para não se desequilibrar e ir ao chão, o que aconteceu por diversas vezes durante a filmagem.

O dó que sentia daquele homem de pés tortos chegava a provocar-lhe palpitações. Ele chegava a se ver no homem, libertando-se do fardo de viver daquela forma, quando ele fosse levado para a câmara de gás.

Ao encontrar o companheiro de trabalho, Viveck Schmelzer*, Pietro perguntou:

– Está preparado para dar início ao extermínio?

– Sinceramente, não! – respondeu o colega de forma direta.

– Acho que nunca estarei, mas é meu dever seguir em frente, afinal, fui escalado para isso.

– Faça como eu, meu bom Viveck, pensc no quanto será bom para os doentes mentais e paraplégicos se libertarem de sua existência inútil. Se já é difícil viver sendo "normal", imagine "anormal".

Viveck olhou bem para o amigo e disse:

– Vou lhe contar o que um médico me contou meses atrás quando soube que eu estava à frente do programa T4.

Um homem, padecendo por causa de um câncer sem cura, implorou ao médico que lhe desse algo que pusesse fim, o mais rápido possível, ao seu martírio.

O médico reagiu imediatamente contra a ideia. Apesar de ver o paciente sofrendo daquela forma, saber que seu fim seria ainda mais penoso e inevitável, recusou-se a atender ao pedido.

No entanto, ficou com aquilo na cabeça, remoendo a todo instante, sofrendo imensamente por ver o paciente naquele estado

---

*Viveck Shmelzer é um dos personagens principais da história de vida que foi transformada em livro pelo espírito Clara e recebeu o título de "Sem amor eu nada seria" (Barbara Editora/2011). Visto que seria impossível relatar todos os acontecimentos que cercaram a vida dos integrantes dessa história, a mesma foi repartida em livros para uma melhor compreensão por parte do leitor. A história de cada um de nós é vivida pela interação com muitas pessoas, seria impossível contá-la nos mínimos detalhes. (N. do A.)

deplorável. Por fim, acabou optando por uma solução que a seu ver, era a melhor.

Numa das visitas colocou um frasco com cápsulas de morfina sobre o criado-mudo, rente à cama do doente, e lhe explicou quantas cápsulas ele deveria tomar com segurança e qual dose seria letal. Embora essas pílulas estivessem sob total responsabilidade do paciente e ele, pudesse, tranquilamente, ter tomado uma dose fatal, se quisesse, não o fez.

Viveck olhou para Pietro e perguntou:

– É um caso interessante, não?

– Sem dúvida.

Viveck expirou a tensão de seus pulmões, inspirou novo ar e prosseguiu:

– O que nos mostra que devemos sempre, antes de pensar em eutanásia, considerar o que uma pessoa desenganada faria por si mesma naquela condição. Eu vou mais além. Não só numa pessoa desenganada, mas com deficiência física e mental, ou com idade avançada, pessoas denominadas de "vida que não merece ser vivida" pelos nazistas.

Eu, particularmente, penso que, apesar de haver inúmeras razões para praticar a eutanásia, ninguém deve fazê-la. É pôr muito poder nas nossas mãos.

Pietro não sabia se concordava com o colega. Como uma balança, pendia mais para o "não" do que para o "sim". Voltou pensativo para sua casa.

– O que foi? – perguntou Ítala, sua irmã, ao vê-lo ligeiramente desconcentrado.

– N-nada, não...

Ela franziu a testa, fez ar de quem pergunta: "Como assim nada, não?".

– É que... Bem... Estou à frente do programa T4.

Ítala arrepiou-se.

– Que horror!

– Parece um horror, mas não é, Ítala. Veja os lados positivos do extermínio.

Ao término da defesa do irmão, Ítala perguntou:

– Responda-me com sinceridade, Pietro. Não com a mente e, sim, com o coração. Ou melhor, com a alma.

Ele olhou atentamente para ela.

– Você teria coragem de fazer isso, digo, levar o programa adiante se tivesse um filho nas condições daqueles pobres coitados? O que sentiria se soubesse do programa, sendo você um indivíduo considerado pelo nazismo de "vida que não merece ser vivida"?

– Eu, bem...

Ele suspirou, tenso. Hesitou antes de opinar e quando o fez, foi com grande precisão:

– Se eu nascesse com uma deformidade física ou retardo mental, bem... eu preferiria a morte a ter que viver sob os olhos recriminadores das pessoas. Se eu tivesse um filho assim, seria preferível que ele morresse.

– Depois de ele nascido, você teria a coragem de matá-lo numa câmara de gás como os nazistas vão fazer? Imagine-se assistindo a tudo, como se sentiria?

– Repito o que disse, Ítala! – exaltou-se Pietro, enfurecendo-se. – Será uma libertação para todos. Todos, entende? Até mesmo para os pais desses indivíduos. Como acha que eles se sentem diante de um filho assim? Eu lhe digo: péssimos, escravizados e infelizes.*

---

*Pietro era dessa opinião por ter sido rejeitado pelos pais na vida passada. O que o fez rejeitar a si próprio e desejar a própria morte (consciente e inconscientemente) para libertar a si mesmo do fardo de ter nascido com os pés tortos e seus pais biológicos, a quem tanto queria contentar, da vergonha de terem tido um filho com os pés daquele jeito. Em outras palavras, sua rejeição acabou atraindo para si a morte estúpida que encerrou sua última reencarnação. Por isso devemos sempre policiar nossos pensamentos e palavras, pois ambos têm poder de determinar nosso destino. (N. do A.)

Nisso ouviu-se um resmungo vindo do quarto.

– Já vou indo, querido – falou Ítala, terminando de preparar a bandeja com o jantar para o marido.

Pietro aproximou-se dela e comentou junto ao seu ouvido:

– Pense no seu marido, Ítala.

Ela virou-se como um raio na sua direção.

– O que tem ele?

– Você acha que Giobbatista é feliz assim do jeito que está?

– Eu penso que sim.

– Você prefere acreditar que sim, o que é bem diferente da verdade, Ítala. Giobbatista era um homem cheio de vida, não parava um segundo, nunca vi alguém com tanta ânsia de viver... Quando aconteceu a fatalidade que o prendeu àquela cama para o resto da vida, que o deixou até mesmo sem poder falar, vegetando praticamente, eu pensei, juro que pensei, minha irmã. E desculpe-me por ter pensado assim, mas...

– O que foi que você pensou Pietro?

O tom dela foi sério, a expressão em seu rosto assustou o irmão, fazendo-o recuar um passo. Com os olhos derramando-se em lágrimas, ela respondeu por ele:

– Você pensou que ele deveria ter morrido, não é? Que a morte teria sido melhor para ele, uma bênção, como você mesmo diz.

Pietro permaneceu olhando gravemente para ela.

– Bênção... – riu Ítala, desgostosa. – Benção é ter quem se ama ao seu lado. É ter quem se ama à beira da morte, poupado da morte.

Ela olhou bem para o irmão com seus olhos lacrimejantes e afirmou, com aquela voz conectada direto ao coração:

– Eu amo meu marido, Pietro. Amo profundamente, por ele sou capaz de tudo.

– Isso é egoísmo.

– Não, Pietro, isso é amor.

– Se o amasse mesmo, de verdade, o libertaria dessa vida inútil, dolorida e infeliz que ele leva.

– Só Deus pode determinar isso, Pietro. Só Deus... E por que Ele não o liberta, assim como você, os nazistas e muita gente acha que deve? Simples. É porque Ele não encara Giobbatista nem qualquer outro que esteja na mesma condição como indivíduos inúteis. Não vê também inutilidade na existência de cada um.

– Que proveito pode haver então para esses pobres coitados, Ítala?

– Só Deus sabe, com certeza. Mas eu, particularmente, penso que há um motivo para tudo na vida, Pietro. Motivos que fogem a nossa compreensão, motivos que deixaram pessoas como Giobbatista nessas condições, mas que o levarão, de alguma forma, cedo ou tarde, sua alma a um patamar de paz e amor...

– Você quer dizer, a um patamar mais evoluído, é isso?

– É exatamente isso. É como se todo processo pelo qual cada ser humano passa, existisse para purificar a alma.

Ouviu-se novamente um resmungo vindo do quarto.

– Preciso ir dar-lhe o jantar. Depois retomamos o assunto.

– Vá... vá cuidar do seu marido, Ítala.

Assim que ficou só, Pietro relembrou os bons tempos de Giobbatista. Um rapaz cheio de vida, entusiasmado, porém, sempre em dúvida se as pessoas realmente o amavam da mesma forma que ele as amava.

Voltou os pensamentos para Ítala, impressionado mais uma vez com sua dedicação para com o marido, seu amor infinito por ele, sua lealdade... O amor dela por Giobbatista era tão admirável quanto o que ele, Giobbatista sentiu por ela no passado e fazia questão de expressar na frente de todos os amigos e familiares.

Seus pensamentos foram truncados ao se lembrar do que Hitler pretendia fazer com os doentes, principalmente os sem cura e os inválidos, ainda que fossem alemães.

Pobre Ítala, se ela soubesse da verdade... do que estava por vir, talvez devesse avisá-la para que pudesse reagir a tempo. Não, era melhor não dizer nada, aquilo só serviria para adiantar seu sofrimento, agravá-lo ainda mais.

Enquanto isso, o mundo vivia a Segunda Guerra Mundial...

Dias depois, os indivíduos com retardo mental de todas as idades, juntamente com os nascidos com síndrome de Down, com deformidades físicas, insanos, todo grupo de indivíduos, enfim, considerados parte do Programa T4 começaram a ser assassinados por meio de câmaras de gás, iguais às que estavam sendo usadas para assassinar os judeus dos países invadidos e dominados pela Alemanha nazista, reunidos em campos de concentração. Pela Terra escorria sangue... O mundo cheirava a sangue.

Ao término de mais um dia de operador da câmara de gás destinada a matar os integrantes do programa T4, Viveck Shmelzer deixou o local passando muito mal novamente, soltando várias golfadas de vômito.

– Calma, meu amigo – acudiu Pietro. – Beba um pouco d'água.

O alemão atendeu seu pedido.

– Isso. Assim, você melhora.

– Preciso de algo mais forte do que água, Pietro.

– Então vamos a uma taberna. Eu o acompanho.

Era para as tabernas que a maioria dos nazistas integrantes do programa T4 seguiam após o expediente. Só mesmo com muita bebida alcoólica para encarar tudo aquilo.

Nem bem Viveck deu o primeiro gole no copo com vodka, desabafou:

– Eu não me sinto bem, fazendo o que faço, Pietro. Não mesmo.

– Encare isso como uma...

– Bênção?! Você já me disse isso, Pietro. Mas não consigo. Quem deve determinar a hora da morte de um indivíduo, seja ele de que raça for, "normal" ou "anormal", é Deus e não Hitler.

213

– Fale baixo se quiser continuar vivo.

Pietro tinha razão, concluiu Viveck. Era melhor aquietar-se se quisesse permanecer vivo para que um dia, quando a guerra tivesse fim, pudesse viver ao lado de sua amada judia que escondera no convento de freiras na Cracóvia, Pôlonia, para protegê-la dos nazistas.

Viveck encheu o copo com vodka e bebeu tudo numa golada só.

– É isso aí, meu caro – elogiou Pietro, sorrindo. – Beba. Beba para ter forças para continuar sua missão.

Na tentativa de encorajar o amigo, Pietro falou, decidido:

– Amanhã, se isso for ajudá-lo a lidar melhor com sua função, estarei ao seu lado no momento em que levar as vítimas para a câmara, quando ligar o gás e depois, quando tiver de recolher os corpos asfixiados.

– Esteja, Pietro. – alegrou-se, Viveck. – Esteja mesmo, vou aguardar.

– Você se sentirá melhor comigo ao seu lado, dando-lhe apoio?

– Não é por isso, meu caro, é para que você veja com os próprios olhos o que se passa nessa hora e possa compreender o que eu realmente sinto. Não se ofenda com o que vou dizer, mas tomar parte do programa trabalhando na área de captação de vítimas, que é a sua área, é bem diferente da que estou.

Pietro ficou em dúvida se haveria mesmo uma diferença tão marcante assim, como Viveck afirmou.

Minutos depois, os dois moços deixaram a taberna na companhia de mais dois encarregados do Programa T4. Estes haviam bebido além da conta e riam de piadas sem graça que um contava para o outro como se fossem as mais engraçadas.

Quando um deles, um general nazista, soltou mais uma gostosa gargalhada, jogando a cabeça para trás, foi surpreendido por algo estranho trazido pelo ar, que foi parar bem sua boca, escancarada num sorriso, como um mosquito que, sem querer, entra ali e, muitas vezes, engolimos.

O nazista chegou a engasgar e depois cuspiu o que entrara na sua boca, ajudando com a ponta dos dedos a tirar qualquer vestígio do que restara ali.

– .... **(Diacho – em alemão)** Que diabos é isso? – perguntou, voltando os olhos para o chão aonde havia caído o volume escuro que cuspiu.

Viveck e Pietro também pararam para olhar.

Tratava-se de um chumaço de cabelos do corpo de uma das crianças mortas que estavam sendo incineradas no forno destinado para aquele fim. Os cabelos das vítimas saiam pela chaminé e eram levados até lá pelo vento.

– O que é isso? – tornou o general, olhando cada vez mais enojado para o volume ao chão.

O colega de trabalho encheu os pulmões de ar e explicou:

– É a neve preta, meu senhor. É como estão chamando.

– Neve preta? C-como assim...?!

– São mechas de cabelos dos mortos cremados que estão saindo pela chaminé junto com a fumaça e vindo parar aqui nas ruas...

– Você quer dizer que... – o homem parou, cuspiu e teve ânsia. Por pouco não vomitou. – Que nojo! Arch!

O colega teve de confessar:

– É nojento mesmo.

Pietro e Viveck também sentiram repulsa pelo que acabavam de presenciar. Ainda mais quando perceberam que a rua estava tomada de chumaços de cabelos das vítimas incineradas. Ao voltar os olhos para a chaminé do crematório, Pietro suspeitou que a fumaça pudesse estar sendo vista de diversos pontos da cidade o que despertaria a curiosidade da população e acabaria entregando o massacre.

Ele confirmou o que pensou, ao voltar para a casa. Por diversos lugares parou o carro e voltou-se na direção da chaminé de onde continuava a sair a fumaça do crematório, constatando que ela realmente podia ser vista de diversos pontos da cidade, despertando a atenção de todos.

Foi aí que o Programa T4 começou a enfrentar seus primeiros problemas. Outro fato prejudicial eram os funcionários que, bêbados, acabavam comentando particularidades do Programa nas tabernas que frequentavam.

Logo se tornou evidente para os pais que os filhos internados em manicômios e hospitais do país estavam sendo assassinados. E que as cartas enviadas aos familiares assinadas por médicos, explicando a causa *mortis* de seus familiares, eram forjadas.

Só de ler a respeito disso tudo nos arrepiamos, não é mesmo, amigo leitor? Imagine então o que estavam sentindo as pessoas escaladas para levar o programa T4 adiante. Escaladas para recolher os corpos e mais corpos mortos pelo gás mortífero para depois jogá-los ao fogo. Muitos que trabalhavam no projeto ficaram loucos e como era ordenado pelo regime nazista tiveram o mesmo fim que os doentes mentais.

Em momento algum passou pela cabeça de muitos que se filiaram ao partido nazista que seriam obrigados a participar de tamanha barbaridade. Obrigados, sim, se não cumprissem as ordens, eram executados.

O general Fritz Hofmann, ao ser informado sobre a "neve negra", falou:

– Precisamos mudar o extermínio para outro local. Desse jeito, logo, logo, a cidade inteira vai estar sabendo que o Programa T4 está em andamento.

Naquele dia, Pietro entrou na casa onde vivia com a irmã e o cunhado, mais pensativo que o habitual. Ao avistar sobre a mesinha de canto da sala, o "Livro dos Espíritos" de Allan Kardec, o qual havia comprado quando estivera na França, aprendendo francês, suas sobrancelhas bonitas se enviesaram.

Assim que Ítala voltou do quarto dela com o marido, Pietro chamou sua atenção:

– Eu deveria ter queimado esse livro – disse, pontuando as palavras.

A irmã voltou o olhar na direção da mesinha e ao avistar o "Livro dos Espíritos", exclamou:

– Ah, refere-se ao livro...

– Sim, qual outro há nesta sala?

– Na prateleira, muitos!

Pietro deixou o corpo cair no sofá, apanhou o livro e bufou.

– Esse livro é uma blasfêmia.

– Foi você mesmo quem o comprou.

– Porque pensei que era algo bom de se ler. Tratando-se de um escritor francês...

– Como vou saber se não é bom se não o ler? E tenho de lê-lo com atenção, pois não é tão simples de se entender.

– É melhor eu me desfazer desse livro, o que deveria já ter feito faz tempo.

– Calma, meu irmão, não é preciso tanto drama por causa de um livro. Além do mais seria muito deselegante da sua parte destruí-lo se o estou lendo.

Pietro fez beiço.

Prestando melhor atenção ao moço, Ítala perguntou:

– Qual é a razão de toda essa impaciência e dessa tensão?

Os olhos azuis dele encaram os dela tão azuis quanto os seus.

– Não estou tenso, nem impaciente, Ítala... É por causa do livro...

– Mentira. Você voltou para casa assim. Aconteceu alguma coisa no trabalho, não? Se é que podemos chamar "aquilo" de trabalho.

– É trabalho, sim, Ítala! Meu trabalho e faço com muito orgulho.

– Você deveria ter seguido a carreira de música, poucos tocam violino como você. Mas você foi se filiar ao partido nazista...

– Porque acredito nele. Em seus ideais de reestruturar o planeta.

Houve uma pausa até que ele prosseguisse:

– Quanto ao livro...

– Você que não ouse destruí-lo. Não, enquanto eu não terminar de lê-lo. Estou achando-o interessantíssimo. Começando a acreditar que a vida é mesmo assim, como o autor descreve.

– Um processo de reencarnações?

– Sim. Só a reencarnação para explicar muitos pontos sobre a vida que fogem a nossa compreensão.

– Como o que, por sinal?

– Porque uns parecem ser mais privilegiados na vida do que outros.

Pietro fez ar de descaso.

– Mas não vou discutir isso com você, com o humor que está hoje, só vou levar patadas.

Pietro fez uma careta, mostrou-lhe a língua e sorriu.

– Ah, maninha, você é mesmo formidável.

Ela retribuiu o sorriso.

– Não sei como pode manter-se bem humorada, tendo um marido na cama naquelas condições, há tanto tempo.

– Vai mudar alguma coisa na nossa vida se eu ficar aqui me descabelando, me jogando ao chão, batendo com os punhos fechados no sinteco? Não, não é mesmo? Portanto...

– Você o ama tanto, eu admiro isso.

– Posso dizer, Pietro, que o amor que sinto por Giobbatista é um amor que vem de uma outra vida.

– E pode?

– O quê?

– O amor resistir a tanto tempo?

Um sorriso bonito iluminou a face da moça. Sua resposta foi com outra pergunta:

– O que acha?

218

O irmão não soube responder tampouco houve tempo para Ítala dar sua opinião. Giobbatista a chamou com um de seus resmungos e ela foi atendê-lo.

Pietro, ao se ver no espelho para fazer a barba, avistou no fundo de seus olhos, algo se agitando. Algo desesperador. As palavras da irmã se repetiram em seus ouvidos:

"Posso dizer que o amor que sinto por Giobbatista é um amor que vem de uma outra vida."

A seguir ouviu o que ele próprio perguntou:

"E pode? O amor resistir a tanto tempo?"

Ao que ela respondeu em meio a um sorriso bonito:

"O que acha?"

Estaria Ítala certa do que disse?, perguntou-se o rapaz enquanto descia a navalha por sua face rosada. Seria mesmo o amor capaz de atravessar vidas? Resistir ao tempo que se leva para reencarnar como afirmava o Livro dos Espíritos?

Outro trecho da conversa com Ítala há pouco se propagou em sua mente:

"Qual é a razão dessa impaciência, dessa tensão?", questionou ela.

"Não estou tenso, nem impaciente... É por causa do livro.", respondeu ele.

"Mentira. Você voltou para casa assim. Aconteceu alguma coisa no trabalho, não? Se é que podemos chamar "aquilo" de trabalho.", revidou ela.

"É trabalho, sim, Ítala. Meu trabalho e faço com muito orgulho."

"Você deveria ter seguido a carreira de músico, poucos tocam um violino como você. Mas você foi se filiar ao partido nazista..."

"Porque acredito nele. Em seus ideais de reestruturar o planeta."

Pietro afastou a navalha do rosto por um minuto e se perguntou, mirando seu reflexo, se estava tenso. Não demorou muito para perceber que sim, só faltava descobrir o porquê.

Viveck Shmelzer ocupou sua tela mental a seguir, seguido por suas palavras:

"...é para que você veja com os próprios olhos o que se passa lá e possa compreender o que eu realmente sinto."

No dia seguinte, ele estaria de frente para crianças, adolescentes e adultos considerados por Hitler como "Vida que não merece ser vivida", estariam de frente para ele quando estivessem prestes a serem exterminadas pelo gás. Só agora é que ele percebia que era isso que o vinha preocupando desde então. Como reagiria? Passaria mal como acontecia com o amigo todo final de tarde após ter ligado a câmara e ajudado a levar os corpos para serem cremados na fornalha ou tiraria aquilo de letra?

Só mesmo o dia seguinte poderia lhe responder.

Naquela noite a alma de Pietro revisitou o passado. Logicamente que para ele se tratava de um sonho. Um sonho com pessoas que nunca viu, vivendo algo que nunca aconteceu, pelo menos, naquela vida.

Ele estava de frente para Caroline e Raul (na vida passada), dizendo:

"Eu teria grande satisfação se vocês fossem me assistir no Teatro Municipal. Seria uma honra para mim ter meus pais na plateia."

Caroline desfez o bico e falou:

"Querido, compreendeu por que nunca vamos assistir as suas apresentações? Porque ouvimos você tocar seu violino todos os dias, praticamente, e por muito mais tempo do que um ouvido normal pode suportar. E não se chateie por isso, não, mesmo. Eu e Raul lhe desejamos boa sorte."

Ele, Pietro, baixou a cabeça e controlou-se para não chorar.

"Que pena...", murmurou entristecido, "a presença de vocês me faria muito feliz... Muito mesmo."

Raul dera sua palavra:

"Pietro, se faz tanta questão da nossa presença, nós iremos... Iremos sim, Caroline. Não custa nada..."

Pietro, iluminado por um sorriso, falou:

"Será uma noite muito especial para mim. Vocês não sabem o quanto a presença de vocês me fará feliz."

A apresentação começara com quinze minutos de atraso e Pietro se viu tocando muito mais com a alma do que com as mãos naquela noite que lhe era tão especial, por causa da presença dos pais biológicos no teatro.

Ao término da apresentação, Pietro pedira um minuto da atenção de todos, o que foi difícil de conseguir, pois a plateia estava extasiada. Quando se fez silêncio, ele limpou a garganta e falou:

"Quero, primeiramente, agradecer a presença de todos e dizer que esta é uma noite muito especial para mim. Especial porque estão presentes hoje, meus pais biológicos."

Ele, como acontece conosco ao rememorar um fato passado, pôde ver Caroline e Raul se encolherem dentro de suas vestes por diversos ângulos.

"Papai, mamãe?...", perguntou Pietro estendendo o olhar sobre a plateia. "Onde estão vocês?"

Foi então que ele os avistara, tentando se esconder por trás dos que estavam em pé a sua frente e percebeu que estavam fazendo de tudo para não serem vistos ali. O porquê de não se manifestarem, bem, ele sabia. Estava estampado em seus olhos. Era por vergonha. Vergonha de que todos soubessem que eles eram os pais de um moço, ainda que um músico excepcional, de pés tortos.

Pietro despertou na manhã seguinte, pensando no sonho que teve. Achando graça mais uma vez dos sonhos que era capaz de ter.

– Músico... – murmurou, rindo, enquanto vestia a farda nazista.

– Por que será que sonho sempre que sou músico? Acho que é por causa do meu lado musical que nunca dei muita atenção, só pode...

Ele tentou lembrar-se do rosto da mãe e do pai biológico com que sonhou e teve a certeza, mais uma vez, de que nunca os tinha visto em toda sua vida.

Para Pietro, assim como é para todos nós, era curioso ver rostos de pessoas que nunca tinha visto em vida por meio dos sonhos... Quão impressionante e capaz é a mente para criar esses rostos com tamanha perfeição, detalhes e até personalidade, pensou ele. Mais extraordinário era sonhar com pessoas de que apenas ouvira falar e, ao conhecê-las, descobrir que eram exatamente da forma, com mínimas diferenças, da que se viu no sonho.

O mundo dos sonhos era realmente admirável, pensou Pietro. Era como se a mente ou a alma, pudessem vagar, enquanto dormíamos, para lugares, casas, conhecer pessoas, suas personalidades e colocá-las nos sonhos com o máximo de detalhes possível.

O mais incrível era sonhar com alguém que ainda viria a conhecer e que se tornaria seu melhor amigo ou o amor de sua vida, como muitos descrevem.

De fato, o mundo dos sonhos era tão fascinante quanto misterioso. Como a vida em si.

O rosto de Caroline e de Raul foram, dentre todos que revisitou, os que mais prenderam a atenção de Pietro.

Só restava saber se os dois (Caroline e Raul) eram apenas figurantes em seus sonhos ou pessoas que ainda viria a conhecer em vida.

Apesar de ter lido o "Livro dos Espíritos", Pietro não pensou, em momento algum, que muitas vezes o que chamava de sonho era na verdade uma visita ao passado, a um trecho de uma outra reencarnação. E que as pessoas que via ali eram conhecidos seus dessa vida em questão.

Durante o café da manhã preparado carinhosamente por Ítala, Pietro fez um comentário:

– Tive nesta noite outro sonho engraçado...

– Sonho... engraçado?!...

– É. Com pessoas e lugares que nunca vi. O mundo dos sonhos é realmente muito maluco, não?

– Talvez não tenha sido um sonho, digo, um sonho propriamente dito.

Pietro riu. Com certo deboche, indagou:

– O que pode ter sido, então?

Ítala respondeu logo após bebericar o café saboroso que havia coado:

– Um trecho de sua vida passada.

Pietro, por pouco, não cuspiu o café que tomava, tamanha a vontade de rir da sugestão da irmã.

– Ah, Ítala, só você mesma! Acho melhor queimar aquele livro antes que ele ponha mais minhocas na sua cabeça. Esse pensamento seu, aposto que é fruto da leitura do livro do tal de Allan... alguma coisa, não?

A moça não se deixou abater, continuou em sua defesa:

– Como explicar então pessoas e lugares que aparecem nos nossos sonhos com tanta nitidez, sem nunca termos conhecido?

– É um dom da mente.

– Pois eu penso que...

– É coisa de outra vida? Já sei! Bobagem!

Ítala tomou um novo gole de café e comentou:

– Se eu fosse você, meu irmão, leria mais a respeito de reencarnação.

Pietro fez um gesto de descaso com a mão. Ítala, sem se deixar intimidar, continuou:

– Há outros livros do autor na França, sabia? Se um dia eu voltar lá, se sobrevivermos a esta guerra insana, tentarei encontrá-los. Se não encontrá-los, eu empresto.

– De quem?

– De dona Helga Mentz.

– Helga Mentz?! E desde quando ela lê sobre o tema?

223

– Dona Helga Mentz lê sobre tudo, Pietro. Tudo! E seu conhecimento é vasto... Foi ela quem me disse que havia mais livros desse autor chamado Allan Kardec. Seria bom você conversar com ela qualquer dia desses.

– Ora, por quê?

– Para tentar compreender seus sonhos. A propósito, você fala durante eles, sabia?

– Falo?!

– Sim, e noutra língua muitas vezes. Inglês, espanhol...

Pietro riu, debochando mais uma vez.

– Só essa me faltava!

– Pode caçoar de mim, irmãozinho.

Ele riu ainda mais.

– O que tem isso a ver com reencarnação, Ítala? Digo, o fato de eu falar outras línguas enquanto durmo?

– Tem tudo a ver. Você, pelo que ouvi, fala essas línguas corretamente. Como pode falar se não as domina?

O rapaz bufou e disse, ácido:

– Pois eu tenho bem mais o que fazer do que ficar de *tête-à-tête* com uma senhora que tem idade para ser minha mãe.

Ele já atravessava a porta quando Ítala usou mais uma vez de sinceridade:

– Saiba que esta farda é horrível. E que você fica péssimo dentro dela.

Ele não respondeu, simplesmente bateu a porta com força para demonstrar seu desagrado com relação ao comentário.

O sonho e o papo com a irmã deixaram Pietro tão entretido e reflexivo, que ele só veio a se lembrar do que prometera a Viveck quando já estava a caminho do local onde o Programa T4 era posto em prática.

A lembrança o fez sentir um calafrio.

– O que é isso, Pietro? – repreendeu-se, encarando seus olhos pelo espelho retrovisor. – Você é um homem ou um frango?

Ao tomar a rua que o levava até o local de "trabalho" um dos ônibus usados para transportar as vítimas seguia para lá. Nada podia se ver dentro dele devido às janelas fortemente pintadas de preto, exatamente com o propósito de impedir a qualquer um ver quem era transportado.

O ônibus parou e foi dada a ordem para que os passageiros aguardassem dentro do veículo por uns minutos até que tudo estivesse pronto para serem levados para a câmara de gás.

Pietro informou seu superior que naquele dia tomaria parte da equipe destinada a levar as vítimas para o destino atroz.

Assim que foi liberada a transferência das vítimas para a câmara, Pietro ficou por uns minutos, prestando atenção em cada uma delas. Via-se todo o tipo de doente mental, saindo do veículo e também de diferentes idades.

Quando ele avistou uma moça com aparência de adolescente, seus olhos se prenderam aos dela, o rosto dos dois se transformou. Algo se acendeu no peito de Pietro, no coração propriamente dito e repercutiu até sua alma.

Ele esqueceu tudo mais ao seu redor e foi na sua direção. Ao perceber que era observada, a moça baixou a cabeça. Diante dela, Pietro parou e ficou a fitá-la com crescente curiosidade:

– Seu nome?

Ela falava com a língua enrolada, ainda assim, ele pôde compreendê-la muito bem.

"Caroline...", um nome que soou familiar aos ouvidos de Pietro.

– Como vai, Caroline?

Muitos dos doentes mentais eram levados em ônibus cujas janelas eram pintadas de preto para que ninguém os visse, até o local onde seriam mortos. Posteriormente, chegou-se a usar os próprios ônibus, devidamente preparados, para exterminar os doentes. O gás mortífero era liberado, enquanto seguiam o caminho do crematório. Chegando mortos, bastava apenas cremá-los em fornos, aos punhados. (N. do A.)

Ela baixou ainda mais a cabeça.

Foi preciso um soldado chamar a atenção de Pietro para que ele voltasse à realidade.

– Ah, sim – respondeu ele, atrapalhado.

Voltou-se para a moça e a conduziu:

– Por aqui, Caroline.

A vítima não mostrou resistência como acontecia com muitos. Pietro, pegando de leve no seu ombro, foi dirigindo-a até a câmara de gás em meio a outras vítimas, muitas delas chorando, como se soubessem o que estava prestes a lhes acontecer. Outros rugiam e tentavam se esquivar das mãos dos guardas e outros riam de tudo, alheios a tudo.

Dentro de Pietro, subitamente, aquilo tudo começou a esmagar seu coração. Um gosto amargo subiu pela garganta e envenenou-lhe a boca. De repente começou a sentir ânsia.

Caroline então pôs a mão esquerda sobre a esquerda de Pietro que estava em seu ombro, despertando-o de seus pensamentos confusos.

Quando seus olhos se encontraram com os dela, novamente, o moço sentiu seu peito se apertar ainda mais. Os olhos dela, mareados, começavam a derramar lágrimas.

Para evitar que sentimentos de culpa e remorso apunhalassem sua alma, Pietro se apegou a sua teoria de que a morte da menina e dos demais, dentre em pouco, asfixiados na câmara de gás, seria uma bênção, uma libertação para todos.

Mas, de repente, já não era mais nada daquilo. A honra que sentia por estar libertando aqueles indivíduos daquela vida que para ele era um sofrimento, deixou de ser uma honra. Então, ele viu o que era de verdade, um assassinato brutal em massa.

A descoberta o arrepiou.

A porta da câmara de gás, em questão de minutos, se fecharia, e todos que lá dentro estivessem seriam asfixiados pelo gás letal. Corpos e corpos cairiam um sobre os outros formando um amontoado de cadáveres. O pior viria depois, certificar se todos

226

estavam mortos e os que não estivessem, como ditavam as ordens, matar com tiros à queima roupa.

Pietro quis parar o tempo para impedir a chacina, mas como? Caso se opusesse, seria fuzilado na mesma hora pelos próprios companheiros nazistas. Que serventia teria ele para aquelas pobres criaturas, morto?

Que situação!

Foi então que o general responsável pela operação apareceu, gritando para suspender a execução. Devido à fumaça do crematório e os cabelos que voavam por sobre a cidade, Hitler havia decidido transferir o local de extermínio do programa T4 para os campos de concentração, destinados para os judeus, que ficavam longe das cidades.

Pietro mal pôde acreditar no que ouviu.

O amor repentino que sentiu por Caroline, fez com que ele suspirasse aliviado, diante da notícia. As vítimas voltaram para o ônibus e foram levadas de volta para o local de onde vieram até que tudo estivesse preparado para recebê-las nos campos de concentração.

Viveck, ao encontrar o amigo, falou:

– Pena que você não teve a oportunidade de ver o extermínio como combinamos, mas...

– Eu não preciso ver mais nada, Viveck, para saber que é horrível. Que é mais do que horrível, é desumano.

Diante da ansiedade e da pressa do amigo, Viveck perguntou:

– Aonde vai? Você está bem?

Pietro fez que "sim" com a cabeça e acelerou os passos em direção ao estacionamento onde deixara seu carro. Ele queria seguir o ônibus que levava Caroline. Precisava saber onde morava. Para quê? Bem, isso ele ainda não sabia.

Naquele dia, ao voltar para casa, Pietro encontrou Ítala no quarto dela com o marido. Foi até lá e os cumprimentou. Primeiro a irmã, depois o homem estirado sobre a cama.

227

– Olá, Giobbatista – disse ele, procurando sorrir.

O inválido olhou-o com olhos tristes e opacos e soltou um grunhido.

Pietro voltou-se para a irmã e perguntou, baixinho:

– Você acha mesmo que ele entende o que dizemos?

Ítala, sorrindo, respondeu:

– Sim. Tudo.

– Como pode saber?

– Eu sinto.

Pietro fez ar de dúvida. Só então, Ítala notou que ele não estava bem.

– O que foi? Você me parece estranho...

O rapaz não respondeu, o pranto até então contido saltou de dentro de si como as águas de uma represa que se rompe. Pietro chorou como se derramasse um oceano. Ítala o fez sentar-se à beira da cama de casal e afagou seu rosto. Giobbatista assistia a tudo também com lágrimas nos olhos.

– O que houve, meu irmão? Abra-se comigo.

Pietro enxugou os olhos com seu lenço e contou tudo o que havia se passado naquela manhã e a conclusão que chegou a respeito do Programa T4. Ao mencionar que havia seguido o ônibus onde Caroline estava, Ítala quis saber:

– E o que descobriu sobre essa moça, Pietro? Sobre essa moça chamada Caroline?

Ele tomou ar, firmou a voz e respondeu:

– Descobri que seus pais já são falecidos e que ela ficou sob os cuidados de um irmão. Este, porém, encontra-se em viagem de negócios na América e, portanto, nada sabe do que está prestes a acontecer com ela, tampouco, tem condições de evitar que aconteça.

– Que situação... E, agora, o que pretende fazer?

– Eu... bem... não sei.

E de fato, Pietro não sabia mesmo.

228

Capítulo 2

Ao crepúsculo, Pietro partiu em busca de Viveck. Só então contou-lhe em detalhes tudo o que viveu naquela manhã, especialmente sobre Caroline, o que ela foi capaz de despertar em seu interior: uma vontade louca de salvá-la da morte, daquele assassinato brutal, bem como todos os demais que estavam ali.

– O que você faria se estivesse na minha situação? – perguntou ele ao amigo, esperando por uma resposta sincera.

Viveck pensou se deveria ou não confiar em Pietro para lhe contar o que fez pela mulher amada, uma judia chamada Sarah Baeck.

Diante de sua hesitação, Pietro comentou:

– Você não confia em mim, não é?

– É que...

– Eu o compreendo.

Vencendo o medo, Viveck contou ao amigo toda sua história*.

(*A qual se encontra no livro "Sem amor eu nada seria")

– Somente Herbert Müller, meu melhor amigo, sabe da verdade, Pietro.

– E você não teme que ele dê com a língua nos dentes?

– Não. Confio em Herbert, plenamente. Nem que fosse torturado, ele diria.

– É tão bom podermos contar com um amigo, não?

– O que seríamos nós sem um ou mais amigos?

Os dois se silenciaram por uns minutos. Foi Pietro quem voltou a falar:

– A minha vontade é de dar um sumiço em Caroline, escondêla em algum lugar como você fez com sua mulher amada. E acho que é isso mesmo que vou fazer.

– Estamos na Alemanha, Pietro! Ninguém vai querer esconder uma criatura como ela, por temer a reação nazista caso seja descoberta.

– Eu preciso tentar encontrar alguém. Você acha que não há pessoas aqui e em outros países acobertando judeus?

Pietro estava certo, muitas pessoas correram todos os riscos para acobertar judeus. O caso mais conhecido foi relatado no livro "O diário de Anne Frank* e de Oskar Schindler, em a "Lista de Schindler".

– Se há – continuou ele –, haverá também gente acobertando deficientes físicos, doentes mentais, inválidos e etc...

Pietro tomou ar e continuou:

– Viveck, meu bom Viveck, eu tenho de salvar essa moça! E vou tirar vantagem da minha autoridade como nazista, pois ainda sou um, para conseguir isso.

– Vá com calma, Pietro! – alertou Viveck, comedido. – Pese bem os prós e os contras, antes de fazer qualquer coisa.

Pietro levantou-se do braço da cadeira onde se sentara há pouco e exclamou, contente:

– Já sei quem pode me ajudar! Fiquei tão aturdido com tudo isso que acabei me esquecendo de Eva, minha noiva.

Pietro, segurando firmemente no ombro de Viveck, falou, sentindo-se seguro do que dizia:

– Vai dar tudo certo, meu bom Viveck. Não se preocupe.

Viveck respondeu com um de seus monossílabos definidos:

---

*"O Diário de Anne Frank" é um diário escrito por uma menina de 13 anos de idade, entre 12 de junho de 1942 a 1º de agosto de 1944 durante a Segunda Guerra Mundial. Escondida com sua família e outros judeus em Amsterdam durante a ocupação nazista nos Países Baixos, Anne conta em seu diário, a vida desse grupo de pessoas. (N. do A.)

– É arriscado...

– Sentirei mais orgulho de mim, salvando vidas do que tirando. Viveck, admirado com a determinação do colega, perguntou:

– É isso mesmo que você quer?

– Sim, meu bom Viveck. É isso mesmo que eu quero. Caroline merece.

– O que tem essa tal de Caroline de tão especial para inspirá-lo a fazer tudo isso, correr todo esse risco, por ela, Pietro?

A pergunta deixou o rapaz desconcertado.

– E-eu... não sei, meu amigo. Só sei que sinto um amor incondicional por ela e tudo o que mais quero é salvá-la da morte.

Uma série de pensamentos sucedeu-se rapidamente na mente de Viveck Shmelzer.

Da casa do amigo, Pietro rumou direto para a casa de Eva Kaltenbrunner Heydrich, sua noiva, que também havia se filiado ao partido nazista pelos mesmos motivos e ideais de Pietro. Ambos haviam se conhecido durante as reuniões nazistas.

– Eva, meu amor – começou ele após beijá-la –, tenho algo muito importante para falar com você.

Ela pareceu não ouvi-lo, ergueu a voz e disse:

– Foi uma lástima ter o Programa T4 interrompido por causa da fumaça e dos cabelos voadores, não?

– É exatamente sobre isso que quero lhe falar...

Ela novamente o interrompeu:

– A transferência do T4 para os campos de concentração vai atrasar o programa e sobrecarregar os campos. Temos urgência em completar o extermínio de todos.

Foi Pietro dessa vez quem a interrompeu:

– Eva, fale mais devagar. Você está me embaralhando as ideias. Você está aborrecida porque o Programa T4 foi interrompido, é isso?

– Sim. Você, não? Saiba que Hitler tem urgência de que...

231

Pietro baixou a cabeça decepcionado.

– O que foi, Pietro? Você me parece diferente hoje.

– É que estive à frente do T4 por tanto tempo sem perceber o que era realmente.

A voz ardida de Eva se elevou novamente:

– Uma libertação, uma bênção...

– Eu já sei! – adiantou-se ele. – Uma bênção, uma libertação para aquelas pobres criaturas...

– Não, Pietro! – corrigiu ela com certa fúria. – Para nós! Uma bênção e uma libertação para nós, seres normais, indivíduos normais. Quer coisa mais horrível do que ter de conviver com aquelas criaturas?

Foi nesse momento, só nesse momento que o jovem alemão percebeu que Eva K. Heydrich não era uma mulher para ele. Que nada nela lhe causava admiração. Pelo contrário, só repugnância.

– Estou desconhecendo você, Eva – murmurou Pietro, olhando seriamente para a noiva.

– Eu é que estou desconhecendo você, Pietro. De repente, parece-me um sentimental, para não dizer um banana.

– Para mim chega, Eva!

– Como assim, chega?!

– Vou abandonar o Programa.

– Será então escalado para combater na guerra, é isso o que você quer?

– Não, Eva! Não quero nem uma coisa nem outra. Vou abandonar o nazismo!

Os olhos azuis da moça se arregalaram.

– Eles o matarão se fizer isso.

Pietro engoliu em seco.

– Eu sei...

– E mesmo assim...

– E mesmo assim...

Houve uma breve pausa até que Pietro voltasse a encarar a noiva e dissesse:

232

– Eu não posso mais fazer parte de uma barbaridade como a do Programa T4. Nem dessa, nem das outras que o nazismo está levando a frente.

Eva que se tornara uma nazista fervorosa fez um alerta:

– Se você se opuser ao nazismo, passar para o lado de lá, Pietro, eu não lhe perdoarei. Eu o entregarei à justiça nazista caso ouse fazer algo contra...

– Faça o que bem entender, Eva. Adeus.

– Pietro?! E quanto a nós?

– Nós?! – desdenhou ele. – Nós fomos um engano que estou corrigindo a tempo antes de cometer um engano ainda maior.

– Pietro?! Você tem um compromisso comigo.

Ele deixou a casa sem mais olhar para trás. Acabava ali seu romance com Eva Kaltenbrunner Heydrich.

Naquela noite, enquanto voltava para casa, Pietro decidiu passar no sanatório que abrigava Caroline para tirá-la de lá. Conseguiu, logicamente, fazendo uso de seu poder como um nazista de alto escalão.

– Pietro?! – exclamou Ítala ao vê-lo entrando em sua casa acompanhado da moça. – Quem é essa...

Por um momento Ítala não sabia definir se Caroline era uma adolescente ou uma adulta.

– Essa moça chama-se Caroline, Ítala, e ela ficará morando conosco por um tempo.

– Morando, aqui?!

– Por favor, Ítala. É provisório.

Ítala olhou bem para a mulher com aparência de adolescente e quando seus olhos se encontraram com os dela, algo se acendeu em seu interior. Ela aproximou-se de Caroline e sorriu. Passou a mão por seus cabelos longos e tornou a sorrir.

– Seja bem-vinda, Caroline – disse ela num tom simpático. – Sinta-se como se estivesse em sua casa.

233

A menina retribuiu a gentileza, sorrindo-lhe.

Ítala voltou então os olhos para o irmão. Não foi preciso dizer nada, Pietro disse por ela:

– Você teve a mesma impressão que eu, não é, maninha? De que Caroline parece uma velha conhecida.

– Foi bem mais do que isso, Pietro. Foi uma onda de calor dentro de mim que veio dos pés até o peito e me deu a impressão de que incendiou o meu coração.

Pietro sorriu, compreensivo.

– Eu também senti o mesmo.

E após fazer Caroline se sentar no sofá da sala, voltou-se para a irmã e perguntou baixinho ao seu ouvido:

– Você acha que Caroline, eu e você tivemos alguma ligação no passado, digo, numa outra vida?

– Pode ser. Porque não tira a dúvida com dona Helga Mentz?

Pietro gostou muito da sugestão.

– Boa ideia! Vou fazer isso logo pela manhã. Preciso tomar um banho, agora! Você cuida dela por mim enquanto isso?...

– Sim, querido, pode ir.

Assim que Pietro deixou a sala, Ítala sentou-se ao lado de Caroline, meio de lado para poder olhar para ela e observar suas expressões.

Então, quis saber do que ela gostava de comer. Logicamente, que sua linguagem mal articulada espantou Ítala; jamais pensou que ela não falasse corretamente.

Ainda assim, com muita paciência, Ítala se esforçou para entender suas palavras.

Ao ver o bordado sobre a poltrona, Caroline se alvoroçou e Ítala logo descobriu o porquê. Ela adorava bordar. Por isso emprestou-lhe o bordado que estava fazendo e ficou surpresa com a rapidez com que a moça bordava e com a qualidade de seu serviço. Havia algo mais ali, havia paixão por aquilo.

Ítala, admirando Caroline em silêncio, com um leve sorriso a curvar-lhe os lábios bonitos e delicados, pensou no quanto a vida na Terra perderia com o extermínio de uma moça como Caroline. Não só com o seu extermínio, mas com o de outros tantos iguais a ela, que certamente também tinham um dom que pouco era desenvolvido devido à falta de paciência por parte de seus familiares ou daqueles que cuidavam deles.

Ítala mal sabia que estava de frente para aquela que fora sua mãe no passado, nem Caroline fazia ideia de que aquela linda moça fora sua filha numa vida anterior àquela. Só mesmo suas almas tinham conhecimento da verdade.

E o mais comovente naquele reencontro era saber que o amor, apesar de tudo que aconteceu no passado, resistira ao tempo... Um tempo que atravessou vidas para transformar vidas em nome do amor.

Capítulo 3

Naquela noite, depois que Ítala levou Caroline para dormir, Pietro ficou sentado na sala, sob a meia luz do abajur, rememorando os acontecimentos do dia. Foi então que avistou o "Livro dos Espíritos" e resolveu dar uma folheada.

Quando Ítala voltou à sala, surpreendeu-se ao encontrar o irmão, lendo atentamente o livro que até então julgara maluco e digno de ir parar na fogueira como muitos foram, a mando de Hitler.

Pietro fez uma pausa na leitura, olhou para a irmã e perguntou:

– Você me disse esta manhã que Helga Mentz sabe muito a respeito do que está escrito aqui, não foi?

– Sim. Ela está bem a par da doutrina espírita. Por quê?

– Porque, de repente, senti vontade de me aprofundar no assunto.

No dia seguinte, logo pela manhã, como havia se prometido, Pietro tocou a campainha da casa de Helga Mentz. Sua mão estava trêmula, percebeu. Queria disfarçar o nervosismo, mas não conseguia.

Dentro de aproximadamente um minuto, a porta se abriu e uma criada de aspecto robusto apareceu. Meio minuto depois, Pietro era levado por ela a uma sala onde se encontrava a dona da casa.

Após cumprimentar a senhora Helga Mentz, Pietro ficou embaraçado por não saber dizer exatamente o porquê de estar ali àquela hora, querendo muito lhe falar.

Por três vezes ele tentou dizer e se atrapalhou com as palavras. Helga Mentz, pessoa compreensiva, que sabia ouvir os problemas alheios sem impingir-lhes os seus pediu-lhe calma. Que respirasse fundo e se soltasse.

Cinco minutos depois, Pietro falava com a mulher como a um amigo de muitos anos.

– Acredito que a senhora já deve saber que faço parte do partido nazista. Que sou, ou melhor, era um nazista com muito orgulho...

As sobrancelhas da mulher se arquearam. Pietro, soltou um risinho amarelo e procurou se explicar:

– Fui convocado para administrar o Programa T4. Já ouviu falar dele?

A mulher foi categórica:

– Infelizmente, já.

Um suspiro de alívio escapou do peito do moço.

– Ah, quer dizer então que a senhora também não o aprova.

Helga Mentz foi novamente categórica:

– Não sou só eu quem não o aprova, meu rapaz. Metade da Alemanha é também contra o programa. Todavia, o que podemos fazer para impedir que ele continue? Nada! Se abrirmos a boca, seremos fuzilados! Portanto...

– Pois bem, eu, mesmo sendo um nazista, nada posso fazer para impedir que tamanha barbaridade continue. Mas eu queria muito mudar o curso dessa história. Percebo agora que eu seria mais útil, salvando vidas do que tirando.

– Alegra-me muito saber que sua pessoa não se coaduna mais com tal perversidade, Pietro.

Ele deu novamente um sorriso amarelo. Limpou a garganta e continuou:

– Minha função no Programa T4 era localizar vítimas para serem levadas para o massacre, mas, ontem, na esperança de dar apoio a um colega de trabalho que se sente muito mal por fazer parte do T4, especialmente porque sua função é a de ligar o gás

237

mortífero, fui ao local onde as vítimas são levadas para serem exterminadas. Foi então que conheci uma mocinha. Na verdade é uma adulta de 28 anos de idade, mas a chamo de mocinha porque, bem, ela me parece uma mocinha.

– Pessoas com esse tipo de deficiência geralmente aparentam menos idade do que têm.

– É verdade. Pois bem, eu simplesmente me encantei por ela. Quis salvá-la daquele destino tão cruel e, para a minha glória, alguém lá em cima me ouviu; pois exatamente na hora em que eu a conduzia para a câmara de gás o extermínio foi suspenso.

Pietro explicou o motivo e também como pôde localizar Caroline mais tarde e saber tudo sobre a sua família.

– Pois bem... – continuou ele, tenso e excitado ao mesmo tempo – a mocinha chamada Caroline se encontra agora em minha casa... Trouxe-a para cá para protegê-la.

– Seu gesto muito me comove, Pietro. Jamais pensei que um nazista fosse capaz de um gesto desses, um gesto de amor tão bonito... capaz de pôr em risco a sua vida por alguém quem nem conhece bem.

– Aí é que está, dona Helga.

E continuou, tentando esclarecer sua ideia.

– Eu e Ítala tivemos a sensação de conhecer Caroline, mesmo sem nunca tê-la visto. Sabe como é?

A mulher assentiu, sorrindo.

– Por isso estou aqui. Ítala me disse que a senhora lê muito, estuda muito...

Percebendo a dificuldade do rapaz de ir direto ao ponto, Helga Mentz o ajudou:

– Ela lhe disse que eu li todos os livros de Allan Kardec, é isso?

Balançando a cabeça, ele respondeu:

– É exatamente isso. E por ter lido talvez possa me responder: a senhora acha que eu e Caroline nos conhecemos em uma outra vida?

238

Helga Mentz foi novamente direta:

– Sim. Provavelmente, sim.

– Foi o que pensei. Ítala também. Só mesmo por termos tido uma ligação forte com essa moça numa vida passada para explicar o que eu senti por ela assim que a vi.

– E o que você sentiu, exatamente, por ela, Pietro?

– Eu senti um amor, eu diria, incondicional.

– Amor incondicional?

Ele hesitou antes de responder:

– Sim, isso mesmo.

– Compreendo.

– O sentimento que Caroline aflorou em meu coração me fez ter a coragem de pôr em risco a minha própria vida para salvá-la. Coragem que jamais pensei ter. Sei que se me pegarem serei morto, ainda assim...

Os olhos extremamente azuis, claros, suaves e ingênuos, voltaram-se para a senhora Helga num apelo.

– Diga-me, dona Helga... Se nós tivemos mesmo uma ligação em outra vida, que ligação foi essa? Fomos amantes, parentes, irmãos, pai, mãe, filho, o quê?

– Eu não sei dizer, Pietro. Poucos sabem. Mas minha intuição me diz que, provavelmente, vocês tiveram um elo muito grande, familiar, eu diria. Penso também que houve algo inacabado ou talvez desagradável entre vocês no passado e a vida os uniu novamente para terminar o inacabado ou começar o processo de finalização.

Faz sentido?

Pietro inclinou-se para frente, com ansiedade de um menino e respondeu:

– Muito.

Houve uma pausa até ele perguntar:

– Só gostaria de saber o que houve de errado entre nós no passado?

A mulher foi direta mais uma vez:

– Talvez você nunca saiba, poucos acabam sabendo os porquês... O que importa é o que se faz aqui e agora e não no passado.

– Numa vida anterior a esta?

– Sim e não. Pode ter sido em uma ou duas ou até mesmo mais de três reencarnações atrás.

– Mas eu lhe pergunto: se somos velhos conhecidos de uma outra vida, como posso saber que ela foi boa para mim? Vai que ela foi ruim para comigo e estou ajudando a pessoa errada.

– Siga o seu coração, Pietro. Ouça o que ele tem a lhe dizer. Se ele sugere que ajude essa moça, é porque ela merece a sua ajuda. Temos o hábito de dizer "ouça o coração", mas na verdade o certo é dizer "ouça a sua alma". Porque a alma é que sabe de tudo. Sempre!

Pietro tomou um minuto para saborear a frase. Nunca algo lhe fora tão impactante. Sua próxima pergunta foi:

– Por que Caroline nasceu assim?

– É difícil explicar, Pietro. Penso e esse é um pensamento meu, que isso fique bem claro, que todos nós vamos nascer de todos os jeitos para que possamos ver todos os lados da vida e assim engrandecermos como espírito. Nasceremos altos e baixos, brancos e pretos, mulatos, orientais e índios, heterossexuais e homossexuais, católicos, budistas, protestantes, judaicos e até Espíritas como são chamados aqueles que seguem a doutrina codificada por Allan Kardec; segundo soube, está ganhando grandes adeptos no Brasil, na América do Sul, você sabe?

– É lógico que sei, dona Helga. Meu pai é português, minha mãe alemã, morei em Portugal até meus quinze, dezesseis anos, depois me mudei para cá por causa dos estudos e acabei ficando por causa do nazismo. Falo bem o alemão, pois minha mãe sempre me ensinou e sua mãe morou conosco um bom tempo em Portugal.

– É verdade... havia me esquecido. O português é uma língua muito bonita. Eu, pelo menos, gosto. Quer dizer que você é poliglota?

– Não. Trilingue, pois falo também francês.

– Maravilha!

– Mas a senhora dizia...

– Ah, sim, eu dizia que cada um de nós vai nascer de todos os jeitos... Será feio e bonito, com problemas de obesidade e sem, esportistas e músicos, artista e "louco", no bom sentido... Poderá ser até um mendigo de rua, um bêbado ou um drogado. Tudo são experiências. Não é que Deus esteja querendo judiar de nós, não mesmo. Um pai jamais repreende o filho porque quer judiar dele e, sim, para ensiná-lo a ser melhor. A criança nunca machuca o *bum bum,* quando se desequilibra nos seus primeiros passos, para ser judiada, mas para que aprenda a se equilibrar.

Pietro apreciou mais uma vez as sábias palavras de Helga Mentz.

– Jamais pensou ser envolvido numa coisa semelhante? – indagou a mulher, a seguir.

– Jamais – respondeu ele, com uma expressão bonita nos olhos.

– A vida é surpreendente, não? Está sempre nos surpreendendo com situações boas e ruins para que possamos conhecer todas as emoções e sentimentos.

Pietro gostou novamente do que ouviu. A pergunta de Helga, a seguir, foi:

– O que pretende fazer pela moça?

– Arranjarei um lugar para abrigá-la. Um lugar onde possa ficar protegida. Escapar do extermínio.

A mulher assentiu com os olhos.

Naquela tarde, ao informar Ítala que estava saindo para procurar um lugar para abrigar Caroline, a irmã, chorosa, perguntou:

– É preciso mesmo, digo, levá-la daqui?

Pietro também com olhos cheios d'água respondeu:

– É, minha irmã. Se os nazistas descobrem que estou acobertando uma vítima do programa T4 serei fuzilado sem dó nem

241

piedade. E você e Giobbatista, ainda que inválido, seriam acusados de cúmplices.

– Que pena! Gosto dela. Nos damos bem. Ficaria com ela aqui em casa sem problema algum.

– Eu sinto muito, Ítala.

Ele já ia saindo quando a irmã lhe desejou boa sorte.

Uma hora depois, Pietro chegava a uma casa sebenta cheia de crianças carentes.

A administradora do orfanato recebeu o moço numa sala pequena e baixa, cheia de quadros pintados pelas crianças que moravam ali. As janelas estavam abertas e podia-se ouvir ao longe o murmúrio da garotada no pátio ao lado.

Lendo nos olhos do visitante, a dificuldade de se expressar, dona Berna Elsevier*, perguntou:

– Em que posso ajudá-lo, meu rapaz? Percebo que tem urgência de algo.

– Demais! – suspirou Pietro. – Espero, de coração, que a senhora possa me ajudar.

Ela ouviu com vívida atenção o relato do salvamento de Caroline.

– Bem... – disse a senhora com cautela.

– A senhora vai ou não poder me ajudar a abrigar Caroline aqui? – perguntou ele, abruptamente.

A mulher foi sincera:

– Não, não vou ajudá-lo. Não porque eu queira...

– Como não?! – exaltou-se Pietro.

– Deixe-me explicar meu ponto de vista, por favor.

– Como pode fazer isso com uma moça nessas condições?

– Meu caro, peço-lhe que me ouça, por favor.

Pietro sentiu-se apunhalado. Berna Elsevier continuou:

---

*Berna foi a costureira que morava próximo ao orfanato dirigido por Helga Mentz onde Pietro foi deixado pelo pai na outra vida. (N. do A.)

242

– Eu adoraria acolher a pobre moça aqui. Faria com muito gosto, mas... os nazistas estão vasculhando todos os orfanatos, clínicas para doentes mentais de toda Alemanha e países conquistados. Eles logo virão aqui e pegarão Caroline e ela acabará no mesmo lugar de onde o senhor a salvou.

A resposta dela o surpreendeu.

– A senhora tem razão – concordou ele com um suspiro.

– Se quer o meu conselho, leve essa moça para bem longe da Europa. Para um lugar onde possa viver em paz se é que o mundo um dia voltará a viver em paz. Tento ser otimista, mas diante das condições...

– A senhora tem razão – afirmou Pietro, mais tranquilo e direto.

Antes de ele partir, a mulher expressou mais uma vez pesar por não poder ajudá-lo e refez os votos de "boa sorte".

E agora? O que fazer? Para onde ir? Como salvar Caroline que amava incondicionalmente?, perguntava-se Pietro Ludendorff Freitas, incansavelmente.

Foi então que ele se lembrou das palavras de dona Helga Mentz.

"...Espíritas como são chamados aqueles que seguem a doutrina codificada por Allan Kardec a qual, segundo soube, está ganhando grandes adeptos no Brasil. Na América do Sul, você sabe?"

A seguir, recordou de sua resposta a ela:

"É lógico que sei, dona Helga. Meu pai é português, minha mãe alemã, morei em Portugal até meus quinze, dezesseis anos, depois me mudei para cá por causa dos estudos e acabei ficando por causa do nazismo. Falo bem o alemão, pois minha mãe sempre me ensinou e sua mãe morou conosco um bom tempo em Portugal."

Uma luz iluminou os pensamento de Pietro, despertando um belo sorriso em sua alma.

– Brasil... – murmurou –, América do Sul... Portugal...

O sorriso se ampliou.

– É isso! É para lá que eu vou. Longe dessa guerra desumana, pelo menos até que ela acabe.

243

Ao saber de sua decisão, Ítala trovejou:

– Brasil?! América do Sul?! Você está louco, Pietro?

– Ítala, minha irmã, é a única solução para Caroline e para mim também. Assim que os nazistas descobrirem o que fiz, serei fuzilado por traição.

A moça, olhos tristes, respondeu:

– Mas eu não quero ficar longe de você, meu irmão. Papai, mamãe e nossos outros parentes vão sentir muito.

– Eu também vou sentir, mas é temporário, somente até a guerra acabar.

– E quando ela terá fim, Pietro?

– Isso, eu não sei, mas que seja logo, pela graça de Deus.

– E se a Alemanha for vitoriosa como tudo indica que seja? Você nunca mais poderá pôr os pés aqui.

– A Alemanha nazista não pode ganhar, Ítala. Se o ideal é transformar o mundo num mundo melhor, que seja de uma forma positiva e não por meio de assassinatos brutais, de uma guerra, enfim, injusta e sanguinária.

Ítala foi até o irmão, beijou-lhe a testa e desejou-lhe boa sorte. Pietro entrelaçou sua mão à dela, beijou-a efusivamente e agradeceu.

– Tenho de partir o quanto antes. Enquanto ainda tenho autoridade para sair e entrar da Alemanha e em qualquer outro canto da Europa.

– E quando será isso?

– Amanhã pela manhã. Irei de trem, fazendo baldeações até chegar a Portugal. Partirei ainda bem cedo, para chegar a tempo de pegar o próximo navio para o Brasil.

Ítala repetiu o beijo que terminou num abraço caloroso e com muitas lágrimas, riscando a face dos dois.

– Vou sentir saudade de você, Pietro.

– E eu de você, maninha. Mas será um sacrifício por uma boa causa. Um meio de me redimir dos pecados que cometi dentro do nazismo.

– Não se esqueça de mim. E Pietro, por favor. Volte logo.

– Voltarei. Com a graça de Deus, voltarei.

Os dois tornaram a se abraçar forte e calorosamente. Pietro então recuou, enxugou as lágrimas e se dirigiu à porta.

– Antes de embarcar, pretendo ver o papai e a mamãe em Penedo.

Ítala sorriu.

– Eu imaginei que faria isso.

– Não poderia partir sem vê-los.

– Eles não permitirão que você parta para um continente distante por causa de uma moça que mal conhece.

– Conheço muito bem o papai e a mamãe e sei que me compreenderão.

– Dê a eles minhas lembranças.

– Darei, maninha.

Na manhã do dia seguinte, assim que o sol raiou, Pietro e Caroline chegaram à estação de trem, sem problemas.

Depois de apresentar os devidos papéis, um deles forjado, alegando que Caroline estava sendo transferida para o país seguinte a pedido de um laboratório sob o domínio nazista para ser usada como cobaia em experiências médicas*, o que de fato acontecia, eles entraram no vagão.

O oficial que verificou os papéis, devido ao tumulto e o fato de Pietro ser um nazista de alto escalão não se ateve a muitas perguntas tampouco suspeitou de algo.

E lá foi o trem, seguindo seu caminho, atravessando países sob um céu de esperança.

---

*Além das matanças maciças, os nazistas realizaram experiências médicas em prisioneiros, incluindo crianças. O Dr. Josef Mengele, era chamado de *Anjo da Morte* pelos prisioneiros do campo de concentração de Auschwitz pelos seus experimentos cruéis e bizarros. Esta crueldade só veio a ser totalmente conhecida depois do fim da guerra. Todavia, já se sabia que os judeus estavam sendo mortos em grande número por meio dos fugitivos dos campos de concentração e extermínio. (N. do A.)

Capítulo 4

Ao chegar em Portugal, Pietro rumou direto para a casa dos pais.

– Filho! – exclamou Aretha feliz por ver o temporão.

– Olá, mamãe – beijou-lhe o rapaz, afetuoso.

A seguir cumprimentou o pai com um grande abraço.

– Que surpresa agradável, filho...

A frase foi encerrada com um "Ah!" de espanto ao avistar Caroline parada rente à porta de entrada da casa.

– Mulher – disse Primízio para a esposa –, há uma moça aí...

Aretha enviesou os olhos e espiou a porta. Pietro achou por bem explicar:

– Papai, mamãe, esta é Caroline, ela está comigo.

Aretha olhou assustada para o filho. Pietro puxou a moça para dentro da casa e fez as devidas apresentações.

Aretha, depois de muitos anos, estava novamente de frente para aquela que fora sua irmã na vida passada. Quando os olhos de ambas se encontraram as almas se reconheceram. Aretha arrepiou-se tanto quanto Caroline. Os olhos das duas se encheram d´água e o coração pareceu uma esponja, só que ao invés de absorver água absorvia a emoção, inchou, inchou até ficar do tamanho do peito.

Primízio também sentiu forte emoção ao se ver de frente para a moça com síndrome de Down.

– Quem é ela, Pietro? – perguntou Aretha, caindo em si novamente.

– Ela, bem... – Pietro suspirou –, é uma longa história. Sente-se, vou lhes contar tudo. Antes, porém, nos sirvam um copo d'água.

Assim foi feito. Logo após umedecer a boca e a garganta, Pietro Ludendorff Freitas contou aos pais todo o seu envolvimento com o nazismo até encontrar Caroline.

– Esta moça mudou a minha vida, mamãe – confessou ele, ao término da narrativa.

A mãe, boquiaberta, perguntou:

– E você pretende fugir com ela para o Brasil, para protegê-la?!

– Para proteger a mim também, mamãe. Agora que sou um desertor do partido nazista, que acoberto uma das vítimas do programa T4, preciso ficar bem longe, como um coelho escondido numa toca, se eu não quiser ser fulminado pelos nazistas.

Aretha refletiu antes de voltar a falar:

– Não sei, sinceramente não sei, se foi bom você ter encontrado esta moça.

– Caroline?! É lógico que foi. Se não fosse ela, eu ainda estaria tomando parte de um assassinato em massa. Um assassinato cruel e desumano.

– Mas, por causa dela você acabará morando longe de nós.

– Por causa do nazismo, mamãe. Não por causa de Caroline.

– Eu não sei...

– É muito tarde para eu voltar atrás, mamãe. Assim que os alemães souberem o que fiz, vão me caçar pela Europa, dar prêmio para quem conseguir a minha cabeça. O primeiro lugar que vão procurar será aqui, por isso, aqui, também não posso ficar!

Aretha, olhos lacrimejantes, desabafou:

– Sinto-me angustiada por saber que você ficará morando tão longe de nós, Pietro.

– Não será para sempre, mamãe.

– Mesmo assim... Ah, filho, não queria ter você longe de mim.

– Nenhuma mãe quer ter um filho longe dela, mamãe. Um pai, tanto quanto, mas, às vezes, é preciso...

247

Aretha voltou-se para o marido e indagou, brava:

– E você, Primizio, não fala nada? Vai ficar mudo até quando? O homem encolheu o pescoço entre os ombros e fez uma careta:

– De que adiantaria? Nosso filho já traçou seu destino, só nos resta aceitar.

Aretha levantou-se, começou a andar de um lado para o outro enquanto palavras tomadas de revolta e indignação escapavam-lhe da boca:

– Essa guerra maldita, separando pais dos filhos, isto não está certo.

Voltando os olhos para Caroline que permanecia sentada numa poltrona, quieta, olhando com discrição para todos, Aretha completou:

– Como se não bastasse a guerra, agora tem esta moça...

Pietro foi até a mãe, envolveu-a em seus braços e argumentou:

– Calma, mamãe. Conhecendo bem a senhora como conheço, sei que faria o mesmo por alguém nas condições de Caroline.

Aretha voltou a olhar para a moça antes de opinar:

– Será mesmo que eu seria capaz de...

– Seria – adiantou-se Pietro –, tenho a certeza de que seria. É uma alma boa. Uma alma capaz de tudo pela bondade.

– Nesse ponto você tem razão, Pietro – admitiu Aretha, vertendo lágrimas.

– Então...

Foi difícil para Aretha aceitar a partida do filho amado para o Brasil, ainda mais levando consigo uma estranha que não lhe parecia ser tão estranha, pois toda vez que olhava ou pensava nela tinha a sensação de conhecê-la de longa data.

Primízio também teve a mesma sensação, mas pouco falou a respeito. Se ambos tivessem conhecimento sobre o processo de reencarnação, compreenderiam melhor o que sentiram, o porquê se

248

uniram à moça com síndrome de Down chamada Caroline. Perceberiam então, que a vida não é tão misteriosa quanto parece.

Enquanto isso na Alemanha, Eva procurava por Pietro na sua casa. Ela já havia ido atrás dele na sede do Programa T4, perguntado sobre ele a Viveck e quando não o encontrou, decidiu ir até sua casa para saber seu paradeiro.

– Pietro não está, Eva – respondeu Ítala com certo constrangimento.

– Ele não apareceu no trabalho hoje – comentou a moça, espiando por cima do ombro da dona da casa.

– Não?! – Ítala fingiu espanto. – Então deve ter tido algum outro compromisso.

Eva estudou bem o semblante de Ítala e perguntou:

– Você está me dizendo a verdade, Ítala?

– Estou. Por que eu haveria de mentir para você?

– É exatamente isso que disse para mim mesma. Mesmo assim, cuidado, Ítala. Se os nazistas descobrem que mentiu pode ser punida com a morte.

– Eu sei, Eva. Sei bem do que o nazismo é capaz. Até mesmo Jesus Cristo seria punido se fosse contra o partido.

Eva partiu, cabreira. Considerando que Pietro pudesse ter fugido do país, achou melhor denunciá-lo às autoridades nazistas antes que conseguisse ir muito longe. Ela estava fula da vida com ele, por ele ter terminado tudo tão friamente e pelos motivos apresentados. Por ter também questionado os ideais nazistas que, a seu ver, eram incontestáveis.

De volta a Portugal...

Aretha encontrou Caroline sentada ao sofá, brincando, distraída com o babado da almofada. Parou para observá-la, tentar encontrar na sua pessoa o que o filho viu e foi capaz de transformar a sua vida. Quando Aretha deu por si, Caroline estava olhando para ela. A mulher se aproximou do sofá e sentou-se ao seu lado.

– Quem é você? – perguntou baixinho mais para si mesma do que propriamente para a moça ao seu lado.

Caroline, olhos atentos a ela, levou sua mão até seus cabelos e os acariciou.

– O que foi? – quis saber Aretha, engolindo em seco.

A moça parecia estar falando com ela por meio do olhar, agora, cheios d'água.

Aretha acariciou o rosto de Caroline e disse com voz embargada:

– Você entrou na vida do meu filho, mudou sua história como a guerra está mudando a vida de muita gente.

Os olhos de Caroline, fixos aos de Aretha lhe provocavam sensações incoerentes...

– Eu não estou feliz por você estar levando o meu filho para longe de mim... Mas talvez essa seja a única escapatória para ele... Sua única salvação diante de tudo com que ele se envolveu.

Na hora da despedida, Pietro pediu carinhosamente a mãe:

– Não chore, mamãe. Apenas me deseje boa sorte.

Aretha procurou se controlar e atendeu ao pedido do filho. Primízio imitou seu gesto. Assim que o rapaz partiu com Caroline para o porto, Aretha se abraçou ao marido e falou:

– Segure-me, Primízio. Segure-me para eu não cair...

– Ele volta, Aretha. Não se amofine.

Era visível o esforço que Primízio estava fazendo para não chorar.

– É tão difícil ter os filhos morando longe... nós em meio a essa guerra insana...

– Sejamos otimistas, meu bem. Deus está conosco. Não percamos a fé.

No porto, pouco antes de embarcar no navio, uma alemã de cabelos muito claros, rosto avermelhado, olhos azuis profundos, vermelhos de tensão, chegou em Pietro, acompanhada de seu filho, nascido nas mesmas condições de Caroline.

A mulher olhou bem para ele e lhe fez um pedido muito sério.

– Meu senhor.

– Pois não?

– Parte para o Brasil, não?

– Sim. Posso saber por que o interesse?

A mulher, começando a lacrimejar, respondeu:

– O senhor se importaria de levar meu filho com o senhor para lá?

O pedido deixou Pietro estarrecido.

– Por que, minha senhora?

– Porque se comenta pelos quatro cantos da Alemanha o que os nazistas estão fazendo com todos aqueles que nasceram nas mesmas condições do meu filho e de sua irmã.

A mulher pensou que Caroline era irmã de Pietro.

– E o que os nazistas estão fazendo, minha senhora?

– Executando um por um. Sem dó nem piedade. Assim que soube, fugi da Alemanha com meu filho e vim me esconder aqui em Portugal. Mas sei que logo a Alemanha nazista invadirá este país e todos que são iguais ao meu filho amado, padecerão como estão padecendo na Alemanha.

Pietro, olhos abobados, perguntou com voz profunda e gutural:

– A senhora seria capaz de se separar do seu filho?

A mulher, olhos saltados de emoção e lágrimas, respondeu sem titubear.

– Para salvá-lo, sim, e o se o senhor fosse pai, faria o mesmo, acredite-me.

A inflexão que emprestou à voz demonstrava claramente seus sentidos.

Pietro sacudiu a cabeça em sinal de compreensão e voltou o olhar para o filho da alemã.

– Qual o nome dele?

A mulher olhou para o filho, beijou-lhe a testa e respondeu, sentindo grande orgulho:

– Raul. O nome dele é Raul.

Olhando para o rapaz, para aqueles olhos castanhos que pareciam conhecidos de longa data, Pietro sentiu um arrepio gelado descer-lhe pela espinha.

Voltou somente à realidade com o som da voz da alemã, implorando-lhe novamente que levasse o filho amado com ele.

Ele tomou ar, mirou os olhos dela com compaixão e declarou:

– Está bem, ele irá comigo.

A mulher fechou os olhos enquanto era sacudida por um choro profundo. De seus lábios a palavra "Obrigada" se repetia suave e sincera.

Pietro pousou a mão no ombro dela e procurou dizer-lhe algo que a confortasse naquele momento. Ela reabriu os olhos, enxugou-os com a ponta dos dedos e procurou sorrir.

– Preciso do seu endereço, minha senhora.

A mulher fez ar de espanto.

– Para quê?!

– Para que eu possa levar seu filho de volta até a senhora quando a guerra acabar. Ou melhor, quando a Alemanha for derrotada.

Os olhos da mulher abriram-se um pouco mais.

– O senhor acha mesmo que a derrota será da Alemanha? Eles nos parecem tão fortes.

– A maldade sempre parece ter mais força no início, mas é só no início, depois enfraquece até se tornar um mero fato da história do mundo.

A mulher assentiu, anotou o endereço num pedaço de papel e agradeceu a Pietro mais uma vez.

– Obrigada, obrigada por tudo que está fazendo pelo meu filho. Que Deus lhe retribua esse gesto tão solidário.

Pietro agradeceu a senhora que se voltou para o filho e disse:

– Raul, meu amado, vá com esse homem bom. Ele o protegerá, acredite. Vamos ter de ficar um tempo longe um do outro, mas é só

252

por um tempo... Assim que tudo voltar ao normal você volta e juntos, outra vez, estaremos.

O rapazinho grunhiu ao ser envolto pelo abraço carinhoso da mãe.

Ao ouvir o apito do navio, Pietro interferiu na despedida de mãe e filho.

– Precisamos ir, o navio já vai partir.

A mãe afastou-se do rapaz, procurou sorrir para ele e o entregou a Pietro.

O rapazinho novamente grunhiu. Um grunhido de desespero por ter de separar da mãe que tanto amava. Diante da inevitável separação, a mãe achou melhor partir enquanto tinha coragem, um minuto a mais seria capaz de mudar de ideia o que não poderia acontecer se quisesse salvar a pele do filho.

Com firmeza, Pietro pegou no braço do rapaz e o encaminhou até a rampa que dava acesso ao navio. Raul ainda olhava para trás, para a plataforma tomada de pessoas embarcando e assistindo ao embarque, em busca da mãe que tanto amava e da qual foi obrigado a se separar.

Diante de seu desespero, Pietro pousou ambas as mãos em seus ombros, com toque firme, porém, bondoso e disse:

– Acalme-se, Raul, por favor. Prometo que estando ao meu lado nada de mau irá lhe acontecer.

O moço soltou novamente um grunhido. Foi então que Caroline pegou no braço de Raul e sorriu querendo lhe transmitir algum conforto. Ele se acalmou e, obedientemente, começou a subir a rampa do navio seguido por Pietro e Caroline.

Não muito longe dali, a mãe de Raul assistia à partida do filho, escondida atrás de uma pilastra nas imediações, para evitar que ele a visse e, com isso, criasse dificuldades para seguir viagem.

Seu coração batia acelerado no peito. Ter de se separar de um filho, ainda mais de um que tanto amparo precisava dela, era dolorido demais. Ser obrigada a entregá-lo a um desconhecido, para

253

levá-lo para um país, sem ter endereço certo, sem ter a certeza de que um dia poderia revê-lo, era uma tortura. Mas o sacrifício valeria a pena, permitiria a sua sobrevivência. E isso é o que ela mais queria. O navio apitou pela última vez.

– Já está na hora de partirmos – murmurou Pietro.

Uma pontada atingiu seu coração ao se lembrar das crianças, adolescentes e adultos sendo mortas pelo Programa T4 e ele de mãos atadas, querendo muito fazer algo por elas, sem ter como. Para seu consolo, ele salvara pelo menos uma delas, ainda assim era vergonhoso para ele ter salvado tão pouco.

De algum modo misterioso, o destino pusera sob os seus cuidados uma outra, que certamente também seria morta pelo programa.

Ao perceber o movimento do navio, Raul soltou um novo grunhido. Voltou-se para os lados em busca da mãe e por não vê-la desesperou-se novamente.

– Calma! – pediu Pietro, alisando os cabelos do rapaz. – Muito em breve você estará novamente com sua mãe.

Do deck do navio os três ficaram apreciando o porto se afastar conforme o navio ganhava o mar. Pietro daria devotas graças aos céus, quando estivesse novamente em terra firme, onde pudesse viver ao lado dos dois que agora estavam sob a sua total responsabilidade.

A tristeza que se via nos olhos de Raul era de partir o coração. Sua atitude era furtiva, vez ou outra levantava os olhos, dando rápidas olhadas para um lado e para o outro, mas sem jamais focar os olhos de alguém ou coisa alguma.

Pietro estudava o rapaz com interesse. Sorria para ele, caridosamente, sem receber um sorriso em troca.

– Você estará bem ao meu lado, Raul. Acredite! – assegurou Pietro mais uma vez. – Logo, muito logo, se Deus quiser, você voltará a se encontrar com sua mãe. Eu prometo.

Finalmente ele conseguira tirar do menino um sorriso, ainda que sutil, mas o primeiro sinal de trégua.

– É verdade... – continuou Pietro, ainda que soubesse que aquilo tardaria a acontecer – um dia...

O menino, olhando-o de modo travesso, interrompeu-o:

– Mamãe...

E antes que Pietro pudesse dizer alguma coisa, Raul começou a bater palmas com entusiasmo enquanto repetia a palavra "mamãe" com grande euforia.

Foram dias e noites exaustivas em alto mar, um período que aproximou Raul, Caroline e Pietro, permitindo que se tornassem grandes amigos. O ex-nazista contava suas histórias de menino, cheias de bom humor para aqueles que agora seguiam sob a sua proteção e Raul e Caroline se divertiam um bocado com elas.

Quando a saudade apunhalava o coração de todos, especialmente de Raul, Pietro o abraçava, dizia-lhe palavras de conforto, procurando levantar o seu astral.

E foi assim que os três foram parar no Brasil, aportando em Santos e seguindo depois para São Paulo.

Capítulo 5

A primeira atitude que Pietro tomou ao chegar ao Brasil foi conseguir uma casa modesta para alugar onde pudesse morar com Caroline e Raul.

Depois de devidamente instalados, contratou uma senhora para limpar a casa e ficar com os dois enquanto ele estivesse fora. A atitude seguinte foi procurar um emprego, o que conseguiu numa padaria. O salário não era grande coisa, mas com as economias que levou consigo daria para manter seu orçamento mensal. E para encerrar foi obter mais informações sobre o Espiritismo.

Não deixara de frequentar a igreja católica na qual fora batizado, continuava indo todos os domingos à missa como sempre fizera na Alemanha, mas queria saber mais sobre reencarnação por acreditar que fosse uma descoberta que poderia preencher as lacunas que sua Igreja deixava abertas. Responder às perguntas às quais ela não lhe respondia convincentemente.

Logo foi informado de que na cidade havia diversos Centros Espíritas, não muitos, mas pelo menos um em cada bairro e que a cada ano, novos locais eram fundados.

Nesse ponto, já sabendo que todos nós, somos acompanhados por amigos espirituais, Pietro deixou que eles o guiassem, o levassem ao Centro mais apropriado para ele. Assim fizeram.

A entrada do local* era decorada com plantas e flores. Foi recebido à porta por um senhor de aspecto simpático que, sem perceber, tratou Pietro como se fosse um velho conhecido.

256

– Quanto tempo não o vejo, meu caro! – saudou o homem com grande alegria e abrindo os braços para abraçá-lo.

Pietro retribuiu o abraço caloroso, igualmente. O homem, chamado por todos de Sr. Pimenta, afastou-se, mirou os olhos do visitante e meio minuto depois sua expressão facial mudou.

– Ora, desculpe-me... – disse. – Esqueci seu nome.

Pietro pensou que ele ia pedir desculpas por tê-lo confundido com uma outra pessoa e antes que ele dissesse seu nome, o homem falou:

– Seu nome é Pedro, não?

Pietro, surpreso, respondeu:

– Pietro.

Um sorriso bonito escapou dos lábios do senhor simpático.

– Pietro, sim... E pelo seu sotaque percebo que é português.

– Sim. Português e alemão. Papai é português, mamãe, alemã. Residem em Portugal, atualmente, e eu residia na Alemanha.

– Pois bem... pois bem... – brincou o homem imitando o sotaque português. – Seja muito bem-vindo. O que o traz ao Brasil, ou melhor, a um Centro Espírita?

– Ao Brasil, digamos, uma missão de vida. Quanto ao Centro, quero ampliar meus conhecimentos sobre a vida. A vida como ela realmente é.

– Pois seja muito bem-vindo, Pietro.

Daí a pouco, Pietro foi levado até uma sala, na qual viu uma senhora sentada numa cadeira de madeira simples junto a uma mesa tão simples quanto a cadeira. Seu cabelo grisalho fora penteado de forma harmoniosa e o rosto tinha um rosado dos trópicos.

---

*A maioria dos espíritos que regiam aquela casa espírita, apesar dos diferentes graus de evolução, eram capazes de receber todos os tipos de pessoas, sem constrangimento ou preconceito, porque já haviam compreendido que ser diferente é ser VIDA REAL. Porque a vida é feita de diferenças. Com semelhanças, sim, igualdade, jamais! (N. do A.)

Ao vê-lo, a senhorinha levantou-se e estendeu-lhe a mão.

Pietro apertou-a e sorriu.

– Bom tê-lo conosco, filho – disse ela em tom simpático. – Meu nome é Benedita Menezes.

Dona Benedita era uma das fundadoras do local.

– O meu é Pietro.

– Pietro... Seja muito bem-vindo. Sente-se, por favor.

Assim ele fez.

Ao mudar a cabeça de lugar, a senhora pôde ver, com mais atenção, através das lentes de seus óculos, os olhos de um azul profundo do visitante, observando-a inteligentemente.

O senhor que atendera Pietro à porta repetiu suas palavras dando grande significado a elas:

– Pietro veio ao Brasil para cumprir uma missão de vida, Benedita. E está aqui porque quer ampliar seus conhecimentos sobre a vida. Saber da vida como ela realmente é.

A senhorinha assentiu.

– Estamos a seu dispor.

Pietro contou, a seguir, repetindo mais devagar certos trechos da narrativa para poder ser melhor entendido por dona Benedita e seu Pimenta, o que o trouxe até o Brasil. O que o fez abandonar o nazismo e perceber que seria mais útil salvando vidas do que tirando-as.

Ao término, tanto dona Benedita como seu Pimenta estavam emocionados, com lágrimas nos olhos. A seguir, Pietro contou sobre o Livro dos Espíritos que comprou na França, quando morou lá para aprender francês. Do interesse sobre o assunto por parte de dona Helga Mentz, uma vizinha que conheceu depois de mudar-se para Berlim. E falou também do interesse de Ítala sobre a doutrina.

– Todos, no íntimo, querem saber mais sobre a vida, filho – explicou dona Benedita. – O Livro dos Espíritos esclarece muito sobre ela, por isso nos apaixonamos por ele. O Livro dos Médiuns também nos revela muito sobre a vida, pela qual todos anseiam e cujos mistérios procuram compreender.

– Livro dos Médiuns?! Desse eu nunca ouvi falar – comentou Pietro, interessado.

– Nele o Espírito da Verdade, por meio de Allan Kardec, fala de mediunidade. O que são os médiuns, como se desenvolve a mediunidade, o respeito que devemos ter por ela e etc.

– Mediunidade? Como assim?

– Médium é aquele que tem a habilidade de se comunicar com os que estão do outro lado da vida, ao que chamamos de Plano Espiritual.

– Comunicar-se com os mortos, a senhora quer dizer?

– Eu não diria "mortos", meu querido, pois morto ninguém nunca realmente está.

As sobrancelhas de Pietro se arquearam.

– É verdade, Pietro. Morte só existe para o corpo físico. O espírito ou alma, como também podemos chamar, jamais morre. Morte é a palavra que usamos para descrever o desmembramento físico do espírito. É também usada como antônimo de nascimento.

Ao contrário do que muitos pensam, morte não é antônimo de VIDA. Para a VIDA não existe antônimo, pois vida é sempre VIDA.

Pietro deu sinais de estar revirando tudo aquilo na cabeça, por isso dona Benedita se silenciou. Algum tempo depois, ele compartilhou com a senhora uma hipótese.

– A senhora acha que eu e Caroline tivemos alguma ligação na vida passada? Só podemos, não? Afinal, como explicar todo esse amor que eu sinto por ela?

– Não foi só com ela que você teve uma grande ligação no passado, Pietro.

– Não?!

– Não. Teve também com o mocinho, o que se chama Raul e que agora está sob os seus cuidados.

– Não havia pensado nisso.

– Você também sente grande carinho por ele, não?

259

– Sim. Muito. É como se ele e Caroline fossem...

– Seus filhos?

Ele riu.

– É isso mesmo.

– Compreendo – respondeu ela ajeitando os óculos sobre o nariz.

Após breve pausa, Pietro continuou:

– Depois de ler sobre vidas passadas comecei a refletir a respeito.

Dona Benedita o encorajou a prosseguir.

– Em meio às reflexões me perguntei: se vivi outras vidas, se venho de uma vida anterior a esta, o que me levou a reencarnar nestas condições? A me tornar o que sou hoje? O que fiz em vidas passadas que me levaram a viver as experiências que vivo hoje?

– Atrair as experiências que você vive hoje – acudiu dona Benedita – porque a vida é um reflexo de nossas atitudes.

– Pois bem... O que tenho de viver para reparar erros passados bem como evoluir?

– São questões interessantes, não? Todos, no íntimo, as fazem, só que poucos percebem quando a vida responde às nossas perguntas. E ela sempre responde e podemos conferir por meio da reflexão, ou meditação, como queira.

Quando vemos uma pessoa irritada ou agressiva, julgamo-la e condenamos por seu emocional caótico. Poucos param para observar, tentar compreender o porquê de ela estar emocionalmente abalada. Algo, certamente, aconteceu para deixá-la naquele estado. O mesmo com relação à vida.

Pietro apreciou intimamente a explicação. Dona Benedita continuou:

– Nem sempre é possível saber, de uma forma ou de outra, com detalhes ou não, o que fomos numa vida passada e que elo nos une às pessoas que conhecemos e nos acompanham ao longo desta vida atual. Na maioria dos casos é quase impossível, pelo menos enquanto na Terra. Mas não tem problema, o que importa é viver da melhor forma possível para que num futuro próximo, no Plano Espiritual, quando tudo será revelado, pois tudo sempre é, fiquemos contentes conosco por termos refeito laços e, com isso, galgado novos passos na escala da evolução.

Dona Benedita, de quem Pietro ficou grande amigo, terminou o encontro fazendo um convite:

– Quero levá-lo para jantar em casa, neste fim de semana, para experimentar um pouquinho da comida brasileira. A minha especialidade é comida mineira.

– Fico lisonjeado pelo convite, mas...

– Qual é o problema, filho?

– Não posso deixar Caroline e Raul sozinhos. A moça que contratei para cuidar deles não trabalha nos fins de semana.

– Traga os dois com você. O meu convite é extensivo a todos.

"Deveria?", perguntou-se Pietro em silêncio.

A frase seguinte de dona Benedita foi como se ela tivesse ouvido o que ele pensou:

– É lógico que deve.

– Não sei como eles vão se comportar...

– Você só saberá lá. Só sabemos o que é vida, vivendo. O que é o amor, amando. O que é a paixão, apaixonando-se. O que é decepção, passando por uma. O que é solidão, ficando só.

É preciso viver a vida em cada detalhe para conhecê-la a fundo e, também, a nós mesmos. Somente vivendo, sabemos quem somos no íntimo, até onde vai nossa bondade, a nossa capacidade de amar e perdoar, sorrir e de ser feliz, bem como a nossa capacidade para maltratar, ferir a nós mesmos e aos outros.

– Estarei lá, com Caroline e Raul – concordou Pietro, alegremente.

Depois das despedidas, Pietro partiu, envolto naquela alegria marcante que sentimos, quando fazemos um novo amigo. Um amigo para acrescentar e não para subtrair alegrias.

No dia e hora marcada, lá estava Pietro acompanhado por Caroline e Raul, na casa de dona Benedita Menezes e sua família: o marido e dois filhos casados. Seu Pimenta também foi ao jantar a convite da amiga.

Pietro sentou-se na minúscula sala de estar, com seus estofados desbotados e seus enceradíssimos móveis em estilo colonial. Era uma sala modesta, mas que merecia toda a sua aprovação. Aquilo que em sua mente, Pietro chamava de uma sala feminina.

Pietro sentiu-se curiosamente íntimo da casa. Teve a impressão de que Raul e Caroline também sentiram o mesmo.

A conversa durante o jantar foi agradável, brilhante, uma deliciosa conversa de amigos, de pessoas que se querem muito bem.

Pietro ficou admirado com a paciência de dona Benedita e de seus familiares para com Caroline e Raul. Nunca vira os dois tão felizes.

Todos se fartaram dos deliciosos pratos que dona Benedita preparou para a ocasião. Couve mineira, mandioquinha frita, torresmo, o melhor, enfim, da culinária mineira.

Numa das reuniões no Centro, Pietro teve a oportunidade de ser apresentado à família Figueiredo. Em especial, a Lizandra Figueiredo, moça bonita, de corpo delgado, rosto singelo, cabelos ondulados. Foi quando entrou na sala para tomar o passe que ambos se conheceram.

– Boa noite – cumprimentou ele com seu forte sotaque português arranhado de alemão.

Havia algo, algum leve traço de embaraço em sua voz que fez com que Lizandra rapidamente o olhasse com mais atenção.

– Boa noite – respondeu ela, por fim, com súbita timidez.

---

*Logicamente que para facilitar a leitura estamos descrevendo somente algumas pessoas que tomaram parte desta história, seria complicado detalhar todos. (N. do A.)

Os olhos de ambos se prenderam um ao outro por uns segundos.

– Sente-se – pediu ela, quebrando a paralisia momentânea dos dois.

Ele deu um sorriso sem graça e fez o que ela lhe pediu. Ela então impôs as mãos sobre a sua cabeça e deu início ao passe*. Ao término da sessão de passes, dona Benedita apresentou a Pietro a família Figueiredo. Diante de Lizandra, Pietro, sorrindo explicou:

– Eu e ela já tivemos a oportunidade de nos conhecermos durante o passe.

– É mesmo?! Que maravilha! – exclamou o pai com seu vozeirão retumbante.

A seguir, o homem quis saber detalhes sobre a vida de Pietro.

– Essa guerra precisa ter fim o quanto antes – opinou o homem, com sua voz possante.

– Deus o ouça, meu marido – atalhou sua esposa.

Despedidas foram feitas, e assim que a família Figueiredo partiu, dona Benedita notou que algo havia tirado Pietro do prumo.

– O que foi? Você me parece ligeiramente preocupado.

Ele, em meio a um risinho tristonho respondeu:

– Não é bem preocupação... Não sei explicar ao certo o que é... o que foi... é mais uma sensação...

– Boa?

– Boa e ruim ao mesmo tempo. Surgiu de repente, logo após eu receber o passe.

Ele se silenciou por instantes, por fim perguntou:

– A moça, digo, a filha daquele casal que a senhora me apresentou. Como é mesmo o nome dela?

– Lizandra.

---

*O passe, prática espírita, consiste na imposição das mãos de um indivíduo sobre outro para canalizar "fluidos" ou "energias" benéficas de bons espíritos para essa pessoa. (N. do A.)

Ele repetiu o nome em silêncio. Dona Benedita aguardou uns segundos para perguntar:

– Foi ela quem lhe provocou essa sensação estranha, não foi?

– Foi, sim.

– Pode ser amor...

– Amor? Não... eu...

– Falaremos mais a respeito daqui a algumas semanas. Algo me diz que vocês vão acabar se conhecendo melhor daqui para frente, digo, nas próximas reuniões.

Pietro achou estranha a previsão e a segurança com que dona Benedita falou, por outro lado ficou deveras empolgado. Ainda que temesse se apaixonar novamente por receio de vir a sofrer como sofreu por Eva, ele precisava se lembrar que cada envolvimento era uma história diferente da outra.

Enquanto isso, a segunda guerra mundial continuava sua carnificina, fazendo vítimas e mais vítimas inocentes, destruindo lares, paixões, levando horror e caos a todos. Provocando muita dor e revolta, envergonhando as páginas da história da humanidade.

Uma semana depois acontecia um novo encontro de Pietro com Lizandra Figueiredo no Centro Espírita que frequentavam.

Ao vê-la, entrando no local, o moço, levantando-se com agilidade a cumprimentou.

– Boa noite. Como tem passado?

– Boa noite – disse ela, olhando-o de maneira aprovadora.

O sorriso dele ampliou-se.

"Tem os olhos notáveis", pensou Pietro enquanto ela falava. Um olhar que lhe despertava uma deliciosa curiosidade de desvendar seus mistérios.

"Que lindo par eles fariam", pensou ela. No entanto, somente o destino sabia dizer se os dois acabariam juntos ou não.

Ao perceber que ele se desapegara da realidade para dar atenção as suas conjecturas mentais, Lizandra perguntou:

– Não sente saudade do seu país?

Foi o suficiente para desencadear uma gostosa conversa entre os dois.

Na hora do passe, Pietro pediu gentilmente à coordenadora que o passe lhe fosse ministrado por Lizandra. A mulher lhe deu uma piscadinha, como quem diz: "Já entendi tudo!". E entendera mesmo. Por isso, logicamente, atendeu ao pedido do estrangeiro.

O único a ficar boiando naquilo tudo foi Pietro que não soube compreender porque a senhora lhe dera uma piscadela acompanhada de um sorriso maroto.

A sala, tomada de entidades do bem, desencarnados, derramava fluidos de harmonia e libertação sobre os que recebiam o passe.

O trabalho integrado entre encarnados e desencarnados era sempre feito com muita alegria e disposição, principalmente, da parte dos desencarnados, pois só mesmo no plano espiritual é que se torna mais do que claro, já que não há matéria para se apegar, que o verdadeiro apreço, paixão e admiração que devemos ter na vida é mesmo pelo próximo, pois ele é uma extensão de nós mesmos. Fazê-lo feliz é se fazer feliz. Fazer-lhe o bem é se fazer o bem. É estender esse bem à humanidade e ao universo infinito.

No plano espiritual não há mais valores tão sem valores como os alimentados na Terra. Não há mais salão de beleza para gastar horas e horas com seu cabelo que considera uma das maiores preciosidades da vida. Não há mais a preocupação de deixar seu cabelo o mais belo do mundo para competir com as colegas.

Não há mais joias, colares, pulseiras e brincos para serem mais valorizados do que a VIDA em si. Nem competições para provar quem é melhor para se achar superior ao próximo.

Nem a preocupação em ter uma casa ou um carro melhor do que o do parente, do amigo ou do vizinho para se sentir melhor do que ele ou não inferior a ele. Não há por que lutar por status para alcançar destaque na sociedade.

Há, somente, enfim, nós em essência e na essência podemos ver com maior clareza o que realmente tem valor na vida, o que realmente merece nossa apreciação.

É lógico que mesmo lá, uns não conseguem se desapegar da matéria e, por isso, sofrem horrores ao se verem ali num local onde ela não existe e não tem importância alguma. É difícil mesmo descobrir que se valorizou algo além do seu devido valor. Mas a vida ensina e um dia liberta todos dessa estreita visão de vida para viverem finalmente a verdadeira grandeza da vida.

Não que a matéria seja ruim, ela é importante, mas para nos facilitar e embelezar a vida não para nos tornar escravos dela. O mesmo com relação ao dinheiro e à paixão.

Enfim, o Centro Espírita em questão era um local repleto de forças superioras centradas no bem maior de todos. Daí a razão por tão grandiosa sensação de paz e de alívio aos que ali frequentavam.

Naquela noite, Pietro voltou para a casa onde vivia com Caroline e Raul pensando em Lizandra, na agradável conversa que tivera com ela e que servira para aproximar os dois. Ele estava encantado por ela da mesma forma que ela se encantara por ele. A paixão começava a transbordar em seus corações, provocando aquela sensação de euforia e paz que só a paixão desperta em nós.

Ao chegar a casa, a moça que cuidava de Caroline e Raul reclamou com Pietro de sua demora. Ele pediu-lhe mil perdões e compensou sua demora com uma gorjeta *gorda*. Diante do dinheiro, ela sorriu e partiu apressada.

Pietro então beijou Caroline que tentou lhe dizer algo.

– Você pode repetir mais devagar o que disse, Caroline? – pediu ele, apurando os ouvidos.

– Raul – tornou ela com dificuldade. – Raul quer falar com o senhor.

– Ah, sim! Onde está ele? Raul?

O moço saiu do quarto e foi até a sala.

– Olá, Raul. Você quer falar comigo? – perguntou Pietro, deixando transparecer aquele carinho de pai em sua voz. – Chegue mais perto de mim, por favor.

Pietro abriu os braços, convidando o rapaz para um abraço. Mas Raul não se moveu, continuou olhando com raiva e suspeita para ele.

– O que foi, Raul? Pode dizer...

O rapaz avançou rapidamente e agarrou-o pela manga do casaco.

– O senhor... mamãe... – balbuciou, afogueado.

Não era preciso dizer muito, Pietro soube imediatamente aonde ele queria chegar. Raul queria saber da mãe, onde estava ela, porque ainda não voltara para a casa, para o seu lado.

Pietro ia responder aquilo que achou mais adequado, mas um pigarro atrapalhou sua fala. Foi preciso limpar a garganta para manter a voz.

– Você quer saber onde está sua mãe, não é? Porque anda demorando tanto para voltar a vê-la. É isso?

O menino tornou a ficar um pouco mais rígido. Pietro continuou tentando contornar a situação.

– Pois bem, Raul. Você terá de ter um pouco mais de paciência para poder viver esse tão almejado encontro. Mas ele acontecerá. Esteja certo disso. Com a graça de Deus ele acontecerá.

O mocinho se manteve ereto, lábios apertados, tomados de tensão.

– Você pensa que eu também não sinto saudade de minha mãe? Sinto, sim. Muita. Eu a amo tanto quanto você ama a sua. Minha mãe Aretha é tão maravilhosa quanto a sua, Raul.

Os olhos do rapaz deram o primeiro sinal de trégua. Havia agora interesse da sua parte pelo que Pietro dizia.

– Caroline também sentiria saudade da mãe dela se ela ainda estivesse viva. O que não quer dizer que não sinta saudade. Sente, sim. Não há na vida quem não sinta saudade de alguém, Raul.

267

Não há também como viver sem sentir saudade. Pois cedo ou tarde temos de nos separar de quem tanto amamos por questões diversas. Imprevisto ou motivos de força maior, ou pela morte. A vida é assim, o que se há de fazer? Por isso que está certo quem nos aconselha a amar como se não houvesse amanhã, gozar da companhia um do outro como se não houvesse amanhã, porque no amanhã poderemos não mais estar juntos. Pelo menos na Terra. No Cosmos, já é diferente. Pelo menos penso que é diferente.

O mocinho baixou a cabeça entristecido. Meio minuto depois, correu de volta para o quarto e se fechou ali.

Antes de ir atrás dele, Pietro voltou seu olhar para Caroline e pediu:

– Fique aqui, meu anjo. Vou conversar a sós com Raul. É melhor, para acalmá-lo.

Pietro abriu a porta do quarto com o máximo de cuidado. O rapaz estava estirado sobre a cama, chorando baixinho e com dificuldade, como se não fosse permitido chorar.

Pietro aproximou-se dele, sentou-se na ponta da cama e pousou a mão sobre o seu trapézio. Depois de massageá-lo um pouco deu-lhe um conselho de ouro:

– Pode chorar, Raul. Se tem vontade de chorar, chore.

Dito e feito, o rapaz liberou de vez todo o choro contido.

– Chore, sim – incentivou Pietro. – Pode chorar, meu querido. Não há vida sem lágrimas. Por meio delas nos libertamos um pouco da amargura, da opressão e do caos que vivemos em sociedade. Pode chorar...

Pietro acabou chorando com ele e Caroline os acompanhou. Ela não conseguira ficar na sala alheia ao que se passava ali.

Cinco minutos depois, os três estavam abraçados como um grupo de escoteiros. O pranto foi secando, secando, até restar apenas um alívio no peito.

Para alegrar todos e até mesmo a si próprio, Pietro teve uma grande ideia.

– Que tal estourarmos pipoca, hein?

Caroline e Raul se alegraram e seguiram com seu *anjo da guarda* para a cozinha. Logo, a casa estava cheirando a pipoca que foi saboreada com groselha. Foi mais uma noite que, apesar dos pesares, terminou feliz.

Pietro mostrou-se moderadamente satisfeito consigo mesmo por ter conseguido apaziguar o caos interior de Raul.

No dia seguinte, como usual, Pietro se despediu de Caroline e de Raul com um abraço e um beijo, à porta de sua casa que dava para a calçada.

– Passem bem o dia, meus queridos.

A moça contratada para limpar a casa, fazer comida, ficar de olho nos dois, desejou bom dia a Pietro e entrou com os dois.

Ao passar em frente à casa da vizinha, Carmelita Colombini, uma senhora que adorava ficar na janela que dava para a calçada, observando tudo e todos, pondo o bedelho em tudo e na vida de todos, comentou com Pietro, assim que ele passou por ela e lhe disse bom dia, fazendo um pequeno aceno com o chapéu.

– O senhor tem muita paciência.

Pietro travou os passos, recuou um, olhou para ela e perguntou, intrigado:

– Paciência?!

– Sim. Paciência de Jó.

– De Jó?! O que significa isso?

A mulher riu e explicou, a seu modo, logicamente, o significado.

Jó era um personagem do velho Testamento que sofreu muito. (Deus e o diabo fizeram uma aposta e muito sofrimento foi imposto a Jó para ver se ele mantinha sua fé mesmo com todas as adversidades). Bem, apesar de tudo ele se manteve paciente, perseverante e fiel a Deus e daí veio a frase.

Pietro, parecendo entendê-la, disse:

– Penso que essas crianças merecem toda paciência do mundo, minha senhora.

269

A mulher fez uma careta e falou:

– Graças ao bom Deus, elas têm o senhor. Outros não teriam tanta paciência assim. Muito me admira quem trabalha com crianças excepcionais.

Já é difícil, para não dizer, insuportável, ter de cuidar dos próprios filhos, muito mais dos filhos dos outros, pior ainda de uma criança excepcional e filha dos outros.

– Será mesmo que é tão difícil, minha senhora? Não está sendo radical?

– Estou é sendo franca, meu senhor. Eu, particularmente, não sirvo para isso. Mas o senhor, o senhor parece ter nascido com o dom e a paciência suficientes para cuidar de...

– Pessoas especiais...

– Eu não as chamaria assim.

As belas sobrancelhas de Pietro se arquearam. A mulher, num tom afiado, continuou:

– Deve ter sido um baque e tanto para o senhor ter tido irmãos assim, não?

Pietro logo percebeu que a mulher pensava que Caroline e Raul eram seus irmãos. A fim de não esticar o assunto, ele simplesmente respondeu:

– Não. Na verdade sempre encarei Caroline e Raul com grande alegria.

– Eu os veria como um estorvo em minha vida e na de minha família. Vá me dizer que seus pais se deram por contentes por terem tido filhos assim? Como se não bastasse um, tiveram dois. Nenhum pai gosta de ter um filho desse jeito, essa é bem a verdade. Eles simplesmente toleram. Quanto à mãe, essas gostam porque coração de mãe, o senhor sabe, é coração de melão.

Foi nesse dia, a essa hora, que Pietro compreendeu que não era somente Hitler quem pensava daquela forma estúpida a respeito das crianças deficientes. Muitos outros ao longo da superfície terrestre compartilhavam do mesmo pensamento. E aquilo o deixou, de certo modo, revoltado, indignado, seria a palavra mais adequada para descrever seus sentimentos, pois revelava, mais uma vez, a dificuldade do ser humano para lidar com as diferenças, com tudo que é diferente dos padrões que considera certo.

Sem perder a polidez, Pietro despediu-se da mulher e retomou sua caminhada. Por nenhum momento notou que estava sendo observado por uma outra pessoa da vizinhança, alguém que nutria grande interesse por ele. Via-o pela lente do amor.

Dias depois, Pietro estava sentado num dos degraus do pequeno lance de escada em frente a sua casa, gozando do sol da manhã e lendo o jornal da antevéspera, quando dona Carmelita, sua vizinha, parou para lhe falar.

Vagarosamente ele dobrou o jornal e deu atenção à mulher.

– O senhor é alemão, não é?

Pietro olhou para ela com ar de suspeita. Depois de breve hesitação, afirmou que, sim, com a cabeça.

– Por que motivo se encontra no Brasil, exatamente? O senhor não deveria estar na guerra? O senhor ainda é moço, teria de estar. E seus irmãos? Essas criaturas... são seus irmãos realmente? Por que veio para o Brasil somente na companhia dos dois? O senhor não é espião, é? A vizinhança inteira suspeita que o senhor esteja aqui, com essas duas criaturas, passando por bom moço para ninguém desconfiar que é um espião nazista, sondando o terreno para informar a Alemanha para poder atacar o Brasil sem grandes problemas. Conte-me a verdade.

Pietro tomou precaução ao responder as perguntas da mulher, que mais pareciam de um interrogatório, para não revelar o que não devia.

Ao passar uma conhecida dela pela rua, que a cumprimentou, Pietro agarrou a oportunidade de mudar de assunto. Mas dona Carmelita não era fácil de se ludibriar. Restou a Pietro escapar pela tangente.

Olhou para o relógio e fingindo estar atrasado para um compromisso, partiu, pedindo mil desculpas por sua partida relâmpago.

271

A mulher bisbilhoteira franziu a testa e sacudiu a cabeça. Sempre se achara bastante eficiente para adivinhar o que uns procuravam ocultar dos outros. E calculou com bastante precisão que o seu mais novo vizinho, o estrangeiro de sotaque alemão, escondia algo de muito grave. Agora ela sabia o quê. Foi por isso que a mulher voltou para sua casa com o ar triunfante, de quem acertou na mosca.

Do outro lado da rua a pessoa que se mantinha sempre muito atenta aos movimentos de Pietro prestava atenção, mais uma vez, aos seus passos.

Outro dia, outro encontro...

Pietro sentia necessidade de tomar ar, por isso abriu a porta e foi para a calçada. Nem bem relaxou, avistou dona Carmelita vindo na sua direção. Gelou e antes que ela se aproximasse, voltou para dentro da casa, ligeiro, trancando a porta atrás de si assim que passou por ela.

Em seguida foi até a mesa de bebidas e serviu-se de uma dose de uísque.

– Essa mulher ainda vai complicar as coisas para mim – declarou enfaticamente, em alemão.

Após mais um gole, acrescentou com ligeira mudança de tom.

– Que meus amigos espirituais me protejam. De todo mal. Amém.

O que Pietro não percebeu, enquanto estivera fora de sua casa tomando ar, é que uma alma feminina, do outro lado da rua, olhava por meio de uma fresta da janela de sua humilde casa o alto e lindo rapaz de olhos azuis cintilantes. Uma alma feminina e doce, cujo coração palpitava por sua pessoa.

Enquanto a Segunda Guerra se estendia pela Europa, levando caos e destruição a todos, no interior de Minas Gerais, numa cidade chamada Pedro Leopoldo, um "modesto escriturário" de armazém, que mal completara o primário, chamado Francisco de Paula Cândido entregava-se de corpo e alma aos estudos espíritas.

A essa altura da vida já havia fundado o Centro Espírita Luiz Gonzaga, em um simples barracão de madeira de propriedade de seu irmão. Também havia publicado mensagens psicografadas nos periódicos *O Jornal*, do Rio de Janeiro, e *Almanaque de Notícias* de Portugal, o livro *Parnaso de Além-Túmulo,* os romances atribuídos a Emmanuel e a obra *Brasil, Coração do Mundo, Pátria do Evangelho*, atribuída ao espírito de Humberto de Campos.

No ano em questão, 1943, quando se desenrola a nossa história, Francisco de Paula Cândido publicou a obra que teve grande repercussão no Brasil e posteriormente pelo mundo, uma das obras mais populares da literatura espírita do Brasil, o romance *Nosso Lar,* cuja autoria foi atribuída ao espírito André Luiz.

Agora, analisemos.

Num extremo do mundo a guerra provocada por uma visão estreita da realidade, por um apego excessivo à matéria, à luxúria e à soberba, ao preconceito e ao racismo, ao ego e a vaidade exacerbada se desenrolava, manchando cada vez mais o chão de sangue e vergonha.

Enquanto isso, nesse canto do planeta chamado Brasil, um homem (Francisco de Paula Cândido) de visão de vida que se ampliava cada dia mais sem apego algum à matéria, ao luxo e à soberba, ao preconceito e ao racismo. Sem se deixar dominar pelo ego e a vaidade exacerbada levava cada vez mais o bem a todos que passavam por ele.

Que contraste, não? Num canto o mal noutro o bem, espalhando-se por sobre a Terra da forma mais simples que há, transformando, aí sim, o mundo num mundo melhor e mais bonito como desejou Hitler.

Qual dos dois ficou na história do mundo? Ambos. Qual dos dois é digno de admiração? Nem é preciso dizer, o que prova que o bem prevalece e o mal padece. Que os verdadeiros valores da vida ganham admiração e os ilusórios são levados ao chão ainda que tarde.

Que fazer o bem faz bem. Que o bem engrandece a alma. Liberta e a evolui. Que tanto o bem como o amor, sendo o bem uma forma de amor resistem ao tempo...

Semanas depois, Pietro encontrou-se com Lizandra e sua mãe no Centro como haviam se prontificado para ajudarem na distribuição de alimentos arrecadados pelos que ali frequentavam, aos carentes.

O encontro terminou com as duas convidando o moço para um jantar na casa da família Figueiredo. Um convite feito com muito gosto pelo chefe da família. Pietro pensou em falar sobre Caroline e Raul, para que fossem com ele, mas achou melhor deixar para uma outra ocasião, assim poderia conversar mais à vontade com todos e aproximar-se mais da família que era seu intento por causa de Lizandra.

Para o jantar na casa da família Figueiredo, Pietro se arrumou com esmero e chegou pontualmente ao local.

A entrada era suntuosamente decorada com plantas e flores das mais diversas. Copo de leite, bico de papagaio, dama da noite, entre outras. O moço tocou a campainha e aguardou, inalando o perfume das flores, se espalhando pelo ar. Fazia uma noite bonita, daquelas que só quem vive nos trópicos (país tropical) pode usufruir.

Dentro de aproximadamente três minutos, a porta abriu-se e a senhora Figueiredo apareceu.

– Pietro, meu filho, que prazer recebê-lo em nossa casa.

– O prazer é todo meu, minha senhora.

Ela apanhou seu chapéu e seu sobretudo e o dependurou no porta-chapéus e casacos que ficava atrás da porta. Daí a pouco o convidado foi levado até uma sala, na qual o senhor Figueiredo se encontrava sentado junto a uma janela escancarada para ventilar o recinto.

274

O homem levantou-se e apertou-lhe a mão, firme e calorosamente.

Seu Figueiredo, apesar do refinamento dos seus modos, era um homem com ideias muito definidas a respeito de quem gostava e de quem não gostava. Do que apreciava e do que não.

A conversa desta vez começou na mesma tecla, porém, gradativamente foi direcionada pelo homem para assuntos mais íntimos. O objetivo era vasculhar a vida do rapaz para saber até que ponto Pietro era realmente um bom rapaz.

– O senhor, por acaso, não deixou alguma mulher na Europa, uma namorada, ou noiva, ou até mesmo uma esposa, deixou? – perguntou o Sr. Figueiredo, estudando atentamente o rosto do convidado.

Pietro enrubesceu diante da pergunta inesperada e ocorreu a ele que o dono da casa interpretara o seu enrubescimento de forma inteiramente errônea.

– Deixou! – exclamou o homem, perplexo e ao mesmo tempo, decepcionado.

Pietro tentou se defender, mas o senhor Figueiredo, ríspido, interpelou suas palavras, amputando-lhe as chances de se defender.

Houve um momento de silêncio, até que o homem perguntasse e, com ar muito enojado:

– Por que o senhor abandonou a sua esposa?

– Meu caro senhor – respondeu Pietro, suavemente. – O senhor me entendeu mal, muito mal.

O homem se agitou na poltrona.

– Como assim? O que está querendo dizer?

– Estou querendo dizer, se me permite, que não deixei nenhuma mulher, aguardando por mim na Europa, tampouco fugi de uma.

A expressão no rosto gorducho do senhor Figueiredo se alterou.

– Não?! Como, não!

– Simplesmente, não. Sou um homem livre e desimpedido.

A expressão do anfitrião mudou. Parecia mais alegre agora. Levantou-se e foi até um armário, de onde tirou alguns cálices de licor, pesados e lapidados e serviu um bom licor de jabuticaba, caseiro, para ambos.

Retomou a conversa falando sobre o sabor do licor, mas Pietro teve a impressão de que o homem parecia estar preparando o terreno para abordar um tema bem diferente. Isso o deixou empertigado.

O senhor Figueiredo após entornar o último gole do licor, fixou os olhos no seu convidado e disse, subitamente:

– O senhor já deve ter percebido... Certamente que percebeu, que a minha filha Lizandra tem grande estima por sua pessoa, não?

Pietro olhou-o surpreso. O rosto rubro pelo efeito da bebida ficou ainda mais rubro.

– Notou, não notou?

Pietro não respondeu, porém, seu silêncio pareceu ao dono da casa como uma resposta positiva a sua pergunta.

– Pois bem... Muito me alegraria se o senhor tivesse algum interesse nela...

– Ah! – Pietro conseguiu dar enorme significação à exclamação.

O homem interrompeu-o.

– O que significa exatamente esse "Ah!"?!

– Bem – Pietro hesitou e levantou-se. Estava ligeiramente envergonhado.

O senhor também se levantou.

– Sua reação me causa grande desapontamento, meu senhor – argumentou o senhor Figueiredo, severo. – Não esperava que reagisse dessa forma.

– Ah... desculpe-me... Não quis parecer grosseiro... Eu apenas...

– Sejamos práticos: o senhor tem ou não interesse na minha filha?

Pietro, sacudindo a cabeça, respondeu:

– É lógico que tenho interesse em sua filha, meu senhor. Ela é adorável...

O homem o interrompeu, novamente:

– Excelente! Marquemos o noivado.

"Noivado", murmurou Pietro com interrogação. O que significava mesmo aquela palavra?

Voltou a sentar-se, mas o senhor Figueiredo não permitiu:

– Levante-se, homem. Levante-se! Vamos para a outra sala dar a grande notícia a todos.

A voz do homem mudara, denotava agora grande contentamento e empolgação.

Por meio de uma mão levantada, o senhor Figueiredo conseguiu o silêncio de todos que estavam ali. Estufou o peito, ajeitou o cinto e disse com seu vozeirão de trovão:

– É com muito orgulho que informo a todos nesta casa, especialmente a você, Lizandra, minha filha que...

Fez uma pausa, depois adensando o entusiasmo à voz, completou:

– O nosso estimado Pietro quer noivar você, minha querida.

Todos demonstraram grande apreciação enquanto Pietro se perguntava mais uma vez se deveria aproveitar o momento para perguntar o que significava a palavra "noivado".

Os outros o observavam com curiosidade, Pietro arregalou os olhos ao perceber que se tornara o centro das atenções.

O senhor Figueiredo de testa franzida, voltou-se para ele e falou em tom reprovador:

– Pietro, meu rapaz, diga alguma coisa.

Um arrepio passou-lhe pelo corpo.

Todos arregalaram os olhos, estranhando o sem gracismo do estrangeiro.

– O senhor está bem? – indagou a senhora Figueiredo.

A resposta foi dada pelo marido e na velocidade de um raio, com o peso de um trovão:

– É lógico que ele está bem, mulher!

277

A verdade é que Pietro não estava bem, sentia-se perdido, ansioso para saber qual era o significado de tudo aquilo.

– Diga alguma coisa, homem! – insistiu o senhor Figueiredo, com ênfase e um toque de impaciência.

– Bem, eu... nem sei o que dizer...

Havia um toque de evidente embaraço em sua voz, quando articulou aquelas mínimas palavras.

– Diga que está feliz – ajudou o dono da casa, dando-lhe uma cotovelada.

– Mas isso é verdade. Estou mesmo muito feliz por estar aqui na companhia de todos. Com essa recepção tão calorosa.

O dono da casa riu a ponto de chacoalhar a pança.

– O pobre homem está tão emocionado que nem consegue pensar direito.

Ainda rindo, exageradamente, o dono da casa indicou o caminho para o convidado, o caminho que levava à sala onde o jantar seria servido. Foi uma refeição saborosíssima, admitiu Pietro.

– Meus parabéns – congratulou à dona da casa.

– Obrigada. Mas não fiz tudo sozinha, meu rapaz. Lizandra me ajudou muito em tudo. Tem umas mãos divinas para a culinária.

A moça, rubra, interrompeu a mãe:

– Mamãe, por favor.

– Mas é verdade, filha. O que é bom tem de ser elogiado. Não concorda, Pietro?

– Sim, senhora.

Ao término da refeição foi servida a sobremesa. Um delicioso doce de abóbora. Pietro repetiu três vezes.

Ao fim do jantar, o senhor Figueiredo achou um jeito de deixar a filha sozinha na companhia de Pietro na varanda da casa.

– A noite está bonita, não? – disse ele tentando entabular uma conversa.

– Sim, senhor.

O assunto morreu por instantes.

– Essas flores, digo, as do jardim foram sua mãe quem as plantou?

– Não. Um jardineiro.

– Mas é ela quem as rega, suponho?

– Sim. Às vezes ela, noutras, eu. Mais eu do que ela. Gosto de regar porque distrai a mente.

– Que bom.

O assunto morreu novamente. Levou quase cinco minutos até que Lizandra perguntasse o que muito queria saber.

– O senhor... O senhor realmente quer se casar comigo ou foi uma imposição do meu pai?

– Casar?! – exclamou Pietro, surpreso.

– Sim, casar. Meu pai deixou claro para todos que o senhor quer ficar noivo de mim, não é esse o seu desejo?

Pietro pareceu ficar desconcertado, mas depois recuperou-se e readquiriu seus modos habituais de finura e condescendência e perguntou:

– O que significa mesmo a palavra "noivo", "noivado"?

A pergunta deixou Lizandra ainda mais surpresa e indignada.

– O senhor por acaso está brincando comigo? Brincando com a minha família?

– Não! Em absoluto! É que eu realmente não me lembro do significado dessa palavra. Quis perguntar ao seu pai o significava, mas ele não me deu chances...

– Quer dizer que o senhor não pretende se casar comigo como afirmou que faria?

Pietro, olhos arregalados, perguntou.

– Quem foi que falou em casamento?!

– Quer dizer que... Oh, Deus... Por que meu pai pensou que o senhor tivesse interesse em se casar comigo?

– Casar com você? Bem, eu não sei...

Com um gesto de descaso, Lizandra acrescentou com ligeira mudança de tom:

– O senhor não deveria tê-lo feito pensar que queria se casar comigo. Foi muito rude da sua parte, sabia? Muito deselegante.

A moça não tinha mais palavras para se expressar, seus olhos brilhavam agora de indignação.

– Pensei que fosse um homem digno, um homem... – continuou ela, desapontada.

– Sou um homem digno...

Ela matou o final da frase dele antes mesmo de ela saltar-lhe à boca:

– *Queira partir, meu senhor, e nunca mais, por favor, dirija-me a palavra.*

Ela se levantou e voltou os olhos para o jardim, para onde ele não pudesse ver seu rosto.

– Senhorita, eu...

– Não diga mais nada, por favor. Apenas, vá embora!

– Mas eu...

– Vá embora, por favor.

Pietro achou melhor fazer o que ela pedia. Abriu a porta da casa com discrição, apanhou seu sobretudo e o chapéu que estavam dependurados ali atrás e partiu.

Lizandra ficou olhando em sua direção por alguns instantes, e depois fixou os olhos no azul do céu bem à sua frente. Assim se passaram pelo menos dez minutos.

Quando sua mãe a reencontrou, surpreendeu-se ao vê-la só e tão triste.

– O que houve, Lizandra? Onde está o senhor Pietro?

– Foi embora.

– Sem se despedir de nós?

– Foi melhor assim, mamãe. Eu o mandei ir...

– Por quê?

– Por quê? – respondeu ela falando com maiúsculas o tempo todo. – Ele não estava disposto a se casar comigo. O papai entendeu tudo errado. Foi isso!

280

– Oh, filha, eu sinto muito... O seu pai vai ficar muito chateado quando souber...

– Ele que não me faça mais passar uma vergonha dessas.

O senhor Figueiredo mostrou-se bastante irritado ao ser informado do que havia acontecido.

– Maldito estrangeiro.

Bufou.

– Querem saber de uma coisa, todos vocês?! Foi melhor assim! É sempre bom cortar o mal pela raiz. Todos sabem!

Adoriabelle de Oliveira estava na janela de sua casa que dava para a rua, aguardando como sempre fazia desde que se encantara por Pietro, sua chegada.

Sob a luz do sol ele era lindo, sob o luar, mágico. Ela sabia que o amara desde a primeira vez em que seus olhos pousaram nele. Ele era, a seu ver, aquilo que as pessoas chamam de alma gêmea.

– O que minha irmãzinha está fazendo na janela? – perguntou sua irmã, achegando-se a ela, devagarzinho. – Continua de olho no estrangeiro, é? Isso que é amor.

– Não me amole, Lícia.

– Adoriabelle você tem de se declarar para ele. Os homens são avoados, uma moça pode muitas vezes tropeçar na frente deles e eles não percebem suas intenções.

Quem dera ela tivesse coragem de se declarar ao estrangeiro bonito, de quase dois metros de altura, olhos azuis brilhantes, cabelos de um loiro dourado, pensou Adoriabelle. Não, ela não tinha coragem e a seu ver, nunca teria. E por ser uma moça simples, de família humilde, o lindo estrangeiro nunca a perceberia, nem que ficasse o dia inteiro, o tempo todo, na janela, olhando-o do outro lado da rua.

Só que naquela noite, quando Pietro voltou para a casa, enquanto sua mão direita procurava as chaves dentro do bolso interno do sobretudo, seus olhos avistaram Adoriabelle na janela de sua casa do outro lado da rua.

Um sorriso espontâneo escapou-lhe dos lábios seguido de um aceno. A mocinha mal pôde acreditar no que viu, ficou tão surpresa que levou quase um minuto para retribuir a saudação. Quando o fez foi sem a expressão devida.

Seu coração disparou, ela encolheu-se toda dentro do vestido simples de algodão que usava e afastou-se da janela. A irmã ao vê-la naquele estado, sorriu.

– Era ele, não era? O estrangeiro bonitão!

Ela fez que, sim, com a cabeça e disse:

– E ele acenou para mim, maninha. Pela primeira vez ele acenou para mim.

A irmã correu até Adoriabelle e falou, eufórica:

– Que bom, mana. Que bom! Acho mesmo que ele já a tinha visto antes, mas não havia tido oportunidade de cumprimentá-la.

– Você acha mesmo?

– Hum, hum.

Adoriabelle suspirou.

– E ele estava tão lindo sob a luz do luar, mana. Lindo... Simplesmente lindo.

A irmã também palpitou.

– Ele pode ser mesmo o homem da sua vida, Adoriabelle.

– Será?

A pergunta da mocinha apaixonada soou distante.

– S-sim. Você não disse que a cigana do Parque de diversões leu nas cartas, há um ano atrás, que você iria se casar com um homem que estava atravessando os mares?

– Disse.

– Então, só pode ser ele!

Adoriabelle suspirou incerta se deveria se sentir feliz.

– Você e o estrangeiro precisam apenas se aproximar um pouquinho mais para que desperte nele o interesse por você.

– Não sei...

– Não sabe o quê?

– Ele pode já estar comprometido com outra moça.

– Mesmo que esteja, irmã, é o coração de uma pessoa quem decide no final com quem quer se casar. Por isso...

O coração de Adoriabelle palpitou novamente enquanto a irmã dizia contente:

– A sensação de estar apaixonada é tão boa, não?

Lícia também emocionada, sentiu seu coração batendo mais forte.

Naquela noite, mais uma vez, Adoriabelle dormiu, pensando no estrangeiro bonitão que morava na casa em frente a sua do outro lado da rua. Pietro, por sua vez, dormiu, pensando em Lizandra. No mal entendido que havia acontecido, no quanto ele gostava dela, agora, ainda mais do que antes, percebia, e no quão urgente era preciso desfazer o mal entendido para voltar as boas com a moça e sua família.

É, nem sempre os corações apaixonados andam juntos.

Enquanto isso, a Segunda Guerra Mundial continuava destruindo lares e mais lares, famílias e mais famílias, vidas e mais vidas e tudo por uma ilusão de poder.

Viveck por sua vez, sentia a derrota da Alemanha, da Itália e do Japão, os países que formavam o Eixo* se aproximando cada dia mais. E agradecia, em silêncio, esse acontecimento.

Ainda que a derrota do Eixo acabasse fazendo dele um prisioneiro de guerra, era um preço justo a se pagar para dar fim àquilo que se tornou o holocausto.

Quando ele se lembrava dos amigos que morreram na guerra, dos que foram fuzilados por voltarem da guerra feridos, nas barbaridades contra os judeus, homossexuais, ciganos, doentes mentais que presenciou, ele compreendia por que muitos colegas seus enlouqueceram e se espantava, consigo próprio, por ter se mantido são até aqueles dias.

Era o amor, sim, o amor que sentia por Sarah, a judia que escondera num convento na Cracóvia, Polônia, que o fazia se manter inteiro diante daquilo tudo. O amor junto ao desejo de casar-se com ela e constituir uma família linda. Deveria ele ainda alimentar esse desejo?, questionou-se. Fazia dois anos que ele não tivera a oportunidade de ir visitá-la no convento. Será que ela ainda se lembrava dele, estava disposta a se casar com ele, quando tudo tivesse mesmo fim? Deus quisesse que, sim.

No campo de batalha continuavam morrendo civis e mais civis. Herbert Müller, um grande amigo de Viveck foi ferido na perna e no braço durante uma batalha, carregado pelos companheiros de guerra até o hospital improvisado para que recebesse cuidados médicos.

No entanto, como as ordens eram para matar todo soldado que ficasse gravemente ferido, sem chances de recuperação como ele se encontrava, Herbert Müller foi assassinado por meio de uma injeção letal aplicada por um próprio colega nazista.

Como podemos perceber, a guerra aniquilava tanto os amigos como os considerados inimigos, provando que ela nada faz do que matar, matar, matar por uma ilusão de poder.

De volta ao Brasil...

Depois de muito ensaio, de muito oscilar entre o sim e o não, Adoriabelle tomou coragem para se aproximar de Pietro. Ele seguia pela calçada que levava até sua casa, de volta do trabalho, quando ela atravessou a rua e foi ao seu encontro. Estava tão ansiosa para aquele momento tão aguardado que nem olhou para os lados antes de atravessar.

Adoriabelle abriu impulsivamente os lábios para se declarar a Pietro, quando se deparou com o olhar delicadamente travesso dos brilhantes olhos verdes de dona Carmelita. Intimidada pela mulher, Adoriabelle mudou o que estava prestes a dizer.

– Que dia bonito, não?

Pietro balançou a cabeça positivamente até voltar os olhos para o céu e vê-lo todo cinzento, com muitas nuvens pretas vindo do leste. Franziu o cenho, voltou a encarar Adoriabelle que imediatamente fugiu do seu olhar enquanto adquiria uma coloração avermelhada.

– Tive a impressão de que você ia me dizer alguma coisa, não? – falou ele, prestando mais atenção à moça. – Por que mudou de ideia?

– É... quis dizer... é... – ela se atrapalhou toda.

– Sim? – insistiu ele, estudando bem o seu olhar.

Adoriabelle, tensa, querendo cavar um buraco na rua de paralelepípedos para se jogar dentro de tanta vergonha, foi se afastando de costas, enquanto procurava lançar para o lindo moço a sua frente, um sorriso amarelo.

Pietro foi rápido em correr até ela e segurá-la antes que fosse atropelada por um carro. Por estar de costas, a moça não viu que um se aproximava.

– Eh, por pouco você não é...

Adoriabelle envolta nos braços viris de Pietro, derreteu-se.

– Obrigada – disse ela, retomando a postura normal.

– De nada – respondeu ele atento a sua face. – Tem certeza de que está bem?

Ela concordou, balançando a cabeça, olhou de um lado para o outro para ver se podia atravessar a rua e correu de volta para a sua casa.

Enquanto isso, na janela, dona Carmelita assistia a tudo, como se estivesse num teatro assistindo a uma peça de camarote. Divertia-se um bocado com o que viu, e também por ter uma notícia quente para espalhar pela vizinhança. É lógico que ela a tornaria mais picante, diria que Adoriabelle se insinuou para o alemão, desavergonhadamente.

Naquela noite, com Lícia...

– E aí, falou com ele? – perguntou a moça.

– Quase – respondeu Adoriabelle com certo pesar. – Estava prestes quando...

– Quando?!!!

– Mudei de ideia.

– Por quê?!

– Por causa de dona Carmelita. Ela me olhou de um jeito...

– Ignorasse ela, ora!

– Não pude...

Licia bufou.

– Até quando, Adoriabelle? Até quando você vai deixar para depois essa conversa com o alemão de quem gosta tanto?

– Eu vou falar com ele, Lícia. Eu juro! Só preciso de uma outra chance.

– Cuidado, minha irmã. Se esperar demais, poderá ser tarde demais.

Adoriabelle quedou aborrecida.

O que Lícia previu aconteceu realmente...

Semanas depois no Centro Espírita...

Pietro estava entregue aos seus pensamentos que foram interrompidos ao ver Lizandra e sua mãe vindo na sua direção. Imediatamente ele se levantou e se inclinou para frente como mandava a elegância da época em seu país.

Pietro notou imediatamente que a moça estava mais magra. Seus olhos pareciam maiores e mais febris, o queixo mais resoluto. Estava pálida e com olheiras. Porém, seu encanto ainda era o mesmo, ao menos para ele.

Ele e Lizandra ficaram um tempo embaraçados e desvanecidos. Foi como se o tempo tivesse passado a andar mais lentamente.

– É bom rever você – disse Pietro, finalmente, quebrando o gelo entre os dois.

– É também muito bom revê-lo – concordou Lizandra ainda se sentindo muito tímida.

Ele podia notar através dos olhos dela o quanto ela realmente sentira saudade dele.

– Queria muito encontrá-la para desfazer o mal entendido entre nós.

– Mal entendido?

– Sim. Houve um mal entendido entre nós.

Ela fez ar de interrogação.

– Sim. Eu não entendi direito o que o seu pai disse e ele não percebeu que eu não havia entendido direito o que havia me dito. O mesmo aconteceu conosco e, por isso, reagi daquela forma quando falou em noivado e casamento.

A moça deu sinais de estar revirando tudo aquilo na cabeça.

– Se eu tivesse compreendido desde o início o que seu pai havia me dito, eu, certamente, não teria estragado a noite.

– Fui grosseira com você naquele dia em casa, pedindo que partisse e jamais conversasse comigo outra vez.

Houve um silêncio de alguns momentos depois das palavras de Lizandra.

– Queria me desculpar.

E ante o suave e delicioso olhar de Pietro, Lizandra baixou os olhos. E incontestavelmente enrubesceu.

– E se nos encontrarmos novamente para desfazer esse mal entendido? – sugeriu ele, depois de ter apreciado até a última gota o encanto da timidez da moça.

O mel do tom de Lizandra tornou-se ainda mais doce.

– Seria muito bom.

Ele sorriu para ela. Um vasto sorriso. Ela o retribuiu com seus olhos brilhando.

Os dois assim fizeram e, finalmente, o namoro teve início para alegria de ambos, da família e de dona Benedita. Pietro se abria com Lizandra por confiar nela, plenamente. No entanto, omitiu a existência de Caroline e Raul. Intuiu que a família estranhasse sua atitude com relação aos dois, por viver com eles... Achou melhor solidificar a relação até apresentá-los.

Nos meses que se seguiram, Adoriabelle, apesar de saber que Pietro estava namorando e ao que tudo indicava, namorando para casar, tentou esquecê-lo, mas quando via já estava na janela, esperando sua chegada para se deliciar com sua visão, ainda que de longe e por um minutinho apenas. Não tinha jeito, ela o amava, incondicionalmente.

Meses depois...

Enquanto a mulher que cuidava de Raul e Caroline foi ao mercado, os dois saíram da casa de fininho. Caroline quis porque quis atravessar a rua sozinha como se a travessia fosse uma aventura para ela, um grande desafio.

Assim que ela pisou nos paralelepípedos, Raul, que não se desgrudava dela por nada, foi atrás, com lentidão profunda, como de costume.

Ele nem bem havia chegado ao meio da via quando um carro virou a esquina e veio ligeiro na sua direção. O motorista não percebeu que se tratava de uma pessoa especial, com dificuldade para andar, apertou a mão na buzina que disparou alta e ardida.

A buzina assustou Raul a ponto de deixá-lo em pânico. O motorista freou a caminhonete bem cima dele. Saiu do veículo, batendo a porta com toda força e erguendo a voz, chamou sua atenção:

– Você, por acaso, é uma lesma, é?! Daqui a pouco, por causa de pessoas molengas como você, os veículos terão de andar na calçada.

Quem estava em casa naquele momento diante da freada e dos berros do homem saiu à rua para ver o que estava se passando.

Um dos moradores do quarteirão aproximou-se do motorista enfezado e disse, em voz baixa:

– É um *retardado*.

Os olhos do homem se abriram um pouco mais.

O tom do vizinho tornou-se confidencial:

– É também um estrangeiro. Não entende nada de português.

Os olhos do motorista arregalaram-se ainda mais. Com descaso, falou:

– Como se não bastasse ser um *retardado,* é um estrangeiro.

Os olhos de Raul estavam vagos e assustados. O motorista ensandecido começou a derramar sobre o rapaz um monte de impropérios. O rapaz, nervoso e assustado tapou os ouvidos e começou a grunhir.

Adoriabelle quando avistou o pobre Raul e Caroline no meio daquela gente desvairada, correu imediatamente para ajudá-los. Afagou o rosto de Raul e o peito e disse com voz maternal:

– Calma, meu querido. Calma.

Até então, por incrível que pareça, ninguém havia se preocupado com o mocinho tampouco com Caroline. Só mesmo Adoriabelle para amparar os dois com seu coração repleto de bondade.

A moça acompanhava as duas pobres criaturas de volta para a sua casa, andando vagarosamente, quando o motorista enfurecido berrou:

– Ô moça! Aonde você pensa que vai com esses dois? Por pouco eles não amassam a frente da minha caminhonete.

Adoriabelle voltou-se para ele, forçou um sorriso e respondeu com toda delicadeza do mundo:

– Se tivessem amassado, o senhor comprava outra, meu senhor. Pessoas uma vez atropeladas e mortas com a colisão, não.

– É fácil falar quando o veículo não é seu, mocinha. Quando não foi comprado com o suor do seu trabalho.

O homem falou de modo brusco e vigoroso, sentindo-se como alguém que espana finas teias de aranhas que lhe turvam a visão.

A moça continuou seu caminho, procurando se esquivar dos berros e da energia horrível que vinha daquele homem grosseirão.

Assim que chegaram em frente à porta da casa, ela pediu a chave a Caroline. Levou quase um minuto para que ela atendesse ao pedido.

– Aqui vocês estarão bem – disse Adoriabelle, sentando os dois no sofá.

O silêncio caiu entre os três.

– Ai como eu gostaria que vocês falassem português para poderem me entender – desabafou Adoriabelle, minutos depois.

Ela viu as mãos de Caroline se juntar. Eram mãos grandes, um tanto cruéis, com dedos torcidos e os nós salientes. Mesmo estando de cabeça baixa, pôde notar que Caroline olhava para ela e desviava o olhar sem mover a cabeça quando ela a encarava.

Ela lhe transmitia a forte emoção que sentia. Era como se pudesse ler seus pensamentos.

Raul, por sua vez mantinha seu olhar longo e meditativo sobre ela.

Adoriabelle respirou fundo e falou:

– Aquele homem miserável não deve ter coração, não pode!

Os dois olharam para ela com mais atenção.

– Bem... vocês podem não entender português, mas podem apreciar uma boa música. Cantarei algumas canções para nos entreter.

A voz de Adoriabelle era controlada e suave de novo. Assim, ela fez. Cantou desde marchinhas de carnaval a canções da MPB que se tornavam populares na década de quarenta.

Assim que Pietro entrou na casa e viu Adoriabelle ali com Raul e Caroline, alarmou-se. A jovem de 18 anos levantou-se e estendeu para ele uma de suas mãos delicadas e bem-tratadas.

– O que houve?! – perguntou ele indo verificar se Caroline e Raul estavam bem.

– Não foi nada... bem... – gaguejou Adoriabelle, tentando se explicar sem conseguir.

Ele voltou-se então para ela, estudou seu rosto atentamente e perguntou:

– Quem é você? O que faz aqui?

Apesar de ele não se lembrar dela, o que foi um baque para a jovem, ela sorriu com encanto e disse:

290

– Meu nome é Adoriabelle. Moro do outro lado da rua. Na casa de madeira que fica bem de frente para esta.

– Sim... – respondeu Pietro ainda mantendo o olhar de suspeita sobre ela.

Sem graça, a jovem falou:

– É melhor eu ir.

O rosto de Pietro tornou-se mais brando. Inesperadamente falou:

– Você não me disse o que houve, o que a trouxe a esta casa.

Adoriabelle contou o triste episódio da tarde na íntegra. Ao término da narrativa, Pietro estava abobado.

– Quer dizer que o motorista por pouco não atropela Raul e Caroline?

A jovem assentiu.

– Que absurdo! Como podem as autoridades permitirem um maluco como esse andando pelas ruas, pondo em risco a vida de pessoas inocentes como a desses dois?

– O senhor pelo que vejo gosta muito dos seus irmãos, não?

– Irmãos?! Ah, sim! Amo-os incondicionalmente.

– Estimo. Pois bem, tenho prestado atenção neles, pois volta e meia fico na janela que dá para a calçada, para a rua, enfim...

Adoriabelle tentou falar um pouco de si na esperança de entabular uma conversa com Pietro, quem sabe aproximá-los, mas o moço se desligou totalmente do que ela dizia. Despertou somente quando ela abriu a porta e disse:

– Já vou indo, boa noite.

– Boa noite – respondeu ele, mecanicamente.

Não demorou muito para perceber que fora um tanto quanto indelicado e desleixado por ter tratado a moça daquela forma. Correu até a porta e disse:

– Espere!

Mas Adoriabelle não esperou, continuou atravessando a rua de paralelepípedos, ansiosa por alcançar sua casa, fechar-se em seu quarto e chorar escondida por ter sido tratada com tanta indiferença por parte do homem por quem se apaixonara.

Pietro correu até ela e a segurou pelo braço.

– Espere. Quero ter uma palavra com você.

Ela, olhos cheios d'água, encarava os dele.

– Você está chorando? – indagou Pietro, olhando com surpresa para ela.

– Não, não estou, não. Por que haveria de estar? Foi apenas um cisco que entrou na minha vista.

Ele procurou sorrir e agradecer:

– Foi muito generoso da sua parte ter ficado com meus irmãos, em casa, depois do que aconteceu esta tarde. Nem sei como agradecer-lhe.

– Não precisa me agradecer de nada não, moço. Fiz só o meu dever.

Ele assentiu novamente, sorrindo e perguntou:

– Qual é mesmo o seu nome?

A pergunta para ela foi o fim. Revelava que ele não havia tido interesse algum por ela, caso contrário teria prestado atenção a tudo que dissera.

– Boa noite. Preciso ir.

Ele, um tanto atrapalhado respondeu:

– Boa noite.

Voltando para a casa, murmurou em alemão:

– *Ehefrauen...

Enquanto Adoriabelle disse com seus botões:

– Homens...

Acima, a lua assistia a tudo como se a vida na Terra fosse uma novela do infinito.

Um ano depois do início do namoro com Lizandra, Pietro achou que chegara finalmente o momento de apresentar Raul e Caroline à família Figueiredo.

*Mulheres em alemão. (N. do A.)

Pietro, bonito, com seus olhos azuis cintilantes, de pálpebras pesadas, com seus movimentos ágeis e harmoniosos chegou à casa de sua noiva com pontualidade britânica. Com ele estavam Raul e Caroline, devidamente trajados para a ocasião.

A porta se abriu e a dona da casa apareceu com um sorriso simpático de boas vindas. Ela estava ansiosa para conhecer os irmãos do futuro genro, de quem ele falava tanto, mas nunca tivera a oportunidade de ser apresentada a eles.

– Boa noite – cumprimentou Pietro também, sorrindo com simpatia. – Esses são Caroline e Raul, meus irmãos queridos.

O sorriso da dona da casa despencou diante de Raul e Caroline. Ficou literalmente sem ação e sem saber o que dizer. Nisso o senhor Figueiredo chegou à porta, com sua imponência e elegância exagerada de sempre.

– Boa noi...

Ele suspendeu a frase ao bater os olhos em Raul e Caroline.

– Boa noite – cumprimentou Pietro sem se dar conta do que se passava com os moradores da casa.

Visto que os donos da casa, absortos, bloqueavam a entrada, Pietro perguntou:

– Podemos entrar?

A pergunta trouxe o casal de volta à realidade. Os olhos da mulher consultaram o marido. O homem voltou os olhos para Caroline e Raul, hesitou por um instante, depois acenou que, sim. Mas foi contra a sua vontade. Não queria aquela gente na sua casa, nem mais sequer Pietro.

Assim que entraram, Pietro observando Caroline e Raul que olhavam atentamente para o interior da casa, passeando os olhos pelos móveis, objetos de decoração e paredes, comentou:

– Eles gostaram daqui. De fato é uma casa muito acolhedora.

– É muita bondade sua – respondeu a senhora Figueiredo bastante sem graça.

Por um momento todos ficaram em silêncio, parados, feito estátuas, como a brincadeira de criança "Estátua".

Foi a chegada de Lizandra quem despertou todos.

– Boa noi...

Ela também cortou a saudação ao meio ao avistar Caroline e Raul. E foi na velocidade de um raio que um trecho do passado, da vida passada, atravessou sua mente de lado a lado. Ela se viu diante de Raul e Caroline, pedindo para escrever uma carta para Pietro, prometendo se casar com ele, mesmo sabendo que nunca o faria devido aos seus pés tortos.

A visão relâmpago foi encarada por Lizandra como sendo apenas mais uma das visões criadas pela mente fantasiosa e esquisita. Jamais compreendida como deveria ser.

– Lizandra, boa noite – saudou Pietro –, você está muito bonita.

Ela soltou um sorrisinho amarelo.

– Estes são Caroline e Raul – continuou o meio alemão meio português, massageando o ombro de cada um dos dois.

Lizandra disse a única coisa que poderia dizer.

– Ah, esses são...

A moça olhou surpresa para os pais que por meio do olhar disseram bem mais do que palavras.

– Resolvi trazê-los comigo – continuou Pietro –, sem dizer antes que os dois eram...

– Retardados? – atalhou o senhor Figueiredo com sua voz de trovão.

– Não... Sim... – Pietro respondeu lentamente – Não gosto de chamá-los assim...

– Mas é o que são – trovejou o homem.

– Sim, eu sei, mas...

Lizandra soltou a voz, a seguir:

– Quer dizer que esses são seus irmãos?

Pietro enrubesceu.

– Será que podemos nos sentar para que eu possa contar um pouquinho de minha história com Raul e Caroline?

A contragosto o senhor Figueiredo indicou o sofá. Assim que cada um se acomodou no assento, Pietro, com tato, começou a se explicar. Contou em detalhes como se uniu a Caroline e Raul e o quanto eles eram importantes para a sua pessoa.

Ao término da narrativa, os três membros da família Figueiredo estavam chocados.

– Impressionante – murmurou o senhor Figueiredo. – O senhor teve muita coragem para fazer o que fez. Eu jamais teria, mesmo porque...

O homem deixou a frase no ar.

– O senhor certamente teria feito o mesmo que fiz diante de tal situação, senhor Figueiredo – completou Pietro. – O senhor é bem mais espiritualizado do que eu. Segue a doutrina Espírita há muito mais tempo, por isso, certamente teria agido da mesma forma que agi e muito mais rápido do que eu. Um sujeito como o senhor, como todos no nível de espiritualidade em que o senhor se encontra, teria percebido muito mais rápido o quão cruel e desumano era o programa T4.

O homem se mexeu na poltrona, limpou a garganta e disse:

– É melhor irmos jantar.

Sem mais, todos os seguiram até a mesa. Com carinho e paciência de mãe, Pietro serviu Caroline e Raul e os incentivou a comer sem deixar cair comida na mesa ou no colo como muitas vezes acontecia.

Dava uma garfada e outra quando percebia que ambos estavam se virando muito bem.

Ficou tão entretido que nem percebeu que os moradores da casa mal tocaram na comida.

Após a sobremesa, o senhor Figueiredo pediu desculpas por ter de se recolher cedo, mas é que havia surgido um compromisso no dia seguinte que exigiria que ele levantasse bem cedo.

– Ah, sim... Fique à vontade – respondeu Pietro, polido como sempre.

A senhora Figueiredo acompanhou o marido. Antes de deixar o aposento voltou-se para a filha e disse:

– Lizandra não se demore, amanhã você também precisa acordar cedo.

– Sim, mamãe.

Diante do comentário, Pietro achou melhor partir. À porta, perguntou à moça:

– Seus pais não se sentiram intimidados por causa de Raul e Caroline, sentiram-se?

– Não – mentiu Lizandra, friamente.

– Achei mesmo que fora apenas impressão da minha parte, afinal, sendo eles tão dedicados a doutrina Espírita não se deixariam intimidar por isso, não é mesmo?

Ela concordou com a cabeça e desejou-lhe, sem muita vontade, boa noite e fechou a porta.

Pietro voltou para a casa feliz por ter proporcionado a Raul e Caroline uma noite diferente, na companhia de pessoas que considerava até então hiper, super-espiritualizadas.

Capítulo 6

No Centro, dias depois, ao reencontrar a família Figueiredo...

– Boa noite, senhor Figueiredo – cumprimentou Pietro com sua simpatia cada vez mais à flor da pele.

O homem voltou-se para ele, com uma estranha expressão facial. A esposa também. Pietro olhou-os surpreso.

– Quero mais uma vez agradecer pelo jantar na casa de vocês aquela noite – continuou Pietro. – Raul e Caroline apreciaram muito.

O senhor Figueiredo endireitou os ombros com resolução viril, apertou com fervor a mão de Pietro, e entregou-o às capacíssimas mãos de dona Benedita que estava ao lado do moço.

– Passar bem, meu rapaz – disse, retirando-se do recinto, com uma expressão muito curiosa em seu rosto.

A esposa fez um pequeno aceno e partiu, à sombra do marido.

Pietro ficou por um momento perdido em seus pensamentos, depois perguntou:

– O que houve com eles, dona Benedita? Agiram tão estranhamente para comigo. Fiz algo de errado sem perceber?

– Não, meu querido, você não fez nada de errado.

– Então, por que eles agiram tão estranhamente comigo?

– Porque eles têm ainda muito a galgar na escala da evolução.

– Mas uma família de posses, de sobrenome respeitado na sociedade, que frequenta este centro, praticamente, toda semana, que ajuda nos bazares de caridade... Isso não faz sentido algum para mim.

– O nome, o sobrenome, as posses e o status de uma pessoa, de uma família, para ser mais precisa, podem significar alguma coisa na sociedade, Pietro, em termos de evolução da alma, não muito.

Existe um bando de pessoas que frequenta este Centro Espírita e outros mais pelo Brasil afora, aparentando serem muito dedicados à doutrina, mas a dedicação não corresponde aos seus atos longe daqui e na vida, para a vida, para Deus, o que vale mesmo é o que você faz na prática.

Não é porque tem um caderno de receitas que é um exímio cozinheiro. Em outras palavras: não é porque você frequenta um Centro que é espiritualizado. Que incorporou a doutrina, que a compreendeu de verdade. Por isso os espíritos evoluídos nos lembram sempre: não é porque uma pessoa frequenta um centro, um templo budista, uma igreja, qualquer uma, toda semana, que ela é ou está se tornando espiritualizada. Não, mesmo! O que conta são seus atos de acordo com o que aprende. O que revela em si mesma por meio da doutrina, da Bíblia, dos mandamentos de Cristo, enfim...

Muita gente se apega a Cristo, fala dele, o ama de paixão, mas praticar seus ensinamentos que é realmente o objetivo cristão, não pratica. Você pode dizer a todos que ama dançar e até frequentar uma escola de dança, mas isso não quer dizer que esteja se tornando um exímio dançarino.

– Mas, dona Benedita, apesar de as pessoas não serem tão espiritualizadas como deveriam, por frequentar lugares dispostos a espiritualizar as pessoas como este, pelo menos, penso eu, elas estão procurando tornar-se espiritualizadas, não?

– Isso já é um grande passo, com certeza, meu filho. Cada um tem seu momento de despertar, só abri seus olhos sobre a realidade de muitos para que compreenda, não mais se choque ao descobrir que as pessoas não são o que pensava ser ou aparentam ser. Só por isso.

Muitas não têm condições de serem melhores ainda. AINDA. Logo terão. A meu ver é muito importante fazer as pessoas compreenderem o que lhe disse para que não vivam da falsa ilusão de que só porque estão aqui ou numa igreja tornaram-se ou estão se tornando muito cristãs e espiritualizadas.

Para que não se revoltem quando algo que muito pediram a Deus não acontecer como esperavam. Para que não se sintam o máximo sendo que ainda são o mínimo.

E isso vale para muitos administradores de Centros e médiuns que pensam que só porque abriram um Centro ou são médiuns, ou estudaram para ser um, tornaram-se cristãos e evoluídos. Nada disso. É preciso sempre se encarar e observar seus pensamentos e, principalmente, suas atitudes.

Quanto aos médiuns, esses devem se encarar o tempo todo para observar se ainda são guiados por espíritos de luz ou passaram a ser guiados pelo ego e pela vaidade que os faz acreditar que são muito espirituais ou evoluídos, mais do que os outros, seus semelhantes, por serem médiuns.

É preciso sempre ter uma boa dose de humildade para se conhecer melhor e evoluir. Como um bêbado que acha que está sendo agradável ou que toca muito bem um instrumento, ou desenha, ou trabalha, ou dirige um veículo, sendo que alcoolizado, na verdade, não faz nada direito.

É preciso ser humilde. Descer do pedestal constantemente, encarar-se no espelho e dialogar consigo. Deixar-se iluminar pelos espíritos de luz.

Um artista bom é aquele que é humilde suficiente para saber que, por mais que tenha experiência de palco, pintado quadros e mais quadros, dominado um instrumento, feito uma apresentação musical surpreendente, ele precisa encarar cada peça, apresentação musical, pintura como se fosse a primeira vez, dispensando a ela a mesma dedicação, paixão e humildade das anteriores.

– Percebo que tenho muito a aprender.

– Sempre temos, meu filho. Por isso existe a VIDA. Por isso existem as reencarnações.

– A senhora é mesmo maravilhosa. Uma pessoa muito especial, evoluída.

– Filho, eu sou apenas eu. Tentando ser o que há de melhor em mim mesma, ser um ser humano melhor e, consequentemente, um espírito melhor. Agradeço o elogio, mas jamais me deixo envaidecer por ele, senão meu ego e a vaidade se inflamam, minha humildade vai embora e eu perco tudo o que venho conquistando espiritualmente. Sim, o ego e a vaidade nos cegam quando nos deixamos ser dominados por eles, da mesma forma que o dinheiro também pode nos dominar. Nos cegar e inflar o nosso ego e a nossa vaidade.

Pietro ficou reflexivo por um instante, rememorando o jantar na casa da família Figueiredo.

– Agora, revendo os fatos, percebo que a família Figueiredo não gostou nem um pouco de eu ter levado Caroline e Raul até a casa deles para jantar. Por isso me trataram tão estranhamente aquela noite. Estava tão aéreo que não percebi.

Se eles me trataram dessa forma como fizeram há pouco significa que não querem mais que eu me case com Lizandra. Preciso conversar com ela para esclarecer.

– Faça isso, filho.

E foi o que Pietro fez assim que teve oportunidade.

– Eu levei tempo, tempo demais para perceber que sua família não gostou muito de eu ter levado Caroline e Raul até sua casa para o jantar. Nem mesmo depois de terem ouvido a triste história sobre os dois, se comoveram.

– Não foram só meus pais que não gostaram da presença daquelas... – a moça arrepiou-se impedindo de completar a frase. – Eu também não gostei.

As sobrancelhas de Pietro se arquearam.

– Eu jamais pensei que se importaria...

– Importo-me, sim! E saiba que foi um alívio saber que os dois não eram seus irmãos. Quando se tem esse tipo de problema

300

na família as novas gerações correm o risco de ter os mesmos problemas. Eu não suportaria ter um filho...

Ela engoliu a frase, olhou para ele e perguntou:

– Você suportaria?

Ele baixou a cabeça para esconder as lágrimas que afloraram de seus olhos.

Lizandra foi enfática mais uma vez.

– Ou elas ou eu, Pietro! – desafia a moça. – Ou elas, ou eu.

Ele, muito triste, respondeu, sem vacilar:

– Se você impõe uma escolha: elas.

O rosto da moça se transformou.

– Você será capaz mesmo de preferi-las a mim?

– Eu vim para o Brasil por causa delas, Lizandra. Para protegê-las. Minha vida tomou esse rumo por causa de Raul e Caroline. Se a conheço, se tive a oportunidade de conhecê-la e me apaixonar por você devo isso a eles. Você também deve, se é que me ama mesmo.

A moça olhava agora indignada para o estrangeiro, com o canto da boca, tremendo por uma forte e estranha emoção. Pietro tirou o ar dos pulmões, procurou se acalmar e disse:

– Você acredita em reencarnação tanto quanto eu.E isso é o que mais me encantou na nossa história, pois é tão raro encontrar alguém que compartilha dos mesmos sentimentos e opiniões. Isso, além de tudo mais, deu-me a certeza de que o destino me trouxe até o Brasil também pelo propósito de conhecê-la. De me unir a você, em casamento, na alegria e na tristeza, na saúde e na doença.

Creio, ou melhor, hoje tenho a certeza, a absoluta certeza de que Caroline e Raul são velhos conhecidos meus de uma outra vida. Talvez a que tive antes dessa.

– Se eles são velhos conhecidos seus de uma outra vida, como saber se eles lhe fizeram bem ou mal na vida em questão, na que vocês se conheceram? Elas podem ter-lhe feito muito mal, não só a você como a outros...

– Ainda que tenham, meu coração diz, para ser mais exato, a minha alma diz, para eu cuidar deles, para protegê-los. Como lhe disse: eu amo Caroline e Raul, incondicionalmente. Foi amor à primeira vista.

– Acho admirável o seu gesto, o seu amor incondicional, mas eu, sinceramente, não suportaria viver ao lado...

– Você nem tentou...

– Mesmo assim, prefiro nem tentar.

Houve uma breve pausa até que ela sugerisse, impiedosamente:

– Largue os dois num orfanato qualquer e viva a sua vida, Pietro.

Pietro ouviu a sugestão como um tiro dado na sua direção, ao fechar os olhos para se recuperar do abalo que sua alma reviveu, na velocidade de um raio, trecho de sua vida no orfanato dirigido por Helga Mentz na vida passada.

O momento em que Aretha se viu diante dele, sentado numa grande cadeira escura, usando uma camisa de manga comprida feita de flanela e uma calça que parecia de sarja.

"Vejo que o pequeno Pietro prendeu sua atenção, minha senhora. É uma criança adorável. Reservado, tímido.", falou a mulher que estava ao lado de Aretha.

"A senhora disse Pietro?", perguntou a visitante. (A que tinha o corpo físico que Aretha recebera na encarnação em questão).

"Sim, senhora. É o nome dele. Pietro! Bonito nome, não?"

"Sim, sem dúvida. Era o nome do meu..."

Aretha não terminou a frase. Algo pareceu agitar-se em seu cérebro.

A senhora ao seu lado tornou a falar:

"Já peguei o pequeno Pietro, por diversas vezes, conversando sozinho. Pensei tratar de um daqueles amiguinhos invisíveis que toda criança tem. Até descobrir que se tratava da mãe."

Aretha estremeceu.

A senhora continuou falando do menino:

302

"Ele conta para a mãe, invisível, sobre os últimos acontecimentos do dia. As brincadeiras com os colegas do orfanato, o que aprendeu conosco. Às vezes, suas palavras dirigidas à mãe, o modo como ele as fala me tira lágrimas dos olhos. Muitas... Chegam a umedecer o punho da minha blusa ao secá-las."

A senhora (Helga Mentz, na vida passada) percebendo o interesse de Aretha pelo menino, sugeriu:

"Por que não fala com ele?"

"Gostaria. Será que devo?"

"Sim, por que não? Tenho a certeza de que Pietro vai amar falar com a senhora."

Aretha, assim que chegou perto do garoto, seus lábios esboçaram um sorriso tímido e trêmulo. O pequeno Pietro retribuiu o sorriso da mesma forma. Quando sua mão envolveu a do garotinho, o menino sorriu. Foi um sorriso suave que refletia uma certa angústia.

Helga Mentz fez um adendo:

"Ele não pode andar, minha senhora."

Aretha tentou disfarçar o choque que levou com a notícia, mas foi péssima.

"Não?! Como não?!"

Sua voz, tomada de espanto, soou indevidamente alta.

Foi só quando Helga lhe mostrou os pezinhos de Pietro que ela pôde ver que ambos tinham uma deficiência física. Eram voltados para dentro.

"Ele não tem uma cadeira de rodas?", perguntou a seguir.

"Não, senhora. Ainda não tivemos dinheiro para lhe dar uma."

"Lamentável. Seria tão estimulador."

"Sim. Mas ele não reclama. Não pede nada. Aceita sua condição como poucos."

Aretha pareceu sentir um frio gelar sua alma.

Pietro emergindo de seus pensamentos, notou que lágrimas escorriam de seus olhos. Uma outra visão em pensamento o levou para o passado, para longe da realidade em que se encontrava agora, novamente.

Em sua mente, enxergou a si mesmo, com o corpo físico que recebera na encarnação em questão, diante de uma mulher de rosto bonito e imponente, sentada de frente para uma penteadeira, escovando os cabelos de modo displicente. Ele já a vira antes, em sonhos e pensamentos.

"É verdade que sou seu filho?", perguntou ele com sua voz de agora.

"Você nasceu mesmo de dentro de mim, mas... foi um equívoco. Um grave equívoco.", respondeu ela, afiada.

As palavras o surpreenderam e as seguintes, muito mais.

"Foi uma brincadeira do destino. Um desatino do destino."

Ela riu.

"Onde já se viu me fazer dar à luz a uma criança... aleijada."

Ele, polidamente, a interrompeu:

"Não sou aleijado."

Ela parou de escovar os cabelos, olhou de soslaio para ele, riu, sarcástica e se corrigiu:

"Um aleijado não é mesmo, um defeituoso, sim. Como um móvel que se manda fazer, uma cristaleira, por exemplo, e vem com defeito, com os pés invertidos para dentro."

Ele tentou dizer algo, mas ela não permitiu.

"Calado. Quem fala agora sou eu!"

E franzindo o cenho, continuou em tom de desabafo e desespero:

"Oh, meu Deus, o que fiz para merecer isso? Se Raul não tivesse me impedido de fazer o que eu pretendia fazer com você! Ele não tinha nada de me impedir, muito menos deixá-lo naquele orfanato sebento."

Pietro teve a certeza de que era aquilo mesmo que ela queria dizer. Sua próxima pergunta saiu entre lágrimas, com voz embargada de emoção:

"A senhora nunca me amou? Nem um pouquinho?"

Os olhos agudos da mulher em visão (Caroline na vida passada) voltaram a encará-lo de cima a baixo, deixando-o novamente desconcertado.

"Amar... você?!...", disse em meio a um risinho de escárnio, "Não, nunca!"

Agora, ela falava com maior desembaraço, como se sentisse um alívio em poder despejar sua história para o seu ouvinte.

"É isso mesmo que você ouviu", reforçou ela, "eu jamais senti sequer pena de você."

Num rompante, a mulher jogou a escova para longe, levantou-se e impondo o dedo indicador na direção do rapaz, ralhou:

"Não me procure mais, nunca mais! Entenda de uma vez por todas, se é que ainda não compreendeu, que não sinto nada por você e você também não deve sentir nada por mim. É tudo muito simples!"

Ele tentou se defender, em vão:

"Ainda assim, sou seu filho!"

"Não é, não! Eu só tive uma filha e o nome dela é Ítala. Ouviu? Compreendeu?! Sei lá, vai que nasceu também desprovido de inteligência."

O rosto da mulher transformou-se, então, no de Caroline, a moça de 28 anos que estava agora sob sua total responsabilidade, cuidada com todo o carinho que um pai e uma mãe amável dispensam para um filho.

Ao despertar, Pietro, olhos vermelhos e lacrimejantes, perguntou:

– Você, na condição de Raul e Caroline, aceitaria ser largado, como você mesma disse, num orfanato? Ainda que fosse um lugar decente para se viver?

– Para eles não faria a mínima diferença. Não há cérebro ali.

As palavras verrinosas de Lizandra provocaram um novo estremecimento no homem ao seu lado.

– Pelo visto o preconceito falou mais alto mais uma vez em minha vida.

Ela se manteve em silêncio.

Ele então desabafou:

– Quer dizer que é assim que termina a nossa história?

– Foi você quem quis assim, Pietro, não eu.

Houve um momento de silêncio. E então Pietro deu um profundo suspiro e desabafou:

– Se prefere assim... É uma pena. Partirei de coração partido, mas, se não há outro jeito...

Um ar de hesitação apareceu no rosto do moço, antes de ele declarar:

– Pensei, sinceramente, que me amasse.

– E o amo.

– Não ama, não. Amor, amor de verdade é incondicional.

– Só porque você quer.

Virando-se, e num tom de voz diferente, uma voz de todo dia, um tanto embaraçada, disse:

– Bem, acho que não temos mais nada a dizer um para o outro. Só me resta dizer-lhe adeus.

E, de repente, ele sentiu um arrepio gelado descer-lhe pela espinha... Voltou à realidade com o som da voz de Lizandra. Seus olhos voltaram-se para ela um momento:

– Adeus, Lizandra.

O alemão prendeu repentinamente a respiração quando a declaração atravessou seus lábios:

– Que você encontre a felicidade ao lado de um homem que a mereça.

A resposta da moça foi quase que automática:

– Encontrarei, não se preocupe. E serei muito feliz, bem mais do que seria se estivesse ao seu lado... Eu...

Lizandra não foi além disso, um rompante a tirou do controle, fazendo com que começasse a cuspir-lhe as palavras, dizendo:

– Você me enganou, Pietro! Enganou-me, desprezivelmente!

Ela parou, incapaz de continuar a falar.

Ele acenou grave e tristemente a cabeça.

– Eu jamais enganaria alguém, nem mesmo por amor, nem mesmo se me pedissem para fazer por amor.

Lizandra olhou assustada para ele.

A cena do passado entre ela, Raul e Caroline voltou a sua mente. O momento em que eles foram pedir-lhe que escrevesse a carta para Pietro, revelando o seu amor por ele e prometendo voltar para se casar com ele, o que era totalmente mentira, pois apesar de amá-lo, como no agora, não aceitava sua deformidade física. Ainda que não se importasse, seus pais não consentiriam seu casamento com o moço, ainda que fosse um músico aclamado e bem sucedido financeiramente.

Assim que Lizandra entrou em sua casa, correu para o seu quarto, se jogou na cama e esperneou.

– Como ele pode preferir aquelas duas criaturas a mim?! Como?! Se é que podemos chamar de criaturas. Se fossem "normais" era até compreensível.

Sua mãe, ao ouvir seus berros e gemidos, correu até lá.

– O que foi, Lizandra? Por que está assim?

Ela, aos prantos relatou o diálogo que tivera há pouco com Pietro.

– Acalme-se, filha, há males que vêm para bem.

– Não consigo acreditar que alguém possa preferir alguém deformado a uma pessoa sadia, perfeita de corpo e de mente. Simplesmente, não consigo!

Ela grunhiu tal e qual Raul e Caroline faziam quando ficavam nervosos.

– Quão estúpida fui eu em acreditar que seria feliz ao lado dele, mãe... Quão estúpida.

Inúmeros pensamentos sucederam-se rapidamente na mente da moça. Subitamente, ela queria fugir para uma ilha deserta e distante.

307

Ir embora seria a solução? Evolução? Se fôssemos viver feito ilha, Deus nos teria isolado de tudo e de todos. É o contato com o todo e com todos que nos leva à evolução espiritual.

Lizandra, como no passado, ficou novamente do lado de seus pais e, por consequência, sofreu mais uma vez: pelo preconceito e pela estreita visão de vida deles.

A reação da família para com Raul e Caroline se deu pela energia muito ruim marcada pelos atos cometidos no passado, por isso atraíam para si pessoas que pensavam como eles na vida passada.

Pietro voltou arrasado para a casa. De tudo só tinha uma certeza: não abandonaria Caroline e Raul por nada desse mundo.

Enquanto isso, na Alemanha, Viveck Schmelzer continuava à frente do programa T4, num campo de concentração, próximo de Berlim.

Ítala, por sua vez, aguardava ansiosamente a volta do irmão. Mas sabia que isso só aconteceria quando a guerra terminasse; se fosse com a vitória da Alemanha, aí é que Pietro nunca mais poderia pôr os pés no país. Algo chocante então transformou a sua vida.

Bateram à sua porta e ao abri-la, a casa foi invadida por muitos soldados nazistas.

– O que é isto? – gritou ela, aturdida. – Esta é minha casa, vocês não podem entrar aqui, assim...

– Onde está o seu marido? – perguntou um dos soldados.

Não houve tempo de ela responder, um outro que já havia chegado ao quarto do casal gritou:

– Ele está aqui, meu senhor!

O homem se dirigiu para lá.

Ítala correu atrás dele e tentou segurá-lo, mas ele se livrou de suas mãos com um safanão. Ao verem que tiravam Giobbatista da cama, Ítala se desesperou.

– Para onde o estão levando?

– Temos ordem de levar para o hospital todos os inválidos de suas casas.

– Não podem, não permito.

– Se se opuser será pior para a senhora.

Giobbatista grunhia, desesperado.

– Pelo amor de Deus, não levem meu marido, eu lhes suplico.

Mas os soldados incumbidos de acatar ordens, não tiveram pena dos dois. Então, subitamente, Giobbatista jogou o corpo e a cabeça para trás na esperança de se livrar das mãos dos homens, Ítala corria até ele quando o soldado-chefe atirou à queima roupa no pobre homem.

Ítala, arrojada aos pés do morto, aos prantos, murmurava:

– Por quê? Por que foram fazer uma coisa dessas?

Giobbatista olhava para a esposa com olhos de adeus, tentou dizer-lhe uma palavra, mas a morte o levou antes que o conseguisse.

Nenhum vizinho ousou ir até lá ver o que havia acontecido, todos temiam o exército nazista mesmo sendo formado por membros de sua própria raça. Demorou quase uma hora até que uma ambulância, chamada por um dos vizinhos, chegasse ali. Enquanto isso Ítala ficou agarrada ao marido morto, esvaindo-se em sangue, manchando tudo ao seu redor. Ela chorava compulsivamente, em total desalento.

Semanas depois, Adoriabelle estava novamente na presença de Caroline e Raul, tentando entretê-los com o violino que herdara de um tio, padrinho. Ela não sabia tocá-lo, mas fingia fazê-lo, reproduzindo o som com a boca.

Quando Pietro chegou e viu a cena, pediu emprestado o instrumento, afinou-o e começou a executá-lo com surpreendente maestria.

Os ouvintes arregalaram os olhos surpresos com o som maravilhoso que o instrumento, mudo, até então, produzia. E também com a habilidade com que Pietro tocava.

309

– Onde aprendeu a tocar? – quis saber Adoriabelle, emocionada.

– É dom de nascença.

– Quer dizer que nunca teve aulas para...

– Não. Desde que vi o instrumento na casa de um amigo do meu pai, peguei-o sem sequer pedir permissão e comecei a tocar. Meu pai e o amigo dele ficaram tão surpresos que, por incentivo deste amigo, meu pai acabou comprando um violino para eu aperfeiçoar meu dom. Acho mesmo que papai teria comprado um, mesmo se o amigo não o tivesse aconselhado.

– Toque mais, por favor.

Logo Pietro ganhou fãs pela rua, uma vez que o som do instrumento atravessava paredes e podia ser ouvido por quase todos. E fazia muito bem para o alemão tocar o instrumento, sempre fizera, mas ele havia se esquecido disso. Assim prometeu-se comprar um violino no dia seguinte. Assim fez e nunca mais deixou de tocar por pelo menos meia hora por dia.

Caroline e Raul, ao contrário da vida passada ouviam-no com atenção. Sentiam-se mais calmos com a música e sorriam mais, ao ouvi-la e depois de ouvi-la.

Era no violino que Pietro reencontrava a paz que a paixão por Lizandra havia lhe roubado.

E assim se passaram os meses sem que Pietro se esquecesse de Lizandra, sem que ela voltasse atrás na sua decisão, sem que ele voltasse atrás na sua escolha e sem que Adoriabelle se declarasse para ele.

No dia 30 de abril de 1945, Viveck Shmelzer e seus colegas de trabalho puderam ver, de longe, Berlim ser praticamente soterrada por um bombardeio severo feito pelas forças soviéticas.

Foi nesse mesmo dia que Adolf Hitler se suicidou quando as tropas soviéticas estavam a exatamente dois quarteirões de seu *bunker*.

Em 7 de maio, o seu sucessor, o almirante Dönitz, assinava a capitulação alemã.

A notícia tirou lágrimas de todos aqueles que eram contra a guerra, que lutavam a favor da paz. Viveck foi um dos que chorou de alegria por ver o fim de tudo aquilo, e por saber também que a paz agora podia voltar a reinar pelo mundo todo novamente.

Viveck não fugiu como os demais nazistas fizeram assim que a derrota atingiu o país. Entregou-se por julgar o mais sensato, o mais correto.

Pietro, ao saber da notícia, ficou tão feliz quanto Aretha e Primízio, que agora podiam ter o filho de volta à Europa sem correr risco de vida e Pietro estava mesmo disposto a voltar já que nada o prendia ao Brasil.

Ítala também ficou muito feliz com o término de tudo. Foi, desde o assassinato do marido, o único momento em que sorriu.

Três meses depois, precisamente no dia 6 de agosto de 1945, a Força Aérea dos Estados Unidos da América, cumprindo a ordem do presidente americano Harry S. Truman, atacava o Império Japonês, lançando sobre a cidade de Hiroshima uma bomba atômica que matou cerca de 140 mil pessoas, fora as que morreram depois por causa da radioatividade.

Três dias depois, outra bomba era lançada sobre a cidade de Nagasaki, matando mais 80 mil pessoas e muitas mais depois, também, devido à radioatividade.

Foi um horror vivido tão intensamente quanto os civis chineses que foram enterrados vivos por soldados japoneses quando estes atacaram a China.

O acontecimento levou o Império do Japão à rendição incondicional em 15 de agosto de 1945, com a subsequente assinatura oficial do armistício, em 2 de setembro, na baía de Tóquio, finalizando, assim, a Segunda Guerra Mundial.

A guerra tinha chegado ao fim, entretanto o sangue ainda estava espalhado pela Terra, o cheiro de morte ainda estava espalhado pelo ar, mães e pais choravam a morte de seus filhos, filhos choravam a morte de seus pais. Esposas choravam a perda de seus maridos, combatentes de guerra... As sequelas da guerra ficariam ainda por muitos anos, atravessando gerações... Haveria, agora, muito trabalho para reconstruir o que a guerra destruiu. Levaria meses, em certos casos, anos, para reerguer o mundo das cinzas, mas todos haveriam de colaborar.

Pietro recebeu a notícia do fim da guerra com grande alegria, como era de se esperar. Agora ele podia voltar para a Europa para a sua família querida e devolver Caroline e Raul às respectivas famílias que deveriam estar como a sua, mortos de saudades deles.

O alemão/português comprou as passagens de navio e começou a se despedir de todos os amigos que fez enquanto esteve morando ali. Com cada um viveu uma emoção diferente na despedida. Com dona Benedita e seu Pimenta a maior de todas. Quando Adoriabelle soube que ele estava de partida, a moça perdeu a cor, a fala, por pouco não desmaiou.

– Adoriabelle, você está bem? – indagou Pietro, olhando assustado para ela, querendo muito entender sua reação.

Mas Adoriabelle nada explicou, simplesmente correu para sua casa, trancafiou-se em seu quarto e chorou.

Alícia não estava ali para socorrê-la, com quem ela pudesse desabafar, havia viajado para a casa de uma prima e voltaria somente em dois dias. Quando ela chegou assustou-se com a expressão desolada do rosto da irmã.

Diante da amargura de Adoriabelle, a irmã tentou ajudá-la mais uma vez.

– Adoriabelle, você o ama. Vá atrás dele enquanto há tempo e se declare a ele.

– Eu já tentei, mana, mas não consigo.

– Então, eu o farei por você.

– Não!

– Por que não?! Você não tem nada a perder. Ele está de partida para a Europa, se não a quiser, ninguém ficará sabendo que ele rejeitou o seu amor. O que quer dizer que não precisa temer o que os outros possam vir a pensar e falar de você.

– Eu não me importo...

– Ah, vá! Todos se importam com o que os outros possam vir a pensar e falar de nós. É assim desde que a humanidade é humanidade.

Adoriabelle ficou pensativa.

– Vamos, minha irmã. Coragem. Não deixe um amor morrer por falta de esclarecimento, de declaração.

– Você acha mesmo que devo?

– Deve. Vá!

Adoriabelle com um lampejo de coragem, vestiu seu melhor vestido, ajeitou o cabelo, passou um batom e um pó de arroz para deixar sua face mais bonita e foi até a casa de Pietro.

Ele já estava com as malas na porta, aguardando apenas chegar o táxi que marcara para apanhá-los e levá-los para Santos.

Ao ouvir os toques na porta, correu para atender, pensando ser o taxista.

– Adoriabelle, você?! – espantou-se ele ao encontrar a moça, ali. – Como você está... – ele ia dizer "Bonita", mas optou por dizer "diferente".

– Você gostou, Pietro?

– Sim. Muito.

Ele sorriu e convidou-a a entrar.

– Já estamos quase de partida, mas ainda há tempo para você se despedir de Raul e Caroline...

Ela o interrompeu:

– Estou aqui para falar com você, Pietro.

– Comigo?! Pois bem, diga.

Ela fugiu dos olhos dele, foi preciso, senão não teria coragem de se declarar:

– Eu gosto de você, Pietro, muito e há muito tempo...

– Eu também a considero uma pessoa muito especial, Adoriabelle, da qual jamais me esquecerei. Fez tanto por mim, Raul e Caroline...

– Você não entendeu, Pietro. Eu o amo.

O rapaz paralisou.

– É isso que eu venho ensaiando há muito tempo para lhe dizer e não consigo. Quando tinha coragem, acontecia algum imprevisto que me fazia mudar de ideia.

– Você me ama?!

– Há muito, muito tempo... Na verdade, desde que o vi pela primeira vez.

Em termos de alma, a frase tinha um significado ainda maior, pois se referia à paixão que ela sentiu por ele desde que se conheceram no orfanato de dona Helga Mentz na vida passada.

– Eu... eu nem sei o que dizer... eu nunca havia percebido...

– Porque estava o tempo todo e ainda está com Lizandra na sua cabeça.

– É verdade... Poxa!

Ela novamente o interrompeu:

– Leve-me com você, Pietro. Para a Europa. Por favor.

A frase deixou novamente o moço espantado.

– Levá-la comigo?

– Sim. Eu o farei esquecer-se de Lizandra. Serei capaz de tudo para fazê-lo feliz.

– Você teria coragem de partir comigo para a Europa? Deixar sua família?

– Sim. Por você, sim. Tudo!

As palavras tanto surpreenderam como emocionaram o moço. Era daquele amor, daquela dedicação que ele tanto necessitava e procurava encontrar numa mulher.

– Poxa... estou sem palavras...

Houve uma breve pausa até que ela fosse até ele, ficasse nas pontas dos pés e beijasse levemente seus lábios. Ele, anestesiado

314

pelo beijo, pela maciez dos seus lábios junto aos seus, alisou os cabelos dela, a face e tornou a beijá-la, dessa vez, com intensidade. O beijo disse tudo, o abraço muito mais.

Raul e Caroline, ao entrarem na sala e verem a cena, começaram a sorrir e aplaudir, incansavelmente.

– Veja, eles estão felizes por nós – comentou Pietro, comovido. Ela, entre lágrimas sorriu. Voltando-se para ela, Pietro, com voz embargada, segredou:

– Eu nunca pensei, juro... que você tivesse algum sentimento por mim. Nunca...

– Leve-me com você, Pietro... É tudo o que mais quero.

Alisando os cabelos dela, ele falou, emocionado:

– A levarei. Se é isso que você mais quer, eu também quero.

A frase se encerrou com um novo beijo.

Ouviu-se então um toque na porta, por estar destrancada, ela abriu sozinha e a pessoa que estava ali pôde ver claramente Adoriabelle nos braços de Pietro. Tratava-se de Lizandra Figueiredo que ao vê-los, branqueou, arregalou os olhos, a boca, e voltou correndo para o táxi que a havia levado até lá e o mandou partir.

– Lizandra, espere! – gritou Pietro correndo atrás dela. Mas o carro não parou.

Ao voltar para dentro da casa, Adoriabelle, entristecida, perguntou-lhe:

– Você ainda a ama, não?

Ele, olhando seriamente para ela, respondeu:

– Não, Adoriabelle. Há muito que não a amo mais. O amor tem a ver com admiração, quando se perde a admiração por quem se ama, perde-se de certo modo o amor. Eu sempre admirei você, muito mais do que pensa. Por isso amá-la, agora, tão de repente, é fácil para mim...

Ele tornou a envolvê-la em seus braços e a beijá-la, tirando uma nova salva de palmas de Raul e Caroline.

A viagem teve de ser adiada por uns dias até que a documentação de Adoriabelle estivesse pronta para poder embarcar,

315

o que aconteceu em tempo recorde, visto que um dos funcionários que cuidava da sessão de passaporte era conhecido de sua família.

Enquanto o navio levando Pietro, Raul e Caroline de volta à Europa, juntamente com Adoriabelle, atravessava o oceano que separava os continentes, o continente Europeu começava, com grande esforço, a apagar as marcas do Holocausto e a recuperar a esperança e a dignidade perdidas. Fazer do amor, novamente, o propósito maior da vida de todos.

De volta à casa dos pais, em Portugal...
Foi Ítala quem atendeu à porta quando Pietro deu três toques nela. Ela mal pôde acreditar quando viu o irmão adorado ali, de frente para ela, sorrindo.

– Pietro! – exclamou abraçando-o fortemente.

Logo os dois choravam um no ombro do outro.

– Mamãe, papai! – chamou a moça. – Pietro chegou!

Primízio e Aretha correram para a sala, foi mais uma sequência de beijos e abraços e choradeira.

Levou quase dez minutos para que Pietro desse pela falta de Adoriabelle.

– Onde está Adoriabelle? – perguntou girando em torno.

– Quem, filho?

Ele não respondeu, foi até a porta, abriu e encontrou a moça parada ali fora, aguardando por ele.

– Oh, meu Deus. Por que não entrou?

Foi Ítala quem respondeu:

– Ela estava com vocês?! Mil desculpas, não sabia! Fui indelicada, perdão.

– Não tem problema – falou Adoriabelle no seu jeito singelo de sempre.

Apresentações foram feitas a seguir.

– Adoriabelle é uma pessoa que me ajudou muito durante esses anos no Brasil. – explicou Pietro com grande alegria. – Fui tão cego, tão distraído, tão hipócrita para não perceber que ela gostava de mim e que era definitivamente a mulher com quem eu deveria me casar.

A pergunta partiu de Aretha:

– Você está casado, filho?

– Ainda não, mamãe. Mas muito em breve estarei.

Foi Primízio quem falou a seguir:

– Faremos uma bela festa para celebrar o grande acontecimento.

– Obrigado, papai.

O pai abraçou novamente o filho e declarou:

– É tão bom tê-lo de volta, filho. Tê-lo são e salvo depois de tudo que nos aconteceu por causa dessa maldita guerra.

– Depois de tudo, papai, ainda podemos ser felizes. Disso não nos devemos esquecer jamais!

– Depois de tudo ainda ser feliz... – murmurou Aretha gostando do que ouviu.

A seguir os quatro recém-chegados foram levados para a cozinha. Sentaram-se à mesa, pois estavam com fome e logo foi servido pão, manteiga, leite e restos do almoço. Aretha prometeu caprichar no jantar.

Pietro falou com alegria de sua experiência no Brasil.

– O Brasil, mamãe, papai, Ítala... é maravilhoso! Será certamente o país do futuro... a pátria do evangelho. Quero ter minha próxima reencarnação lá, se não for, me mudo e ponto final.

Todos riram.

Ao término da refeição, o rapaz que já não era mais um rapaz, era um homem feito, de 28 anos, achou melhor falar a sós com Ítala. Não foi preciso perguntar o que lhe aconteceu, pelo vestido preto que usava e pela palidez de seu rosto, era óbvio que Giobbatista havia desencarnado.

– Quando foi que aconteceu, maninha? – perguntou ele quando restaram somente os dois na sala.

317

Ítala não conseguiu responder, correu até ele, abraçou-o e chorou compulsivamente. Levou quase 20 minutos até que conseguisse contar o que aconteceu ao marido. Pietro se revoltou ainda mais contra o nazismo e sentiu vergonha de si mesmo por ter tomado parte em algo tão sem noção e desumano.

– Não tenho muito o que lhe dizer, Ítala, senão que você pode contar comigo para o que der e vier, estarei sempre ao seu lado. Apesar de tudo, depois de tudo ainda podemos ser felizes, não por inteiro, ninguém é, depois da morte de quem se ama, dos que tanto amamos, mas pela metade, pela metade ainda, sim, podemos ser felizes.

– Ah, Pietro como é bom ter você de volta.

Ele a beijou na testa e confortou-a mais uma vez em seu ombro de algodão.

De longe, observando Caroline, Aretha comentou com o filho:

– Também li o Livro dos Espíritos que você e Ítala leram, Pietro.

Pietro passou o braço pelas costas da mãe e quis ouvir sua opinião a respeito da leitura.

– Gostei. Esse tal de Allan Kardec é mesmo muito bom.

– No Brasil, estudos sobre a doutrina que ele descreve em seu livro ditado pelo espírito da verdade ganha cada vez mais adeptos. Há um homem chamado Francisco Cândido que vem desenvolvendo um trabalho muito bonito, segundo a doutrina Espírita.

– Se atravessamos mesmo vidas, como diz a doutrina, gostaria muito de saber quem fui em vidas passadas ou pelo menos na vida anterior a esta.

– Ou vinda anterior a essa. Podemos usar vinda também para falar do tema.

– Então, Pietro... Quem será que fui eu? Por que não sabemos?

– Acredito que podemos fazer uma ideia do que vivemos, do que fomos...

Aretha, prestando atenção a Caroline, perguntou:

318

– E ela, filho? Caroline... Quem foi ela na outra vida?

– Não sabemos, mamãe, não mesmo...

– Será que um dia...

– Sim, mamãe, um dia talvez...

– Quando olho para Caroline sinto um furor no peito, uma quentura, como se algo tivesse sido aceso dentro de mim. Será que tivemos alguma conexão no passado?

– A maioria daqueles com os quais nos unimos durante a nossa jornada terrestre, mamãe, são velhos conhecidos de vidas passadas.

– Quando conheci seu pai a sensação que tive foi a de que já o conhecia faz tempo. Senti o mesmo com relação a muitos de seus familiares e ele, depois, confessou-me que teve a mesma sensação com relação a mim e a minha família.

Quando eu fiquei grávida de você, uma alegria imensa transbordou dentro e fora de mim. Seu pai era só sorrisos e quando você nasceu eu e ele nos sentimos ainda mais unidos, muito mais do que antes.

O filho enlaçou a mãe e a abraçou forte e calorosamente.

– Obrigado, mamãe, por ter me trazido ao mundo mais uma vez. Por ter cuidado de mim, ter me amparado durante o meu crescimento. Ter me dado uma boa educação, uma formação de caráter.

– Você já nasceu com todas essas qualidades, Pietro. Desde pequeno sempre foi íntegro e de um caráter invejável. Enquanto seus amiguinhos caçoavam daqueles que tinham deficiência física, retardo mental, ou qualquer outro tipo de anomalia você se mantinha quieto, reprovando a atitude deles com o olhar.

– Sabe, mamãe, quando me filiei ao nazismo e quis fazer parte do Programa T4 foi por acreditar que a morte os libertaria dessas afrontas por parte de todos. Dessa vida que eu não gostaria de viver e por não gostar, achei que eles também não gostassem, mas foi tolice da minha parte crer nisso, não estou dentro de cada um para saber o que realmente sentem, se se importam em viver assim. Hoje acredito que eles não se importam.

319

– A vida nos ensina muito, filho. Muito mesmo!

– Sabe, mamãe, se eu tivesse de fazer tudo o que fiz por Caroline e Raul eu faria tudo outra vez, com a mesma dedicação.

A mãe beijou o filho na testa e declarou mais uma vez:

– Eu amo você, Pietro. Você só me trouxe alegrias. Muitas, mesmo. Obrigada.

No dia seguinte, Pietro voltava para a Alemanha na companhia de Raul, Caroline e Adoriabelle. A cidade onde residia a família de Raul ficava no interior do país e foi para lá que eles se dirigiram primeiramente. Estaria a mãe do rapaz ainda morando no mesmo lugar?, perguntou-se Pietro em silêncio. Teria a cidade onde vivia com a família sido atingida por um bombardeio e atingido a casa da família? Bem, ele logo saberia.

A mãe de Raul acordara naquele dia em especial, crente de que seria um dia como outro qualquer, em que passaria boa parte dele, cuidando dos afazeres da casa e rezando pela volta do filho. O dia, no entanto, lhe reservava uma surpresa, uma emocionante surpresa. Por volta das duas da tarde, ela ouviu alguém batendo à porta.

"Quem seria?", perguntou-se enquanto se dirigia para lá. "O marido tinha a chave da casa, a filha estava lecionando". Algo se acendeu em seu peito, como uma tocha. Ela abriu a porta com mãos trêmulas. O queixo também tremia. Ela mal pôde se conter de alegria ao ver Raul ali, diante dela, com os olhos cheios de saudade de todos.

Ela o abraçou no mesmo instante, agarrando-se a ele com fervorosa paixão. Ele também abraçava a mãe com amor, sorrindo e, ao mesmo tempo, chorando de emoção pelo reencontro. Como era bom poder sentir-se envolto nos braços da mãe amada outra vez, suspirava Raul.

– Ah, meu filho, meu filho amado... Quanta falta senti de você – declarou a mulher, entre lágrimas sentidas.

Raul recuou a cabeça e beijou a face da mãe. Ela beijou-lhe a testa, as bochechas, derramando sobre ele mais uma vez todo o seu amor incondicional.

– Ah, meu querido, tive tanto medo de que esse dia nunca chegasse.

O moço grunhiu. E no seu grunhido estava expressa toda sua alegria por estar de volta ao seu país, a sua cidade e a sua família.

Voltando-se para Pietro, a senhora repetiu:

– Eu tive tanto medo de que esse dia nunca chegasse.

– Mas chegou, minha senhora – afirmou Pietro também emocionado. – Finalmente chegou!

Ela sorriu agradecida para ele.

– Você foi como um pai para o meu filho. Foi muito mais do que isso. Foi pai, mãe e um anjo da guarda em sua vida. Se não o tivesse levado consigo, estaria certamente morto a esta hora.

A mulher se afastou e olhou para o filho novamente e declarou, comovida:

– Você está bonito, Raul. Ganhou alguns quilos, tornou-se robusto... Parece que foi muito mais bem tratado pelo seu anjo da guarda do que por mim.

– Não diga isso – interveio Pietro.

– Digo, sim, porque é verdade, meu senhor.

Ele sorriu, ela sorriu e os convidou a entrar.

– Entrem, por favor, vou preparar algo para vocês comerem... Pelo horário não devem ter almoçado ainda.

Todos se fartaram com o delicioso almoço que a dona da casa preparou com tanto gosto e com uma rapidez incrível. Riram, brincaram, choraram... A todo momento Pietro traduzia para Adoriabelle o que era dito para ela ficar por dentro do que conversavam. O alemão era uma língua difícil, percebeu a moça, mas por amor, por seu amor incondicional a Pietro ela a aprenderia muito em breve.

Na hora da despedida a mãe de Raul confessou:

321

– Eu fiz de tudo para sobreviver a essa guerra, meu senhor. Só para poder estar aqui quando Raul voltasse e recebê-lo de braços abertos, externando todo o meu carinho de mãe por ele. Eu pedi a Deus que bombas não nos atingissem para que pudéssemos estar inteiros quando ele voltasse para cá. Apesar de eu, em alguns momentos, ter duvidado que ele voltaria, um lado meu acreditava piamente na sua volta.

Pietro sorriu, consternado. Ela segurou em sua mão esquerda pouco abaixo do punho e falou:

– O que posso dizer, filho, se não muito obrigada por tudo o que fez por Raul, por mim, por nossa família? Você foi verdadeiramente um anjo na nossa vida.

Pietro se segurou para não chorar, mas não conseguiu. A mulher acabou confortando-o num abraço carinhoso.

Chegou a vez então de Raul se despedir de Adoriabelle o que aconteceu também entre lágrimas. A seguir, foi a vez de ele se despedir de Caroline. Os dois ficaram frente a frente, olhos nos olhos, em silêncio, quase que por cinco minutos. Os olhos cheios de água que logo se verteram em lágrimas sentidas. Era como se ambos conversassem em silêncio, numa linguagem que somente eles tinham acesso.

Por fim se abraçaram e choraram um no ombro do outro, por longos minutos, outra vez.

Chegou a vez então de Raul se despedir de Pietro.

– Cuide-se – falou o alemão/português, massageando o topo da cabeça do mocinho.

Pietro aguardou um abraço forte por parte dele, mas ao perceber que não viria, ele beijou sua face e lhe desejou, do fundo do seu coração, toda a felicidade do mundo. Por fim, enxugou os olhos com um lenço, procurou sorrir e tomou a direção do carro.

Nem bem deu o primeiro passo, Raul grunhiu. O grunhido fez Pietro parar e voltar-se para o moço. Largando dos braços da mãe, Raul foi em sua direção e o abraçou, forte e calorosamente. Um

322

abraço desesperado, necessitado, querido. Um abraço que tirou lágrimas e mais lágrimas de todos ali. Era quase um choro agonizante por parte de Raul, um choro que parecia conter palavras que se fossem captadas se resumiriam em somente duas: amor incondicional. Era realmente um amor incondicional o que Raul agora sentia por Pietro, o mesmo amor que ele sentia pelo moço. Um amor que resistiu ao tempo, atravessou vidas e ainda viria a atravessar outras mais.

Raul, então, com grande esforço agradeceu Pietro por tudo o que ele fez por ele numa simples palavra que resumiu tudo:

– Danke*.

Foi notável o esforço que o rapaz fez para pronunciar a palavra com a maior nitidez possível.

Pietro, voz embargada, respondeu:

– Não há de que, Raul. Tenho a certeza de que se eu tivesse nas suas condições, você teria feito o mesmo por mim. Ainda que não, eu faria tudo igual. Nada se faz esperando algo em troca, tudo se faz porque o coração manda.

O moço tornou a abraçar seu anjo da guarda, externando todo o seu carinho.

– Eu virei sempre te ver, Raul. Sempre que possível estarei aqui.

A promessa alegrou o moço, fazendo-o soltar um urro de alegria e bater as mãos de contentamento.

As despedidas foram refeitas e só então Pietro, Adoriabelle e Caroline entraram no carro que partiu com todos, acenando para a mãe e o filho ao seu lado. Caroline chegou a entortar o pescoço para poder ver Raul até o último minuto.

– Você gosta muito do Raul, não é mesmo, Caroline? – perguntou Pietro observando a moça pelo retrovisor do veículo.

Um sorriso iluminou sua face, dispensando palavras.

Enquanto isso na frente da casa da família de Raul, sua mãe tornou a abraçá-lo, externando toda a sua paixão por ele.

*Obrigado em alemão. (N. do A.)

– Ah, meu querido, como é bom estar ao seu lado novamente. E desta vez, para sempre, meu amor, para sempre. Obrigado por existir, Raul. Por dar sentido a minha vida.

Os lábios do moço se contraíram por um instante num sorriso. Ele estava feliz, muito feliz. Seu espírito havia aprendido uma grande lição de vida, o quanto era dolorido para um filho ser obrigado a se separar dos seus pais, ainda mais pela imposição de um regime ditado por uma pessoa tão insensível e cruel, como foi Caroline Velasco e o próprio Raul Velasco na vida passada.

Uma hora depois Pietro estava de volta a Berlim onde, na sua inocência, para não dizer ignorância, tomara parte do partido nazista por acreditar nos seus ideais.

Ele agora andava por entre os destroços do que foi a linda Berlim. Olhava para tudo com lástima e lágrimas nos olhos, por ver a cidade que tanto admirava transformada em pó.

Aquela que era para ser a grande nação do mundo, tornara-se ruínas. O sonho nazista deixou pelas ruas do país onde teve origem, rastros de sangue, ódio, decepção e revolta. E ele se sentia feliz por terem fracassado, por perceber que os homens de bom coração haviam triunfado no final.

Era dolorido para Pietro descobrir que muitos de seus amigos, parentes e conhecidos haviam morrido durante os bombardeios contra a capital alemã, especialmente o último que a deixou massacrada. Se ele não se mantivesse com o pensamento em Cristo, certamente já teria enlouquecido diante de toda aquela barbaridade.

Voltando-se para Adoriabelle, falou com voz embotada de profunda tristeza:

– Essa era a minha Berlim que eu tanto amava. Veja só o que a guerra fez dela... Por pouco não a destruiu por inteiro.

Ele suspirou.

– Mas um dia, um dia, Adoriabelle, os alemães darão a volta por cima e vão compensar o mundo por toda a loucura que cometeram a mando de um ditador. Será um tempo de glória para nós. Longe, bem longe, do horror sanguinário que manchou boa parte da Terra e a história do mundo.

Ele puxou Adoriabelle para junto dele e a beijou com seus lábios macios movendo-se sobre os dela, externando todo o afeto que sentia por ela, toda a alegria por tê-la ao seu lado.

Quando ele afastou o rosto iluminado pelo poder do amor, avistou Caroline olhando para eles com uma curiosa expressão de encanto em seus olhos. Ela parecia feliz e realmente estava por ver aquele que salvou sua vida ao lado de uma mulher que realmente o merecia.

Nas semanas que se seguiram...

Caroline foi entregue ao tio que tomava conta dela. Pietro e Adoriabelle se casaram na presença de toda a sua família, da de Raul e de Caroline que se resumia apenas nela e no tio. Pietro quisera casar na Catedral de Berlim, mas por ter sido destruída por uma bomba, seu desejo teve de ser reformulado.

Nas semanas seguintes...

Pietro, a exemplo do colega Viveck, se entregou às autoridades e também foi levado a julgamento. Sua pena, no entanto, foi amortizada por ter salvado duas vítimas do Programa T4: Caroline e Raul.

Estiveram também presentes ao julgamento, falando em sua defesa a família de Raul e a de Caroline. Além dos depoimentos de Adoriabelle que presenciou tudo o que Pietro fez pelos dois no Brasil, foi lida uma carta escrita de próprio punho por dona Benedita Menezes, relatando o bem que Pietro fez pelos necessitados, enquanto esteve morando em São Paulo para proteger Raul e Caroline.

Pietro recebeu a sentença de três anos em cárcere livre onde tinha de fazer trabalhos voltados para a comunidade. Logicamente, que ele escolheu como trabalho social, ajudar nas clínicas e sanatórios que abrigavam crianças, jovens e adultos com problemas físicos e mentais.

Anos depois, quando o amigo Viveck foi levado a julgamento pelas autoridades por ter sido descoberto que sua função no Programa T4 era liberar o gás que matava todas as vítimas encarceradas na câmara destinada para aquele propósito maligno, Pietro foi depor a seu favor.

Foi seu depoimento a favor de Viveck Shmelzer que fez com que ele não voltasse para a prisão onde passara cinco anos. Pietro alegou diante de todos o quanto Viveck abominou o que fazia, o quanto tudo aquilo prejudicou sua saúde, não só a dele, como a de muitos, mas nada podiam fazer contra se quisessem se manter vivos.

Pietro agradeceu ao colega em frente de todos, no tribunal, por ter sido graças a ele, que ele, Pietro, pôde perceber o quão desumano era tomar parte do Programa T4 e pôde assim, com a cara e a coragem, voltar-se contra o nazismo e, até mesmo, fugir do país e do continente para proteger duas vítimas do Programa. Pelo menos duas vítimas.

Viveck acabou sendo absolvido para a alegria de toda a sua família. Foi um dia de glória para ele, Sarah Baeck e o filho Michel.

E o tempo seguiu seu curso...

Raul e Caroline puderam manter contato até desencarnarem, porque Pietro sempre levava a moça consigo quando ia visitar Raul e sua família. O que era sempre um momento de grande alegria para todos.

Raul e Caroline se adoravam tanto que desencarnaram com o espaço de um mês apenas. Foi como se Raul tivesse vindo buscá-la para lhe fazer companhia durante a travessia do portal entre os dois mundos. Ela tinha 38 anos e ele 30, quando desencarnaram no ano de 1952.

Mas a vida dos dois não terminou ali, o físico sim, por exaustão, mas a alma de cada um, tal como o amor, sobreviveu e atravessou vidas, todas que a eternidade lhes reservou. Aquela fora, sem dúvida, uma reencarnação tomada de lições e desafios árduos, mas que fizeram grande diferença para o futuro que lhes aguardava no infinito.

Após a Segunda Guerra Mundial, o termo Holocausto foi utilizado especificamente para se referir ao extermínio de milhões de pessoas que faziam parte de grupos politicamente indesejados pelo então regime nazista fundado por Adolf Hitler. Havia judeus, militantes comunistas, homossexuais, ciganos, eslavos, deficientes motores, deficientes mentais, prisioneiros de guerra soviéticos, membros da elite intelectual polaca, russa e de outros países do Leste Europeu, além de ativistas políticos, testemunhas de Jeová, alguns sacerdotes católicos, alguns membros mórmons e sindicalistas, pacientes psiquiátricos e criminosos de delito comum.

Morreram na guerra, aproximadamente, 17 milhões de soviéticos (sendo 9,5 milhões de civis); 6 milhões de judeus; 5,5 milhões de alemães (sendo 3 milhões de civis); 4 milhões de poloneses (sendo 3 milhões de civis); 2 milhões de chineses; 1,6 milhão de iugoslavos; 1,5 milhão de japoneses; 535 000 franceses (sendo 330 000 civis); 450 000 italianos (sendo 150 000 civis); 396 000 ingleses e 292 000 soldados norte-americanos.

Cerca de 10000 a 25000 homossexuais, muitos destes capados nos campos de extermínio e aproximadamente 5000 Testemunhas de Jeová.

Quanto ao Programa T4, esse matou cerca de 70 mil doentes mentais.

Um horror que serve para nos mostrar, mais uma vez, o quanto a guerra é capaz de destruir vidas, acrescentar nada, além da destruição, solos manchados de sangue e famílias destruídas.

Todos os objetivos que eram para ser conquistados com a guerra, resultaram em tragédia, terror para a humanidade. O sonho dos nazistas transformou-se em um pesadelo. Berlim, com toda sua beleza arquitetônica construída ao longo de muitos anos, destruída por um bombardeio fulminante foi prova disso.

Apesar da destruição, das mortes e dos sofrimentos profundos que a Segunda Guerra trouxe para a humanidade, o amor sobreviveu ao Holocausto, e foi por amor que as pessoas traumatizadas com a guerra continuaram suas missões de vida.

A conexão de cada personagem com a vida anterior a esta. *Lembrando que os nomes foram mantidos os mesmos para facilitar a compreensão do leitor.*

Caroline = Caroline Velasco, mãe de Pietro na última reencarnação quando ele nasceu com os pés voltados para o interior das pernas.

Raul = Raul Velasco, pai de Pietro na última reencarnação, quem poupou o menino da morte que Caroline havia reservado para ele e o deixou num orfanato para crianças especiais.

Pietro = Pietro Velasco/Garavelo, o menino de pés tortos, que foi adotado por Aretha e Primízio e se tornou um grande violinista. Daí o motivo por ter nascido com o dom para o instrumento. Envolveu-se com o programa T4 por acreditar que libertaria os doentes mentais e paraplégicos do sofrimento que passou nas mãos de seus pais biológicos, na vida passada. Ele realmente acreditou que seria uma libertação e uma salvação para essas almas. A vida o uniu a Aretha e Primízio pelo elo de amor incondicional que desenvolveram na última reencarnação.

Aretha = Aretha Garavelo que quis ser sua mãe biológica nesta reencarnação em questão, porque Pietro teria também muito a ensinar-lhe em termos de perdão e superação. Lembrando que Aretha partiu daquela vida sem perdoar Raul e Caroline pelo que fizeram ao próprio filho. Nem no plano espiritual encontrou o perdão dentro de si.

Primízio = Primízio Garavelo. Tornou-se marido de Aretha novamente por ser sua alma gêmea.

Ítala = Ítala Velasco Squarziere. Tornou-se filha de Aretha e Primízio por serem eles, desta vez, quem tinham melhores condições para serem seus pais e a ampararem diante de todos os desafios que essa nova vida lhe traria.

Giobbatista = Giobbatista Squarziere, que atentou contra a própria vida na última reencarnação, acabou passando o que passou na vida em questão, pois se conduziu para ela por meio do que fez de si na vida anterior. Teve Ítala mais uma vez ao seu lado, para ensiná-lo a acreditar no amor e na fidelidade.

Eva (que foi noiva de Pietro) foi uma das moças mimadas que muito compartilhava dos pensamentos de Caroline Velasco no passado, por isso se filiou ao Programa T4 nesta vida em questão. Seu fanatismo pelo nazismo a fez querer mostrar para o inimigo que ela seria capaz de morrer pelos ideais nazistas, por isso deixou-se ser atingida por uma das bombas arremessadas durante o bombardeio final a Berlim. No vale dos suicidas revoltou-se contra tudo e contra todos por ver que nem ali o nazismo era reconhecido, como ela o reconhecia, como sendo o que havia de melhor para a humanidade.

Viveck Shmelzer foi uma das crianças do orfanato de Helga Mentz.

Sarah Baeck (a judia amada de Viveck) foi uma das moças que prestavam serviço voluntário ao orfanato em que ele viveu na vida passada.

Dona Benedita Menezes, na vida passada, também cresceu no orfanato de dona Helga Mentz e, quando adulta, juntou-se aos estudos sobre as mesas girantes em Paris e, mais tarde, às reuniões fundadas por Hippolyte Léon Denizard Rivail (Allan Kardec).

Sr. Pimenta foi uma das meninas que também cresceu no orfanato e foi ajudada mais tarde pela Senhora Plainemaison, à rua Grange-Batelière n° 18, Paris, França.

Adoriabelle foi a menina que nasceu sem as mãos e não pôde ficar com Pietro, amigo do orfanato em que cresceram juntos a quem tanto amava, por causa de uma mentira inventada por Caroline e Raul e posta em prática por Lizandra Figueiredo. Ela é a prova viva de que o amor resistiu ao tempo e que um ser humano, espírito eterno, pode viver sem abrigar rancor, ódio e desejos de vingança em seu coração.

Helga Mentz foi a mulher que abriu o orfanato que abrigou Pietro, Adoriabelle e outras tantas crianças rejeitadas pelos pais, na época, por terem nascido com algum tipo de deficiência. Sua generosidade a levou a estudar as fascinantes obras de Allan Kardec.

Berna Elsevier, que nesta vida em questão foi administradora de um orfanato foi a costureira que, de certo modo, levou Aretha e Ágatha até Pietro, na vida passada.

Carmelita foi uma das criadas maltratadas por Caroline no passado.

O homem da caminhonete que quase atropelou Raul, foi também um dos criados do casal Velasco, o qual, como todos, foi sempre muito humilhado por ter nascido na condição de criado.

O encarregado do Programa T4 foi uma das meninas do orfanato que crescera com ódio por ter nascido como nascera e ter sido rejeitada pela família e pelos pais. Na sua ignorância o que ele queria era ferir os pais de todas as vítimas que seriam executadas pelo T4. Todos os pais que nutriam sentimentos profundos por eles.

Sr. Figueiredo, novamente pai de Lizandra nesta vida, continuou a ser um espírito que sabia fazer muito bem o social, mascarar seus verdadeiros sentimentos, preconceitos e racismo para se passar por um homem bom. Mas a vida fez revelar sua verdadeira face por meio da situação que viveu com Pietro, Caroline e Raul, nesta vida.

Dona Figueiredo, também mãe de Lizandra no passado, uma senhora que se sentia na obrigação de acatar tudo o que o marido determinava.

Lizandra Figueiredo, a mesma que forjou a carta e o encontro com Pietro a pedido de Caroline e Raul na vida passada, errou pela segunda vez ao menosprezar seus sentimentos por causa de preconceito, nesta vida. Acabou infeliz. Casou-se, mas jamais se esqueceu do estrangeiro bonito de olhos azuis que tanto amava.

Os pais de Raul nesta vida, bem como os pais de Caroline na vida em questão viveram o que viveram com os filhos, porque só mesmo com amor de pais para ajudar esses dois espíritos diante de uma passagem pela Terra, num momento tão turbulento, quanto o que vivemos durante a Segunda Guerra Mundial e nas condições que os dois escolheram para voltar à Terra. Raul foi por escolha, Caroline por não ter se arrependido do que fez, por continuar a se sentir vítima de tudo e de todos teve uma reencarnação compulsória. O que não deixou de ser sua própria escolha.

Quanto a Ágatha e Achille, ambos permaneceram, a princípio, numa colônia, desenvolvendo um trabalho de reestruturação mental para aqueles que não se conformavam com o seu desencarne. Depois, tornaram-se espíritos socorristas para receber as inúmeras vítimas da guerra que chegavam ao plano espiritual, sem muitas vezes saber o que lhes havia acontecido, devido a uma explosão repentina ou um gás mortífero que os matara. Se aqui na Terra foi um trabalho árduo em hospitais para salvar a vida das vítimas da guerra e um trabalho triste para enterrar todas que morriam com a guerra, no plano espiritual o trabalho foi tão intenso quanto o daqui e necessitou de milhares de espíritos com evolução suficiente para ajudar todos durante esse processo.

Mas Ágatha e Achille, em breve, voltariam para a Terra para levar adiante uma missão tão importante quanto a que executavam no plano espiritual.

Final da segunda parte

Na colônia "Nosso Lar", Ágatha cuidava de diversos espíritos que chegavam ali por meio dos bombardeios e extermínios nos campos de concentração nazista. Achille chegou nela e esperou até que tivesse uma chance para lhe falar.

– O que foi? – indagou Ágatha ao perceber que ele estava ansioso para lhe contar algo. – Você me parece ansioso para...

– E estou mesmo, Ágatha – respondeu ele, rápido. – Quero que veja duas pessoas em especial que acabo de encontrar por acaso.

– Duas?...

O rosto de Ágatha se transformou.

– São eles, Achille?

– São. Você mencionou certo dia que gostaria de vê-los ou revê-los... chegou o momento.

Ágatha mordeu os lábios. Minutos depois era conduzida por Achille até o verdejante jardim onde Caroline e Raul passeavam por um gramado lindo e bem cuidado.

– São eles? – perguntou ela, enviesando os olhos para enxergar melhor.

– Sim, Ágatha. Os próprios.

– Meu Deus!... Parecem tão inofensivos agora...

– É a vida, meu amor. Ela nunca permite que a arrogância, a prepotência, o ar de superioridade permaneçam por muito tempo em alguém... Cada vida, cada experiência vivida é tal como um banho que se toma para tirar a sujeira.

Ágatha assentiu e perguntou:

– O que virá a seguir para eles, Achille?

– Uma nova reencarnação, uma nova vida, presumo. Assim como haverá para nós dois...

E o amor atravessou vidas...

Terceira Parte

A história de ninguém se encerra com sua morte. Porque a morte é apenas uma passagem, uma transição, uma renovação para o espírito.

A todos é dado o direito de renascer para que possam reparar os erros cometidos, viver tudo aquilo que não puderam viver por questão de espaço e tempo; principalmente, para que possam aperfeiçoar a si mesmos na estrada da evolução.

O poder fabuloso da reencarnação permitiu que todos aqueles envolvidos na história que acabei de narrar, pudessem reencarnar-se e reatar os laços de família.

Capítulo 1

O ano era 2008. Enquanto a Europa e os Estados Unidos começavam a enfrentar uma crise econômica necessária para uma transformação positiva da própria economia, dois jovens estavam prestes a descobrir o amor, algo que para eles nessa reencarnação era novo tal qual um botão de rosa, mas na alma, era antigo, já vivido em muitas vidas, revolucionado suas atitudes perante a vida e provado que o amor, mesmo depois de muitas turbulências, resiste ao tempo.

O lugar que o tempo e a divina providência escolheu para uni-los foi Veneza, na Itália, numa noite iluminada por uma lua magistral, cercada de estrelas brilhantes como brilhantes, durante um baile de máscaras.

Veneza, Itália, julho de 2008
Por trás de uma máscara dourada que cobria o rosto do nariz à testa, havia um par de olhos azuis, como o azul das profundezas do mar, estudando com grande interesse os rostos das moças que abrilhantavam aquele baile de máscaras, despertando dentro de si uma tremenda vontade de ver seus rostos por inteiro, despidos de qualquer proteção.

O salão estava cheio de moças e rapazes, usando todos os tipos de máscaras possíveis, das menores às maiores, das mais sofisticadas às mais simples, das mais caras às mais baratas, cobrindo, muitas vezes, seus rostos por completo.

O dono daquele par de olhos azuis, bonitos, vivos, que pareciam esmiuçar tudo com grande interesse, era Raul Velasco, jovem no esplendor dos seus vinte e dois anos. Um metro e oitenta e oito de altura, porte atlético, tórax largo, cabelos de um loiro profundo, voz aveludada.

A faculdade chegara ao fim, com o diploma na mão restava apenas agora encontrar um bom trabalho no ramo que escolhera. Antes, porém, era preciso gozar de merecidas férias, afinal, haviam sido anos de dedicação aos estudos sem ter tempo para fazer outra coisa senão se empenhar neles.

E não havia lugar melhor para tirar suas merecidas férias senão na linda Veneza, na majestosa Itália, entre passeios de gôndolas e bailes de máscara e fantasia. E era exatamente num desses bailes que o rapaz se encontrava agora na companhia do seu melhor amigo de faculdade, Caspian Bovero. Rapaz de pele e cabelos tão claros que mais parecia um albino, QI apurado tanto quanto seu gosto refinado por mulheres.

Raul continuava rindo dos comentários pertinentes de Caspian a respeito das mulheres quando, subitamente, sua risada alegre e efusiva de sempre foi cortada pela metade assim que avistou uma jovem que se destacava timidamente num canto recolhido do grande salão.

Não podia ver seu rosto em hipótese alguma. Nenhuma das máscaras cobria o rosto de uma mulher com tanta eficiência e, talvez, tenha sido isso o que mais despertou sua atenção.

Em segundos, Raul tornou-se a própria encarnação da curiosidade. Pediu licença ao amigo e se dirigiu na direção da jovem. Aproximou-se com cautela como se sua aproximação repentina pudesse assustá-la.

Quando percebeu que ele olhava-a com interesse e carinho, seus olhos piscaram aflitos. Ele deteve-se, quis deixá-la se acalmar antes de se aproximar. Ainda assim a calmaria pareceu distanciar-se cada vez mais dela, suas mãos agora crispavam, uma de encontro à outra como se quisessem rasgar a própria pele.

Não querendo causar-lhe mais embaraço, tampouco medo, Raul achou por bem vencer sua timidez e falar com ela.

– Olá – disse com a polidez de um aristocrata. – Desculpe chegar assim, tão de repente, mas precisava-lhe falar.

A jovem observou-o com uma expressão nos olhos que ele jamais viu, tampouco podia defini-la.

– Meu nome é Raul... – apresentou-se a seguir, ainda que embriagado de certo constrangimento.

Silêncio. Nada mais que o olhar e o silêncio por parte dela. Aquilo fez com que o moço se sentisse ainda mais constrangido, algo inédito, pois jamais uma mulher conseguira fazê-lo se sentir assim.

– O que está achando do baile? – tornou ele, pronunciando devagar as palavras.

Ela voltou o olhar para a pista de dança tomada de casais e mais casais mascarados, dançando alegremente ao som do D.J e só então lhe deu uma resposta, ainda que curta, ainda que simples, uma resposta.

– Encantador.

Ele permaneceu olhando para o seu perfil adorável, esperando por mais algumas palavras, doces como o seu olhar, como ela não disse mais nada, ele tomou a palavra:

– Vem sempre a Veneza?

Silêncio mais uma vez. Os olhos de ambos novamente se encontraram, com cautela, a mesma que ela usou para lhe dar mais uma resposta:

– Não. Somente no verão como agora.

Sua voz era delicada como o som de uma harpa, observou ele, encantado.

Por mais que quisesse, ele não conseguia tirar os olhos dos dela, ela tampouco, mas, então, de repente, aquilo pareceu incomodá-la. Invadi-la de certo receio, receio de que Raul pudesse ler o que se passava em sua mente, revelando algo que não podia ser revelado, pondo em risco a sua segurança.

– Não receie a minha pessoa – adiantou-se Raul. – Nada tenho que lhe possa fazer mal, pelo contrário, só bem, não a conheço, ainda, mas só lhe quero bem.

Os olhos dela voltaram a encarar os do rapaz, dessa vez, porém, de forma bastante estranha, como se, de repente, ela houvesse sido invadida por uma tremenda pena do moço.

Nesse momento o DJ que alegrava o baile terminou de tocar mais uma das melodias que fizeram muitos casais irem à pista e se esbaldarem. Todos os que dançaram, romperam numa belíssima e efusiva salva de palmas.

Assim que os instrumentos começaram a tocar os acordes da próxima canção, Raul sentiu-se mais seguro em convidar a jovem para dançar.

– Com licença – disse ele em meio a uma reverência. – Concede-me esta dança?

Os olhos dela demonstraram grande surpresa. Certamente não esperava por aquilo; a seguir, ela avermelhou-se de tensão, ao se ver perdida entre o 'sim' e o 'não', a 'vontade' e a 'proibição'.

– Por favor – tornou Raul no seu tom de paz de sempre.

A jovem parecia continuar travando um duelo dentro de si, entre o sim e o não. Ele manteve-se ali, paciente, com o mesmo encanto no rosto, com a mesma determinação.

Ela lutou como pôde contra o 'sim', mas o 'sim' acabou vencendo no final, recolhendo o 'não' às sombras.

Quando viu os lábios dela se movendo para dizer 'sim', em silêncio, Raul sentiu-se tocado na alma de forma jamais sentida, por mãos jamais conhecidas.

Ele a tomou pelo braço e a conduziu até o enorme e belíssimo salão iluminado por gigantescos e maravilhosos lustres de cristal e se embrenhou com ela por entre os inúmeros casais que dançavam ao som da virtuosa banda.

Quando o corpo dele chegou mais próximo do dela, ambos sentiram seus corpos se esquentar como se uma chama houvesse sido acesa dentro de cada um deles, como uma febre que nos faz de refém.

Ambos se envolveram tanto com a música, com a dança, com o calor que um trocava com o outro, que se perderam no tempo, do raciocínio lógico, de tudo mais ao seu redor. Só voltaram a cair em si quando a banda deu uma pausa para descanso. Ele sorriu-lhe e a acompanhou para fora da pista de dança de volta ao local onde a havia encontrado. Ao chegarem ali, Raul avistou a porta que dava para a sacada e sem dizer nada, apenas com um gesto de mão, sugeriu a ela que fossem para lá, não só por ser um lugar mais arejado, mas também tranquilo.

Nos dois primeiros minutos ali, ambos ficaram em silêncio, deixando apenas que fossem envolvidos pelo prazer de estarem lado a lado.

– Quem se esconde por trás dessa máscara? – perguntou Raul rompendo o silêncio, num tom sedutor sem ser proposital.

A resposta dela foi surpreendente:

– Qual delas, cavalheiro?

– A... – Raul parou no meio da resposta. – C-como assim? Afinal, quantas máscaras há sobre a sua face?

A resposta dela tornou a surpreendê-lo:

– Duas. Essa, na tonalidade prata, que você vê cobrindo o meu rosto é uma e a minha face é outra.

A resposta dela deixou o rapaz ligeiramente desconcertado. Ela continuou:

– Ainda que eu tire essa máscara de cor prata que cobre o meu rosto você ainda não poderá ver o meu rosto como ele é de fato, pois sobre ele há uma máscara, invisível, a qual a maioria das pessoas usa para se resguardar dos outros, proteger-se deles, esconder quem no fundo são, no íntimo. Ocultar seus complexos, fraquezas, temores e fragilidades.

As pessoas pensam que estão olhando diretamente para a face do próximo, quando na verdade o que veem é essa máscara invisível que eles põem sobre sua verdadeira face.

São raros aqueles que se mostram para os outros como são, de cara lavada, explícita, despidos totalmente dessa máscara invisível, ainda que os outros sejam pessoas próximas e queridas.

Há quem se esconda tão bem por trás dessa máscara que acaba acreditando que ela é a expressão real de sua verdadeira face. Quando surge alguém disposto a tirá-la dessa ilusão, mostrar que não são o que veem, como muitos psicólogos, elas afastam-se dessa pessoa.

Raul soltou um suspiro e falou:

– Eu não me importo que me façam ver quem sou de verdade. A quem ousar me fazer ver quem sou, devo ser agradecido, pois que sentido há em viver fugindo de si próprio, jamais podendo se conhecer a fundo?

Ela pareceu apreciar suas palavras.

– Você é uma raridade então... – comentou, com admiração.

– Sou?

– É.

Fez-se um breve silêncio até que ele retomasse o assunto:

– É o seu caso? Digo, você usa uma máscara invisível por cima de sua verdadeira face?

A resposta dela foi novamente direta e chocante:

– Sim. Poucos sabem quem sou realmente. E como todo ser humano, só concedo o direito de saber quem sou de verdade àqueles que considero merecedores dessa graça.

Ele riu e falou:

– Receio ser uma daquelas pessoas que não se preocupa em ocultar dos outros quem sou realmente.

Ela fez ar de dúvida e perguntou:

– Nem de si mesmo?

– Nem de mim mesmo.

Aquilo tornou a intrigar a jovem que se mantinha olhando para ele de forma misteriosa. Encantadoramente misteriosa.

Ele exibiu novamente seu sorriso bonito e falou:

339

– Ainda que o ser humano insista em esconder quem é, na alma, em essência, de si mesmo e do próximo, por trás de uma máscara invisível, uma coisa é certa, todos são indiscutivelmente seres humanos, loucos para amar, amar e amar...

E, mirando fundo nos olhos da jovem, acrescentou:

– Você não é exceção.

Dessa vez a estranha ouviu aquelas belas palavras sem opinar. O comentário a perturbou, percebeu ele. A ponto de fazê-la baixar a cabeça para poder se esconder dos olhos grandes e vivos de Raul.

– Eu não a conheço, mas pelo pouco que conversamos, sinto que é uma pessoa maravilhosa, uma pessoa rara de se encontrar na vida.

– Não acha que está se precipitando nas suas deduções?

– Não. O que nos torna maravilhosos não pode ser, muitas vezes, vistos por nós e, por não poder ser visto por nós, pensamos não termos sido agraciados por essas qualidades. Aí é que entra o próximo, é por meio do próximo que podemos descobrir aquilo que não podemos ver em nós mesmos.

– Bonitas palavras.

– Não concorda? Deus nos faz encontrar as pessoas e nos unirmos a elas por propósitos muito sábios. Cada encontro é uma oportunidade para que nós e o próximo descubramos e desenvolvamos algo em nós. Tal como a paciência, a tolerância, a maleabilidade... Para que aprendamos a ouvir o outro sem querer impingir nossas opiniões.

É pertinente dizer que um precisa do outro para se conhecer, pouco ou muito, superficialmente ou fundo, mas para se conhecer.

Sem o *outro* ele não sabe quem é, até onde pode ir, não descobre seus dons e qualidades inatas, tudo de bom que pode se tornar e, até mesmo, o mal que há dentro dele e que deve ser desprendido do seu interior. Modificado.

O encontro de amigos ocorre para que possamos descobrir, desenvolver e aperfeiçoar em nós o dom da amizade. Temos filhos para que possamos descobrir, desenvolver e aperfeiçoar em nós o dom da paternidade e da maternidade. Nascemos filhos pelas mesmas razões... Dizem que Deus criou o ser humano para que Ele pudesse se conhecer também. E penso, particularmente, que isso é bem verdade.

– E o nosso encontro?

A frase dela, dita tão repentinamente, pegou Raul desprevenido.

– Fiz-lhe uma pergunta.

Ele riu, avermelhando-se até a raiz do cabelo.

– Eu ouvi – respondeu. – Só estou me dando um tempo para encontrar a resposta.

Novo riso, novo suspiro e, enfim, a explicação:

– Nem sempre sabemos de imediato por que Deus nos aproximou de uma pessoa, nos uniu a ela. Às vezes, leva uma vida toda para que descubramos a razão. Para muitos leva até mais do que uma...

Dessa vez foi ela quem se sentiu pega desprevenida.

– Mais do que uma vida? – perguntou com curiosidade.

– Sim. Eu acredito em reencarnação. Não sou budista, nem hindu, nem Espírita, mas acredito na reencarnação. Porque ela, a meu ver, faz total sentido. Que razão haveria para Deus promover esses encontros que nos permitem nos conhecer melhor, bem como fazer o outro se conhecer melhor e por meio dele desenvolver em nós: habilidades, caráter, paciência, tolerância? Se não fosse para usarmos todo esse aprendizado e aperfeiçoamento numa vida futura? De que serviria aprendermos tudo isso para findarmos com a morte?

Ela pareceu mergulhar nas profundezas de si, reflexiva.

– Talvez não concorde com a minha opinião – observou Raul, em seguida. – Talvez, nem sequer a aceite, considere-a um total absurdo, não importa. O que importa é saber que Deus nos uniu esta noite e que por meio deste encontro nós podemos despertar maravilhas em nós, se nos permitirmos, obviamente.

Sou da opinião também de que alguns encontros acontecem por uma razão especial e algo me diz que o nosso encontro se deu por uma razão muito especial.

O olhar dela sobre ele tornou-se mais intenso. Raul achou que era o momento ideal para perguntar:

– Quem é você?

– Quem sou eu?

Ele riu, sem graça, ao perceber que fizera a pergunta errada. O certo teria sido perguntar: qual é seu nome? E foi o que ele fez a seguir:

– Desculpe – disse ele com bom humor – na verdade quis perguntar qual é o seu nome? Não preciso saber quem é, porque no íntimo já sei.

– Sabe?

– Sim. Você é a mulher que a vida escolheu para eu me casar, ter meus filhos, envelhecer juntinho.

– Sou?!

– Sim e você também sabe que eu sou aquele que Deus escolheu para ser o seu marido.

– Convencido você, hein?

– Convencido, não. Confiante.

Ela manteve-se séria enquanto ele exibia mais uma vez um de seus belos sorrisos.

– Veja – comentou a jovem, a seguir –, como a lua está diferente hoje! Parece mais bonita e iluminada que o normal.

– São seus olhos que estão diferentes hoje...

As palavras dele novamente mexeram com ela. Os olhares dos dois outra vez se encontraram e se congelaram naquela posição. Ele então fez menção de tirar sua máscara, para se mostrar inteiro para ela, mas seu gesto foi interrompido, pois bem naquele momento começaram a estourar no céu inúmeros rojões de lágrimas.

Nisso Caspian chegou até eles.

– Aí está você, amigão. Há minutos que venho procurando-o pelo salão, tão embriagado estou de vinho que já pensei que era você uns quatro ou cinco que esbarrei pelo caminho.

Por pouco não arranjo uma briga com um destes que, por pensar que era você fazendo chacota de mim, arranquei-lhe a máscara sem dó nem piedade. Por pouco não levei um soco na *fuça*. Não sabia da superstição?

– Superstição? Que superstição?!

– Ora... Espanta-me muito você, Raul, filósofo e místico, desconhecer tal superstição.

– Pois essa superstição desconheço realmente, meu caro.

– Não se deve jamais, por nenhuma razão, tirar a máscara quando um baile de máscaras acontecer sobre uma lua cheia tão redonda quanto aquela que paira no céu.

– Você está tão bêbado que mal sabe o que fala.

– Estou, mas sei do que falo, Raul, eu juro. Pergunte a qualquer um da festa.

– Ora...

– É verdade – contribuiu a moça ao lado de Raul, com delicadeza.

– É mesmo?

– Sim.

Caspian deu uma tossidela, nada discreta, lançou um olhar maroto para o amigo e, com uma reverência à moda antiga, tornou a deixar o amigo a sós na companhia da jovem.

Houve uma breve pausa até que os dois voltassem a conversar.

– Acredita mesmo na superstição? – perguntou Raul, olhando desconfiado para ela. – A mim não parece mais que uma tolice.

– Acredito em tudo até que seja provado o contrário.

Ele gostou do que ouviu.

– Quer dizer que não vou ver o rosto que se esconde por trás da sua máscara hoje?

A resposta saiu tão imediata que Raul se assustou.

– Não.

343

– Não?!

– Não.

Ele riu.

– Ora, não pode estar falando sério!

– Estou.

Novamente a resposta franca da jovem assustou Raul.

– Mas isso não é justo. Não dormirei sossegado se não vir seu rosto, ou melhor, simplesmente não dormirei...

– Ainda que lhe mostre meu rosto haverá sempre uma máscara sobre ele, eu já lhe disse.

– Ainda que haja uma máscara, ela não permanecerá ali por muito tempo, pois você logo se sentirá à vontade para se desprender dela, revelando a mim, quem é no íntimo.

Subitamente, ele pegou nas suas mãos. Ainda que com carinho, ela assustou-se.

– Já lhe disse não precisa ter medo de mim. Sou uma pessoa que sabe o que quer e quero você...

Ele ia dizer o nome dela, mas só então se lembrou que ela ainda não o havia dito.

– Qual é mesmo o seu nome? Você não me disse...

Nisso ouviu-se um berro, vindo do meio do salão e a seguir um *murundum* de pessoas, se agitando ao redor do que parecia ser uma briga. Não levou muito tempo e Caspian foi arremessado longe com um soco tão forte no rosto que sua máscara voou.

Ao vê-lo, Raul, pediu imediatamente licença a sua companhia e correu para ajudar o amigo.

A briga teria se prolongado se Caspian e Raul não tivessem sido levados para fora do salão ainda que sob protestos.

Do nariz de Caspian escorria tanto sangue que mais parecia uma catarata de sangue.

– Desculpe, meu *irmão* – desabafou Caspian –, estraguei sua festa!

– Que nada... Amigos são para essas coisas.

344

– É melhor eu ir tratar disso aqui – acrescentou Caspian, apontando para o nariz.

– Sim, deve.

– Você não vem comigo?

Voltando os olhos para a porta do local onde acontecia o baile, Raul foi sincero:

– Não posso partir, não antes de me despedir daquela jovem.

– Poxa! Estraguei mesmo a sua noite.

– Não tem importância, ela haverá de sair por aquela porta e, quando isso acontecer, eu irei ao seu encontro e falarei com ela.

Raul Velasco deu dois passos na estreita plataforma e sentou-se numa bancada de concreto que havia ali, acendeu um cigarro e asfixiou, sem dó nem piedade, seus órgãos vitais. Estava encantado. Simplesmente encantado. Nunca estivera tão encantado por uma jovem assim, antes.

Caspian imitou seu gesto.

– Ficou mesmo *caidão* por ela, hein?

Raul suspirou fundo antes de responder:

– Sim. Fiquei mesmo.

– Qual o nome dela?

– Ela não me disse.

– Não?! C-como, não?!

– Ela ia dizer bem no momento em que a briga provocada por você começou.

– Sério? Eu sinto muito.

– Não se preocupe, meu caro, o que é do homem, o bicho não come. Se ela é para ser minha, será.

Raul deu mais uma tragada e falou:

– Gostaria de saber se há alguma história de amor que aconteça sem que a dor se faça presente, tanto quanto o sofrimento, sacrifícios e obstáculos.

– Boa pergunta.

– Se há – continuou Raul, pensativo. – Por que uns não têm de passar por essas turbulências?

345

– Questão de sorte? – arriscou Caspian.

– Se é por sorte, por que Deus deu sorte a uns e não a outros?

Caspian riu.

– Está querendo respostas demais, Raul.

Raul suspirou.

– É, talvez você tenha razão – completou, pensativo. – Mas as respostas nunca podem emergir se as indagações não forem feitas.

– Isso é verdade!

– Se o homem não questiona o Universo, não descobre o Universo. O Universo de Deus e o universo particular de cada um.

– Sem dúvida, meu caro Raul. Sem dúvida!

Os dois permaneceram ali aguardando a jovem deixar o salão de festas. Era preciso, para que pudessem trocar pelo menos seus endereços, pensou Raul. No entanto, por mais atento que tenha ficado, não a viu partir, foi como se ela tivesse evaporado, deixado o baile de máscaras por meio de uma magia qualquer.

Ainda que não quisesse deixar transparecer, havia certa tristeza na voz de Raul quando afirmou:

– Eu ainda hei de reencontrá-la. Um encontro assim como o nosso, cercado de palavras tão especiais não pode acabar em nada. Não pode.

– Como vai saber quem é ela se não viu o seu rosto? – indagou Caspian após breve reflexão.

Raul Velasco poderia ter-se estremecido a tal ideia. Mas sua confiança não permitiu.

– Eu a reconhecerei pela voz, pelos trejeitos, pelo olhar e pelo perfume, meu bom Caspian. Você verá!

– Confiante você, hein?

Caspian torceu pelo amigo, enquanto se sentia mais uma vez invadido pela culpa, afinal, se não fosse ele ter se metido em confusão, como sempre, nada daquilo teria acontecido.

Raul poderia ter sentido o toque insano do medo de não mais reencontrar a jovem tão encantadora que conhecera naquela noite e, com isso, ser coberto pela sombra da ansiedade e do desespero, mas não, manteve-se calmo como um rochedo. Algo afirmava dentro dele que não era preciso se cobrir com as teias da preocupação, pois ele não tardaria a se reencontrar com a jovem. Se Deus os havia unido uma vez, haveria de uni-los novamente.

Enquanto isso, no céu, a lua parecia derramar sobre Veneza um luar incandescente. Diferente do normal. Parecia mais um banho de cristal. Uma chuva de prata... algo encantador e mágico. Surreal...

Capítulo 2

Enquanto isso, nos Estados Unidos da América, em Los Angeles, Califórnia, onde os estudos sobre espiritualidade, poder da mente, autoajuda, metafísica em geral ganhavam cada vez mais adeptos e estudiosos, Ágatha, uma estudiosa sobre o comportamento humano e os mistérios da criação do mundo, reunia mais um grupo de pessoas para ministrar seu curso sobre vida e morte.

Ela estava diante de umas cem pessoas ansiosas, como ela mesma fora um dia, para saber um pouco mais sobre as leis que regem o universo. Esse grupo em questão era consideravelmente pequeno para a professora de metafísica que já estava acostumada a dar palestras para mil pessoas de uma só vez.

Para falar de vida, de universo, de nós mesmos ela começou a noite com a pergunta que todos, há muitas gerações, fazemos. A pergunta que não quer se calar dentro de nós:

– Afinal, a morte sela o nosso fim?

O interesse tomou conta de todos. Ágatha prosseguiu no seu modo objetivo e firme de falar, mas sem perder a delicadeza:

– Antes de responder a esta questão precisamos considerar que somos, em essência, uma alma/espírito errante. Alguém tem dúvida disso?

Alguns ergueram a mão.

– Pois bem, eu já fui uma de vocês. Para saber se éramos de fato uma alma/espírito como a maioria das religiões e metafísicos afirmam, um amigo espiritual me sugeriu que eu observasse um bebê e refletisse a respeito do por que ele se espanta com as mãos e os pés e parece se perguntar "O que é isso se mexendo na minha frente?"

Se fossem o corpo e a alma uma coisa só, por que haveria o bebê de descobrir seu físico, tal como dissesse para si mesmo: "Ah! Estou dentro disso agora, tenho isso e mais aquilo e dá para fazer isso e aquilo com o que possuo!" (referindo-se às partes do corpo que vai descobrindo ao decorrer do tempo).

O bebê se espanta e se admira com seu físico porque o nosso eu, a nossa consciência de nós mesmos, não possui este corpo físico que habitamos. Pois se assim fosse, não teríamos de descobri-lo, nem muito menos nos surpreender com ele.

Observe também que, quando você está doente, você difere completamente o seu "eu" do físico. Sente nitidamente que é um problema do físico e não do seu "eu" (alma). Tanto que se preocupa com o que pode ocorrer no físico e não no "eu". Você num plano, seu físico noutro. Você sabe que o físico está sofrendo, mas não "você" exatamente, o seu "eu-alma" consciente. Tanto que diz: "preciso ir ao médico, apareceu um problema no físico", tal como quem detecta um problema no carro e o leva ao mecânico.

Portanto, nós somos mesmo em essência: alma – um ser pensante isento de corpo físico feito desta matéria terrestre.

Ágatha respirou e lançou sobre todos duas novas perguntas para reflexão:

– Por que o espírito tem que nascer dentro de um físico de bebê e não de um adulto?

A plateia se agitou, Ágatha sorriu e explicou:

– Para responder a estas perguntas precisamos considerar que Deus é extremamente inteligente e faz tudo com perfeição mesmo que, a princípio, não pareça. E que tudo na vida tem uma razão de existir.

O espírito nasce dentro de um corpo de bebê para que se adapte a este físico ao qual passou a pertencer. Da mesma forma que precisamos de aulas para aprender a dirigir um veículo, o espírito também necessita de "aulas", digamos assim, para poder "dirigir" o físico feito de matéria terrestre. Precisa também de tempo para se adaptar às pessoas e ao novo ambiente a sua volta do qual agora faz parte.

Bem, a partir do momento em que o espírito se adapta ao físico, aprende a dirigi-lo, passa a dominá-lo, o corpo e a alma se condensam num só, pelo menos enquanto na Terra estiverem. Já podemos perceber aqui o porquê da necessidade do tempo ser como é. Sem os efeitos do tempo sobre o nosso físico, não poderíamos crescer e aprender a lidar com ele. Portanto, a força do tempo sobre nós é importante, foi precisamente calculada e como sempre por Deus.

O corpo físico, assim como um carro, vai se desgastando com o tempo. Quando atinge seu desgaste total ou é avariado por meio de um acidente ou de uma doença grave, esse físico não tem mais condições de abrigar o espírito. Ocorre, então, o que chamamos de morte.

Encontramos aqui um dos motivos pelos quais é necessário sua existência. Se não existisse, seríamos obrigados a viver eternamente num físico doente, inválido e esgotado. Só pela morte que o espírito se liberta desse físico avariado e dolorido.

O corpo físico morreu, o espírito continua vivo, apenas isento desse corpo que recebeu ao encarnar na Terra.

É o corpo que velamos, enterramos e levamos flores no cemitério. As reverências a qualquer pessoa morta no decorrer do tempo são apenas simbólicas, pois não há ninguém consciente ali no cemitério a não ser um corpo em decomposição.

A alma, o espírito está noutra dimensão. Noutro plano.

Podemos dizer, sim, que uma pessoa morreu de fato, ou seja, aquela ali, com aquele nome, signo, físico, parentescos, caminhos por onde trilhou... Essa, de fato, não existirá mais. Mas sua essência, a alma, vive além da morte, noutro plano.

Ela tomou ar, encarou alguns e refez a indagação inicial da noite:

– Mas será mesmo que a alma sobrevive à morte? Como saber?

– A maioria das religiões e metafísicos afirma que não. Para eles a morte nada mais é do que o desmembramento da alma do corpo físico; uma alma que após o desencarne parte para o céu, ou paraíso ou plano espiritual como costumam chamar.

As religiões têm como base para essa afirmação o fato de Jesus ter sido visto "vivo" depois de morto. Vivo ou ressuscitado, como queira.

Porém, como saber se esse fenômeno não ocorreu somente com Jesus? A resposta foi dada por ele próprio: "Somos todos filhos de Deus". Em outras palavras: todos estão fadados aos mesmos processos da vida.

Ainda assim fica difícil acreditar que a alma permanece viva após a morte, se nunca a vemos. Isso faz com que muitos duvidem do processo e acabem acreditando que toda essa história de alma que se desmembra do físico e parte para o céu foi criada apenas para confortar o coração dos parentes que perdem entes queridos bem como aliviar o nosso pavor diante da morte.

Por muito tempo eu fui uma dessas pessoas descrentes até que comecei a pesquisar sobre o assunto e descobri que muitas pessoas veem o espírito/alma deixando o físico no momento de sua morte. Sim, e muitos guardam para si o que viram, porque não gostam de se gabar desse dom ou para não serem chamados de "malucos". Muitos não têm a visão, apenas sentem o processo ocorrendo, varia de pessoa para pessoa.

Quando Ágatha deu uma pausa, um moço ergueu a mão, pedindo permissão para lhe fazer uma pergunta.

– Por que todos não veem esse processo acontecer, digo, o da alma se separar do corpo físico quando um indivíduo morre?

A resposta de Ágatha foi novamente precisa:

351

– Por não terem o dom para isso. É uma questão de sensibilidade, alguns nascem com ela da mesma forma que uns nascem com o dom de desenhar e outros, não.

A expressão no rosto do rapaz alegrou-se, a resposta a sua pergunta fez total sentido para ele.

Ágatha sorriu e, antes de prosseguir, perguntou:

– Qual é o seu nome?

– Achille.

– Minhas palavras fizeram sentido para você, Achille?

Ele assentiu em meio a um sorriso bonito.

Ágatha, ligeiramente ruborizada, prosseguiu:

– A maior comprovação de que o espírito se desmembra do corpo, ao morrer, aconteceu há mais de dois mil anos, quando Jesus, em espírito, foi visto pelos discípulos.

Certo dia, li uma história que contava que o corpo de Jesus, ou seja, seu esqueleto havia sido descoberto onde se acreditava que ele tinha sido sepultado. Muitas pessoas ficaram preocupadas com essa descoberta, pois ela acabaria com o dogma da ressurreição.

O fato de ter sido descoberto o esqueleto de Cristo não denigre em nada a história, pois o corpo físico fica realmente na Terra. É só o espírito que parte. Este é o processo.

Podemos comprovar também que o espírito continua vivo após a morte física por meio dos sonhos que temos com entes queridos já falecidos e a sensação que temos de que estão precisando de uma oração.

Por que haveriam de estar precisando de uma oração se estivessem inanimados, inconscientes de sua existência, mortos, tal como no físico?

A resposta é mais uma vez simples, não estão mortos, estão vivos realmente, só que num outro plano.

Por meio de médiuns íntegros, tal como Chico Xavier*, ou outros que não se rotulam de médiuns, mas que podem sentir ou ver

352

os espíritos, ou as duas coisas ao mesmo tempo, podemos também comprovar que os mortos estão vivos num outro plano.

O oposto da vida não é a morte como se pensa. A morte é o oposto do nascimento. Não existe palavra para descrever oposto da vida porque vida não tem oposto. Vida é vida eternamente.

Um outro integrante da palestra ergueu a mão, pedindo licença para falar:

– Mas para mim ainda é muito difícil de acreditar que a nossa alma sobrevive à morte.

Ágatha anuiu e contou algo que ouviu de um amigo espiritual.

– "Como é que sabemos que dormimos?", perguntou-me esse meu amigo, incumbindo-se ele próprio de me dar a resposta. "Somente quando acordamos, certo? E como é que sabemos que morremos? Só mesmo se acordarmos num outro plano, não é mesmo?"

Houve um *zum zum zum* pela plateia.

Uma moça ergueu a mão, pedindo para opinar:

– Você não acha que se uma pessoa desequilibrada, depressiva e infeliz ouvir tudo isso que acaba de dizer, digo, de que o espírito sobrevive à morte, que existe um lugar no céu para acolhê-lo, ela se sinta encorajada a cometer um suicídio? Da mesma forma que ouve alguns que se julgam porta-vozes de Deus afirmar que Deus tudo perdoa e que bastou rezar um Pai Nosso e três Ave-Marias que Deus perdoa, elas se sintam encorajadas a cometer suicídio?

A resposta de Ágatha foi precisa:

– Há pouco eu disse que estamos fadados a viver eternamente. Em outras palavras, aqui ou lá, você sempre terá de lidar com as suas frustrações, inseguranças, superar desafios, despertar o melhor que há em você, etc. Não há como fugir das nossas responsabilidades impostas pela vida para o nosso crescimento espiritual. Ou encaramos ou encaramos, não há outra escolha. Feliz de quem encara, quanto mais cedo o fizer, quanto mais disposto estiver, mais forte se torna.

353

No livro "Paixão não se apaga com a dor"* do espírito Clara, vemos claramente o que acontece a um espírito que comete suicídio na louca busca de se livrar do que o aborrece ao invés de aceitar, perdoar e superar seu problema.

Após breve pausa, Ágatha continuou:

– Vimos que há inúmeras comprovações de que o espírito continua vivo após sua morte. Ótimo! Mas para onde segue esse espírito exatamente? Certamente para um lugar onde você possa continuar contribuindo para a sua evolução espiritual, do próximo e para a existência do universo.

Se o espírito não tem esse físico carnal, se precisa se encaixar dentro dele para viver na Terra, compreende-se, então, que ele vem de um lugar para cá que não é a Terra. Um lugar onde a realidade da Terra é diferente. Esse é o lugar que é chamado por muitos de plano espiritual. O livro "Nosso Lar", psicografado pelo famoso médium brasileiro Chico Xavier, descreve o lugar e o que acontece nesse plano. Vale a pena ler, é uma obra prima da literatura Espírita.

O plano espiritual é um lugar também onde você pode fazer novos amigos tal como se faz enquanto está hospedado na Terra. E dessa nova amizade engrandecer-se como espírito, especialmente com a ligação com espíritos mais evoluídos.

Esse plano espiritual não é um lugar mágico, um *resort* onde você deita num berço esplêndido e é servido como um rei. Se assim fosse, aquele que nos serviria só poderia ser Deus e Ele tem muito a fazer para manter o Universo em andamento.

Quem sabe esses serviços não ficam a cargo dos anjos?

Não também. Se assim fosse o espírito acabaria tendo o mesmo problema das pessoas que se aposentam aqui na Terra: descansam um mês, no outro começa o tédio, depois a depressão, sentem-se inúteis e logo morrem.

---

*Um livro importante, que revela as graves consequências do suicídio e o modo como muitos espíritos obsessores manipulam a mente dos encarnados provocando danos em suas vidas. Uma publicação da Barbara Editora.

Só que no plano espiritual não há como morrer porque neste plano não tem oposto como se tem na vida na Terra; nascimento e morte. Imagine, então, como seria torturante viver assim! É tal como querer dormir e não conseguir jamais!

Ao contrário do que se pensa não há, nem houve, nem nunca haverá aposentadoria espiritual, seja aqui neste plano, ou do outro, do outro, do outro e infinitamente do outro. O espírito continuará fazendo tudo aquilo que lhe cabe fazer, por si, da mesma forma que tem suas obrigações para consigo enquanto na Terra.

Não espere também ficar sentado ao lado de Deus Pai depois de sua morte; é incabível, não só por uma questão de espaço – imagine todas as almas tentando se sentar ao Seu lado e, ao mesmo tempo –, mas também, como já foi dito, pelo fato de Deus estar muito ocupado, cuidando do Universo. Mantendo o seu andamento.

Também não pense que é necessário chegar lá para estar ao lado de Deus. Isto já pode ocorrer exatamente aqui e agora.

Descarte também os castelos de ouro, e vocês, homens, as mulheres a seu dispor para o seu bel prazer como muitos prometem que terão, quando no plano espiritual chegar.

Ágatha fez breve pausa para tomar um golinho de água e prosseguiu:

– É bom lembrar que só a alma parte para o plano espiritual. Tudo que for seu, entre aspas, de material, fica por aqui.

Nem um souvenirzinho de ouro eu posso levar?

Nananinanão! Encarnar é tal e qual se hospedar num hotel, você só usufrui do que ele tem a lhe oferecer enquanto está hospedado ali. Quando parte, não leva a mobília do quarto nem o jogo de cama, mesa e banho. Nada! Você só leva consigo as sensações do que viveu enquanto esteve por lá.

Com a vida terrestre é a mesma coisa. Por isso que é bom aproveitar tudo o que conquistou de material aqui e agora, com inteligência, pois todo material fica, já que pertence ao plano terrestre. Você só toma posse e usufrui da matéria durante o tempo que aqui estiver.

A vida quer, sim, que você cuide de seus bens materiais, mas com sabedoria, não a ponto de deixar de usufruir deles para preservá-los para um futuro que nunca vai existir, pelo menos para você. Da Terra você só leva outros valores: todo o aprendizado que teve na área afetiva, econômica, pessoal, profissional, paternal, maternal, familiar e etc. As habilidades que desenvolveu, podendo resgatá-las na outra vida, assim como também querer ignorá-las. Tudo dependerá da sua escolha.

Ágatha tomou mais um golinho de água e prosseguiu:

– Outra pergunta que muitos fazem é esta: "Por que teve de existir a Morte, será que não havia uma outra alternativa para isso?" Será que Deus não poderia ter optado por algo mais prático, tal como nos dar a vida eterna por aqui mesmo na Terra e ponto final; sem termos de sofrer o processo da morte que nos causa tanta dor por termos de nos separar de entes queridos?"

Também me fiz esta pergunta e meus amigos espirituais me fizeram compreender que Deus não teve escolha senão criá-la. Sua existência garante em nós muitos benefícios.

Primeiramente porque o físico possui um tempo de durabilidade, como já falei.

Segundo, porque se nos fizesse permanecer dentro de um físico na idade dos trinta, quarenta anos, nos podaria inúmeras experiências na vida que temos com idades avançadas entre outros motivos que ainda serão apresentados ao longo do curso.

E, especialmente, para nos lembrar constantemente que é preciso amar como se não houvesse amanhã, aproveitar a companhia das pessoas da melhor forma possível, diariamente. Se não houvesse a morte, não daríamos o devido valor. Mesmo sabendo que ela um dia irá nos separar, muitos já não valorizam o tempo presente ao lado de quem amam (família, cônjuge, filhos, amigos) imagine se ela não existisse. Sabemos que a morte tem esse poder de nos ensinar a amar o próximo já, aqui e agora, quando sofremos depois que perdemos um ente querido, por perceber que deveríamos ter-lhe dado muito mais atenção enquanto vivo, juntos, e não demos.

A plateia se agitou novamente diante da explanação. Ágatha, após uma breve pausa continuou:

– O que muita gente quer saber é: como enfrentar a dor da perda de um ente querido? Pois bem!... Mesmo a gente sabendo que a vida continua após a morte, que nossos entes queridos serão recebidos num plano espiritual, mesmo tendo uma ideia de como é esse plano espiritual, mesmo sabendo que reencontrarão pessoas queridas, ainda assim é difícil lidar com a perda de um ente querido, de uma pessoa amiga, de um cãozinho de estimação, seja lá de quem for.

O segredo para enfrentar a perda, é dar a si mesmo tempo para se acostumar com a ausência da pessoa. E lembrar que outras pessoas ficaram e necessitam de você ao lado delas.

Muitos pais ao perderem um filho, estacionam na dor e acabam se esquecendo de que o outro filho necessita de sua atenção.

Quem partiu possui amigos espirituais para auxiliá-lo no plano espiritual, daqui você ainda pode fazer por ele, mas no momento é a sua missão.

Ágatha fez outra pausa para indagar:

– Alguma pergunta?

Achille, o rapaz que havia feito a primeira pergunta, sorriu encantadoramente e fez sinal para ela prosseguir.

"Seus olhos...", pensou Ágatha com seus botões. "Eram olhos conhecidos, como se há muito já os tivesse admirado".

Voltando a si, Ágatha retomou a palestra:

– Considero importante sabermos que existe realmente um plano espiritual para nos receber após a morte. Mas ponto final, não nos apeguemos ao fato mais do que devemos.

Digo isso porque muita gente quer saber detalhes e mais detalhes sobre o plano espiritual, imaginando como sua vida será quando lá estiverem e acabam se esquecendo do plano terrestre do qual fazem parte agora onde têm suas obrigações e responsabilidades para com a sua evolução espiritual.

O melhor a se fazer, o correto, digamos assim, é viver o que é para ser vivido aqui e agora e o que é para ser vivido lá quando lá estiver.

Se você é uma dessas pessoas que aguarda ansiosamente pela vida que terá no plano espiritual, deixando de viver o que lhe cabe enquanto na Terra, pode parar o mundo e descer, para onde não sei, porque não há lugar no cosmos onde você possa se ver livre de tudo que precisa passar para evoluir.

Ágatha percebeu que suas palavras mexeram com a maioria dos presentes. Era incrível, constatou ela mais uma vez, o quanto o alerta mexia com todos; a maioria quer fugir para o mundo espiritual para fugir de suas responsabilidades e obrigações evolutivas.

E para encerrar a palestra daquela noite, Ágatha disse:

– Outro fato importante a considerarmos é que não existe mundo espiritual e mundo não espiritual. Tudo é espiritual, tudo é de Deus. A única diferença que há, consiste nos padrões da natureza que compõem os diferentes mundos. Ou seja, o planeta Terra possui aspectos só dele que serão diferentes em outros locais do cosmos, mas tudo, enfim, é espiritual.

E Ágatha tinha toda razão, e por isso, mais uma vez todos que participaram de sua palestra voltaram para casa, sentindo-se tocados por suas palavras.

Ela arrumava suas coisas quando Achille, o rapaz que havia feito a primeira pergunta achegou-se a ela.

– Olá – disse, com certo recato –, adorei a palestra.

– Gostou, é? Que bom. Fico contente.

– Você parece ter o dom de responder aquilo que realmente queremos saber, aquilo que realmente importa na vida.

– Obrigada. Mas saiba que levou muitos anos para que eu chegasse aonde cheguei. E quando digo anos, incluo os anos que vivi em vidas anteriores a essa.

– Ah! – o rapaz arqueou as sobrancelhas. – Claro! Sabia que acreditava em reencarnação.

358

– Sim. Será o tema do nosso próximo encontro. *O curso de Ágatha sobre espiritualidade fora dividido em 8 encontros. Aquele fora o primeiro deles.*

– Meu nome é Achille – apresentou-se o rapaz estendendo a mão. – Muito prazer.

Ela o cumprimentou dizendo:

– O prazer é todo meu.

Fez-se um breve silêncio até que ele tivesse a coragem de convidá-la para tomar um refrigerante.

– Eu... – gaguejou Ágatha. – Já é tarde, não?

– Não é tão tarde. Pelo que me parece você vive inteiramente para o seu trabalho, não?

Ágatha avermelhou-se.

– Estudiosa como é, estudiosa sobre a vida, já deve ter compreendido a essas alturas que ninguém vive só de trabalho, sem ninguém. Que trabalho não substitui o afeto. Que precisamos amar...

– Pelo visto você também entende um bocado sobre a vida...

– Acho que entendo mais sobre a arte de amar.

– É um Don Juan?

– Não chego a tanto. Sou apenas um observador do comportamento humano e, mesmo com a pouca idade que tenho, sei o suficiente para afirmar que não se pode viver só de trabalho da mesma forma que não dá para viver sem amor.

Ágatha suspirou. Diante de sua incerteza, Achille perguntou, observando atentamente seus olhos:

– Qual é o problema? Não vai me dizer que o fato de eu ser mais jovem do que você importa...?

Ela tornou a enrubescer.

– Vamos lá, Ágatha. Você, com a cabeça que tem, já deve ter percebido que no amor não importa a idade.

Ela sabia, sim, mas ainda temia o que poderiam vir a pensar dela se se envolvesse com alguém com idade para ser quase seu filho.

359

Numa gostosa lanchonete, não muito longe donde eram ministradas as palestras, os dois esticaram a noite. Depois de olhar repetidas vezes as páginas do cardápio, em dúvida quanto ao que pedir, Achille confessou:

– Sabe o que eu realmente estou com vontade de comer? Uma Banana Split. Você não quer dividir uma comigo?

"Banana Split", pensou Ágatha mordendo os lábios, há tempos que ela não comia uma. E o motivo por não comer era sempre o mesmo: a sobremsa era muito grande para ela, todavia, dividindo, não seria.

– Eu topo.

Os olhos de Achille se iluminaram.

– Maravilha!

O pedido foi feito e minutos depois, cada um degustava das três bolas de sorvete de chocolate, morango e baunilha, cobertas com chantili e marshmellow sobre uma banana nanica apetitosa.

– Está uma delícia – admitiu Ágatha, honestamente.

– Não é bom quando a gente divide as coisas como estamos fazendo agora com essa Banana Split? Quando compartilhamos, dividimos, a vida torna-se mais fácil. Esse é o grande segredo da vida para uma vida melhor: unir-se ao outro para tornar tudo mais fácil.

Nós nascemos com dois pés, dois joelhos, duas pernas, duas bandas do traseiro, o lado direito e esquerdo das costas, o lado direito e esquerdo do peito, duas orelhas, dois olhos, dois ombros, dois braços, dois pulmões, dois rins... Sabe por que nascemos com um só coração? Para que nos juntemos a outro por meio de uma relação afetiva.

Ágatha sorriu.

– É... ainda não havia pensado nisso.

– Há tanta coisa na vida que a gente não para para pensar, não é mesmo?

– É verdade. A gente não acredita em muita coisa, duvida de muita coisa, mas é porque nunca para e observa, como disse durante a palestra, desde que percebi a importância de observar e refletir sobre a vida, tenho encontrado muitas respostas sobre ela. Cada dia mais ela se mostra um livro aberto.

Achille pousou a mão sobre a de Ágatha estirada sobre a mesa, provocando-lhe uma agradável surpresa.

– Fale-me de você, agora.

– De mim?! Oh, Deus... O que dizer a meu respeito? Acho que tudo você já sabe...

– Você é casada, separada... Tem alguém?

– Não cheguei a casar. Engravidei do meu primeiro namorado, que novidade, não? Isso é tão natural para as novas gerações...

– Tão natural quanto tomar um Sundae.

Riram.

– Pois bem... Quando decidimos casar, ele adoeceu, uma doença rara e faleceu antes mesmo de nossa filha nascer.

– Eu sinto muito.

– O nome dela é Aretha. Uma criatura adorável. Já está com 17 anos. Eu era ainda muito jovem quando fiquei grávida. Mas depois de muito reflexão, entendi por que a gravidez aconteceu, quando aconteceu, porque meu namorado logo desencarnaria e ele queria pelo menos ser pai, partir da Terra, sabendo que pelo menos deixou uma extensão de si próprio por aqui.

– Considerando o fato de que todos nós somos velhos conhecidos de vidas passadas, que ligação vocês tiveram?

– Ah, isso eu não sei. Enquanto aqui na Terra, pouco sabemos com certeza. Só sei que foi devido a sua morte que me dediquei de corpo e alma aos estudos sobre espiritualidade, vida após a morte e tudo mais e acabei me tornando uma palestrante. Eu já me interessava pelo tema, mas após a morte do pai de minha filha passei a me dedicar totalmente ao assunto.

– A morte de seu namorado foi uma alavanca para você.

– Sim. Por incrível que pareça, de uma triste história brotou, como uma flor, tudo o que desenvolvo para ajudar as pessoas a lidarem melhor com a morte e com a vida e com a eternidade.

Ele fez sinal de que muito apreciara aquelas palavras.

– Ágatha, você é admirável sabia?

Ela tornou a enrubescer.

– Poxa! Se toda vez que eu for fazer um elogio você avermelhar...

Risos.

– Sabe, o que me surpreendeu muito ao estudar a vida? – disse ela, a seguir. – É saber que mesmo eu tendo passado por travessias difíceis em vidas passadas, outras virão, o que muda é o modo de eu lidar com elas, a evolução nos torna mais fortes para lidar com tudo, o que não quer dizer que eu não vá derramar lágrimas e me entristecer. Por mais que estudemos sobre a eternidade é sempre triste quando temos de nos separar de quem tanto amamos.

A agradável conversa terminou com a promessa de um novo encontro.

Naquela noite quando Ágatha chegou em sua casa, Aretha percebeu de imediato o quanto sua mãe estava diferente.

– Mamãe, você está transformada. O que houve?

– Ah, filha... Nem sei por onde começar...

– Como diriam os portugueses: pelo começo, pois.

As duas riram.

– Conheci um rapaz, um dos que estão participando do meu novo curso sobre espiritualidade. O nome dele é Achille! É inteligente, bonito, educado e acho que se interessou por mim.

– Que maravilha!

– O problema é que...

– O único problema, dona Ágatha, querida, é achar que existe algum.

– Filha, é sério.

362

– Nada é tão sério. Depende do ponto de vista de cada um.

– Filha...

– Se o problema é a idade dele...

– É lógico que o problema é esse, Aretha! Eu tenho praticamente quase 15 anos a mais do que ele. Ele tem idade para ser meu filho. Tem quase a sua idade!

– E daí?

– E daí... Para vocês jovens tudo é fácil, não?

– E não? Tudo depende do ponto de vista de cada um.

– Bah!!!

A filha achegou-se à mãe e a abraçou.

– Mamãe, esse cara, esse tal Achille, pode ser o grande amor de sua vida. Deixa rolar pra ver no que dá!

– Mesmo...

Presumindo o que a mãe diria, Aretha completou a frase por ela:

– ...Mesmo ele tendo quase o dobro de sua idade.

– Ah, como eu gostaria de encarar as coisas de maneira tão prática como fazem as novas gerações.

– Está mais do que na hora de a senhora se dar uma nova chance para o amor. É tão jovem...

– Para a sua geração uma pessoa da minha idade é considerada "velha".

– Bah! A minha geração também diz um monte de besteira. Mas como eu dizia, está mais do que na hora de a senhora voltar a se relacionar com homem bacana nem que seja um bem mais jovem do que você. Chega de se atolar nos estudos, para mim isso é fuga!

– Falou a psicóloga da família!

– Mas é! Quem muito se atola de trabalho é para não ver outras realidades da sua vida. É ou não é?

Ágatha enrubesceu. Estaria Aretha certa no que disse? Estaria ela se escondendo atrás do trabalho excessivo para não ver outras partes de sua vida que não lhe agradavam, que não queria encarar? Talvez.

– Mamãe – tornou Aretha, pensativa.

– O que é dessa vez?

– Esse moço, esse tal de Achille. Será que vocês não são velhos conhecidos de uma vida passada?

– Ainda é muito cedo para dizer.

– Se forem, a senhora mesma vai poder provar mais uma vez a sua teoria.

– Qual delas?

– Ora, mamãe... A de que o amor resistiu ao tempo!

Ágatha arrepiou-se. De tão presa aos estudos, pesquisas e seu trabalho como palestrante ela havia se esquecido nos últimos tempos de sentir a vida por meio dos seus sentidos.

Capítulo 3

Enquanto isso em Veneza, num agradável fim de tarde de domingo...

Raul e Caspian andavam às margens do canal principal da cidade, jogando conversa fora, quando Caspian teve mais uma de suas ideias brilhantes para animar o dia, assim que avistou um bando de gôndolas estacionadas nas imediações.

– Venha – ordenou ele, incisivamente – vou fazer o que há muito tenho vontade!

Raul espantou-se com a declaração.

– E o que há muito você tem vontade, Caspian?

– Siga-me.

Raul o seguiu. Diante das gôndolas, pararam. Raul olhou para o amigo e confessou:

– Ainda não entendi nada.

– É tão simples, meu amigo. Vamos dar uma volta de gôndola.

– E essa é a sua grande vontade?! Você já andou tantas vezes numa, desde que aqui chegou.

– Sim, mas nunca sendo um gondoleiro.

Nem bem terminou a frase, Caspian saltou para dentro de uma gôndola e se pôs a desamarrá-la do mastro onde estava presa.

– Venha! – ordenou ao amigo.

– Perdeu o juízo? – protestou Raul. – Nunca conduziu uma antes.

– Ora, Raul, que segredo tem? Nenhum. Venha.

– Vamos acabar sendo presos por isso.

– Larga de besteira e salta *pra* cá.

De tanto insistir, Raul acabou aceitando a sugestão do amigo ainda que achasse perigosa.

Caspian, enquanto manejava a gôndola falou:

– Que graça tem a vida sem um pouco de perigo?

– Muita.

– Sabe qual é o seu problema, Raul? Você é muito certinho. Os muito *certinhos* cansam, sabia?

– Puxei o meu pai.

– Eu puxei o meu.

Risos.

Logo, Caspian conduzia a gôndola pelo canal de Veneza como se fosse um bom gondoleiro.

– Estou admirado – confessou Raul.

– Eu não disse que era fácil?

– Fácil porque ainda não entrou nos canais com outras gôndolas ao seu lado e vindo na direção oposta.

– Vou tirar de letra, meu caro.

O tom do rapaz não era de presunção e sim, de autoconfiança, mesmo.

Depois de imitar um gondoleiro cantando uma música em italiano, o que serviu para tirar boas risadas de Raul, Caspian lhe perguntou:

– E aí, meu camarada, já conseguiu tirar do pensamento a garota que conheceu no baile de máscaras?

– Já tentei. Na verdade tento a toda hora, mas...

Caspian, num momento de distração, não enxergou uma gôndola vindo na direção na qual se encontravam.

– Caspian!

Quando Raul berrou seu nome, chamando sua atenção para o fato, já era tarde para desviar. As duas gôndolas se chocaram e a jovem que vinha nela soltou um grito de susto.

O gondoleiro ralhou imediatamente, em italiano, com Caspian que procurou se desculpar de todas as formas.

366

Raul, no entanto, se preocupou em pedir desculpas à jovem, única ocupante da gôndola.

– Desculpe. Mil desculpas.

A jovem mexeu a cabeça em consentimento no mesmo instante que o gondoleiro exprimia mais uma vez sua indignação pelo fato, por meio de palavras pesadas.

Raul ateve-se à moça da gôndola. Tinha uma echarpe em torno do pescoço e outra em torno do rosto sendo presa com um laço bem abaixo do queixo. Os óculos escuros que usava eram grandes e redondos, cobrindo quase que inteira a sua face pequena e delicada. Foram seus lábios que chamaram sua atenção, havia um batom rosado suave sobre eles, realçando sua linda boca.

Algo em Raul se acendeu naquele instante. Uma óbvia admiração espalhou-se pelo seu rosto franco. Era ela, a jovem encantadora que conhecera no baile de máscaras. O destino os aproximava novamente. Com intensidade. Como uma bênção que cai dos céus em chuva para amenizar o calor do verão.

Raul havia se tornado escarlate. Até as sobrancelhas ficaram coradas. As palavras fugiram ao seu controle. Quando caiu em si novamente, a gôndola levando a moça já se distanciara da dele.

– Espere! – gritou, ficando de pé na ligeireza de um raio e quase caindo na água por tão abrupto movimento.

Assim que se equilibrou, berrou:

– Espere!

Mas o gondoleiro continuou seu caminho.

– Espere! – ecoou Raul à beira da aflição.

– Esperar, por quê? – perguntou Caspian, tentando entender.

Ao perceber que Caspian entendera que era para ele esperar, Raul explicou, aflito:

– Não você, Caspian, o gondoleiro!

Caspian fez cara de paisagem.

– É ela, Caspian! – falou Raul, entusiasmado.

– Ela quem?! – estranhou o colega.

Raul foi rápido na resposta:

– A jovem que conheci no baile.

Sua voz transparecia uma alegria que há muito não se ouvia.

– Tem certeza?! – indagou Caspian, olhando na direção que a gôndola seguia. – Como pode saber? Você nem viu seu rosto, nem no baile, nem agora.

– Quando uma mulher encanta um homem, seu encanto pode ser reconhecido até mesmo se ela for coberta pelo breu da noite.

Caspian fez uma careta de deboche.

– Caspian, meu camarada! O que está esperando? – falou Raul, atônito. – Siga aquela gôndola, rápido.

– É melhor mesmo – assentiu o moço –, antes que sejamos apanhados por aquela gôndola que está vindo na nossa direção. Pelo olhar daqueles homens e os palavrões que estão dizendo e ecoando até aqui receio serem eles os donos desta gôndola.

Sem mais palavras, Caspian reassumiu sua função de gondoleiro, enquanto Raul crispava as mãos contendo-se para não explodir de ansiedade.

Enquanto isso, a moça na gôndola conversava consigo mesma.

– Que coincidência. Eu e ele nos encontrarmos assim, pelos canais de Veneza...

Ela suspirou.

– Sim. Uma tremenda coincidência. Parece até que a vida quer nos unir. Será mesmo?

Ela não conseguiu conter o riso, o sorriso bonito que resplandeceu em seus lábios, aprimorando sua beleza.

A gôndola levando a jovem parou não muito longe dali e ela desceu como se estivesse com muita pressa e seguiu em direção a um hotel que ficava nas proximidades.

Caspian e Raul chegaram em seguida. Nem bem estacionaram, Raul saltou de dentro da gôndola e correu atrás da moça.

– Você, por favor, espere! – falou, sentindo brotar em si uma bizarra alegria.

368

A jovem parou e suspirou, tensa. Ele também.

Levou quase um minuto até que ele conseguisse dizer alguma coisa:

– Não consegui tirá-la do meu pensamento desde que a conheci no baile de máscaras. Tudo o que mais queria desde então era reencontrá-la para falar com você... Preciso muito falar com você.

A jovem, de costas para ele, respondeu com aparente presteza:

– Não temos nada para conversar. Deixe-me em paz, por favor.

Suas palavras foram inesperadas, fazendo com que a pequena dose de autoconfiança de Raul começasse a desmoronar.

– Por que mudou o seu jeito de me tratar de ontem para hoje? O que fiz para merecer tal repulsa?

Ela pareceu vacilar e correr em busca de uma resposta:

– Não fez nada. Apenas quero que me deixe em paz.

– Por quê?

– Certos porquês não têm explicação. Por favor, vá embora!

Ela continuava parada de costas para ele.

– Será que não podemos nos conhecer melhor? – insistiu Raul, dando um passo a frente.

– Não!

– Se me conhecer, sei que podemos...

Ela o interrompeu, bruscamente:

– Não quero sua amizade.

– Eu também não. Quero bem mais do que isso, quero amar você.

A jovem estremeceu.

– Não diga tolices! – falou, com energia na voz. – Você mal me conhece para querer algo tão delicado, que requer tempo para acontecer.

– Pois para mim não requer tempo algum. Digo o que digo porque sinto.

– Ora não diga...

– Tolices?! É isso que vai me dizer outra vez?

– Não sou digna do seu amor nem do amor de qualquer outro homem.

A mente de Raul estancou como um pêndulo entre a emoção e a prudência.

– Por que se julga indigna de amor?

– Porque a vida quis assim.

– Vida?

Novo suspiro por parte dela, na verdade, uma palpitação:

– Por favor, vá, deixe-me em paz!

Ele deu mais um passo.

– Não sem antes ouvi-la dizer tudo o que acaba de me dizer olhando fixamente em meus olhos.

Dando um passo à frente, ela respondeu:

– Não direi.

Ele pegou seu braço por de trás de forma calma e carinhosa. Ela tentou se esquivar, mas ele a segurou com firmeza.

– Por favor, não faça isso comigo... – disse ela, nervosa. – Não faça isso comigo nem com você!

Ele suspirou fundo antes de se defender:

– Não vê que a vida está querendo nos unir? Esforçando-se ao máximo para nos unir?

– A vida, se é que podemos chamar assim, está fazendo o possível para me fazer sofrer, sofrer ainda mais, calada...

– Ora, não diga isso. Minhas intenções para com você são as melhores.

– Você não me compreende.

– Estou disposto a compreender se me explicar direito.

– Não é preciso explicar, é preciso ver para compreender.

– Então me mostre o que preciso ver para compreendê-la.

Houve um lampejo de dúvida, mas decidida a dar um ponto final naquele encontro que parecia mais um desencontro, a jovem respondeu:

370

– Pois bem, verá o que precisa para me compreender.

Ela virou-se, vagarosamente, para ele, com um olhar crescente de ansiedade e pavor. Os lábios dela estavam brancos e ele pensou que nunca vira tanto terror num rosto humano como via no dela agora.

E ele logo compreendeu a razão por trás daquela expressão desoladora. Ela tirou a echarpe que circulava seu rosto, presa abaixo do pescoço e depois tirou os óculos escuros que cobriam seus lindos olhos verdes.

No rosto lindo daquela jovem de olhar singelo e profundo havia uma mancha de nascença de tamanho considerável em torno do olho direito. Algo que deveria ser encarado por ela com muita vergonha.

– Vê? – prosseguiu ela, com voz trêmula. – Compreende agora aonde quero chegar?

Nem bem ele moveu os lábios, ela o interrompeu:

– Está chocado, não? Posso ver no seu olhar o espasmo de surpresa, terror e decepção.

– Não ponha palavras na minha boca – defendeu-se Raul, como um raio.

– Não se constranja. Acontece assim com todos.

– Não comigo.

– Ora não finja sentir o que não sente. Não lhe cai bem.

– Pois saiba que sou a pessoa mais transparente e sincera que conheço.

– Estou ainda para conhecer alguém que seja como afirma ser. Como já disse anteriormente: todos se escondem por trás de uma máscara.

– Nem todos. Não rotule as pessoas, rótulos nos fazem cometer terríveis enganos. Cada um é um.

Ela soltou seu braço de sua mão e disse, resoluta:

– Preciso ir agora.

Ele tomou seu braço mais uma vez com firmeza e, ao mesmo tempo, com suavidade, e respondeu:

371

– Por que continua a me repudiar? Não vê que a quero?

– Por que haveria de querer uma jovem com tamanha aberração no rosto, se há tantas de rosto perfeito por aí?

– Não nos apaixonamos somente pelo físico de uma pessoa.

– Há tantas jovens lindas, de rosto perfeito, espalhadas pelo mundo.

– Não estou nem nunca estive em busca da beleza exterior para amar uma mulher. Não creio que as pessoas estejam em busca do mesmo também. As que estiverem, só estão porque não estão em contato consigo mesmas, com sua alma, e sim com a pior fatia da vaidade e do ego. A beleza é efêmera.

– Fala bonito, mas na prática a realidade é outra.

– A realidade de cada um se faz conforme sua cabeça, sua crença, sua sentença, suas atitudes, suas virtudes.

Ela pensou em dizer mais alguma coisa para fugir daquele rapaz que despertava nela, cada vez, mais uma atração esquisita.

– Caroline?! – ouviu-se alguém chamar. Era uma voz de homem, grave e forte.

A jovem voltou-se naquela direção e novamente seus lábios tornaram-se brancos e o terror se apossou de seu rosto.

Então aquele era seu nome, murmurou Raul para si mesmo. "Caroline...!", era como se ele já soubesse de antemão. O nome a seu ver era tão encantador quanto sua dona.

– Caroline! – trovejou o homem aproximando-se dos dois.

Era um senhor de rosto fino, queixo miúdo, nariz aquilino, pele rosa-pálido. Achegou-se aos dois, medindo Raul de cima a baixo.

– O que se passa por aqui? – perguntou com autoridade.

Não esperou pela resposta. Lançou mais uma vez um olhar de superioridade, desprezível e enojado sobre Raul, voltou-se para a moça e ordenou:

– Vamos, Caroline.

Raul achou por bem se manifestar antes que a oportunidade voasse de suas mãos mais uma vez.

– Senhor...

O homem voltou a olhá-lo com desprezo cada vez mais crescente em seu olhar.

– Pode me dar um minuto para lhe falar?

O homem tornou a medi-lo de cima a baixo e fez um sinal para que Caroline seguisse caminho.

Vencendo a timidez e o desconforto abissal que aquele estranho provocava nele, Raul disse:

– Senhor... eu...

– *Desembucha* rapaz, meu tempo é precioso.

– Meu nome é...

– Pouco importa qual seja o seu nome.

O tom era cortante, porém, não o suficiente para intimidar Raul.

– Suponho que seja o pai de Caroline, certo? Pois bem, gostei de sua filha, eu...

O pedante cortou-o mais uma vez sem dó:

– Não venha com essa ladainha, rapaz. Poupe-me de toda essa conversa furada. Poupe a si mesmo de tudo isso.

– O senhor não me compreendeu...

– Compreendi muito bem onde quer chegar. É mais um disposto a me enrolar, convencer-me de que está encantado por Caroline, quando na verdade...

– Estou mesmo encantado por ela.

– Mentira! Sei muito bem o que despertou seu encantamento por minha filha.

– Ora...

– Dinheiro! Foi isso que o encantou. É só nisso que vocês pobres miseráveis pensam. D-i-n-h-e-i-r-o!

– Senhor...

– Não há nada melhor que se fingir de interessado por uma jovem rica para enriquecer às suas custas.

– Eu nem sabia que vocês dispunham de dinheiro. Na verdade não sei nada sobre vocês...

373

– Não seja descarado.

– Falo a verdade.

– Pérfido.

– Não!

O silêncio caiu pesado entre os dois. Foi uma revoada de pombos, típicos moradores de Veneza, que trouxe Raul de volta à realidade.

– Gostei realmente de Caroline, nos conhecemos no baile de máscaras, quero muito conhecê-la melhor, por isso quero sua permissão...

O homem foi impiedoso mais uma vez:

– Nem você nem ninguém haverá de se aproximar de minha filha para fazê-la de trouxa, muito menos de baú da felicidade. Não permitirei isso enquanto estiver vivo.

– Estou encantado por sua filha...

– Encantado? Por que haveria de se encantar por ela, especificamente por ela, se há tantas jovens tão lindas quanto ela, porém de rosto... – ele parou, seus olhos encheram-se d'água. Foi com certa dificuldade que completou a frase: – Se há jovens de rosto perfeito.

– O rosto de sua filha é perfeito.

– Ora não se faça de sonso.

– Mas ele é. Tudo nela é perfeito.

– Cínico.

Raul suspirou e decidiu ser ainda mais verdadeiro:

– O senhor é um preconceituoso e aposto que é seu preconceito que vem impedindo sua filha de ser feliz. É tal como se a tivesse prendido numa masmorra.

– Eu protejo minha filha, é diferente. Faço o que faço para o próprio bem dela.

– Isso não é justo.

– Se fosse pai, se estivesse no meu lugar, me compreenderia.

Raul olhou-o muito admirado. Novamente fez que não com a cabeça, de forma enérgica.

374

– O senhor está cometendo um engano. Um tremendo engano ao me julgar como todos.

– Todos são iguais...

Dessa vez foi Raul quem o cortou:

– Um dia, a vida mostrará ao senhor, com paixão, com amor, por paixão e por amor, que não se deve rotular as pessoas. Depositar nelas o preconceito que reside no seu interior.

O homem explodiu:

– Suma da minha frente, seu moleque, antes que eu lhe dê uma sova.

Raul tomou-lhe o punho e disse firmemente:

– Eu vou provar ao senhor que meus sentimentos por sua filha são os mais sinceros que há.

O homem soltou-se das suas mãos e deu-lhe as costas. Seguiu pisando duro. Foi só nesse momento que Raul viu sobre sua cabeça um quipá.

Ele permaneceu naquela mesma posição, observando o judeu, seguindo caminho até sumir no interior do hotel em que estava hospedado com a filha.

Só então lembrou-se de Caspian. Diante da confusão nem percebeu que o amigo havia sido apanhado pelos proprietários da gôndola que tomara emprestado sem pedir consentimento e levado para a chefatura de polícia.

– Caspian?! – berrou Raul girando o pescoço ao redor.

Foi um dos funcionários do hotel quem lhe explicou seu paradeiro.

– Esse Caspian é fogo! Tinha de ter pegado aquela gôndola...

Ele se interrompeu.

– Tinha, sim! – reestruturou a frase. – Se não o tivesse feito eu não teria reencontrado Caroline. Agora só me resta ir ajudá-lo.

Raul tomou uma gôndola e seguiu em direção da delegacia, só deixou de olhar para o hotel quando este desapareceu do seu alcance de visão. Da janela do seu quarto, Caroline pôde vê-lo a distância enquanto rememorava suas palavras.

Assim que o pai entrou no aposento, a filha voltou-se para ele e disse:

– Eu sinto muito, papai, pelo que aconteceu.

– É mais um aproveitador, Caroline. Esqueça-se dele.

– Já esqueci...

– O duro de uma pessoa que tem dinheiro é a dúvida que se tem com relação a uma pessoa que gosta dela, que diz gostar dela, pertencente a um nível econômico inferior ao seu, se ela realmente gosta ou diz gostar por estar somente interessada no dinheiro dela.

– Eu sei, papai.

– Que bom que sabe, filha. Que bom que sabe.

Havia agora uma certa tristeza em sua voz tanto quanto transparecendo em seu rosto.

Após libertar Caspian da prisão...

– O que houve entre você a moça, Raul? – perguntou o amigo, assim que deixaram a chefatura de polícia.

A voz de Raul ganhou volume. Sua expressão era de negras intenções.

– Aquele homem, Caspian, é um demônio, o próprio demônio em pessoa.

– Homem?! Que homem?

– O pai de Caroline!

– Caroline?!

– Sim, Caspian, Caroline, a jovem encantadora que conheci no baile de máscaras.

– Ah!Então era ela mesma.

– Sim, e seu nome é Caroline.

– Caroline...

– Você não ouviu quando pai chamou por ela?

– É claro que não, Raul. Nem bem você saltou da gôndola, ágil como uma lebre, os proprietários da gôndola e a polícia me apanharam.

– Ah, desculpe... Não percebi.

– Você estava tão absorto no que acontecia que tudo mais ao seu redor deve ter passado feito um mosquito insignificante a ziguezaguear pelo ar.

Raul riu.

– Você diz que o pai dela é terrível, por quê?

– Porque me tratou como se eu fosse um cão sem dono.

– Por quê?

– Porque é um tremendo preconceituoso.

A seguir, Raul contou ao amigo o porquê. O pai duvidava de que um homem pudesse se interessar por sua filha e contou também o motivo pelo qual ela se julgava indigna de um que se apaixonasse verdadeiramente por ela.

– Uma mancha?... – sibilou Caspian.

– De nascença, em torno dos olhos... Mas eu não me importo, juro que não. Para mim é como se a mancha não existisse.

– O que pretende fazer, meu irmão?

– Vou me dar um tempo para pensar.

– Pensar?! Para que perder tempo, Raul? Esqueça essa jovem. Escolha uma cujo pai seja mais fácil de lidar. Será bem mais simples. Para que complicar as coisas?

– Esquecer? Como?! Não se esquece alguém de uma hora para outra, ainda mais alguém que balançou o seu coração tão fortemente. Tal como um terremoto, tal como um furacão.

– De que vale lutar por alguém, se esse alguém não está disposto a lutar por nós?

– Você é que pensa, meu querido Caspian. Caroline está disposta sim, mas pensa que não, é levada a pensar que não pelo próprio pai, pela própria sociedade preconceituosa.

– Às vezes, você fala tão difícil, Raul.

A frase despertou risos em Raul que bateu no ombro do amigo e disse entusiasmado:

– Só você mesmo para me fazer rir, Caspian. Só você.

O riso logo cedeu lugar a um suspiro lento e tenso. Raul acrescentou:

– Ainda assim eu hei de mostrar ao pai de Caroline que não se deve julgar as pessoas por igual, tampouco rotulá-las, achá-las indignas de amor por terem uma mancha ou qualquer outro detalhe diferente fisicamente.

– Conte comigo, meu amigo. Conte comigo para o que der e vier.

– Eu sei, Caspian. Sempre soube que posso contar com você para o que der e vier.

Não muito longe, Raul pediu ao gondoleiro que parasse.

– É ali que pai e filha estão hospedados – explicou a Caspian.

– Muito bem, agora só me resta saber o sobrenome da família para descobrir onde vivem, antes que partam e eu perca para sempre seu contato.

Ágil como uma lebre, Raul saltou da gôndola, seguido pelo amigo.

Em menos de cinco minutos Raul colhia as informações sobre Caroline, na recepção do hotel, com a desculpa de que Caroline e seu pai eram antigos conhecidos seus, mas que ele não se lembrava do nome da família, só sabia que estavam hospedados ali e queria lhes enviar um convite para jantar.

O rapaz sentiu-se mais tranquilo ao conseguir a informação pela qual tanto ansiava.

Capítulo 4

Enquanto isso em Los Angeles, Califórnia, USA....
Ágatha dava início a segunda aula de seu curso de metafísica sobre vida e morte. Começou, dizendo:
– Vimos que há inúmeras comprovações de que o espírito continua vivo após sua morte. Que segue para um plano chamado pela maioria de plano espiritual. Só nos resta saber se esse é, de fato, a última morada do espírito.

A maioria das religiões diz que sim. Exceto o Budismo, o Espiritismo e o Indianismo, até onde sei. Para essas, os "mortos", entre aspas, podem regressar à Terra.

Sei que é difícil para muitos acreditar nisso, confesso que para mim também foi. Espíritos que atravessam vidas, que têm poder de reencarnar várias vezes... Epa! Se já é difícil para muitos acreditar que a alma de uma pessoa sobrevive à morte, tão difícil quanto, é acreditar que ela pode reencarnar-se.

A verdade é que nós realmente vivemos um processo de reencarnações e temos o poder de constatar esse processo por meio de nossa própria existência atual.

Há livros que relatam claramente como funciona o processo de reencarnação, mas até aí, são livros. O que eles dizem pode ser fruto da imaginação do autor. Como encontrar comprovações na *vida real* de que vivemos realmente esse processo, tal como apresentei as comprovações de que o espírito continua vivo após seu desencarne?

Foi ao lembrar-me de uma conversa que tive com minha mãe, quando ainda era menina, que meus pensamentos se clarearam.

"Para onde vão as almas?", perguntei a ela.

"Eu aprendi, filha, segundo a minha religião, que as almas vão para um lugar no céu chamado de Paraíso."

"E o que fazemos lá?"

"Ora, descansamos."

"Só?!", exclamei desapontada.

"Sim. Bem...acho que sim!" Mamãe ficou confusa.

"Tem TV, sorvete?", indaguei, preocupada.

"Eu... eu não sei, filha! Acredito que não."

"Quer dizer que ficamos o dia todo olhando um para a cara do outro?"

Minha mãe com um sorriso inseguro tentou se explicar: "Ficamos caminhando pelo Paraíso, filha."

"O dia todo?", perguntei imaginando a cena e acrescentei: "A senhora não acha que vai ser muito monótono viver nesse Paraíso pela eternidade?"

Minha mãe me olhou com curiosidade. Ela, até então, não havia pensado naquilo e concordou, intimamente, que, de fato, viver daquele modo seria muito maçante e sem por quê.

"Mamãe", continuei, "se aqui a gente já se chateia um bocado num dia de chuva por não podermos sair de casa para aproveitar o dia e também nos chateamos quando ficamos presos dentro de casa, enfermos, imagine lá. E tem mais, mãe. A gente só sente necessidade de descansar, se fizermos alguma coisa, concorda?"

"Ah! Filha! Você diz cada coisa engraçada!", mamãe, riu.

Sua expressão era de quem pensa: 'Não é que ela tem razão!'

Minha sugestão a seguir surpreendeu minha mãe, novamente.

380

"Nós, almas, deveríamos, quando estivéssemos no 'céu', ajudar Jesus. Assim quebraríamos a rotina e daríamos a chance a ele de descansar um pouco... Aliviar seus ouvidos."

"Tem razão. É uma boa ideia!", concordou mamãe, com um certo brilho no olhar.

Ataquei com outra de minhas perguntas que deixou minha mãe desconcertada:

"Por que só Jesus, os santos e os anjos trabalham? Nossas almas não deveriam ajudá-los também?"

Minha mãe coçou a cabeça sem saber o que responder.

Ágatha tomou ar e comentou:

– Quando criança fazemos cada pergunta, não? Mas muitas delas, percebi depois de um tempo, são muito pertinentes.

A plateia concordou.

– Agora vamos refletir. Não é estranho que as almas de todos os mortos passem a eternidade sentados à sombra, olhando um para a cara do outro ou passeando por entre os jardins do paraíso, enquanto Jesus e os anjos trabalham? Não é muita folga?!

Quando a gente chega a esta conclusão, os céticos dão logo uma explicação: "É estranho que as almas fiquem por lá sem fazer nada, porque na verdade elas não vão para lá após a morte. Os mortos simplesmente apagam, caem num sono eterno!"

Epa! Esta não é a verdade, pois nós sabemos que a alma continua viva após a morte.

Outros céticos dão outra explicação: "Só Jesus teve o poder de ressuscitar."

Epa! Essa é outra explicação que não se coaduna com a realidade. Se somos todos filhos de Deus por que haveria Ele de favorecer um só de seus filhos? Muita gente explica que foi assim porque Jesus era especial, ou era o próprio Deus. O próprio Deus não era, pois ele próprio dizia a todos os seus semelhantes: *Vós sois Deus! (também)*. E na cruz, disse: *Por que me abandonaste, Pai?*.

Foi a partir deste ponto, desta questão que eu compreendi que o processo de reencarnação existe de fato. Ninguém fica morando no Paraíso para todo o sempre, as almas regressam à Terra e também visitam outros lugares que existem dentro do cosmos. A ideia é desafiadora, mas verdadeira. E observando e refletindo mais atentamente sobre as palavras de Jesus, percebi que ele próprio falava, com sutileza, que nós regressaríamos para cá: "O paraíso está além desta vida, o paraíso está aqui na Terra também!".

Certos pesquisadores consideram suas palavras contraditórias, mas não há contradição alguma quando levamos em conta o processo da reencarnação.

Ágatha deu uma pausa para umedecer a boca. Todos olhavam fixamente para ela, mal piscavam, tamanho o interesse pelo que dizia. Achille a olhava com duplo interesse, estava cada vez mais certo de que estava se apaixonando por ela.

Ágatha, sorriu e retomou o tema:

– Faz sentido que as almas dos mortos regressem à Terra ou a qualquer outro lugar do cosmos, visto que uma vida sem fazer nada no plano espiritual é além de tediosa sem serventia alguma.

Se não houvesse reencarnação que justiça haveria para os filhos que Deus perdeu na guerra, por exemplo? Se os maus queimassem eternamente no inferno, sem chances de mostrar a Deus que se redimiram de seus atos indevidos, Deus não seria justo para com eles. E Deus é justo. Se os maldosos fossem absolvidos por Deus ao rezar um Pai-Nosso e três Ave-Marias que podem ter sido feitas da boca para fora que elevação espiritual teriam essas pessoas?

Como podem perceber, somente na reencarnação podemos encontrar a lógica da vida. Justiça e redenção. Chances para uma evolução espiritual.

A ideia de que há vida depois da morte, e que mesmo após estarmos mortos podemos regressar à Terra, data de muito tempo atrás.

Os egípcios acreditavam não só na vida após a morte como também na possibilidade de o morto voltar para esta vida. Por isso preservavam o corpo físico por meio do embalsamamento para que as almas, quando absolvidas por Osíris, um dos deuses egípcios, pudessem reviver dentro dele.

Eles cometeram um equívoco ao esperar que o (espírito) voltasse a viver dentro do velho corpo físico. Como poderia, se esse não tinha mais condições de abrigá-lo? Mas por meio de uma nova encarnação aí sim, isso se torna possível.

Mas será mesmo? Será mesmo que vivemos e viemos de outras vidas?

Você deve se lembrar de muitos pais comentando sobre seus filhos, dizem o seguinte:

"Esse aí já nasceu com uma personalidade forte!"

É, a natureza de uma criança é uma das primeiras evidências de que viemos de uma outra vida. Há casos de crianças que logo nos primeiros anos de existência, apresentam rejeição à vida na Terra, dizendo que querem voltar para a sua casa, que ali não é seu verdadeiro lar, que aquela não é sua mãe, que aquele não é seu pai, e assim por diante. Que casa é essa para onde elas querem voltar? Que pais são esses a que se referem? Esses casos são reais, verdadeiramente comprovados pelos próprios pais, familiares, psicólogos e psiquiatras.

Numa família dois filhos são criados do mesmo modo e cada um adquire uma personalidade totalmente diferente, por quê? Perguntam-se muitos pais. A resposta é simples: devido à bagagem espiritual de cada um. Aquilo que desenvolveram em vidas passadas e trazem consigo na alma.

Observe você ao longo de sua estada atual na Terra e constatará que você próprio já esteve aqui. Com o tempo começa a ter a sensação de que conhece certos lugares onde nunca pôs os pés antes.

Rosa, a enfermeira de minha tia, conta que, quando esteve em Lourdes, na Itália, uma pequena cidade, onde há muitas igrejas, sendo que uma delas é no formato da arca de Noé, só que virada de cabeça para baixo, teve a nítida sensação de já ter estado ali, tanto que enquanto descia uma espécie da rampa que levava ao interior da igreja, soube de antemão que havia uma capela no seu interior e foi em sua direção. A prima que estava com ela, com quem comentou a respeito, ficou espantada quando se viu diante do lugar pressentido por Rosa.

Há também aquelas pessoas que conhecemos na Terra e em poucos segundos de conversa parece que conhecemos há anos. Pessoas cujo encontro é cercado de coincidências. Pessoas que amamos só de bater os olhos. Pessoas que, quando estamos juntas atingimos outra sensação de ser e de estar neste planeta, são evidências de que já estivemos juntos em vidas passadas.

Isso pode acontecer com relação ao parceiro afetivo, o encontro de vocês lhes dá a sensação de que foi marcado pelo destino.

Há casos bastante curiosos de pessoas que foram a um país na certeza de encontrar uma certa pessoa, num certo local, e realmente a encontraram do modo que pressupunham.

Os dons de uma pessoa que surgem de uma hora para outra, como se ela tivesse estudado anos a fio para desenvolvê-los, servem também como comprovação de que viemos de uma outra vida. Todo dom é aprendizado de vidas passadas. Basta um toque para despertar esse dom, para recuperar todo o conhecimento adquirido que está alojado na nossa alma.

Há também outro fator que nos confirma este processo: Sabemos que no mundo nada tem fim, tudo se transforma e se nutre entre si e se cria e recria torna a viver e morrer.

Ágatha aproveitou uma pausa para abrir espaço para os alunos fazerem perguntas:

– Alguém tem alguma pergunta?

Um rapaz ergueu a mão.

– Por que não nos lembramos das outras vidas?

A resposta de Ágatha foi precisa:

– Porque não lembramos nem sequer o que passamos por essa vida atual. Diga-me, que roupa você estava usando na quarta-feira da terceira semana do mês de agosto do ano passado? Quais eram os nomes de todos os colegas de classe do seu primeiro ano de escola? Conte-me com detalhes o que estudou, os trabalhos que fez, as palavras que trocou com o seu primeiro amor.

Lembramos somente de algumas coisas, as que nos impressionaram mais; o resto é esquecido.

Com as reencarnações acontece o mesmo. Lembramos o que for realmente importante para nós e ao longo da reencarnação atual.

Se nos lembrássemos de tudo, acabaríamos atormentados, seria informação demais para o cérebro. Afinal, o mundo mudou, adquiriu outros hábitos, atividades, realidades, novos lugares erguidos pelo homem, outro modo de ser, expandiu, evoluiu!

Se nos lembrássemos de tudo, muitos acabariam rabugentos como muitos idosos que ficam criticando a atualidade e enaltecendo o passado, dizendo: "No meu tempo era diferente, era tudo muito melhor, etc." Seria um eterno choque cultural e de gerações. É importante lembrar que nós não nos lembramos de termos passado nove meses dentro da barriga da mamãe, mas todos sabem que nós estivemos lá.

Outro participante fez uma pergunta:

– Antigamente o mundo era habitado por um tanto de pessoas (espíritos), hoje é habitado por milhões e milhões, mil vezes mais do que no passado. De onde vieram esses espíritos?

– Acontece que hoje fazemos um senso para apurar o número da população do mundo. Antigamente não. Em outras palavras, havia mais gente do que pensamos em épocas atrás. Só não tínhamos condições de saber.

Precisamos lembrar também que o Universo possui diversos lugares para os espíritos se reencarnarem. A quantidade de sistemas solares já descobertos pelos astrônomos nos prova isso.

Se Deus tivesse concentrado toda sua criação somente neste planeta do sistema solar, não teria havido necessidade de ter criado os demais espalhados pelo cosmos.

Portanto, os espíritos habitam diversos lugares no universo e trocam de lugares de uma vida para outra.

Um outro aluno fez outra pergunta:

– Afinal, por que Deus criou o processo das reencarnações? Para que fazer com que vivamos atravessando vidas e mais vidas?

– Os motivos são muitos. O principal deles é para evoluirmos espiritualmente. Outros destaco agora. A razão por existir inúmeras reencarnações acontece também porque nós queremos.

– Nós queremos?

– Sim. Queremos. Todos, em alguma fase da vida, ou em todas, dizemos para nós mesmos o quanto a gente gostaria de ter novamente 11, 15, 20, 25, 30 anos para poder viver tudo o que vivemos na época ou para poder aproveitar melhor essa fase da vida. Quantos de nós não gostaríamos de voltar a ser criança? A maioria. E como voltar a ser senão por meio de uma nova reencarnação? Só mesmo por meio de novas reencarnações podemos viver todas as fases da vida novamente e aproveitá-las de uma forma mais lúcida.

Deus percebeu ao nos criar que haveria esse desejo intenso dentro de nós; o de reviver as fases da vida de uma forma mais bonita e proveitosa e esse foi também um dos motivos que O levou a criar o processo de reencarnação. Não esqueçamos de que Deus, como todo pai e toda mãe, quer a nossa alegria.

Deus criou também o processo de reencarnação para realizar um outro desejo nosso. Quanto tempo você levaria para conhecer todos os lugares que há no planeta Terra? Pelo menos os que mais o atraem. Com uma vida só seria impossível conhecer tudo que almeja, lembrando que para conhecer um lugar de verdade, sua cultura, principalmente, é preciso anos, portanto, só reencarnando diversas vezes é que temos tempo e oportunidade suficientes para conhecer os cantos e encantos da Terra criados pelo Criador.

As reencarnações existem também para que pudéssemos conhecer nossas capacidades por meio das muitas profissões que podemos executar na Terra. Profissões que nos permitem descobrir um pouco mais de nós mesmos, o que seria impossível por meio de uma vida só onde só há tempo de nos dedicarmos a uma, duas, no máximo três profissões (bem feitas).

Deus criou o processo de reencarnação, principalmente, por ser Justo. Justíssimo.

Quantas e quantas pessoas que se amaram não puderam se casar por imposição dos pais ou preconceitos da sociedade, em épocas passadas? Milhares. Quantas e quantas histórias de amor foram rompidas por mal-entendidos, ou guerras sanguinárias? Milhares.

Só mesmo havendo uma nova vida, quem amou pode se unir outra vez.

Que justiça haveria para aqueles que morreram na guerra se não houvesse uma nova reencarnação para poderem viver o que não puderam por causa da guerra?

Se observarmos a fundo, encontraremos mil motivos pelos quais é necessário o processo da reencarnação. O que nos confirma que Deus é justo, pensou em tudo, na velocidade da luz, para criar um universo justo.

Importante saber que por mais que você renasça, você será sempre diferente. Preservará somente a sua essência. Não houve ninguém e nunca haverá alguém do mesmo modo que você no passado nem no futuro, pois no futuro, você mesmo já será diferente, porque mudamos, melhoramos, aprendemos coisas inéditas, diariamente.

O processo de reencarnação existe também para nos levar a um estado de compreensão sobre nós mesmos, para um melhor relacionamento com a vida e o meio ambiente, para desenvolver, enfim, a habilidade de amar incondicionalmente, porque o ser humano mais feliz, é mais saudável para a vida no planeta e para qualquer reencarnação.

Um aluno pediu licença para perguntar:

– É possível provar o processo de reencarnação, cientificamente?

– Até o momento, não. Mas de que vale essa prova científica se o próprio Criador, Deus, até hoje não foi provado cientificamente? Nós sabemos que Sua existência é verdadeira independentemente dessas provas. Como? Refletindo a respeito de tudo que compõe a vida, o planeta, o Universo e o cosmos. Está tudo aí, bem diante do nosso nariz. Como pode tudo existir, com tamanha perfeição, se não criado por uma inteligência tamanha? Se continuamos aqui, sem ter provas científicas, é porque elas não são, de fato, necessárias. A ressurreição de Cristo também não pode ser provada cientificamente, mas sabemos que ocorreu.

– Por que Deus não nos revela, com total certeza, que vivemos mesmo um processo de reencarnações?

– Eu também me fiz essa pergunta ao longo de minha busca espiritual. Descobri, por meio da vivência, que, muitos, se tiverem a certeza de que vão reencarnar, ao primeiro descontentamento nessa vida, ao primeiro empecilho, processo que requeira muito esforço, deixarão de viver para esperar por uma próxima vida onde tudo possa ser do jeito que sonham, em nível de conto de fadas.

Podem até cometer suicídio, ou irem se matando aos poucos (suicídio inconsciente), como muita gente faz ao se entupir de remédios, alimentos inadequados, poluição mental, dando atenção só ao que acontece de negativo e se trancafiando dentro de uma sala, tal como se tivesse sido enterrado vivo.

Mesmo que para muitos fique bem claro que o amanhã é o resultado do modo como você se trata hoje, de sua percepção de vida e de si próprio na vida, dos passos que seguiu para a sua evolução, ainda assim, muitos negligenciam sua existência por esperar uma reencarnação melhor do que a atual. É preciso compreender que se você sonha viver uma vida de rico, terá de adquirir habilidades para se tornar um, é tal como na escola, não dá para você pular da 2ª série para a 8ª.

Milhões de pessoas que sonham com a imortalidade não sabem sequer o que fazer numa tarde chuvosa de domingo, dizia Susan Ertz (1887-1985), novelista inglesa, e é verdade. Não adianta sonhar com a imortalidade e desprezar esta vida atual. Se ela está chata, chata continuará, pois o espírito resgata aquilo que faz de si mesmo no agora numa vida futura.

É tal como uma pessoa que acredita que, se mudar de cidade, sua vida mudará. Mudaria se ela não levasse consigo sua cabeça que determina sua sentença. Por isso, muitos mudam de casa, cidade, marido, esposa, trabalho e, logo, se tornam insatisfeitos outra vez.

Por isso é necessário que os seres humanos tenham apenas uma vaga ideia de que há vida após a morte e que vivemos um processo de reencarnação. Se todos soubessem com certeza, assim que tivessem uma decepção, um desafio na vida, sentariam embaixo de uma árvore e diriam: "Ah! Essa vida não tem nada do que eu gosto, vou esperar pela próxima!". E muitos diriam isso, mesmo sabendo que na próxima nascerão exatamente onde se colocaram: debaixo da árvore, necessitando passar pelos mesmos aprendizados dos quais quiseram se safar.

O segredo para uma vida feliz, esta e as futuras que virão, é buscar formas de fazer o seu dia a dia mais feliz e isso é possível, sim!

Achille deu sua opinião:

– Por isso, antes de nos preocuparmos de onde viemos ou para onde vamos, fazer regressões ou previsões, o mais importante é prestar atenção a nossa vida no momento presente, aqui e agora, pois isso sim é eterno, certo?

– Sim. É o tempo presente que determina a nossa realidade e é só o que existe sempre. Por mais que você pense num futuro, quando estiver lá, ele (o futuro) continuará sendo o seu presente.

Se o amanhã é o resultado do modo como você se trata no "aqui e agora", então vamos procurar fazer deste "aqui e agora" algo realmente proveitoso, valioso, garantindo assim um amanhã sempre melhor.

Para transformar o tempo presente num grandioso presente sempre, precisamos descobrir e pôr em prática aquilo que pode melhorar a nossa vida, despertar o melhor de nossa existência. Tornar o dia a dia de nossa vida atual prazeroso e não somente durante as férias, se houver férias.

Ágatha voltou-se para a plateia.

– Alguém mais tem alguma pergunta?

Uma das alunas ergueu a mão e fez a pergunta por cuja resposta ansiava:

– Iremos nos reencontrar com os entes queridos no plano espiritual após a morte?

– Sim e não. Depende. Já podem ter reencarnado. Depende da necessidade de cada um. Cada um é um caso, como nos alertou Chico Xavier. Por outro lado, muitas das pessoas que se preocupam em reencontrar seus entes queridos no plano espiritual, quando juntos na Terra, mal conversavam por causa da TV, principalmente, por causa do jornal da TV. Só tinham ouvidos para quando o assunto era desgraça.

Na ceia de Natal ao invés de se curtirem, ficavam atentos à TV, prestando mais atenção na vida das celebridades do que na sua e dos demais ao seu redor.

Ou seja, enquanto estavam juntos, não aproveitavam a oportunidade que o Universo estava lhes dando de viverem lado a lado, agora que se separaram por meio da morte, anseiam loucamente se reencontrar para viverem juntos eternamente? Contraditório, não?

E tem mais, se muitos já se *bicavam* enquanto na Terra não é porque mudaram de plano que vão deixar de se *bicar.* Ninguém se transforma noutra pessoa, só porque se mudou para o plano espiritual. A transformação ocorre por meio de vidas e vidas bem vividas.

Reencontros há, com certeza, mas eles não, necessariamente, ocorrerão no plano espiritual, mas aqui mesmo, na própria vida terrestre, como volta e meia vemos acontecer. Como já disse: as pessoas com quem você se identifica, tem a sensação de conhecê-las de longa data, são pessoas com as quais já teve contato em vidas passadas, foram muitas vezes membros da mesma família, irmãos, pais, filhos, parentes, amantes, cônjuge etc.

Ao bater os olhos no relógio, Ágatha percebeu que havia extrapolado o tempo, pediu desculpas a todos e encerrou a aula.

– Boa noite e até a semana que vem.

Achille aguardou por Ágatha, quando ela percebeu, ficou rósea púrpura:

– Ah, você!

– Estava te esperando. Posso te ajudar?

Antes mesmo que ela respondesse, ele tirou os livros debaixo do braço dela e os segurou.

– Obrigada – disse ela –, você, como sempre, é muito gentil.

– Até quando? – perguntou ele, lançando um olhar maroto sobre ela.

– Até quando?...

– É... Até quando você vai ficar sem graça diante de mim?

Ágatha corou e para perder o embaraço, perguntou com simpatia:

– O que achou da aula de hoje?

– Cheia de pontos interessantes.

– Obrigada.

– Aquilo que falou sobre encontrar pessoas que nos parecem velhos conhecidos eu sinto com relação a você. É sério. Desde que a vi é como se eu já a conhecesse há anos. O que me leva a pensar que somos velhos conhecidos de vidas passadas.

– Pode ser.

Ele riu.

– O que foi?

– Achei muito engraçado quando alertou a todos que não podemos levar conosco para o outro lado da vida nossos bens materiais.

391

– É preciso fazer o alerta. Muita gente se apega aos seus bens materiais como se fossem levá-los consigo para o além e pela eternidade.

Achille tornou a rir. Ágatha prosseguiu:

– Se bem que por mais que se fale a respeito, quem é apegado à matéria é e ponto final. Não se desapega por nada, chega a passar vontade das coisas para não gastar e quando morre deixa tudo para a família que gasta em questão de anos, segundo pesquisas, em menos de cinco anos. É como usar os jogos de jantar e faqueiro só em ocasiões especiais, depois que se morre, a família usa todo dia e quebra tudo em menos de um ano. Todo apego excessivo é, a meu ver, estupidez.

– E quanto ao amor, Ágatha? Devemos nos apegar a quem amamos ou não?

– Devemos nos apegar na medida certa, Achille. Eu, mais do que ninguém sei disso, porque sofri muito com a perda do meu marido, pois me tornei muito apegada a ele.

– Uns dizem que quem não se apega ao parceiro é porque não o ama de verdade.

– Quem não ama de verdade se desapega rapidinho. Quem permanece junto é porque amor existe. Mesmo que vivam entre tapas e beijos, algum amor ali há.

– É tudo muito complexo.

– É que cada caso é um caso. Tem de ser analisado separadamente. Não podemos rotular. Como disse durante a aula de hoje, o médium Chico Xavier já nos alertou sobre isso.

– Você ainda vai falar sobre os médiuns, presumo.

– Vou. É algo importante para quem quer conhecer a vida mais a fundo.

– A propósito, como é que sabemos quando é um amigo espiritual que está falando conosco, passando-nos uma informação e não a nossa imaginação?

– Simples. O processo que utiliza a imaginação funciona quando paramos para criar uma resposta a uma pergunta sobre a vida, por exemplo. Quando você recebe uma informação espiritual, ela surge de imediato com base em algo que você não teria condições intelectuais para respondê-la daquela forma.

Sabemos que um romance é mediúnico quando sua história não foi criada, ela simplesmente começa a ser ditada e o médium vai transcrevendo-a para o papel sem saber onde vai dar. Ele não para para criar diálogos. Eles simplesmente vêm e se encaixam no final. Não há tempo para ele interferir na história, usar de sua imaginação. Um romance tradicional, não mediúnico, acontece quando um autor pensa num tema, cria uma história com começo, meio e fim, cria os personagens um a um, depois faz as ligações entre eles, depois cria os diálogos e etc.

Ágatha olhou para ele de relance e arrematou:

– Ficou claro?

– Claríssimo. Pois agora sei identificar quando o que ouço em minha mente é dito por um amigo espiritual ou por uma voz mental. Agora tenho a certeza absoluta de que a voz que me diz que você é a mulher da minha vida, que já vivemos juntos em vidas passadas, que vamos nos casar, é a voz de um amigo espiritual.

As palavras do moço, ditas tão espontaneamente e de forma tão direta fizeram Ágatha travar os passos e olhar para ele.

– Direto você, hein?!

Ele concordou com um sorriso bonito, curvando seus lábios.

Ao chegarem no carro, Ágatha tomou os livros da mão de Achille, colocou-os no assento do veículo e lhe agradeceu um tanto secamente:

– Obrigada.

– De nada.

– Até a aula da semana que vem.

– Até.

Ela sentou-se no banco do motorista, fechou a porta, girou a chave na ignição, deu a partida e acenou para o rapaz com um meio sorriso. Nem bem o carro se moveu, morreu. Ela, irritada, tentou ligá-lo novamente, mas ele não respondia. Achille pediu permissão para dar uma olhada no motor. Autorização concedida.

– É, pifou mesmo. É melhor deixá-lo aqui e pedir para um mecânico amanhã de manhã vir rebocá-lo.

Ágatha bateu com a mão direita na direção e resmungou:

– Poxa, ele não podia ter me deixado na mão.

– Mas não deixou – respondeu Achille com certo bom humor.

– Como não?

– Eu estou aqui, não estou? Se tivesse ficado na mão, estaria sozinha.

Ela corou novamente.

– Venha, eu a levo para casa.

– Eu chamo um táxi.

– Larga de ser mal agradecida.

– Só não quero lhe dar trabalho.

– Que trabalho, que nada. Vamos!

Assim que Ágatha se ajeitou no assento do carro de Achille, o rapaz comentou:

– Só não entendo uma coisa nisso tudo. Se eu e você somos velhos conhecidos, porque você impõe tanta barreira para nos aproximarmos?

A resposta dela foi direta:

– Podemos ser velhos conhecidos, o que não quer dizer que vai me ter facilmente.

– Ah! Quer dizer que você cogitou essa possibilidade. De eu e você... juntos.

Ela corou novamente. Fez uma careta e fechou o cenho.

– É melhor eu não falar mais nada. Acho que por eu estar cansada, estou falando besteiras.

– É – riu ele –, pode ser.

O carro seguiu sob um luar lindo que caía sobre a linda Los Angeles.

Enquanto neste lado do planeta, no caso aqui, Los Angeles, Califórnia, U.S.A, pessoas se reuniam para estudar a vida mais profundamente, torná-la mais significativa e agradável, outras, noutro canto se mantinham presas a padrões de pensamento arcaicos, racistas, preconceituosos, tirânicos que só serviam para amargar suas vidas, causando guerras intermináveis, o inferno na Terra.

O mais incrível é notar que grandes revelações espirituais que podem transformar a vida de uma pessoa para melhor podem estar ao seu lado, do outro lado da rua, a poucas quadras de sua pessoa e não lhe fazer diferença alguma, passam totalmente despercebidas.

Uma das maiores verdades da vida é que Deus está o tempo todo tentando nos ajudar a despertar o melhor de nós mesmos, para que sigamos pela vida de forma mais bonita e evolutiva. Muitos, porém, não percebem, quando sim, recusam a ajuda.

É certo dizer que para todos há um momento certo de despertar, mas também é certo dizer que se você ficar atento, o despertar, a evolução, pode ser de uma forma muito mais leve, tão leve quanto uma bolha de sabão.

Capítulo 5

Naquela tarde Raul Velasco voltou para casa, sentindo-se mais alegre com a vida, mais entusiasmado com seu futuro, mais vibrante, mais coração. Fez sua higiene corporal e se vestiu com uma devoção redobrada.

A lua já ia alta no céu, quando ele se viu novamente em frente ao hotel onde Caroline e o pai estavam hospedados, disposto a se reencontrar com ela.

Foi então, para sua surpresa e encanto, que ele avistou a jovem se aprumar em frente da janela do quarto onde estava hospedada, deixando seu olhar se prender no céu de primavera.

Lá estava ela, a moça que encantou seu coração, suspirou Raul que sem pensar duas vezes começou a fazer gestos com as mãos, como se estivesse dançando com ela, fazendo malabarismos com o corpo.

Não levou muito tempo para que ele despertasse a atenção de Caroline. Quando ela o reconheceu seu coração por pouco não parou. Estava surpresa com a ousadia do rapaz. Ao mesmo tempo que se cobria de emoção, uma névoa escura e pesada de medo também se derramava sobre ela.

Ela já mostrara sua face nua e crua para ele que se encantou desde o primeiro momento e, no entanto, ele continuava a se interessar por ela. Por quê? Como?! Onde ele queria chegar com tudo aquilo?

"Ao centro do seu coração", ouviu uma voz soprar dentro ou fora dela. "Ele continua a querer você, porque realmente se encantou por você!"

Se a intenção daquele rapaz encantador era conquistá-la, ele já estava bem próximo de alcançar seu objetivo, confidenciou ela a seus botões.

Minutos depois, os olhos dos dois jovens se encontraram e disseram bem mais do que palavras que vêm à boca dos apaixonados. Raul exibiu então um sorriso de contentamento e realização por ver que Caroline, agora, olhava para ele sob o mesmo halo de fascínio. Seu sorriso bonito se intensificou.

O de Caroline teria se ampliado, se ela não houvesse ouvido uma voz, dentro de si, dizer:

"A mancha, esconda a mancha de sua face rápido."

Ela imediatamente levou a mão ao rosto para atender a ordem. Sua reação foi recebida por Raul com naturalidade de tão encantado que estava. E sua naturalidade, seu sorriso bonito, seu olhar apaixonado continuaram a surpreender Caroline.

Jamais havia visto um homem olhar para ela daquele jeito, sem desviar, sem fingir que não estava incomodado com sua anomalia na face quando na verdade estava. Procurando desesperadamente olhar para ela, sem olhá-la de verdade.

Sua mão descobriu a mancha como que por vontade própria. Ela estava tão atenta aos gestos do rapaz que nem se deu conta.

Então, de repente, a voz do pai soou no quarto, quebrando todo aquela paz e alegria que se alastrara por Caroline e, consequentemente, pelo aposento. A moça fechou a cortina como um raio, com medo de que o pai avistasse as micagens que Raul fazia e voltou-se para ele.

– Não precisa esconder, filha – falou o homem, endurecido. – Eu sei o que se passa lá fora. Pude ver, assim como todos os hóspedes, que estavam no saguão o que aquele maluco, sem compostura, está fazendo.

– O senhor... o senhor viu?

– Sim. Quem não viu?

O pai aproximou-se da filha a passos lentos, pousou a mão sobre seu ombro, olhou firme em seus olhos e disse:

– Ninguém sabe nos conduzir à humilhação, à ilusão e à desilusão e, mais tarde, à dor e à revolta, muitas vezes, melhor do que o amor, filha.

– Amor?

– Sim. A palavra que usamos para descrever essa atração que brota no coração das pessoas, deixando-as loucas e ensandecidas para ficar a maior parte do tempo ao lado daquele que despertou isso nelas, e que, a princípio, parece ser bom, mas depois... é uma lástima! Falo porque tenho experiência com o amor, sei muito bem quem é por detrás, o que esconde, seus melindres, suas artimanhas.

– Eu...

– Você é muito jovem para saber, Caroline. E, talvez, acredite-me, seja melhor nunca tomar conhecimento. Isso vai poupá-la de profundos transtornos.

– Mas, papai, esse rapaz me parece tão diferente dos outros...

– É exatamente o que ele quer que você pense. Que é diferente dos outros, para conquistar seu coração e...

– Mas ele nem sabe a respeito de suas posses e riquezas.

– Finge não saber, Caroline. Mas sabe, sim, sabe muito bem de quem você é filha. Rapazes como ele, digo, do nível social dele são mais espertos do que você pode supor. São terríveis. Implacáveis. Cheios de artimanha. São capazes de passar pelas piores baixezas só para mudar sua condição financeira.

Ele tornou a encará-la para fazer-lhe um novo alerta:

– Não ouça o seu coração, filha, pois o coração ao contrário do que muitos pensam, engana-se tremendamente.

Caroline baixou os olhos, entristecida. O pai continuou discursando, impiedoso:

398

– Ainda que esse jovem arrogante fosse do bem, você sabe que não convém se casar com qualquer indivíduo que não seja da nossa religião.

– Eu sei, papai. Eu sei...

E, em segredo, Caroline pensou: "quando não é uma coisa é outra". Ela já ouvira falar de amores impossíveis, mas jamais pensou que viveria um. Ouvira também dizer que a vida não era fácil, bem, ela era a prova viva de que aquilo era verdade. Sua vida não era fácil, nunca fora.

Ainda doía nela a lembrança de ter sido tirada da escola pelo pai ao se ver coberta pelos olhares dos colequinhas de classe, até mesmo dos professores e funcionários, por causa da mancha em torno do seu olho direito. A tristeza que foi ter sido obrigada a estudar dentro de sua própria casa, sozinha, sob a orientação de uma professora particular, uma mulher enérgica e impaciente, detestável. Que evidentemente não suportava crianças, ou ela.

Helga Mertz era seu nome.

Foi difícil, sim, muito difícil para ela ter vivido isolada de amigos, presa o tempo todo naquele imenso casarão, nunca podendo sair, nunca podendo compartilhar de suas alegrias a não ser com a governanta e com o pai.

Se ao menos a mãe tivesse vivido ao seu lado por mais tempo, mas fora levada de sua vida por uma paixão tempestuosa e avassaladora que a fez sumir do mapa e nunca mais lhe dar notícias. É lógico que ela só veio a descobrir isso quando mocinha, antes o pai lhe dizia que a mãe havia morrido, por isso havia sumido da casa.

Caroline já ouvira alguém dizer o quanto era difícil ter que viver longe de uma mãe, mas nunca pensou que fosse tanto. Indubitavelmente, a vida era muito mais difícil do que diziam.

Naquela noite, Raul voltou decepcionado para casa. Para ele, Caroline o rejeitara, por isso fechara a cortina e não mais voltara à janela.

Raul já ouvira falar sobre a dor da rejeição, o quanto era triste ser e se sentir rejeitado, mas jamais pensou que fosse tão forte assim. Como, perguntava-se, como alguém pode recusar o amor de alguém que tanto quer amá-lo? Raul ainda não tinha condições de compreender que o que sentia agora, era o mesmo que Pietro, seu filho, duas vidas atrás sentiu ao ser rejeitado por ele. Não é a vida que é má, é apenas o reflexo de nossas atitudes voltando para nós.

Por isso que Ágatha e Achille, nos Estados Unidos, viviam uma história completamente diferente, uma vida mais saudável e feliz, porque resgatavam o brilho das atitudes que tomaram no passado. Certo dizer que quem semeia tufão colhe tempestade, da mesma forma que se diz quem semeia o bem colhe bondade.

Para sua surpresa e alegria, Caroline estava em frente ao local, andando de um lado para o outro como que aguardando por alguém. Usava um chapéu de vime bonito, com uma renda caída sobre seu rosto, para protegê-la bem mais do que o sol.

Sua vagarosa aproximação parecia um sonho; era como se, no instante em que a vira, o tempo houvesse se alterado, os segundos estendendo-se para minutos, os minutos ampliando-se em horas... Fora do domínio do relógio e calendários, condenado a vê-la caminhar para ele através da eternidade, mas nunca a alcançando.

– Preciso falar contigo, Caroline – disse ele indo ao seu encontro, pegando-a de surpresa.

Sua resposta foi rápida e direta.

– Não temos nada que conversar.

– Temos, sim. Da sua parte pode ser que não, mas da minha...

– Por favor...

– Dê-me pelo menos cinco minutos. Nada mais.

– Não posso! Meu pai...

– Por favor, apenas cinco minutos.

Ela acabou aquiescendo ainda que mantivesse a cabeça pendida para o chão. Raul tomou ar e se declarou mais uma vez:

– Eu gostei de você desde a primeira vez em que a vi e sei que você também gostou de mim.

– Não é verdade.

– É verdade, sim, e você sabe bem disso.

Ela resolveu abordar o assunto de outro ângulo:

– Você só se interessou por mim, porque eu estava usando uma máscara.

– Não diga uma tolice dessas!

– Finge gostar de mim porque sou filha de um milionário.

– Eu nada sei sobre seu pai.

– Sabe, sim, e, por isso, veio atrás de mim no baile.

– Como eu poderia saber? Estávamos todos de máscaras, nos esbarramos durante o baile sem querer. As gôndolas se chocaram ontem à tarde sem querer, também. É a vida querendo nos unir. Será que não percebe?

– Por que não assume logo que só se interessou por mim por causa do dinheiro do meu pai?

– Não assumo verdades que não me pertencem.

– Duvido.

– Eu não quero nada de material que seja seu ou venha a lhe pertencer. Eu só quero você.

– Vocês, homens... Ninguém me quer se não for por interesse financeiro.

Ele fez um gesto de "Bobagem!" com as mãos e falou, com redobrada emoção:

– Eu só quero ser feliz ao seu lado, compreende?

– Não podemos ser felizes. Pertencemos a mundos diferentes. Não é do agrado da minha religião que eu me case com um homem que não faça parte dela.

– Por amor somos capazes de tantas coisas.

– Não posso desistir, você já faz parte de mim, Caroline, desde o momento em que a vida nos uniu.

Ele a tomou nos braços e lhe deu um beijo tão repentino quanto o gesto em si. O encontrou dos lábios foi ligeiro, quase um "selinho", mas durou o tempo suficiente para que ambos tivessem a certeza de que haviam sido mesmo feitos um para o outro.

– Você não deveria ter feito isso! – esbravejou ela, fingindo-se indignada.

– Deveria, sim.

– Por favor.

– Eu gosto mesmo de você, Caroline. Entenda isso de uma vez por todas. Será que é tão difícil assim de entender?

– Por que haveria você de gostar de mim com uma deformidade dessas na minha face?

– Isso não é uma deformidade.

– Para mim é como se fosse.

– O amor é capaz de superar tanta coisa.

– Não, isso!

– Talvez seu amor próprio seja incapaz de superar essa mancha de nascença em volta do seu olho, não o meu! Será que não percebe que a pessoa mais preconceituosa com você é você mesma?

Ela aquietou-se.

– Preciso ir.

– Eu serei seu e você será minha, Caroline! O destino quis assim e nada nem ninguém desvia o destino. Não podemos deixar de viver um grande amor por causa de algo que você e seu pai julgam ser uma deformidade, um empecilho para alguém amá-la de verdade.

Ela, olhos mareados, mirou os dele por alguns segundos e, sem dizer nada, partiu.

Raul tentou reverter o quadro.

– Caroline! Fique, por favor!

Mas ela continuou andando, apertando o passo, em direção ao hotel.

Raul achou melhor dar-lhe um tempo para pensar nos dois. Seguiu caminho, enquanto um bando de pombos partia em revoada.

...

No quarto do hotel, Caroline olhou para o seu rosto refletido no espelho. Para sua surpresa não era mais o mesmo que ela sempre vira refletido ali, aquele que tanto a assustava ao olhá-lo, agora era o rosto de uma mulher mais centrada, realizada e corajosa. A mancha que sempre a incomodava, naquele instante tornara-se incolor. E ela sabia a razão por trás de tudo aquilo, a ousadia e a coragem de Raul, suas palavras ditas com a voz do coração, tão sinceras a afetaram positivamente.

Caroline olhou por tanto tempo para o espelho, que, de repente, avistou um rosto desconhecido por sobre o seu a olhá-la também. Era um rosto bonito e austero de uma mulher que nunca viu. Um rosto imponente e presunçoso que a olhava sem vê-la de verdade. Era como se estivesse numa época e ela noutra. De quem seria?, indagou.

Não, Caroline não podia supor que aquele rosto que olhava para ela com interesse era o seu próprio rosto no passado, o que tivera numa vida passada quando reencarnou como Caroline Velasco, mãe de Pietro e de Ítala.

Capítulo 6

Enquanto isso em Los Angeles, USA, Ágatha dava início à terceira aula do seu curso sobre vida e morte.

– Sabemos que nascemos através de nossos pais, porém não somos filhos, nem pais.

A verdade é que somos filhos mesmo é do universo, de Deus, pois nos formamos nele, viemos dele, ele investiu em nós, nos criou, toma conta e cuida de nós até onde pode, segundo suas leis e regras. Quando surgimos? Não o sabemos exatamente. Ainda não é necessário saber, ou não estamos prontos para a descoberta. Tudo será revelado um dia. Assim como descobrimos as técnicas de um dentista, as peças de um computador e etc no momento mais conveniente da história da humanidade.

Uma aluna pediu permissão para fazer a pergunta seguinte:

– O que a fez partir nessa sua busca espiritual?

Os olhos de Ágatha marearam.

– Foi a perda de meu marido. A dor que senti com a sua morte é que me fez ir atrás das respostas para as muitas perguntas que assolavam a minha mente. E minha busca espiritual me levou ao Espiritismo. Foi nele que encontrei a resposta convincente, pelo menos para mim, do que acontece conosco depois de um tempo no plano espiritual. Do porquê nascemos aqui e outros lá, cada um numa condição diferente da do outro. O porquê uns nascem com um dom e outros não. E porque uns morrem mais cedo do que os outros. Tudo tem a ver com a missão de cada um, referente a sua reencarnação atual.

Mas de tudo que aprendi em minha busca espiritual, o que mais me surpreendeu foi descobrir que o amor resiste ao tempo. O tempo que levamos para viver novas reencarnações.

Não houve ninguém dos presentes cuja face não se alterasse diante daquelas palavras. Era como se todos, no íntimo sonhassem com aquilo, com um amor que tem o poder de resistir ao tempo. E não era impressão, todos realmente ansiavam por aquilo porque só no amor, na união de dois seres, é que a vida ganhava seu real sentido, um sentido ainda muito maior do que os já descritos em romances e histórias reais.

A primeira pergunta de Achille aquela noite foi:

– E quanto ao carro, arrumou?

– Oh, sim. Obrigada. Aquele mecânico que me indicou foi muito prestativo e eficiente.

– José é um excelente mecânico. Indico porque é bom e barateiro.

– Isso é verdade.

– Por outro lado não queria tê-lo indicado, não.

– Não?! Por quê?!

– Porque com o carro quebrado você dependeria de mim para buscá-la e levá-la para casa.

– Que bonito, hein? Quantas pessoas não pensam como você, digo, criar uma dependência para manter uma pessoa a seu lado. Elas têm de viver lado a lado sem ter dependência alguma, pelo simples fato de gostarem de estar lado a lado.

– Eu também acredito nisso, mas é que a meu ver essa seria uma ótima forma de eu me aproximar de você.

Ela riu.

– Achille, você não existe.

Ele riu.

– Estou montando um novo curso para o mês que vem.

– É mesmo?

– Sim. Dessa vez é sobre o ego e a vaidade desmedida.

– Que interessante!

405

– Preciso falar desses males que nos afetam tanto. Muita gente é infeliz na vida porque não aceita o seu físico como é. Muitas vezes por causa de uma simples mancha de nascença na face, passam uma vida toda infelizes. Isso não pode mais acontecer.

Vou contar a história de uma moça chamada Marina que foi eleita miss Brasil mas não pôde participar do concurso de Miss Universo pois sofreu um acidente pouco antes, um acidente que deixou marcas profundas em seu rosto e a fez muito infeliz.

– Foi essa moça quem a inspirou a falar sobre o tema?

– Não, propriamente. Foi uma outra, filha de um judeu, que mora perto da minha casa. O nome dela é Caroline, nasceu com uma mancha enorme em volta do olho direito e por causa disso o pai a trancafiou dentro da casa. Afastou-a da escola por medo que ela sofresse *bullying* e de pretendentes, por achar que só estão interessados no seu dinheiro. Ele é um homem muito rico. Foi Aretha quem descobriu essa moça na vizinha e veio me contar sua triste história. Segundo sei, Aretha é sua única amiga, a única pessoa que o pai deixa se aproximar da filha. Aretha, você sabe, é minha filha.

– Sim, eu sei. Nossa que história triste dessa tal de Caroline, hein?

– Nem fale. Creio que o pai a protege, escondendo-a dentro de casa por vergonha de ela ter nascido com a mancha em volta do olho.

– Um pai seria capaz de rejeitar um filho por esse motivo? Digo, ter vergonha do que os outros vão falar dele por ter tido uma filha assim?

– Sim, meu caro Achille.

– Mesmo no novo milênio?

– Mesmo no novo milênio, Achille. O que prova que, por mais que o tempo tenha avançado, os problemas humanos ainda são os mesmos de dois mil, cinco mil anos atrás: vergonha, status, inveja, vingança,

Só a tecnologia avançou no mundo, a mente humana ainda continua com valores muito pobres o que obrigará a todos viver muitas reencarnações para evoluírem, descobrirem os verdadeiros valores da vida. Não basta encontrar o grande amor da sua vida, casar e ter filhos. A vida exige de nós muito mais, todos sabem, é fácil notar através dos tempos, através de cada um de nós.

– Você fala com tanta segurança e tudo que diz soa para mim tão certo. Tão preciso.

Ágatha sorriu.

– Se quiser participar desse curso, você é meu convidado.

– Farei com muito prazer. Quero convidar um amigo para participar dele, também. Ele anda meio jururu, não consegue se acertar com garota alguma. Quem sabe o curso não lhe dá uma injeção de ânimo.

– Convide-o, sim.

– No momento ele está passando umas férias na Europa, na casa de um amigo europeu. Iam até Berlim, depois a Londres e por último passariam uns dias em Veneza.

Ágatha sorriu e murmurou:

– Ah, Veneza... Meu sonho sempre foi ir a Veneza passar minha lua de mel.

– Esse sonho ainda pode se concretizar.

Ela olhou-o com ar de "será?". E para terminar, Ágatha comentou:

– Convidei uma brasileira para falar de sua vida. É uma história de vida muito bonita. Ela chegou até a ganhar o prêmio máximo de um "Reality Show". O bacana é seu lema de vida "Sou brasileira, não desisto nunca". Acho que esse lema deveria ser a bandeira de todos. O nome dela é Ana Paula, atualmente ela mora na França, mas virá para cá exclusivamente para dar seu depoimento no curso.

Não é incrível como a vida nos faz encontrar pessoas maravilhosas? Nem todas, admito, mas a maioria... pelo menos em minha vida, valeu e vale a pena conhecer.

– Como eu, por exemplo?

Ele riu, ela corou, mas acabou assumindo o que pensou:

– Sim, Achille, como você.

O rapaz ficou só sorrisos.

Capítulo 7

Raul mal dormiu à noite de tão ansioso que estava para rever Caroline. O crepúsculo ainda estava longe quando ele, acompanhado de Caspian voltou ao hotel.

Sem perder um segundo, Raul saltou de dentro da gôndola e correu com toda a força que dispunha para dentro do hotel. Diante do quarto em que Caroline estivera hospedada, bateu. A ansiedade o fez girar a maçaneta, permitindo que a porta se abrisse e revelasse o pior: pai e filha já haviam partido dali.

Raul deixou o aposento, impondo toda a força que dispunha nas pernas. Correu desesperado pelos corredores do hotel até a recepção.

– Por favor – falou sem ar – uma hóspede chamada Caroline e seu pai... – tomou ar – ambos estavam hospedados no quarto 1718...

– Eles partiram, meu senhor – respondeu o funcionário, polidamente.

– Quando? Para onde?

– Para onde não sei. Mas foi agora há pouco... Há uma meia hora mais ou menos. Iam para a estação de trem.

Raul partiu sem sequer dizer "obrigado". Correu para fora do hotel louco para tomar uma lancha e partir atrás de Caroline e seu pai. Caspian que estava ali fora, aguardando por ele, ao vê-lo naquele desespero deduziu o que havia acontecido. Ambos tomaram uma lancha de aluguel e partiram.

Raul queria gritar, gritar com toda força o nome de Caroline, mas a voz lhe faltava.

– Não vai dar tempo... Não vai dar tempo! – falava, em meio a uma respiração oscilante.

E, de fato, não deu mesmo, assim que seus pés tocaram a plataforma da estação de trem de Veneza, o último trem já havia partido.

– Eles já se foram... – lamentou –, e agora? O que faço da minha vida?

– Calma – aconselhou Caspian. – Muita calma nesta hora.

– Vou atrás deles! – afirmou Raul corendo na direção da bilheteria da estação.

Quando chegou ali seus olhos estavam tão embaçados pelo desespero que levou alguns bons minutos para que enxergasse o funcionário. Estava prestes a pagar quando Caspian segurou seu punho.

– De nada vai adiantar você ir atrás deles, agora. Eles podem saltar em qualquer estação, você nunca vai conseguir localizá-los.

Raul que sempre detestara conselhos, se viu obrigado a aceitar aquele. O amigo tinha razão.

– Faça alguma coisa por mim, Caspian – suplicou o amigo, então. – Pelo amor de Deus!

Era o pedido de um moço desesperado e apaixonado. Lutando para não perder de vista a moça que despertara tanta paixão em seu interior.

– Só há uma coisa que podemos fazer, Raul – ponderou Caspian. – Voltar ao hotel e tentar conseguir o endereço deles na América.

– Ótima ideia!

– Prepare seu bolso, pois talvez tenhamos de dar uma boa gorjeta para conseguir a informação.

– Eu pago! Pago o que for! A propósito como sabe que moram na América?

– Ora, meu caro, a paixão te deixou mesmo abestalhado, hein? Por acaso pai e filha não falam inglês americano?

– Oh, sim – afirmou Raul, reprovando sua lerdeza de raciocínio com um peteleco no cocuruto.

Eles tentaram de todas as formas conseguir o endereço de Caroline nos Estados Unidos, mas não foi possível. Eram normas do hotel não dar esse tipo de informação a ninguém. Além do mais, Raul não dispunha de dinheiro para comprar a informação, como sugeriu Caspian:

– Calma, meu amigo. O que é do homem o bicho não come.

Raul pareceu não ouvi-lo.

– Como, Caspian? Como vou encontrar essa jovem num país grande como os Estados Unidos?

– As *redes sociais* podem ajudá-lo.

– Duvido que Caroline faça parte de alguma.

De fato, ela não fazia parte de nenhuma rede social, descobriram os dois depois de longa pesquisa na internet.

Raul voltou para San Diego, na Califórnia, onde morava, pedindo a Deus, como nunca fizera, que Ele lhe permitisse reencontrar Caroline.

Capítulo 8

O curso sobre ego e vaidade desmedida ministrado por Ágatha começou no dia previsto para mais de trezentos alunos. Raul não queria ir de jeito algum, mas Achille e Primízio acabaram convencendo o amigo. Seria uma injeção de ânimo para ele que andava mais jururu do que o normal depois que voltara da Europa apaixonado por Caroline.

– Curso de autoajuda... Qual é? – zombou Raul – Isso é coisa pra mulher, Achille. Tô começado a desconhecer você e o Primízio.

– Que coisa só para mulher, que nada. Autoajuda é para todos, tanto para homem quanto para mulher. Todos precisam de um apoio durante a vida, uma luz...

– Sei não. Duvido muito que isso me ajude. Só Deus mesmo para resolver meu problema. Só Ele...

Quando os moços chegaram à palestra a maioria dos alunos já lotavam o grande salão. As luzes diminuíram e Ágatha deu início ao curso.

– Vou começar falando hoje de encontros. Dos encontros que a vida nos traz. Não era bem isso que eu pretendia falar de início, mas algo me inspirou a abordar esse tema agora.

Viver no planeta Terra possibilita fazer grandes amizades, grandes elos afetivos, e esse é outro grande motivo para a nossa existência. Quando surge uma nova oportunidade de reencarnar-se muitos espíritos almejam reencontrar essas pessoas queridas cuja separação aconteceu por meio do desencarne.

E esses reencontros acontecem e esse é um dos grandes baratos de viver uma nova reencarnação.

Muitos espíritos se reencarnam para se entenderem com outro, dissolver um desentendimento, desencontro ou mal-entendido ocorrido no passado. Numa vida passada. Algo que só pode ser resolvido por meio de uma existência terrestre.

Muitas vezes este espírito chega até você, para juntos viverem essa nova experiência de vida terrestre, como seu próprio filho, a quem você mesmo possibilita a vinda até aqui.

Aqui mesmo nesta sala há pessoas que já se conheceram em vidas passadas. Estão aqui porque têm afinidade e também para cicatrizar feridas abertas no passado ou viver recompensas adquiridas por seus bons atos.

Sei que é assustador para alguns saber que estamos, como diz a gíria, todos em família, mas é um susto saudável, não é?

O comentário tirou risos de todos.

Foi durante o intervalo, quando não restou ninguém no salão a não ser Caroline e Aretha sentadas na primeira fileira que Raul a viu pela primeira vez. Estava de costas para ele, mas algo nela chamou sua atenção.

– É ela... – murmurou Raul chamando a atenção de Primízio.

– Quem? Nao vai me dizer que é a tal da moça que conheceu em Veneza?! Seria coincidência demais!...

– Vá até lá, Primízio. Vá, discretamente e veja se ela tem uma mancha em torno do olho direito.

Primízio enviesou o cenho, incerto se deveria ou não acatar o pedido.

– Vá, por favor.

– Se isso vai te alegrar...

– Muito, Primízio. Não sabe o quanto.

Primízio foi andando calmamente até a frente do palco, como quem não quer nada, mas assim que seus olhos encontraram com os de Aretha tudo mais foi esquecido por ele. Aretha sorriu para ele, pediu licença a Caroline para ir tomar um café e seguiu na sua direção. Quando passou por ele, parou, repetiu o sorriso e continuou.

– Hei, espere! – falou Primízio, indo atrás dela.

– Sim?

Ele sorriu, corou e falou:

– Olá, meu nome é Primízio e você, é...

– Aretha, filha de Ágatha.

– A palestrante?!

– Sim. Ela mesma.

Ele sorriu e falou com sinceridade:

– Sua mãe é admirável.

– Concordo. Vamos tomar um café?

– Sim.

Ao passarem por Raul, este chamou a atenção do amigo:

– Primízio?! E daí? É ela?!

Primízio fez um aceno para o amigo deixando-o sem entender nada. Afinal, seria mesmo Caroline quem estaria sentada na primeira fileira? Óbvio que não, seria coincidência demais.

Enquanto isso, Achille e Ágatha conversavam descontraidamente com os colegas de classe. E Aretha e Primízio embalavam numa conversa animada, que terminou com uma troca de telefones e um encontro marcado para o dia seguinte.

– O que o traz aqui, Primízio?

– Desde menino me interesso pela vida após a morte – respondeu ele, positivamente. – Primeiro foram os desenhos animados que me chamaram a atenção. Gasparzinho... Scooby Doo, Fantasminha Legal, Goober e os Caçadores de Fantasmas, Fantasmino...

– Sabe que eu nunca havia me dado conta de que os desenhos também falam de vida após a morte...

– Começou com o Gasparzinho. Ele, na verdade, é um espírito que revela que a vida continua após a morte. É, entre parênteses, um desenho espiritualista.

413

– Poxa, estou surpresa por não ter notado isso antes.

– Há sempre um momento para despertar. Sinto mesmo que essa minha busca pelo que se passa além da morte, no além da vida vem de longas datas. De uma vida passada, entende?

– Ah, você também acredita em reencarnação...

– Muito! Na minha família há muitas provas de que somos velhos conhecidos. Começando pelo fato da árvore genealógica. Nela se veem sobrenomes se repetirem ao longo dos tempos. Digo, de pessoas que se casaram com membros da nossa família. Mas não foi só por isso que eu vim ao curso, digo, por ter interesse sobre vida após a morte... Vim, porque no íntimo, havia um ímã me puxando para cá, se é que me entende. Assim que o Achille me convidou para participar, me senti atraído a vir, algo me disse: "Vá!" e estou aqui e agora, diante de você, Aretha, sei bem o porquê essa voz me disse "Vá!".

Aretha corou. Nada mais foi dito, pois o sinal, indicando que a segunda parte do curso iria começar, tocou.

A palestra recomeçou minutos depois.

Por mais interessante que fosse o tema abordado por Ágatha, Raul não conseguia deixar de prestar atenção à moça sentada de costas para ele que lembrava muito Caroline.

No final da aula, aguardou que ela saísse, mas a moça não se moveu, esperava certamente que todos deixassem a sala primeiramente para, só então, partir.

– O que ele está resperando? – perguntou Aretha para Primízio, achando estranho o comportamento de Raul.

– O nome dele é Raul, cismou que aquela moça sentada na primeira fileira é uma que ele conheçou em Veneza, recentemente. Foi quando fui verificar se era ela, que vi você e, bem, acabei esquecendo de fazer o que ele me pediu.

Aretha, que já sabia de toda a história contada pela própria Caroline estava pasma.

– Não pode ser... – murmurou, surpresa.

– O quê?

414

– Que esse seja o rapaz que Caroline conheceu em Veneza.

Antes que Primízio tivesse a chance de lhe fazer uma nova pergunta, Aretha foi até Raul e se apresentou.

– Venha comigo – dise ela, seguindo na direção do palco.

Raul, sem entender nada, a seguiu. Ao se aproximar de Caroline, Aretha dise:

– Caroline? Tenho uma surpresa para você...

Quando os olhos da moça se encontraram com os de Raul, ela, rapidamente, virou o rosto de lado. Ele correu até ela, sentou-se ao seu lado e falou com voz de apaixonado:

– Não sabe o quão maravilhoso é encontrar você, aqui... Fiquei decepcionado quando cheguei ao hotel e soube que haviam partido... Mas o fato de eu estar aqui, diante de você esta noite é prova mais do que definitiva de que a vida quer mesmo nos unir.

Ele aguardou que ela o olhasse, o que pareceu que não o faria, se ele não a incentivasse.

– Caroline, por favor.

Quando ela atendeu seu pedido, havia ainda grande embaraço, transparecendo em seu olhar.

– Podemos conversar?

– Não, agora! Preciso voltar para casa. Se eu chegar tarde, meu pai vai se zangar comigo.

– Quando, então?

– Na próxima aula talvez.

– Não fuja de mim, Caroline. Não fuja do destino, por favor.

Aretha pensou em ajudá-los, mas achou melhor dar tempo ao tempo. Despediu-se de Primízio e foi levar Caroline, com sua mãe, até sua casa. A moça só havia decido participar do curso, se elas lhe dessem carona. Como moravam perto não houve problema.

Todos estavam bobos com o encontro de Raul e Caroline. Prova definitiva de que o mundo, como se diz na gíria, é mesmo um ovo.

Pouco antes de Ágatha partir, Achille lhe perguntou:

– Serão Raul e Caroline velhos conhecidos de vidas passadas?

– Como ouvi alguém dizer certa vez: todos nós somos velhos conhecidos, em algum momento de nossa existência já nos cruzamos com todos por aí. Nem que seja por uma das avenidas da vida.

– Incrível coincidência... e o danado não queria vir ao curso. Tirou até sarro.

– A vida tem mais coincidências do que julga a nossa vã filosofia.

Raul sentia-se, agora, totalmente, desnorteado. O que precisava mesmo era de um gole de cerveja para relaxar e controlar sua ansiedade, não sossegaria enquanto não encontrasse Caroline novamente.

Primízio e Achille acabaram indo com ele a um bar para beber uma e relaxar um pouco, ainda dava tempo, pois em Los Angeles tudo fechava cedo.

Naquela noite, Caroline dormiu mais uma vez pensando em Raul, dessa vez, na incrível coincidência que foi o reencontro dos dois.

Raul acordou sentindo-se a mil. Assim que achou oportuno, ligou para o celular de Caspian.

– Caspian, meu velho, eu a encontrei. Você acredita nisso, meu? E foi num curso de autoajuda, foi como se tivéssemos sido postos ali pelas mãos do destino.

– Tô impressionado, Raul. Vá ter sorte assim... Isso é coisa de destino, cara.

– É o que todos estão pensando. Agora tenho de desligar. Acabo de ter uma ideia brilhante.

– Depois me liga, contando tudo.

Raul ligou imediatamente para Achille.

– Achille, meu caro. Preciso de um favor. Segundo me lembro você me disse que já levou Ágatha à casa dela, não? Pois bem, pode me levar até lá? Preciso falar com a Aretha.

– Nem vou perguntar o porquê. Já saquei tudo.

– Me leva, vai.

– Tá certo.

Três horas depois, Raul afrouxava o colarinho com o dedo, respirava fundo e entrava no jardim da casa de Caroline. Tocou a campainha e aguardou. Foi uma mexicana que o atendeu à porta. Nem bem Raul perguntou por Caroline, ela que estava ali perto foi até lá.

– V-você!!! – exclamou olhando a visita com ar de surpresa.

Continuei imóvel, sem despregar os olhos do seu rosto.

– Você não deveria ter vindo... Meu pai não vai gostar nem um pouco de vê-lo aqui.

Sua voz sumiu aos poucos.

– Eu tinha de vir, Caroline... – falei novamente, com a mesma voz calma e cuidadosa. – No momento em que a vi foi como se o tempo tivesse parado e prosseguido lentamente para que eu pudesse vê-la com mais nitidez e por maior tempo que o habitual.

Ela replicou com sinceridade:

– É melhor você ir antes que complique as coisas para nós. A propósito, como conseguiu meu endereço?

Ainda que incerto se deveria ou não contar-lhe a verdade, acabei optando pela verdade:

– Foi Aretha. Foi ela...

Caroline deu um estalido discreto e solidário com a língua.

– Só podia... Jamais pensei que ela faria algo para me prejudicar.

– Não foi para prejudicá-la, Caroline. Foi para nos ajudar. E eu insisti muito para que ela me desse o seu endereço.

– Como você chegou até ela?

– O Achille já levou a Ágatha até a casa dela e por isso me levou até lá para falar com a Aretha. Foi fácil localizá-la já que vocês moram a uma quadra de distância uma da outra.

417

Nisso ouviu-se a voz do pai de Caroline soar na sala ao lado daquela:

– Caroline?! Quem está aí com você?

Ela fechou os olhos e engoliu em seco. Sob a maquiagem, seu rosto estava pálido. Abriu os olhos de novo e respondeu procurando disfarçar a tensão:

– Não é ninguém, papai. É a televisão.

Ela engoliu novamente. Então, eu disse:

– Eu vou falar com ele.

Ela falou pausadamente:

– Não faça isso.

Raul, com a cara e a coragem, sem pedir licença, entrava pela porta da sala com lareira, da casa onde Caroline vivia com seu pai. Ao vê-lo o dono da casa levantou-se imediatamente de onde encontrava-se sentado e perguntou:

– Como ousa entrar aqui sem pedir permissão? Queira se retirar!

– Não, antes de trocar uma palavra com o senhor.

O homem balançou a cabeça em desaprovação e de forma enérgica atalhou:

– Nada que possa me dizer me interessa. Agora, retire-se!

– Eu só preciso de cinco minutos, nada mais do que isso para dizer a que vim.

Raul adiantou-se um ou dois passos enquanto os músculos do canto de sua boca tremiam visivelmente. Os do pai de Caroline também tremiam, porém, por uma emoção diferente. Os de Raul era por medo, os do homem era por raiva.

Ainda que os olhos do dono da casa parecessem cuspir fogo e sua pele queimar feito brasa, Raul procurou manter a calma e dizer a que vinha:

– O senhor ama Caroline. Ama muito!... Eu sei, o senhor sabe. Sabe que ela é a pessoa mais importante da sua vida. Acha justo separar dois jovens que se amam por uma dúvida que estou mais do que disposto a sanar?

418

– Sanar?! Como?! Não posso entrar dentro de você para saber o que realmente pensa, quais são suas verdadeiras intenções para com minha filha.

O homem saiu de trás da escrivaninha e foi em direção à porta. Ali, falou, determinado:

– Por favor, queira se retirar da minha casa.

Raul permaneceu firme, encarando o homem, olhos nos olhos.

– Retire-se, por favor – repetiu o dono da casa, insistentemente.

Raul procurou manter a calma, tomou ar e usou de sinceridade mais uma vez:

– Eu não quero um centavo do senhor. Assino um papel abrindo mão de tudo se for preciso, mas, por favor, deixe-me namorar sua filha.

Nisso, Caroline surgiu à porta.

– F-filha – gaguejou o pai, surpreso por vê-la ali –, deixe-nos a sós, por favor.

E, voltando-se para Raul, o homem completou:

– Este rapaz já está de partida.

Raul não lhe deu atenção, continuava olhando para Caroline, encantado.

– Caroline... – murmurou, emocionado. – Diga alguma coisa...

– Raul... – respondeu ela, denotando certa alegria na voz.

O modo sutil da filha tratar o moço, pesou sobre o pai. Ele voltou novamente os olhos para ela e exigiu que ela o deixasse a sós com Raul.

– Não, papai – disse ela entrando definitivamente na sala. – Não quero que Raul parta agora. Temos muito o que conversar.

– Filha...

– Papai, eu quero dar uma chance a ele para provar que realmente gosta de mim do jeito que sou, como a vida me fez.

O homem fez menção de contradizer suas palavras, mas Caroline o impediu:

419

– Se eu não lhe der uma chance, nunca ficarei sabendo se o amor que ele diz sentir por mim é verdadeiro. Só o tempo dirá, só o convívio me dirá se é verdade ou não.

– Filha...

– Por favor, papai... Estou cansada de ficar duvidando das pessoas. De achar que elas estão pensando isso ou aquilo de mim sem saber ao certo se estão de fato. Eu quero viver, viver toda a alegria que a vida pode me dar. Eu quero mais do que isso, eu quero amar e ser amada, quero ter filhos, ter a chance de provar para mim mesma e para a vida que sou uma boa mãe e uma boa esposa. Por favor, papai, entenda que se eu não der uma chance ao Raul e a mim mesma eu nunca saberei da verdade.

– Você tem certeza de que é isso mesmo que você quer?

– Sim. Absoluta.

O pai se silenciou, temporariamente.

– Está bem, se é assim que você quer... assim será, mas depois não diga que não a avisei.

Um sorriso suave cheio de realização cobriu a face da jovem.

– Eu amo Raul, papai. Amo profundamente e ele também me ama.

– Disso tenho certeza, senão ele não teria se esforçado tanto para te encontrar.

– Como ele a reencontrou, filha? Como conseguiu descobrir onde morava? Por acaso você deu seu endereço a ele?

– Não, papai. Juro que não.

– Foi pela internet, por um desses sites de...

Caroline se adiantou:

– Não foi também por intermédio de uma rede social, papai... Foi o destino que nos uniu.

– Destino, filha?

– É, papai... Nos reencontramos no curso de autoajuda que estou frequentando. Ministrado pela mãe de Aretha.

– Curso de autoajuda? Você não deveria participar disso...

– Mas é muito bom, papai. As pessoas têm muito preconceito quanto a isso, mas nos faz muito bem. Abre a nossa mente, nos incentiva a perder hábitos nocivos para nós mesmos. Por coincidência, Raul é amigo de um dos alunos de Ágatha. Por estar de baixo astral, o amigo o convidou a fazer o curso para ver se melhorava o astral. Foi assim que nos reencontramos. Surpreendente, não? Prova de que o destino quis muito nos unir.

– Sem dúvida.

– Ah, papai, quero me casar o mais rápido possível, porque anseio muito ter filhos.

– Filhos?

– Sim, papai. O senhor não almeja ter netos?

O pai pareceu refletir antes de dar sua opinião:

– Você não tem medo, Caroline?

– Medo? De quê, papai?

– De que seu filho nasça...

Ele não conseguiu completar a frase.

– O senhor quer dizer se eu não tenho medo de que meu filho nasça com uma mancha de nascença como a que eu nasci?

– Sim. Quantas e quantas crianças não estão tendo problema com *bullying* na escola?

– Eu sei. É um risco que teremos de correr. A vida é feita de riscos. Ainda que meu filho nasça com uma ou mais manchas pelo corpo sei que vou amá-lo mesmo assim. Amá-lo muito.

O pai olhou com admiração para a filha.

O casamento de Raul e Caroline aconteceu numa sexta-feira, do segundo mês, do outono de 2009. Um dia que marcou para sempre suas vidas. Durante a recepção do casamento tudo transcorreu sem contratempos, dançaram, brincaram e durante o tradicional discurso da madrinha e do padrinho dos noivos, muitos se emocionaram. Foi um dia de glória para todos.

Nos meses que se seguiram Caroline enfrentou um outro drama na sua vida. por mais que tentasse não conseguia engravidar. O pai gastou o que pôde num tratamento, mesmo assim não obteve sucesso. Caroline então teve um sonho, um sonho muito diferente dos que tivera até então e que lhe marcou profundamente. Nele, ela dava à luz a uma criança...

Primeiramente a bolsa d'água se arrebentou e o rosto dela adquiriu uma expressão de surpresa e ansiedade. Os olhos ficaram vidrados quando as dores do parto se intensificaram e um fluxo de sangue acorreu à face. Não houve grito, somente uma sucessão de guinchos e urros. Houve uma nova contração e os dentes superiores se travaram com os inferiores, a boca se arreganhou até a gengiva ficar inteiramente à mostra, a dor e o esforço para dar à luz ao bebê agora era visível e agonizante.

A criada, parteira, falou, cândida:

– Calma, senhora, vai dar tudo certo.

Caroline sacudiu a cabeça de um lado para outro.

– Respire fundo e força... Não vai demorar muito para o seu bebê nascer...

Ela, entre dentes murmurou:

– Que seja um menino... Um menino para o Raul sentir orgulho de mim.

Uma nova contração a fez gritar abafado. Ela transpirava tanto que a roupa e o lençol já estavam molhados. Ela, abruptamente, jogou a cabeça para trás, depois voltou à posição de antes, quando um rosnado aterrador passou por entre seus dentes. O bebê estava vindo... vindo... vindo...

A parteira o apanhou e cortou o cordão umbilical. O rosto da mulher havia mudado, já não se via mais a alegria e o entusiasmo com o nascimento daquela criança. Caroline, estranhando tudo aquilo falou:

– Quero ver meu filho!

A mulher passou o bebê para o colo de uma outra criada.

422

– Deixe-me ver meu filho – gritou Caroline com súbito desespero.

A parteira aproximou-se dela enquanto a criada se afastava da cama levando o recém-nascido nos braços.

– Para onde estão levando o meu filho? – desesperou-se Caroline, esticando a mão naquela direção.

– A senhora não vai gostar dele, acredite-me – falou a parteira, calmamente.

Caroline estremeceu.

– Por quê? Por quê?!!!

– Porque ele tem os pés tortos, voltados para dentro. Não poderá sequer andar direito...

Os olhos tomados de horror fitaram a mulher com uma expressão crescente de pavor. Só então Caroline avistou Raul ao seu lado, ele olhava-a com grande pesar.

– Raul, tentou dizer Caroline, mas o pranto não lhe permitiu.

– Calma, Caroline – disse ele curvando-se sobre ela.

– Quero meu filho, Raul. Não importa se os pés dele são tortos... não me importa nada, eu o aceito do jeito que ele se fez em mim.

Raul fitou-a friamente. Os olhos se afastaram do rosto dele e foram dar no espelho que havia ali onde ela pôde ver o desespero deformando sua face bonita.

Com um berro, Caroline despertou do pesadelo.

– O que foi? – quis saber Raul acolhendo-a em seu peito.

– Um pesadelo horrível... pareceu-me tão real...

Ele riu.

– Pesadelos, meu bem, são apenas fruto da nossa imaginação desvairada. Nada do que vê neles faz sentido, não corresponde à realidade.

– Será mesmo?

– Pode ter certeza.

Fez-se um breve silêncio até que ela dissesse:

423

– Sabe Raul, não importa como meu filho nasça, o nosso filho. Eu o quero de qualquer jeito, de qualquer jeito que ele se fez em mim. Ele a apertou carinhosamente e a beijou. Semanas depois, Caroline estava feliz por ter finalmente conseguido engravidar. Foram nove meses de repouso por sugestão do médico, para garantir uma gravidez segura.

Enquanto isso no plano espiritual... Ítala ao lado de Giobbatista dizia:
– Pietro sonhou tanto com isso... Ser recebido pela mãe com tanta expectativa e felicidade. Ele merece tudo o que vai viver agora ao lado dela e de papai.
– Você acha que dessa vez vai ser diferente? – questionou Giobbatista, pensativo.
– Sim. Dessa vez o amor vai falar mais alto, o verdadeiro amor, capaz de resistir ao tempo...
Ela enxugou uma lágrima e completou:
– Nós também estamos voltando para a Terra, Giobbatista. Para uma nova vida, uma nova etapa na escala da evolução espiritual.
Ele a abraçou, enxugou suas lágrimas e a beijou sob a luz luminescente da colônia em que se encontravam.

A bolsa de Caroline estourou e quando Raul chegou com ela ao hospital, o bebê já estava quase nascendo. Foi um parto normal, dos mais felizes, quase sem dor.
– É um menino – falou o médico para Raul que estava acompanhando o parto.
Os olhos de Raul lacrimejaram.
– Meu filho... – murmurou. E voltando-se para Caroline acrescentou:
– Nosso filho, Caroline.
– Sim, Raul... O nosso filho tão almejado.

Ele beijou-lhe a testa e chorou, como ela havia chorado e como todos que conheceram aquela triste história desde o começo. Desde que Caroline e Raul, uma outra vida, rejeitaram o menino de pés tortos. Foi assim que Pietro reencarnou-se mais uma vez. E na altura do tornozelo, de ambos os lados, havia uma mancha, pálida, sinal de um passado que marcou a vida de todos.

Final

Ágatha subiu ao palco sob aplausos de seus alunos e ainda que tomada de emoção, falou com voz embargada:

– Para terminar com chave de ouro, eu só quero que vocês reflitam... é... tirem um momento para refletir a respeito das quantas e quantas vidas já não tivemos... Quantas e quantas mortes impressionantes já não vivemos... Quantos e quantos desafios, superações, alegrias e desilusões já não passamos... E mesmo assim, continuamos aqui para o que der e vier, nascendo, renascendo das cinzas, do amor e do desamor, da miséria e da ilusão material... E continuamos aqui não só porque a vida não tem fim, é eterna, mas porque apesar de nossas tolices e estupidez Deus não desistiu de nós... ainda acredita em todos, na nossa evolução para o bem para o melhor... Seu amor por nós resistiu ao tempo... e pelo visto resistirá por muito mais...

TUDO É AMOR
Vida: é o amor existencial
Razão: é o amor que pondera...
Ciência: é o amor que investiga
Filosofia: é o amor que pensa
Religião: é o amor que busca Deus
Verdade: é o amor que eterniza

Fé: é o amor que transcende
Esperança: é o amor que sonha
Caridade: é o amor que auxilia
Sacrifício: é o amor que esforça
Renúncia: é o amor que se depura
Simpatia: é o amor que sorri
Trabalho: é o amor que constrói
Indiferença: é o amor que se esconde
Paixão: é o amor que se desequilibra
Ciúme: é o amor que desvaira
Egoísmo: é o amor que animaliza
Orgulho: é o amor que envenena
Vaidade: é o amor que embriaga.
Finalmente, o ódio, que julgas ser a antítese do amor, não é senão o próprio amor que adoeceu gravemente"

Chico Xavier

Precisamos de duas vidas: uma para ensaiar, outra para viver...
Vittorio Gassman

A verdade é que precisamos de muitas mais...
Américo Simões

OUTROS LIVROS DO AUTOR
SEM AMOR EU NADA SERIA...
(ESTE LIVRO ABORDA A VIDA DE PERSONAGENS ENVOLVIDOS NO ROMANCE "E O AMOR RESISTIU AO TEMPO")

Em meio a Segunda Guerra Mundial, Viveck Shmelzer, um jovem alemão do exército nazista, apaixona-se perdidamente por Sarah Baeck, uma jovem judia, residente na Polônia.

Diante da determinação nazista de exterminar todos os judeus em campos de concentração, Viveck se vê desesperado para salvar a moça do desalmado destino reservado para sua raça.

Somente unindo-se a Deus é que ele encontra um modo de protegê-la, impedir que morra numa câmara de gás.

Enquanto isso, num convento, na Polônia, uma freira se vê desesperada para encobrir uma gravidez inesperada, fruto de uma paixão avassaladora.

Destinos se cruzarão em meio a guerra sanguinária que teve o poder de destruir tudo e todos exceto o amor. E é sobre esse amor indestrutível que fala a nossa história, transformada neste romance, um amor que uniu corações, almas, mudou vidas, salvou vidas, foi no final de tudo o maior vitorioso e sobrevivente ao Holocausto.

Uma história forte, real e marcante. Cheia de emoções e surpresas a cada página... Simplesmente imperdível.

LEIA AGORA UM TRECHO DO ROMANCE
"PAIXÃO NÃO SE APAGA COM A DOR"
(UM LIVRO IMPORTANTE, QUE REVELA AS GRAVES CONSEQUÊNCIAS DO SUICÍDIO)

Theodore segurou firme nos ombros de Bárbara e disse:

– Olhe para mim, Bárbara. Olhe!

Quando ela atendeu ao pedido, quando ambos estavam face a face, olhos nos olhos, ele puxou-a contra seu peito e roubou-lhe um beijo. Suas mãos foram rápidas: cravaram-lhe na nuca para não permitir que ela recuasse a face da dele. O que ela tratou de fazer imediatamente, a todo custo, enquanto procurava afastá-lo dela com as mãos. Mas Theodore se manteve firme no seu domínio sobre ela.

– Theodore! – soou uma voz firme dentro da estufa.

O rapaz recuou esbaforido e assustado. Ao ver o pai, avermelhou-se até a raiz do cabelo.

– O que é isso? – perguntou Lionel Leconte, seriamente.

Theodore soltou um suspiro ofegante, ajeitou os cabelos sem graça enquanto tentava se explicar:

– Eu...

– Peça desculpas à amiga de sua irmã agora mesmo – ordenou o pai. – Onde já se viu agir assim com uma mulher?

O rosto de Theodore estava sombrio quando ele se desculpou:

– Desculpe-me.

Bárbara não respondeu. Ficou ali imóvel, cabisbaixa, respirando ofegante.

Lionel fez sinal então para o filho se retirar. Mas ao seu sinal, Theodore descordou:

– Mas, papai...

O pai repetiu o sinal para que ele deixasse a jovem a sós. O filho obedeceu a contragosto, partindo, pisando duro. Lionel Leconte aproximou-se de Bárbara e perguntou:

– Você está bem?

A jovem balançou a cabeça, sem graça, dirigindo o olhar para Lionel somente quando ele lhe estendeu um lenço para que ela enxugasse suas lágrimas.

– Obrigada – agradeceu ela, evitando olhar nos olhos dele.

– Desculpe a atitude do meu filho. Ele não deveria ter agido assim. Mas você há de compreender que um jovem quando se encanta

428

por uma jovem acaba, muitas vezes, perdendo a compostura.

Ela tornou a concordar com um ligeiro movimento da cabeça.

– Venha, vou levá-la até a casa.

Pelo caminho Lionel Leconte pareceu se sentir cada vez mais à vontade ao lado da jovem amiga de sua filha. A cada passo que davam, mais e mais ele se sentia à vontade para falar de sua vida, de tudo o que viveu desde que se mudou para ali.

– Essa casa – dizia Bárbara –, deve significar muito para o senhor.

– Senhor?... Chame-me apenas de Lionel. Eu me sentirei melhor se me chamar apenas pelo meu primeiro nome: Lionel.

– Se o *senhor* prefere...

Ao perceber o que havia dito, Bárbara achou graça. Os dois riram e o riso pareceu derrubar mais algumas barreiras que geralmente cercam os desconhecidos.

Quando alcançaram a grande porta que ficava na frente da casa, ambos falavam como se fossem dois velhos grandes amigos. Tão descontraidamente saltavam-lhe as palavras de suas bocas que Ludvine se assustou ao encontrá-los conversando daquele jeito. Assim que os dois avistaram a jovem ambos pararam ao mesmo tempo. Talvez Lionel é quem houvesse parado, forçando Bárbara a imitá-lo.

– *Ma chère!* – exclamou Ludvine correndo ao encontro da amiga.

– Desculpe os maus modos de Theodore. O pobre coitado está arrependidíssimo pelo que fez. Não se perdoará, se você não desculpá-lo.

– Diga a ele que já o perdoei.

Um sorriso bonito cobriu a face de Ludvine, que agarrando o pai, disse:

– Emma está preparando uma de suas especialidades na cozinha, papai.

– Então teremos um jantar e tanto – sorriu o homem.

– Vou tomar meu banho – disse Bárbara, retirando-se para a escada que levava à parte superior do casarão.

– Vá, meu bem – apoiou Ludvine –, que dentro em breve o jantar será servido.

Pai e filha ficaram olhando para Bárbara subindo a escada até não mais poderem vê-la.

– Ela não é encantadora, papai?

429

– Sim, Ludvine... ela é encantadora.

Havia mais que admiração na voz de Lionel Leconte; havia encanto.

O jantar estava alegre. Lionel Leconte estava animado e alegre como Emma Belmondo nunca antes o vira. Durante o jantar, Theodore se mostrou o tempo todo quebrantado.

O prato preparado por Emma estava como sempre muito bom. Foi aprovado e elogiado por Bárbara.

– Que bom, querida, que você gostou – comentou Emma estendendo a mão direita até alcançar a de Bárbara.

Bárbara retribuiu o sorriso que a mulher lhe oferecia.

Aquela noite, quando somente Ludvine e Bárbara permaneceram na sala de estar, Ludvine comentou com a amiga:

– Meu pai gostou mesmo de você.

– Eu também o achei uma simpatia.

– Ele gostou muito, eu sei... pude ver em seus olhos.

– Ora, Ludvine, do jeito que fala até parece que...

– Meu pai se interessou por você? – completou Ludvine com certa frieza.

Bárbara exaltou-se diante da sugestão da amiga.

– Não era isso que eu ia dizer – protestou com aparente indignação na voz.

Ludvine estudou o rosto da amiga com um olhar maroto antes de indagar:

– E se isso fosse verdade? E se meu pai realmente tivesse se interessado por você? Como você se sentiria?

– ... – Bárbara não encontrou palavras para responder à pergunta.

– A mim, incomodaria muito, se quer saber. Afinal, você é minha amiga, minha melhor amiga e meu pai, bem, ele é meu pai. Não ficaria bem, não teria cabimento vocês dois juntos, você tem idade para ser filha dele e ele para ser seu pai.

Um riso nervoso interrompeu o que Ludvine falava:

– O que não tem cabimento mesmo é o que estou dizendo. Quanta bobagem, esqueça o que eu disse, passe uma borracha, por favor.

Bárbara assentiu com o olhar e um sorriso, ambos encantadores como sempre. Ludvine desviou o assunto a seguir para aquilo que realmente despertava seu interesse: homens. Em menos de meia hora as duas se recolheram e dormiram assim que pousaram a cabeça no travesseiro. Não era para menos, o dia fora exaustivo. Além das janelas, a noite caía serena, tranquila, aparentemente em paz.

À tarde do sexto dia das moças em Chére Maison caiu serena. Theodore, por volta das três horas da tarde, foi caçar como era habitual e as duas moças ficaram na varanda da casa jogando conversa fora até cochilarem em suas cadeiras. Ao despertar, Ludvine retirou-se para ir tomar seu banho.

Enquanto aguardava a amiga se banhar, Bárbara resolveu dar uma nova espiada no belíssimo piano de calda que vira no primeiro dia de sua estada em Chére Maison, objeto que a deixara deslumbrada.

Bárbara tomou a liberdade de erguer o tampo do piano e dedilhar algumas notas. Logo se viu invadida pela sensação prazerosa que ecoava em seu interior toda vez que tocava o instrumento.

O dedilhado foi desligando-a de si mesma a ponto de não perceber que no minuto seguinte estava sentada no banquinho e executava com maestria um soneto de Beethoven.*

A melodia quebrou majestosamente o silêncio com que a tarde banhava o lugar. Até os empregados pararam por instantes para apreciar a bela canção que corria pelos corredores da casa e chegava até seus ouvidos.

Os minutos foram se passando e Bárbara pareceu se esquecer de onde estava, o que fazia, e de toda sua timidez. Terminava uma canção, começava outra. Parecia em transe.

Tão em transe estava que nem notou que havia alguém ali parado na soleira da porta admirando seu dom divino.

Lionel Leconte estava estupidamente encantado com o que ouvia. Havia tempos que o instrumento não era tocado com tamanha maestria. Desde a morte da esposa. Fora ali que ele a encontrara, com o rosto pendido sobre as teclas do piano. Morta. Foi de certo modo a maneira menos triste que a vida encontrou para tirar-lhe o último suspiro de vida.

E, agora, depois de anos, uma jovem estava sentada no mesmo lugar, tocando o instrumento tão bem como a esposa o tocava, voltando a dar alegria àquela casa que desde a morte dela só ouvira canções tristes e mal executadas pela filha durante suas lições de piano.

Lionel voltou o olhar para o quadro da esposa pintado a óleo e

431

sentiu o peito incendiar. Era como se a esposa tão adorada estivesse ali, presente novamente, como no passado.

Ele se pôs a admirar os olhos da esposa no quadro, com paixão, até que algo lhe ocorreu. Os olhos dela, tão encantadores, eram iguais aos de Bárbara. Transmitiam a mesma vitalidade e paixão. Incrível como ele não se dera conta do fato até então.

Ele voltou os olhos para a jovem sentada ao piano, de perfil para ele, olhando para ela agora ainda com mais admiração. Era incrível para ele, simplesmente incrível o quanto ela lembrava sua falecida e adorada esposa. Simplesmente surpreendente.

Ao tocar a última nota da canção Bárbara deu uma pausa para respirar, foi só então que notou o dono da casa parado na soleira da porta olhando para ela com um olhar de outro mundo.

– Desculpe-me – disse Lionel –, não quis assustá-la. Continue tocando, por favor. Há tempos que não ouço alguém tocar esse instrumento com tanta emoção e transmitir a mesma emoção por meio da música.

– E-eu... – gaguejou Bárbara –, eu é que peço desculpas, nem me dei conta do que estava fazendo. Ao ver o piano, simplesmente não resisti ao seu encanto e quis apenas tocar algumas notas. Eu juro, juro que nem percebi o que estava fazendo, foi como se o som do piano houvesse me posto em transe.

– Acontece. – Os olhos do dono da casa brilharam. – Não sabia que era pianista.

Bárbara sorriu quebrantada e, com ligeira insegurança na voz, disse:

– Quis aprender piano desde que vi e ouvi um pela primeira vez. Tocá-lo faz-me sentir mais viva, livra-me das turbulências que pesam sobre as minhas costas e o coração... Liberta-me, extravasa-me, reconstrói-me... se é que me entende?

– Compreendo-a perfeitamente.

Ele aproximou-se do instrumento, pousou a mão sobre o piano e tornou a repetir seu pedido, com toda força que lhe vinha da alma:

– Por favor, toque mais um pouco para mim.

Ainda que constrangida, Bárbara decidiu atender ao pedido e assim começou a tocar a *Sonata para Piano n° 23 em Fá menor, Op.57*, intitulada *Appassionata* pelo compositor Beethoven.

Cada nota que os dedos delicados de Bárbara tocavam

transportavam Lionel Leconte para outra dimensão. A dimensão do coração. A música pairava agora sobre eles como uma deliciosa sombra projetada por uma encantadora macieira.

Olhar para Bárbara ao piano era o mesmo que olhar para a esposa amada quando se punha a tocar o instrumento, percebia Lionel naquele momento. Ambas tocavam divinamente, parecendo dar um toque pessoal e sobrenatural à canção.

Se Lionel não soubesse que diante dele estava a amiga da filha, ele poderia jurar que era a própria esposa adorada quem estava ali tocando o instrumento. A esposa cuja vida foi levada tão cedo pelas mãos do misterioso e cruel destino.

Os olhos de Bárbara voltaram a se encontrar com os de Lionel provocando em ambos dessa vez um calor intenso em seus corações. A sensação pegou ambos desprevenidos, especialmente Bárbara. Ela nunca sentira aquilo antes, era como se uma fogueira houvesse sido acesa dentro dela, bem dentro do seu coração e as chamas atingissem os quatro cantos do seu ser.

Suas mãos continuavam a percorrer o teclado de notas como que por vontade própria e a canção parecia se propagar pela sala cada vez mais alta e mais tocante, alcançando a alma de ambos, mudando tudo que havia por lá tal como uma chuva que cai numa região depois de muitos meses de seca.

De repente, Bárbara parou de tocar. Sua interrupção assustou Lionel.

– O que foi, por que parou?

– Preciso ir. Ludvine deve estar me esperando.

– Não se preocupe. Ela sabe que você está aqui. Todos da casa sabem, afinal, esse piano não é tocado há muito tempo. Se está sendo tocado, só pode ser pela amiga de minha filha. E eu que pensei que esse instrumento estaria desafinado por ter sido ignorado por tantos anos.

Ela voltou lentamente os olhos para o teclado e depois novamente para ele. A sensação de intimidade que os dois haviam desfrutado dias antes voltou a pairar sobre ambos. Bárbara, sentindo-se agora mais a vontade, disse:

– Adoro a música de Bach.* É como se o espírito dele residisse em sua música.

– Santo Deus! Bach era também o compositor predileto de minha esposa!

Ele voltou os olhos para o quadro da esposa. Bárbara também olhou para ele, por sobre os ombros.

– Ela era muito bonita – comentou.

O dono da casa concordou com a cabeça.

– Sim – murmurou. – Ela era muito bonita. Como você.

A moça novamente enrubesceu e voltou a se concentrar no piano, no qual tocou a seguir uma das mais encantadoras composições de Bach. Ao término, ela pediu licença para se retirar.

– Obrigado – agradeceu Lionel, comovido. – Muito obrigado por ter atendido ao meu pedido. Não sabe o quanto você me fez feliz hoje tocando esse instrumento. Ressuscitando-o, na verdade.

– Não há de que, meu... – Bárbara ia dizer "meu senhor", mas deixou a frase inacabada.

Num repente, Lionel tomou a mão da moça, curvou-se e a beijou carinhosamente. O gesto ruborizou Bárbara não de constrangimento, mas de encanto. Por nenhum momento em toda a sua vida, ela fora tratada com tanto galanteio.

– Preciso ir agora – mentiu ela. Na verdade ela queria ficar, ficar por mais tempo na companhia daquele homem agradável. Diferentemente agradável.

Foi um brilho no olhar, um tremor entre as vogais e consoantes que fez com que Lionel percebesse que Bárbara não falava o que ditava o seu coração.

– Venha – disse ele, perdendo de vez suas ressalvas e puxando a mão da moça delicadamente.

Ao ver o constrangimento se sobrepujar à sua real vontade, Lionel disse:

– Eu lhe fiz um pedido há pouco e você aceitou. Aceite mais este, por favor.

Um sorriso sem graça iluminou a face rosada de Bárbara. Receando que ela mudasse de idéia, Lionel puxou-a delicadamente para fora da sala. Antes, porém, de deixar o local, voltou o olhar para o retrato da esposa pintado a óleo. Teve a impressão de que aqueles olhos brilharam. Brilharam por vê-lo tão alegre como se encontrava agora. Gozando de uma alegria que havia tempos não gozava. Desde a morte dela.

A tensão de Bárbara diminuiu quando ambos cruzaram a porta

que dava acesso à ala oeste da casa.

A mão delicada da moça que Lionel tinha passivamente entre às suas lembrou-lhe por um momento duas plumas de tão leves e tão belas que eram. Mãos que jamais poderiam fazer mal a alguém. Eram, a seu ver, um par de mão divinas.

O tom de voz daquele homem que se revelava cada vez mais interessante fez com que Bárbara se despisse de suas inibições e se sentisse cada vez mais à vontade ao lado dele.

Os dois passearam pelos jardins que ficavam nessa parte da propriedade, Bárbara se mostrava cada vez mais impressionada com tudo que via. Chère Maison, era sem dúvida alguma, uma senhora propriedade e não era sem razão que Lionel Leconte tinha tanto orgulho dela.

Quando Ludvine reencontrou a amiga, ela estava voltando para a casa na companhia de Lionel. Ludvine foi logo dizendo:
– Procurei você pela casa toda, *ma chère*. Por onde andou?
– Seu pai me levou para um passeio pela propriedade – respondeu Bárbara com certo orgulho.
– Uma verdadeira via sacra – acrescentou Lionel com bom humor. – Eu não sabia que essa jovem era uma excelente musicista, Ludvine. Toca um piano com a supremacia dos grandes pianistas.
– Assim que ouvi o som do piano ecoando pela casa soube imediatamente que só podia ser você quem tocava o instrumento, *ma chère*. Você sempre me falou da sua afinidade com o piano, mas jamais pensei que essa afinidade fosse tão forte assim.
– Ela toca o instrumento com impressionante maestria, Ludvine. Divinamente encantador.
Ludvine enlaçou a amiga e disse sorrindo:
– Para tirar um elogio desses de papai é porque você realmente toca piano muito bem.
Bárbara sorriu com certo constrangimento.
– Não se sinta constrangida – opinou Lionel. – O que é bom deve ser elogiado. A verdade deve ser dita.
– Acho que é dom – disse Bárbara com modéstia. – Desde menina, logo nas primeiras aulas eu já sentia minhas mãos correndo pelas teclas do piano como que por vontade própria. Com uma intimidade com as teclas, impressionante.

O dia terminou com uma noite serena e todos foram mais uma vez agraciados por um delicioso jantar preparado por Emma Belmondo. Todos se fartaram não só de comida, mas de vinho também. Beberam tanto que foi difícil para todos subirem as escadas que levava até os quartos da casa. Emma precisou ser escorada por uma criada até a carruagem que a levou de volta para sua casa. Todos dormiram pesados e felizes. Uns mais felizes, no entanto.

...

Na noite do dia seguinte, após o jantar, Bárbara atendeu ao pedido de Lionel para tocar piano para eles. Todos se deliciaram com o seu talento. Theodore observava o pai com atenção, atento aos seus olhares para Bárbara. Sentindo o coração se apertar de ciúme. A noite terminou sufocante para ele, tanto que foi o primeiro a se recolher. E sua noite de sono não foi uma das melhores.

No dia seguinte quando o sol já caminhava para o crepúsculo, Theodore estava mais uma vez com a espingarda em punho, mirando um alvo, quando ouviu vozes alegres e descontraídas a uma certa distância. Era o pai que caminhava ao lado de Bárbara pelo jardim. Os dois caminhavam rindo e muito interessados um no outro. Theodore suspirou pesado, perdeu o alvo e perdeu o interesse de caçar. Voltou para a casa, cabisbaixo e angustiado.

O oceano havia perdido inteiramente a coloração enquanto linhas cinzentas se moviam na direção da praia castanho-escura, quando Ludvine encontrou o irmão na sala de estar da mansão.

– O que foi? – perguntou ela, surpresa com o olhar que sombreava a face de Theodore. Seus lábios estavam com uma cor azul, cor de náusea, e ele parecia completamente confuso. – Parece até que viu um fantasma.

– Foi mesmo como se eu tivesse visto – respondeu ele secamente.

A irmã enviesou o cenho voltando o olhar na direção que o irmão mantinha seu olhar sombrio.

– O papai... – disse ele.

– O que tem o nosso pai?

– Ele está diferente, não notou?

– De fato, ele parece mais alegre ou menos triste, sei lá...

– Receio que a razão por trás de sua alegria seja Bárbara.

– Bárbara? Ora...

– Sim. Bárbara... Papai parece-me encantado por ela.

– Quem não se encantaria? Ela é um doce de moça. Você mesmo se encantou por ela desde a primeira vez em que a viu.

– Não é a esse tipo de encantamento que me refiro, Ludvine! – a voz de Theodore soou alta e cortante.

– Você não está insinuando por acaso que...

– Sim, é isso mesmo. O encantamento de papai por Bárbara é paixão...

Ludvine começou a rir e logo sua risada tornou-se uma gargalhada tão forte que a moça se contorceu toda por sobre o sofá onde havia se sentado.

– Você está vendo coisas, Theodore – disse ela, ainda rindo espalhafatosamente.

– Você verá que o que eu digo tem o maior fundamento.

– Papai batendo asinhas para cima da Bárbara, nunca! Não seja ridículo. Até parece que não conhece o nosso pai.

– E desde quando conhecemos alguém realmente, Ludvine? Todos somos caixinhas de surpresa. Quantas e quantas pessoas já não se surpreenderam com amigos, parentes, filhos e cônjuges com quem conviveram por 50, 80 anos, quando essa pessoa teve uma reação totalmente inesperada e inédita que a fez perceber que nunca a conhecera de fato. Quantas, Ludvine?

– Você está delirando, só pode. A bebida e o cigarro danificaram o seu cérebro.

– O que digo é verdade.

– Ainda que papai esteja, como você insiste em dizer, apaixonando-se por Bárbara, Bárbara nunca lhe dará trela, não só por ela amar Anthony, seu noivo, mas porque papai é quase trinta anos mais velho do que ela.

– E desde quando idade impede que duas pessoas se apaixonem?

– Sei lá. Mas conheço Bárbara e sei que ela...

– Você pensa que a conhece, Ludvine. Esse é o seu maior defeito desde garotinha. Sempre interpreta as pessoas pelo que elas se mostram para você, pelo superficial delas.

A voz da moça, subitamente dura, interrompeu a fala dele:

– Papai ama Emma, Theodore, não a trocaria por nada nesse mundo.

– Você me decepciona, Ludvine. Principalmente quando diz coisas tão tolas como essas. Para mim você é tão tola ou, até mais, quanto um mosquito. Já que não pode usar o cérebro, porque não tem, pelo menos use os olhos, ouvidos e nariz, se preciso for, até onde os ditames da honra o permitem. Só assim descobrirá que o que digo é verdade.

– E se for?

– E se for o que?

– E se for verdade, o que podemos fazer?

– Eu, simplesmente, não vou aceitar uma coisa dessas, jamais.

– Eu sei, sentirá seu orgulho ferido, não é?

Ludvine pousou a mão no antebraço de Theodore e disse procurando consolá-lo:

– Não se avexe, meu irmão. Nada do que você pensa está realmente acontecendo. Tudo não passa de um delírio dessa sua mente ciumenta e possessiva.

Ele puxou o braço de forma abrupta, da mesma forma com que se retirou da sala.

Ludvine balançou a cabeça como quem diz "pobre Theodore... Que imaginação fértil".

Naquela noite Theodore manteve-se mais uma vez o tempo todo atento ao olhar do pai para Bárbara e ainda que os dois trocassem apenas olhares ligeiros, habituais, ele se convencia cada vez mais de que o pai estava nutrindo sentimentos por Bárbara e o que era pior, Bárbara também estava nutrindo sentimentos por ele.

Em meio às suas observações, Theodore voltou o olhar para Emma e pensou:

"Sua tonta, boba, estúpida... Será que não está percebendo o que está se passando com o seu querido Lionel? Preste atenção, sua burra, abra os olhos... Ele está se apaixonando por Bárbara...". Seus olhos baixaram, entristecido. "Quem não se apaixonaria?", completou em pensamento.

Theodore dormiu mais aquela noite, sentindo-se muito mal. Acordando por diversas vezes suando frio no meio da noite silenciosa e misteriosa. Quanto mais procurava não pensar em Bárbara e no pai, mais e mais sua mente era invadida pelas cenas que presenciou entre os dois.

438

Bárbara já era a terceira jovem por quem ele se interessava que não correspondia à sua paixão, ao seu amor, levando-o a se afogar na bebida. No entanto, perder a jovem – que decidira sob qualquer circunstância conquistar – para o pai, um homem quase trinta anos mais velho do que ele, era intolerável.

Para ele, Bárbara tinha de partir dali o mais breve possível. Seria o único modo de pôr fim àquele sentimento que crescia entre ela e o pai, antes que fosse tarde demais. Bárbara era só dele e ele não a perderia por nada desse mundo. Nem que fosse para o pai que amava tanto. Ou ao menos pensava amar.

Estaria, de fato, Lionel Leconte se apaixonando por Bárbara Calandre? Só o tempo poderia dizer... Todavia, uma tragédia estava prestes a acontecer mudando a vida de todos, revelando mais tarde que paixão não se apaga com a dor, jamais!

"Paixão não se apaga com a dor" é um dos romances mais surpreendentes e reveladores já publicado. Prende o leitor do começo ao fim e se torna inesquecível.

O AMIGO QUE VEIO DAS ESTRELAS

É um livro para ler com muita atenção.

Jennifer mora com a mãe numa chácara próxima a uma cidadezinha do litoral paulistano. No dia em que estava reunida com os amigos para assistir a um dos maiores acontecimentos do ano, um eclipse lunar, ela conhece um menino lindo, de olhos azuis, cabelos loiros, quase dourados, que surge misteriosamente na chácara e pouco fala de si mesmo. Quem é ele, de onde veio, para onde vai?

É isso que Jennifer e seus amigos querem muito saber.

A resposta é surpreendente e mais ainda é a aventura que eles vivem lado a lado.

Uma aventura que marca para sempre a vida de todos e marcará a sua também. Porque fala metaforicamente sobre a origem da vida humana, o porquê da nossa existência e o poder de cada um neste Universo, no decorrer do processo chamado VIDA.

Uma história para refletir, envolvente e emocionante que prende a atenção do leitor do começo ao fim e é apreciada por todas as idades, especialmente pela criança interior que existe em cada adulto.

A seguir, resumos das obras do Autor que falam sobre vida e reencarnação, traçando um paralelo entre uma vida e outra dos personagens, para que tanto eles, quanto nós, leitores, possamos compreender o porquê de nascermos nas condições em que nascemos.

NINGUÉM DESVIA O DESTINO
(UM DOS MAIS ELOGIADOS PELOS LEITORES)

Heloise ama Álvaro. Os dois se casam, prometendo serem felizes até que a morte os separe.

Surge então algo inesperado.

Visões e pesadelos assustadores começam a perturbar Heloise.

Seriam um presságio?

Ou lembranças fragmentadas de uma outra vida? De fatos que marcaram profundamente sua alma?

Ninguém desvia o destino é uma história de tirar o fôlego do leitor do começo ao fim. Uma história emocionante e surpreendente. Onde o destino traçado pelos personagens em outras vidas resulta nas consequências de sua reencarnação atual.

Uma das abordagens mais significantes a respeito da Inquisição Católica, turbulento momento da história da humanidade, onde pessoas suspeitas de bruxaria eram queimadas vivas em fogueiras.

A LÁGRIMA NÃO É SÓ DE QUEM CHORA

Christopher Angel, pouco antes de partir para a guerra, conhece Anne Campbell, uma jovem linda e misteriosa, muda, depois de uma tragédia que abalou profundamente sua vida. Os dois se apaixonam perdidamente e decidem se casar o quanto antes, entretanto, seus planos são alterados da noite para o dia com a explosão da guerra. Christopher parte, então, para os campos de batalha prometendo a Anne voltar para casa o quanto antes, casar-se com ela e ter os filhos com quem tanto sonham.

Durante a guerra, Christopher conhece Benedict Simons de quem se torna grande amigo. Ele é um rapaz recém-casado que anseia voltar para a esposa que deixara grávida. No entanto, durante um bombardeio, Benedict é atingido e antes de morrer faz um pedido muito sério a Christopher. Implora ao amigo que vá até a sua casa e ampare a esposa e o filho que já deve ter nascido. Que lhe diga que ele, Benedict, os amava e que ele, Christopher, não lhes deixará faltar nada. É assim que Christopher Angel conhece Elizabeth Simons e, juntos, descobrem que quando o amor se declara nem a morte separa as pessoas que se amam.

No final, o leitor vai descobrir onde e quando os personagens encarnaram e o porquê de terem encarnado ali e se ligado uns aos outros novamente.

QUANDO É INVERNO EM NOSSO CORAÇÃO

Clara ama Raymond, um humilde jardineiro. Então, aos dezessete anos, seu pai lhe informa que chegou a hora de apresentar-lhe Raphael Monie, o jovem para quem a havia prometido em casamento. Clara e Amanda, sua irmã querida, ficam arrasadas com a notícia. Amanda deseja sem pudor algum que Raphael morra num acidente durante sua ida à mansão da família. Ela está no jardim, procurando distrair a cabeça, quando a carruagem trazendo Raphael entra na propriedade.

De tão absorta em suas reflexões e desejos maléficos, Amanda se esquece de observar por onde seus passos a levam. Enrosca o pé direito numa raiz trançada, desequilibra-se e cai ao chão com grande impacto.

– A senhorita está bem? – perguntou Raphael ao chegar ali.

Amanda se pôs de pé, limpando mecanicamente o vestido rodado e depois o desamassando. Foi só então que ela encarou Raphael Monie pela primeira vez. Por Deus, que homem era aquele? Lindo, simplesmente lindo. Claro que ela sabia: era Raphael, o jovem prometido para se casar com Clara, a irmã amada. Mas Clara há muito se encantara por Raymond, do mesmo modo que agora, Amanda, se encantava por Raphael Monie.

Deveria ter sido ela, Amanda, a prometida em casamento para Raphael e não Clara. Se assim tivesse sido, ela poderia se tornar uma das mulheres mais felizes do mundo, sentia Amanda. Se ao menos houvesse um revés do destino...

Quando é inverno em nosso coração é uma história tocante, para nos ajudar a compreender melhor a vida, compreender por que passamos certos problemas no decorrer da vida e como superá-los.

VIDAS QUE NOS COMPLETAM

Vidas que nos completam conta a história de Izabel, moça humilde, nascida numa fazenda do interior de Minas Gerais, propriedade de uma família muito rica, residente no Rio de Janeiro.

Com a morte de seus pais, Izabel é convidada por Olga Scarpini, proprietária da fazenda, a viver com a família na capital carioca.

Izabel se empolga com o convite, pois vai poder ficar mais próxima de Guilhermina Scarpini, moça rica, pertencente à nata da sociedade carioca, filha dos donos da fazenda, por quem nutre grande afeto.

No entanto, os planos são alterados assim que Olga Scarpini percebe que o filho está interessado em Izabel. Para afastá-la do rapaz, ela arruma uma desculpa e a manda para São Paulo.

Izabel, então, conhece Rodrigo Lessa, por quem se apaixona perdidamente, sem desconfiar que o rapaz é um velho conhecido de outra vida.

Uma história contemporânea e comovente para lembrar a todos o porquê de a vida nos unir àqueles que se tornam nossos amores, familiares e amigos... Porque toda união é necessária para que vidas se completem, conquistem o que é direito de todos: a felicidade.

SE NÃO AMÁSSEMOS TANTO ASSIM

No Egito antigo, 3400 anos antes de Cristo, Hazem, filho do faraó, herdeiro do trono se apaixona perdidamente por Nebseni, uma linda moça, exímia atriz. Com a morte do pai, Hazem assume o trono e se casa com Nebseni. O tempo passa e o filho tão necessário para o faraó não chega. Nebseni se vê forçada a pedir ao marido que arranje uma segunda esposa para poder gerar um herdeiro, algo tido como natural na época. Sem escolha, Hazem aceita a sugestão e se casa com Nofretiti, jovem apaixonada por ele desde menina e irmã de seu melhor amigo.

Nofretiti, feliz, casa-se, prometendo dar um filho ao homem que sempre amou e jurando a si mesma destruir Nebseni, apagá-la para todo o sempre do coração do marido para que somente ela, Nofretiti, brilhe.

Mas pode alguém apagar do coração de um ser apaixonado a razão do seu afeto? **Se não amássemos tanto assim** é um romance comovente com um final surpreendente, que vai instigar o leitor a ler o livro outras tantas vezes.

Revela também o destino que os personagens tiveram noutra reencarnação.

A OUTRA FACE DO AMOR
(PARA COMPREENDER ATÉ ONDE UMA CONSCIÊNCIA PESADA PODE ATRAPALHAR SEUS PLANOS DE VIDA)

Eles passavam a lua de mel na Europa quando ela avistou, ao longe, pela primeira vez, uma mulher de rosto pálido, vestida de preto da cabeça aos pés, olhando atentamente na sua direção. Então, subitamente, esta mulher arrancou uma rosa vermelha, jogou-a no chão e pisou até destruí-la.

Por que fizera aquilo? Quem era aquela misteriosa e assustadora figura? E por que estava seguindo o casal por todos os países para os quais iam?

Prepare-se para viver emoções fortes a cada página deste romance que nos revela a outra face do amor, aquela que poucos pensam existir e os que sabem, preferem ignorá-la.

A SOLIDÃO DO ESPINHO
(MOSTRA O QUANTO É BOM AMAR E SE LIBERTAR DAS ILUSÕES PROVOCADAS PELA PAIXÃO)

Virginia Accetti sonha, desde menina, com a vinda de um moço encantador, que se apaixone por ela e lhe possibilite uma vida repleta de amor e alegrias.

Evângelo Felician é um jovem pintor talentoso, que desde o início da adolescência apaixonou-se por Virginia, mas ela o ignora por não ter o perfil do moço com quem sonha se casar.

Os dois vivem num pequeno vilarejo próximo a famosa prisão "Écharde" para onde são mandados os piores criminosos do país. Um lugar assustador e deprimente onde Virginia conhece uma pessoa que mudará para sempre o seu destino.

"A Solidão do Espinho" nos fala sobre a estrada da vida a qual, para muitos, é cheia de espinhos e quem não tem cuidado se fere. Só mesmo um grande amor para cicatrizar esses ferimentos, superar desilusões, reconstruir a vida... Um amor que nasce de onde menos se espera. Uma história de amor como poucas que você já ouviu falar ou leu. Cheia de emoção e suspense. Com um final arrepiante.

FALSO BRILHANTE, DIAMANTE VERDADEIRO
(ATÉ ONDE VALE A PENA IR POR UM DESEJO DE VINGANÇA)

Marina está radiante, pois acaba de conquistar o título de Miss Brasil. Os olhos do mundo estão voltados para sua beleza e seu carisma. Ela é uma das favoritas do Concurso de Miss Universo. Se ganhar, muitas portas lhe serão abertas em termos de prosperidade, mas o que ela mais deseja, acima de tudo, é ser feliz ao lado de Luciano, seu namorado, por quem está perdidamente apaixonada.

Enquanto isso, Beatriz, sua irmã, se pergunta: como pode alguém como Marina ter tanta sorte na vida e ela não? Ter um amor e ela ninguém, sequer alguém que a paquere?

Pessoas na cidade, de todas as idades, questionam: Como pode Beatriz ser irmã de Marina, tão linda e Beatriz, tão feia, como se uma fosse um brilhante e a outra um diamante bruto?

Entre choques e decepções, reviravoltas e desilusões segue a história dessas duas irmãs cujas vidas mostram que nem tudo que reluz é ouro, nem tudo que brilha é brilhante e que aquilo que ainda é bruto também pode irradiar luz.

SÓ O CORAÇÃO PODE ENTENDER
(PARA RIR E SE EMOCIONAR)

Tudo preparado para uma grande festa de casamento quando uma tragédia muda o plano dos personagens, o rumo de suas vidas e os enche de revolta. É preciso recomeçar. Retirar as pedras do caminho para prosseguir... Mas recomeçar por onde e com que forças? Então, quando menos se espera, as pedras do caminho tornam-se forças espirituais para ajudar quem precisa reerguer-se e reencontrar-se num mundo onde **só o coração pode entender**. É preciso escutá-lo, é preciso aprender a escutá-lo, é preciso tirar dele as impurezas deixadas pela revolta, para que seja audível, límpido e feliz como nunca foi...

Uma história verdadeira, profunda, real que fala direto ao coração e nos revela que o coração sabe bem mais do que pensamos, que pode compreender muito mais do que julgamos, principalmente quando o assunto for amor e paixão.

POR ENTRE AS FLORES DO PERDÃO
(FALA DE SUPERAÇÃO E SOBRE A IMPORTÂNCIA DO PERDÃO)

No dia da formatura de segundo grau de sua filha Samantha, o Dr. Richard Johnson recebe uma ligação do hospital onde trabalha, solicitando sua presença para fazer uma operação de urgência numa paciente idosa que está entre a vida e a morte.

Como um bom médico, Richard deixa para depois a surpresa que preparara para a filha e para a esposa para aquele dia especial. Vai atender ao chamado de emergência. Um chamado que vai mudar a vida de todos, dar um rumo completamente diferente do almejado. Ensinar lições árduas...

"Por entre as flores do perdão" fará o leitor sentir na pele o drama de cada personagem e se perguntar o que faria se estivesse no lugar de cada um deles. A cada página viverá fortes emoções e descobrirá, ao final, que só as flores do perdão podem nos libertar dos lapsos do destino. Fazer renascer o amor afastado por uma tragédia. Uma história de amor vivida nos dias de hoje, surpreendentemente reveladora e espiritual.

QUANDO O CORAÇÃO ESCOLHE
(Publicado anteriormente com o título: "A Alma Ajuda")
Sofia mal pôde acreditar quando apresentou Saulo, seu namorado, à sua família e eles lhe deram as costas.

– Você deveria ter-lhes dito que eu era negro – observou Saulo.

– Imagine se meu pai é racista! Vive cumprimentando todos os negros da região, até os abraça, beija seus filhos...

– Por campanha política, minha irmã – observou o irmão.

Em nome do amor que Sofia sentia por Saulo, ela foi capaz de jogar para o alto todo o conforto e *status* que tinha em família para se casar com ele.

Ettore, seu irmão, decidiu se tornar padre para esconder seus verdadeiros sentimentos.

Mas a vida dá voltas e nestas voltas a família Guiarone aprendeu que amor não tem cor, nem raça, nem idade, e que toda forma de amor deve ser vivida plenamente. E essa foi a maior lição naquela reencarnação para a evolução espiritual de todos.

NENHUM AMOR É EM VÃO
(PARA COMPREENDERMOS QUE DE TUDO QUE NOS ACONTECE TIRA-SE PROVEITO)
Uma jovem inocente e pobre, nascida numa humilde fazenda do interior do Paraná, conhece por acaso o filho do novo dono de uma das fazendas mais prósperas da região. Um rapaz elegante, bonito, da alta sociedade, cercado de mulheres bonitas, estudadas e ricas.

Um encontro que vai mudar suas vidas, fazê-los aprender que **nenhum amor é em vão**. Todo amor que acontece, acontece porque é a única forma de nos conhecermos melhor, nos perguntarmos o que realmente queremos da vida? Que rumo queremos dar a ela?

Pelo que vale realmente brigar na nossa existência?

SUAS VERDADES O TEMPO NÃO APAGA

No Brasil, na época do Segundo Reinado, em meio às amarguras da escravidão, Thiago conhece a bela Melinda Florentis, moça rica de família nobre e europeia. Disposto a conquistá-la, trama uma cilada para afastar o noivo da moça e assim, se casa com ela.

Essa união traz grandes surpresas para ambos, mostrando que atraímos na vida o que almejamos, porém, tudo na medida certa para contribuir com nossa evolução espiritual.

Esta é uma história emocionante para guardar para sempre no seu coração. Um romance que revela que **suas verdades o tempo não apaga** jamais, pois, geralmente, elas sempre vêm à tona e, ainda que sejam rejeitadas, são a chave da libertação pessoal e espiritual.

O AMOR TUDO SUPORTA?
FALA SOBRE VIOLÊNCIA DOMÉSTICA.

Em "O amor tudo suporta?", o primeiro livro da Coleção Mulheres Fênix, Raquel, esposa e mãe dedicada, é capaz de tudo para fazer com que seu casamento sobreviva a uma crise provocada pelo alcoolismo do marido.

Mesmo sob fortes agressões verbais e físicas por parte dele, ela se mantém firme no seu objetivo de salvar seu casamento em quaisquer circunstâncias.

Quando o descontrole do marido chega ao ápice, pondo em risco sua vida, surge uma força, vinda do Além, para impedir que tanto ela como seus filhos amados sejam agredidos mais ainda.

Com uma narrativa muito realista, a história de Raquel vai surpreender o leitor, especialmente a mulher que enfrenta ou já enfrentou a mesma situação que a personagem.

Uma história baseada em fatos reais e bastante atual que inspira e desperta o amor próprio para que todos voltem a brilhar com o esplendor de uma Mulher Fênix.

Uma das histórias mais apreciadas e elogiadas pelas leitoras do livro de grande sucesso intitulado "Mulheres Fênix – Recomeçando a vida", agora dividido em 4 fascículos.

visite o nosso site: www.barbaraeditora.com.br

Para adquirir um dos livros ou obter informações sobre os próximos lançamentos da Editora Barbara, visite nosso site:

www.barbaraeditora.com.br
E-mail: barbara_ed@2me.com.br

ou escreva para:
BARBARA EDITORA
Rua Primeiro de Janeiro, 396 – 81
Vila Clementino – São Paulo – SP
CEP 04044-060
(11) 5594 5385

Contato c/ autor: americosimoes@2me.com.br
Facebook: Américo Simões
Orkut: Américo Simões
Blog: http://americosimoes.blogspot.com.br